国家出版基金项目
NATIONAL PUBLICATION FOUNDATION

法治政府要论丛书

法治政府要论

——组织法治

On the Rule of Law Government

—Law-Based Administrative Organizations

江国华 著

武汉大学出版社

图书在版编目(CIP)数据

法治政府要论:组织法治/江国华著.—武汉:武汉大学出版社,
2020.12
法治政府要论丛书
ISBN 978-7-307-21668-6

Ⅰ.法… Ⅱ.江… Ⅲ.社会主义法治—建设—研究—中国
Ⅳ.D920.0

中国版本图书馆 CIP 数据核字(2020)第 138449 号

责任编辑:胡 荣 责任校对:汪欣怡 版式设计:马 佳

出版发行:**武汉大学出版社** (430072 武昌 珞珈山)
(电子邮箱:cbs22@whu.edu.cn 网址:www.wdp.com.cn)
印刷:湖北金港彩印有限公司
开本:720×1000 1/16 印张:32.25 字数:507 千字 插页:2
版次:2020 年 12 月第 1 版 2020 年 12 月第 1 次印刷
ISBN 978-7-307-21668-6 定价:98.00 元

总　序

　　根据党的十八大精神要求，2020 年是中国法治政府建设的收官之年，经过不懈努力，我国已经基本建成了职能科学、权责法定、执法严明、公开公正、廉洁高效、守法诚信的法治政府。

　　法治政府的内涵丰富，以马克思列宁主义、毛泽东思想、邓小平理论、"三个代表"重要思想、科学发展观、习近平新时代中国特色社会主义思想为指导，根据全面建成小康社会、全面深化改革、全面依法治国、全面从严治党的战略布局，围绕建设中国特色社会主义法治体系、建设社会主义法治国家的全面推进依法治国总目标，坚持依法治国、依法执政、依法行政共同推进，坚持法治国家、法治政府、法治社会一体建设，深入推进依法行政，建成法治政府，培育和践行社会主义核心价值观，弘扬社会主义法治精神，推进国家治理体系和治理能力现代化，为实现"两个一百年"奋斗目标、实现中华民族伟大复兴的中国梦提供有力法治保障。坚持中国共产党的领导，坚持人民主体地位，坚持法律面前人人平等，坚持依法治国和以德治国相结合，坚持从中国实际出发，坚持依宪施政、依法行政、简政放权，把政府工作全面纳入法治轨道，实行法治政府建设与创新政府、廉洁政府、服务型政府建设相结合。

　　随着法治的基本建成，政府职能依法全面履行，依法行政制度体系完备，行政决策科学民主合法，宪法法律严格公正实施，行政权力规范透明运行，人民权益切实有效保障，依法行政能力普遍提高，其意义重大、影响深远。本套《法治政府要论丛书》是对法治政府之原理、渊源、制度、现状的全面总结，共分为六本，分别是《法治政府要论——基本原理》《法治政府要论——组织法治》《法治政府要论——行为法治》《法治政府要论——程序法治》《法治政府要论——救济法治》和《法治政府要论——责任法治》，从行政法学的理论出发，结合中国实际国情，展开系统论述。

一、法治政府建设的十大成就

经过改革开放以来的数次行政体制改革，特别是十八大以来的行政体制改革，中国法治政府建设取得了令人瞩目的成就，圆满完成了《法治政府建设实施纲要（2015—2020 年）》（以下简称《纲要》）所设定的各项基本任务，取得了伟大的成就。

其一，完善了行政机关坚持党的领导制度体系。法治政府建设是一项全面系统的工程，党的领导是建成法治政府最根本的保证。十九大确立了习近平新时代中国特色社会主义思想，明确了中国特色社会主义最本质的特征是中国共产党的领导。在实践中，由党总揽全局、协调各方，发挥各级党委领导核心作用，党的领导贯彻到了法治政府建设各方面。各级政府在党委统一领导下，谋划和落实法治政府建设的各项任务，结合本地区本部门实际，发挥牵引和突破作用，使得建设法治政府的工作全面深入开展。坚持党的领导下建成的法治政府，落实了第一责任人责任，领导干部作为"关键少数"做好表率，把好方向，带动了法治政府建设各项工作的全面深入开展，并且在党的领导下强化了考核评价和督促检查，各级党委将建设法治政府纳入了政绩考核指标体系，督促了法治政府的建设。除此之外，在党的领导下加强理论研究、典型示范和宣传引导，凝聚社会共识，营造全社会关心、支持和参与法治政府建设的良好社会氛围。这些都为法治政府的建成提供了坚实的保障。

其二，构建了法治政府建设目标体系，总体目标是基本建成职能科学、权责法定、执法严明、公开公正、廉洁高效、守法诚信的法治政府。在总体目标的指引下，针对突出问题，依次提出了依法全面履行政府职能，完善依法行政制度体系，推进行政决策科学化、民主化、法治化，坚持严格规范公正文明执法，强化对行政权力的制约和监督，依法有效化解社会矛盾纠纷，全面提高政府工作人员法治思维和依法行政能力这七个方面的主要任务，对于每方面任务都规定了更具体的目标，总目标和七个具体目标指引着法治政府建设的方向。

其三，构建了法治政府建设标准体系。法治政府有没有建成，如何评估，这非某个人说了算，而是需要有明确的标准。法治政府建成的标准要求政府职能依法全面履行、依法行政制度体系完备、行政决策科学民主合法、宪法法律严格公正实施、行政权力规范透明运行、人民权益切实有效保障、依法行政能力普遍提高。这样的标准体系涵盖了政府依法行政的方方面面，使得法治政府的建成有据可依，形成了完备的制度体系。

其四，依法全面履行了政府职能。牢固树立创新、协调、绿色、开放、共享的发展理念，坚持政企分开、政资分开、政事分开、政社分开，简政放权、放管结合、优化服务，政府与市场、政府与社会的关系基本理顺，政府职能切实转变，宏观调控、市场监管、社会管理、公共服务、环境保护等职责依法全面履行。措施是深化行政审批制度改革；大力推行权力清单、责任清单、负面清单制度并实行动态管理；优化政府组织结构；完善宏观调控；加强市场监督管理；创新社会治理；优化公共服务；强化生态环境保护。

其五，完善了依法行政制度体系。提高了政府立法质量，构建成系统完备、科学规范、运行有效的依法行政制度体系，使政府管理各方面制度更加成熟更趋向定型，为建设社会主义市场经济、民主政治、先进文化、和谐社会、生态文明，促进人的全面发展，提供有力制度保障。措施是完善政府立法体制机制；加强重点领域政府立法；提高政府立法公众参与度；加强规范性文件监督管理；建立行政法规规章和规范性文件清理长效机制。

其六，行政决策科学化、民主化、法治化。行政决策制度科学、程序正当、过程公开、责任明确，决策法定程序严格落实，决策质量显著提高，决策效率切实保证，违法决策、不当决策、拖延决策明显减少并得到及时纠正，行政决策公信力和执行力大幅提升。措施是健全依法决策机制；增强公众参与实效；提高专家论证和风险评估质量；加强合法性审查；坚持集体讨论决定；严格决策责任追究。

其七，严格规范公正文明执法。权责统一、权威高效的行政执法体制建立健全，法律法规规章得到严格实施，各类违法行为得到及时查处和制裁，公民、法人和其他组织的合法权益得到切实保障，经济社会秩序得到有效维护，行政违法或不当行为明显减少，对行政执法的社会满意度显著提高。措施是改革行政执法体制；完善行政执法程序；创新行政执法方式；全面落实行政执法责任制；健全行政执法人员管理制度；加强行政执法保障。

其八，强化了对行政权力的制约和监督。科学有效的行政权力运行制约和监督体系基本形成，惩治和预防腐败体系进一步健全，各方面监督形成合力，人民群众的知情权、参与权、表达权、监督权得到切实保障，损害公民、法人和其他组织合法权益的违法行政行为得到及时纠正，违法行政责任人依法依纪受到严肃追究。措施是健全行政权力运行制约和监督体系，自觉接受党内监督、人大监督、民主监督、司法监督，加强行政监督和审计监督；完善社会监督和舆论监督机制；全面推进政务公开；完善纠错问责机制。

其九，依法有效化解社会矛盾纠纷。公民、法人和其他组织的合法权益得到切实维护，公正、高效、便捷、成本低廉的多元化矛盾纠纷解决机制全面形成，行政机关在预防、解决行政争议和民事纠纷中的作用充分发挥，通过法定渠道解决矛盾纠纷的比率大幅提升。措施是健全依法化解纠纷机制；加强行政复议工作；完善行政调解、行政裁决、仲裁制度；加强人民调解工作；改革信访工作制度。

其十，政府工作人员法治思维和依法行政能力全面提高。政府工作人员特别是领导干部牢固树立宪法法律至上、法律面前人人平等、权由法定、权依法使等基本法治理念，恪守合法行政、合理行政、程序正当、高效便民、诚实守信、权责统一等依法行政基本要求，做尊法学法守法用法的模范，法治思维和依法行政能力明显提高，在法治轨道上全面推进政府各项工作。措施是树立重视法治素养和法治能力的用人导向；加强对政府工作人员的法治教育培训；完善政府工作人员法治能力考查测试制度；注重通过法治实践提高政府工作人员法治思维和依法行政能力。

二、中国法治政府发展趋向

目前我国的法治政府已经基本建设完成，而这远远不是终点，司法部公布的《全面深化司法行政改革纲要（2018—2022 年）》中明确规定，到 2022 年，法治政府建设取得显著成效，行政立法的引领、规范、保障和推动作用有效发挥，行政执法体制机制改革创新不断推进，严格规范公正文明执法水平显著提高。由此可见，法治政府的基本建成只是一个开始，在基本建成后必然要面对时代的检验，也会向更高的目标迈进，支撑、推动着"基本实现社会主义现代化"这个更宏伟目标的实现。

回顾三十余年来中国行政法治路程，可以看到我们已经取得了举世瞩目的成就。而当今世界正经历百年未有之大变局，我国正处于实现"两个一百年"奋斗目标的历史交汇期，随着经济发展和社会转型，社会矛盾急剧增多，公民意识的觉醒，价值观多元，矛盾的表现形式也呈现多样化态势，这对法治政府建设提出了新的挑战。

未来，法治政府建设必须适应不断发展变化的社会对政府行政提出的新要求，在已有成绩的基础上让法治政府"更上一层楼"。要求从行政行为的源头上进一步推行行政决策科学化、民主化、法治化；进一步理顺行政立法体制；加强重点领域行政立法；确保行政立法与改革相衔接，进一步提高行政立法质量和效率；提高行政立法公众参与度；继续健全全面清理和专项清理相结合的清理机制；全面落实行政执法责任制；完善行政执法程序；加强行政执法人员资格和证件管理；加强行政执法指导监督；深化行政复议体制机制改革。

同时，法治政府建设不只是跨越了行政立法、行政执法以及行政救济与监督之间的系列问题，更是涵盖面广泛，跨越了政治、经济、社会、管理等专业学科领域背景的系列复合型问题。因此，未来进一步推进法治政府发展，也要求政府更加了解其在社会的政治、经济、社会、文化、生态等方面的职能及其定位。

法治政府基本建成后，其内涵在未来将越来越丰富。法治国家、法治政府、法治社会建设本是一体，相互促进，法治政府的建成和发展将有利于法治国家、法治社会的发展，并促使中国特色社会主义法治体系日益完善，全社会法治观念逐步增强，这也是全面建成小康社会的重要标志，为中国未来基本实现现代化、全面建成社会主义现代化强国的目标保驾护航，继续向实现中华民族伟大复兴的中国梦而奋勇前进。

三、本套丛书的学术志趣

古今中外政府的权力，堪称一柄锋利而危险的双刃剑，是人类社会中一种"必要的恶"。运用得当，权力可以成为促进人民福祉、推动社会进步的强大力量；任意滥用，则会成为侵犯民众利益、阻碍社会发展的恐怖工具。如果缺乏必要的约束和监督，权力势必趋向滥用和腐败。这是由人性和权力的本性所决定的，是适用任何一种政治制度的一条普遍规律。法治政府的建成绝不仅仅是让行政更有效率，而是将行政权力关进笼子里，让其在规范下妥善运行。

历史上的中国，或为家族之国，或为诸侯之国，或为一王专制之国。今日之中国，是人民的中国，在短短数十年间，科技日新月异，经济迅猛腾飞，举世震惊。外在的物质水平固然重要，内在的制度建设亦不可放松，在中华民族伟大复兴的历史长河中，法治政府的基本建成是重大而关键的一步。本套《法治政府要论》丛书着眼于大局，承历史进程之重，扬时代发展之声，深刻总结行政权力的特点，博采众言，开拓创新，究法治之理，纳社会之变，成一家之言，系统展现了法治政府的面貌。受光于庭户见一堂，受光于天下照四方，本丛书分为"基本原理、组织法治、行为法治、程序法治、救济法治、责任法治"之六本，力求从多方面展现建成法治政府的要点。

法治政府建设的理论基础是法治，强调行政权力运行中法律对政府而非公民的规制。在过去很长一段时间里，我们的政府仅仅是法制政府，而非法治政府。法制是"rule by law"，法律是治理的工具，本质上是人利用法律进行统治。而法治则是"rule of law"，法律成为了主格，任何部门、任何人都要接受法律的规范。政府工作需要全面纳入法治轨道，让政府用法治思维和法治方式履行职责，确保行政权在法治框架内运行。这也是推进国家治理体系和治理能力现代化的必然要求，行政权力的运行需要在法律框架下制度化、规范化。

组织法治是行政法基本原则在政府组织领域的具体化体现，须遵循法治原则、精简高效原则、分工协作原则以及民主集中制原则。广义的政府组织是对国家行政机关及其组成部门、派出机构等组织体系的统称，行政组织的法治化是依法行政、建成法治政府的基础，通过行政组织法对行政机构、人员、职权、财政、公产公物等的规范，从而实现我国行政组织的法治化和体系化，从统一行政组织法典的角度出发，进一步促进和保障我国法治政府和法治国家建设。

行为法治要求政府行政行为必须遵循法治。这要求行政机关"法无授权不可为、法定职责必须为"。传统的行政法体系中，行政行为在行政法和行政法学中的核心地位始终没有动摇过，但随着社会的发展，以"行政行为中心论"构建的行政法学体系面临新的挑战。大量新型行政手段，比如行政契约、行政指导、行政协商等，被广泛频繁地适用。传统上的"非行政行为"也确确实实会给公民个人或社会组织的合法权益造成事实上的损害。这对法治政府建成提出了更高的要求，将行政行为的意涵进一步扩大，让行政权力不能僭越法治框架运行。

程序法治是法治对行政程序的要求。过去我们的法治政府建设存在着重内部机制、轻外部机制，重实体设定机制、轻程序规范机制的问题。程序法治是对行政权的有力制约，规范权力的行使过程。目前我国并没有统一的程序立法，关于行政程序的规定分布在法律、法规中，正在逐步健全。一些省份和城市也出台了地方性的程序立法，相信程序法治在将来会进一步完善。

救济法治是指，相对人的权益受到行政机关损害时，法治赋予其畅通的救济途径，包括行政诉讼的救济和非行政诉讼的救济。建成法治政府，并不意味着所有行政行为就完美无缺，实践中会遇到各种各样的复杂情况，难免会有一些瑕疵，给行政相对人的权益带来损害。健全救济法治，意味着行政相对人可以通过法定渠道解决这些矛盾和纠纷，通过复议、调解、裁决、信访等多种渠道，保障相对人的正当权益，让法治政府更平稳、公正地运行。

责任法治要求政府必须依法承担责任。根据权责一致原则，我国政府是行使国家权力的机关，掌握着公共权力，理应承担政府责任。有权必有责，有责要担当，失责必追究，责任法治通过法律明确我国政府责任建设的要求，不断建立和完善我国政府责任的实现机制，强化我国的问责机制，在法治框架下通过制度建成负责任的政府。

　　人类历史最珍贵的成就，不是令人炫目的科技，不是大师们浩如烟海的经典著作，不是政客们天花乱坠的演讲，而是一步步对于政府权力的驯服，把权力关在笼子里。建成法治政府，为中华民族伟大复兴保驾护航，此志甚远，所含甚大，非零散文字所能概括言之。人有所忘，史有所轻，本套丛书力求系统涵盖法治政府建成的方方面面，对其伟大成就予以充分肯定，不足之处也加以指出。法治政府的建成是漫漫历史长河上浓墨重彩的一笔，需要有这样一套系统的丛书去记录，世纪交迭，万事发生，此刻的法治政府建设做了什么，意识到了什么，又期盼了什么，这其实是历史进程的长河中必不可少的工作，是一份不懈的责任。

目　　录

导　论

在行政法领域，政府组织法一直是其核心内容之一。诸多行政事项，如公共政府的组织形式、组织结构以及组织体制等都离不开政府组织法的有效保障。尽管政府组织法是如此重要，但人们对其的认知却长期存有不足。同时，由于政府组织法领域概念繁多，加之概念内涵又多有变化，立法、理论以及实务上的使用也就颇为混乱。实际上，就其一般意义而言，政府组织法有广义和狭义之分。狭义的政府组织法通常仅指立法机关依正当程序制定的，涉及政府组织的地位、组成和职权等内容并冠之以"组织法"之名的基本法律。在我国，狭义的政府组织法主要包括中央政府组织法和地方政府组织法；广义的政府组织法除了包含狭义的政府组织法之外，还指涉那些专门规定地方政府自治、行政编制、行政人员以及行政经费和行政采购等政府组织相关问题的法律。因此，在我国，广义的政府组织法除了两部政府组织法外，大致还涵盖《民族区域自治法》《香港特别行政区基本法》《澳门特别行政区基本法》《公务员法》以及《预算法》《政府采购法》等多部法律。本书所讲述的"政府组织法"主要是从广义上而言的。本书导论部分将介绍政府组织、政府组织学和政府组织法学等内容。其中，政府组织部分涵盖政府组织的意涵、类型和功能等知识；政府组织学是组织学的一个重要分支，研究政府组织，需了解政府组织学的起源、流派以及现代政府组织学的大致样貌；政府组织的方方面面都涉及社会公众利益，其重要性不言而喻，正因其如此重要，政府组织便需要在建立民主、公正、理性等的基础上，接受法律的约束，自然也就需要法学的视角，由此产生了组织法学的一个重要分支——政府组织法学。政府组织法学有其特有的研究意义、研究对象以及学科地位。

第一节　政府组织

政府组织是一种精细的结构状态，研究政府组织法，厘清政府组织的意涵、类型、功能是一切讨论的基本。

一、政府组织的意涵

研究政府组织法，首先必须界定政府组织的意涵。政府组织是组织中的一种，是由一般组织派生出来的一种特殊的社会组织①。"组织"一词作为政府组织的上位概念，常被誉为"人类社会的细胞"。具体而言，人类出于改造自然、治理社会和管理自身的目的，有意识地进行结合，并依靠群体智慧和群体力量完成单个人所无法实现的目标。这种结合便衍生了组织，既包括早期的氏族、部落，也包括现代的企事业单位等。政府组织作为一种组织，是一个当然的组合体，既具有一般组织的特征，又别于一般的组织，是一种特殊的国家政府管理组织。就行政法学领域而言，作为政府组织法的研究对象，政府组织有其特定的内涵、价值和构造模式。

（一）政府组织的概念

关于政府组织的概念，可以从不同角度进行理解。一方面，从范围角度来看，政府组织存在广义和狭义之分。在广义上，政府组织是对国家行政机关及其组成部门、派出机构等组织体系的统称，它既包括行政机关这种具有行政主体资格的组织体，也包括行政机构这样不具有行政主体资格的组织体；在狭义

---

① 孟鸿志等著：《中国行政组织法通论》，中国政法大学出版社 2001 年版，第 2 页。

上，政府组织仅指行政机关。另一方面，从运行角度来看，对政府组织存在静态和动态之分。在静态层面上，政府组织一般是指一种组织形态，它是一个完整且静态的实体组织，依据职能分工、权责分配以及工作程序等差异而细致划分为政府组织中不同的层级、部门和职位等。① 正是此种组织架构及其相互关系构成了具有行政职权的政府组织。在动态层面上，政府组织就是对行政的组织，与行政的对外运作相对应，亦即通过何种形式、设置何种机关来进行管理②，是政府组织为完成行政任务而进行的组织活动和运作过程，强调运行机制和发展变化。由于政府组织需要通过依法行使国家权力来实现其对社会公共事务的管理职能，从而实现其组织目标，因而政府组织的行政过程本身具有动态性。在实际生活中，政府组织会与一些类似概念相混淆，通过概念之间的区分，便于加深对政府组织含义的理解。

其一，政府组织与行政主体。行政主体是"实施行政职能的组织"③，它依法享有行政权力，能以自己的名义实施行政管理，并能独立承担由此产生的法律责任。④ 行政主体包括职权性行政主体和授权性行政主体两类，前者即行政机关，后者即法律法规规章授权的组织。政府组织与行政主体二者之间有着密切关系，两个概念的提出和两种理论的研究遵循了一定的时间逻辑。我国行政法学界早在 20 世纪 80 年代初就以行政机关为基点，展开有关行政管理主体及行政组织法律规范的研究，并拓展至整个行政法学体系。在发现该研究视角的缺陷⑤后，学界开始偏重对行政主体的研究，并更多地关注政府这一重要的

---

① 参见郭圣莉、应艺青编著：《行政组织学》，华南理工大学出版社 2012 年版，第15 页。

② 应松年、薛刚凌著：《行政组织法研究》，法律出版社 2002 年版，第 9 页。

③ 王名扬著：《法国行政法》，中国政法大学出版社 1988 年版，第 39 页。

④ 参见叶必丰著：《行政法学》，武汉大学出版社 2003 年版，第 128 页。

⑤ 关于行政机关理论的缺陷，主要表现为其无法突出与行政学研究角度的区别，无法解释具有公共行政管理职能的社会组织，无法凸显作为管理者的行政机关的地位，以及无法区分对外以自己名义行使行政职权的行政机关及其内部管理机构。对此多位学者均有论述。参见孟鸿志等著：《中国行政组织法通论》，中国政法大学出版社 2001 年版，第 5页；沈岿：《重构行政主体范式的尝试》，载《法律科学》2000 年第 6 期。

行政主体，但尚未形成系统的政府组织理论。直到 2012 年党的十八大首次将"法治政府基本建成"确立为"全面建成小康社会"的重要目标之一，新一轮法治政府建设由此展开，政府组织理论的重要性也日益凸显出来。在研究政府组织与行政主体二者的关系时，应当看到二者在行政法学理论中都是非常重要的内容，只是侧重点有所不同。行政主体理论以行政职权为出发点，研究行政行为的对外效力，侧重于解决行政组织中哪些行政机关具有独立的法律地位并能够独立对外行使职权；① 政府组织理论则侧重于从整体对关涉政府组织的法律问题进行研究，对政府组织整体予以法律规范和控制。

其二，政府组织与行政机关。行政机关在其一般意义上即"政府"之简称，是指为实现行政目的而由国家依法设立，代表国家依法行使国家行政职权，依法组织和管理国家行政事务的国家机关，是一类固定的、基本的行政主体。在立法上，行政机关已经成为一个普遍的立法措辞，广泛存在于《宪法》《民法总则》《行政诉讼法》等相关法律规定中。政府组织与行政机关二者具有共同点，即都享有一定的行政权力，承担一定的行政事务。但两者也具有明显区别，它们之间呈现一种包含与被包含的关系，政府组织就其广义意义而言是一个集合概念，由行政机关组成。除行政机关外，还包括经授权行使行政权力的公共组织。因此，政府组织是一个外延更广阔的、偏重"学理性"的概念，而行政机关则是一个外延较小，具有"实用性"的实际用语。

其三，政府组织与行政机构。目前，行政机构一词在我国缺乏统一的法律界定，这导致理论界和实务界常常从不同角度加以理解。有的学者是基于《国务院行政机构设置和编制管理条例》对国务院行政机构划分的规定，认为行政机构是指各级人民政府以外的行政机关之和；有的学者则提出行政机构与行政机关含义相同，只是规格稍低而已；还有的学者根据国务院"三定"规定中"定机构"的含义，将行政机构界定为行政机关的内部机构。② 但是，无论作

---

① 孟鸿志等著：《中国行政组织法通论》，中国政法大学出版社 2001 年版，第 5 页。
② 应松年主编：《行政法学新论》，中国方正出版社 1998 年版，第 110 页。

何种理解，行政机构与政府组织都是不同的概念，二者之间是一种构成与包含、部分与整体的关系。行政机构通常作为行政机关的一部分存在，可以代表所在的行政机关对外管理，而不能独立行使行政职权；广义上的政府组织则是一个包括行政机关却又不限于行政机关范围的集合体。

（二）政府组织的特点

政府组织作为国家处理社会公共事务而设立的组织，在兼具一般组织基本特征的同时，也具有其自身的特点，包括职能性、专业性以及系统性等。也正是这些特点，直接决定了政府组织的独特功能，使政府组织具有了为社会公众提供高效服务和解决社会公共事务的能力。

其一，职能性。政府组织自从成立的那一刻起，就被赋予了一定的政治、经济以及文化教育等方面的社会管理职能。当人类社会处于原始社会阶段时，由于尚不存在明显的社会分工，人们的生活和生产方式相对单一。在这种情况下，人们只要按照直线性的工作方式即可实现管理自己、维持生活的目的，而无须太多的职责分工与合作。随着社会生产力的提高，原始的生产方式已经无法满足社会需求，个人力量在日益增长的需求面前越来越显得力不从心，因而就出现了社会分工与合作，由不同社会部门履行不同的工作职责。这种生产力和生产关系的变化必然会反映到上层建筑中去。于是，社会管理层也随之慢慢进行了分工与合作，出现了职责不同的经济组织、政治组织和文化组织，并由这些不同组织来完成各自不同的社会管理职责。当然，在社会发展的不同阶段，政府组织有着不同的职能目标。在早期，政府组织的职能目标比较简单，主要是围绕如何取得统治地位而展开，体现出较强的政治性和镇压性。"国家作为统治阶级维护阶级利益和社会秩序、实行有效统治的工具，具有明显的政治特性，政府组织作为国家管理社会公共事务的主体，也因而具有明显的政治性。"[1] 随着社会步入相对和平的时代，生产和发展成为时代的主旋律，政府组织的职能目标也随之发生一定变化，主要是行使社会管理职能，使社会能够

---

[1] 郭圣莉、应艺青编著：《行政组织学》，华南理工大学出版社 2012 年版，第 16 页。

获得更好的发展，使社会民众能够享有更充足的物质生活和精神生活。

其二，专业性。组织职能性的一个必然逻辑推论是组织的专业性。面对一个庞大而繁杂的社会，只有将社会的管理统治职责化整为零，由各个不同的部门分别行使，才能对其进行更好的组织和控制。这意味着随着社会的发展，社会组织必然越来越精细和专业。从国家的起源来看，国家本身的存在即是社会公共职能专业化而产生的必然结果。社会简单地说就是人与人形成的关系的整体。因此，在社会之中，存在着私人领域和公共领域两个范畴。在原始社会中，公共领域的存在并非以国家的形态表现，而是以原始的氏族议事制度、公共伦理道德以及各种禁忌的方式表现出来。然而，当社会生产力向前发展时，这些方式并不足以保障社会的稳定存在和持续发展。当社会公共事务发展到多且杂乱的程度时，就对专业性的社会管理机构产生了某种需要。此时，国家的出现就成了一种必然趋势。正如农业发展形成商人阶层，工业发展形成大资产阶级一样，公共管理的日益复杂化和专门化形成了专门化的权力运作机构，即国家。具体而言，政府组织的专业性主要体现在如下三个方面：一是组织机构的专门性。社会管理职责只能由一定的部门行使，其他没有被赋予这方面权力的任何组织和个人都不得开展这方面的管理活动。二是组织职责的专门性。每一个部门都有自己特定的职责和任务，其既不能代行其他机构的管理职责，也不能将自己的职责随意地转让给其他组织和个人行使。每个组织机构必须各司其职，各负其责，认真履行好整个管理系统分配给自己的任务。三是组织活动的专业性。社会每一个方面的管理工作都涉及一些较为具体的知识和能力。这决定了要完成这些工作，必须具备一定的专业知识和技能，继而要求政府组织对本行业的情况有着较为全面的了解和掌握，能够对社会中出现的各种现象作出快速、准确的分析和判断，并及时提出相应的解决方案。

其三，系统性。政府组织内部并非是杂乱无章的结构，而是可以分成一定层次，有着一定的架构。正如组织的概念所揭示的那样，一个组织是各种要素按照一定规则有机排列的整体。"组织的功能是组织系统产生的功能，为了形成组织的功能，构成组织的要素必须构成一定的结构层次。相同的要素互不相关是不会产生组织功能的，结构不同功能也会改变。所以，组织的系统从其客体方面来说，也就是组织的结构层次性。"① 组织的系统性是组织发生作用的必要条件。在一个组织中，如果各组成要素毫无规则地排列，那么组织将不能称之为组织，充其量也仅为这些要素的简单堆积。除了各组成要素排列的规则性之外，组织的系统性还应当包括各组成要素之间的有序性、协调性以及组织活动的程序性。② 具体到政府组织上，这种系统性首先表现为各个政府组织内部的有序性和协调性。任何一个政府组织必须满足特定的条件方能正常运转并实现其职能。这些条件主要表现为其存在的合法性依据、职权、内部结构及各要素排列的科学性、组成人员的编制和经费来源，等等。如果缺乏这些条件，那么该政府组织本身就难以合法、合理地存在，更遑论正常运转了。其次，政府组织的系统性还表现为各级各类政府组织之间关系的有序协调性。对于国家而言，存在各种政府组织是远远不够的。倘若把国家看作一个整体，或者说一个组织，那么各种类型的政府组织之间必须满足系统性的要求，以期在相互平衡、相互协调的基础上分工合作，使国家机器能够正常运转，这主要表现为政府组织之间的横向关系。在某一类政权组织之中，则又存在着上下级之间的关系，这主要表现为政府组织之间的纵向关系。倘若任何一种关系处理不善，都可能破坏政府组织的系统性甚至使其崩溃。

（三）政府组织的构造模式

"构造"一词在名词意义上即为结构，是指各个组成部分的安排、组织以及相互关系。政府组织的构造是指构成政府组织的各个要素按照一定规律和方式组合而成的完整体系，主要包含横向结构（管理幅度）、纵向结构（管理层次）以及规模结构。③ 这三者共同构成了政府组织结构的有机体，并呈现相互作用和相互影响的关系。譬如，在具有分权特征的"扁平状"政府组织结构形式中，组织规模不变，横向管理幅度大，纵向管理层次少，有利于政府组织

---

① 张尚仁著：《组织学》，福建人民出版社 1987 年版，第 131 页。

② 张尚仁著：《组织学》，福建人民出版社 1987 年版，第 131 页。

③ 参见杨桦：《公共行政发展与我国行政组织结构的问题与优化》，载《广东行政学院学报》2012 年第 3 期。

成员积极性的发挥；反之，横向管理幅度小，纵向管理层次多，则构成具有集权特征的"金字塔状"组织结构形式，有利于政府组织命令的执行。根据现代组织理论，政府职能需要借助组织结构来履行。因此，政府组织的构造对于政府组织职能的履行具有重要的决定性意义。构造是否科学合理、运转是否灵活协调、功能是否齐全等将直接影响政府组织的运作。① 在政府组织的发展变化中，其构造在不同阶段形成了各具特色的不同模式，主要包括如下三种。

其一，层级官僚制。根据工业化大生产对组织管理理论的需求，被誉为"组织理论之父"的马克斯·韦伯曾于 20 世纪提出著名的"理想的官僚组织模式"，从此开启了学界对行政法上组织结构的认识和探讨。韦伯所言的官僚制是一种以分部—分层、集权—统一、指挥—服从等为特征的组织形态，即现代社会实施合法统治的行政组织。② 作为一种正式的、合理组织的社会结构，官僚制"有其明确规定的活动模式，其中在理想上，每一连串之行动，在功能上与组织目标息息相关"。③ 在此种官僚体制中，每一个组织成员的职责权限被法律法规明确划分并严格固定下来，组织的结构层次性较强，内部按照地位的高低决定其成员之间命令与服从的关系。这种制度严格、层级分明、权责明确的政府组织构造模式因而又被称为科层制。其强调专门化的管辖权限和任务，通过固定、显化的等级结构强化了政府组织的核心位置。④ 在纵向排列上，政府组织依据距离最高权力中心的远近，形成了稳固的纵向科层结构，权力高的层级拥有对低层级的支配权，各级政府组织内部还有清楚、严格的分层情况；在横向序列上，每一科层内部又依据不同功能形成不同的专业化部门，各司其职、分工协作，分门别类地进行统一管理，从而搭建起条块架构；其还

---

① 参见竺乾威：《地方政府的组织创新：形式、问题与前景》，载《复旦学报（社会科学版）》2015 年第 4 期。

② 丁煌著：《西方行政学说史》，武汉大学出版社 2004 年版，第 75 页。

③ 彭文贤著：《组织原理》，台湾三民书局 1983 年版，第 100 页。转引自 Robert K. Merton, *Social Theory and Social Structure*, New York, Free Press, 1956, p. 195.

④ 参见何哲：《网络社会时代的政府组织结构变革》，载《甘肃行政学院学报》2015 年第 3 期。

主张以严格的等级制原则安排职位、以专业技术资格的标准选任官员，① 因而具有高效性、持续性和专业性的特征，被誉为效率最高的一种组织形式。② 但层级官僚制具有明显的弊端，纵向上其过于重视组织的管辖权限与组织边界，易导致部门个人主义和部门分裂；横向上过于严格和僵化的分工原则，易导致政府组织之间"壁垒森严"难以沟通合作，政府功能退化；③ 总体上形成组织结构的"碎片化"，难以实现组织的整体效率和目标。

其二，大部制。为了克服传统型政府碎片化管理的弊端，整合不同政府组织的职能，提高工作效率，大部制应运而生。大部制是"体"与"制"的统一，其中"体"即为政府组织结构，"制"则为决策权、执行权与监督权相互制约的运行机制。④ 作为一种新的政府组织构造，大部制主张依据政府组织职能合并、调整政府组织中分散的部门，组成涵盖相近职能的超级大部门，⑤ 从而避免政府职能交叉重合、多头管理的现象，提高行政效率。表面上看，大部门是一个紧密结合的统一整体，但实质上政府组织各机构之间的障碍并未全部消除，政府组织内部并未形成真正的内聚力，导致内部协同的难度加大。⑥ 因此，大部制此种政府组织构造模式往往表现出缺乏系统性、整体性协同效应低下等问题，⑦ 仍然难以突破组织结构上的固有边界。

---

① 参见吴月：《从分离迈向整合：对政府机构治理形态的反思》，载《中共福建省委党校学报》2014年第7期。

② ［美］文森特·奥斯特罗姆著：《美国公共行政的思想危机》，毛寿龙译，上海三联书店1999年版，第37页。

③ 刘圣中主编：《公共管理学——结构、要素与环境》，武汉大学出版社2011年版，第46页。

④ 宋世明：《优化政府组织结构：中国行政体制改革不可回避的关口》，载《理论探讨》2016年第4期。

⑤ 参见吴月：《求索政府机构的治理逻辑——以公共组织理论的演进为审视视角》，载《长白学刊》2012年第2期。

⑥ 赵勇：《城区政府构建"整体性政府"的路径选择——以上海市X区为例的分析》，载《上海行政学院学报》2011年第1期。

⑦ 李荣娟、田仕兵：《整体性治理视角下的大部制改革完善探析》，载《社会主义研究》2011年第3期。

其三，整合制。整合制是指以一个整体政府的组织构造而非碎片化的政府来统筹社会公共资源，从而实现政府管理的事半功倍。它既是一种新型的政府组织构造模式，也是一种新型的政府治理模式，出现于 20 世纪 90 年代中后期。其具有如下几个特征：（1）强调以整合式组织为政府基本结构安排，以政府组织的有效整合为核心，将分散的政府机构重新整合为一个无缝隙、一体化的整体型政府。① （2）提倡整合进程中跨越组织边界，综合运用联合、协调等方法促进各政府机构协同工作，进行无缝隙的政府管理，以组织整合和工作协同深化来提升政府机构改革的理论内涵和实践意旨。② （3）重视政府组织整体功能的发挥与部门之间的协调③，以政府组织的整合型运作为出发点，或通过自上而下的方式推动整体政府改革，或从纵向强化中央的权力及从横向促进各部门与专业机构的团结协作，以实现政府组织最佳的整体效果。

实际上，纵观我国政府组织的构造，事实上也历经了从等级层次分明的科层式组织结构到职能合并的大部制式结构，再到整合与协同并进的整体型政府组织构造这三种模式的演变。

（四）政府组织的价值

在现代行政中，政府组织具有举足轻重的意义。各国政府为适应法治社会发展，贯彻依法治国基本方略，在组织目标理念之下不断完善政府组织结构与体制，健全政府组织的各项制度规范，协调政府组织内部关系以保持与行政环境的整体平衡状态，使其内部充满活力并提高管理效率。④ 政府组织除了具有

---

① 参见谭海波、蔡立辉：《"碎片化"政府管理模式及其改革——基于"整体型政府"的理论视角》，载《学术论坛》2010 年第 6 期。

② 参见张立荣、曾维和：《当代西方"整体政府"公共服务模式及其借鉴》，载《中国行政管理》2008 年第 7 期。

③ Tom Christensen 等：《后新公共管理改革——作为一种新趋势的整体政府》，载《中国行政管理》2006 年第 9 期。

④ 教军章：《公共行政组织发展意义的理性视角》，载《上海行政学院学报》2007 年第 5 期。

一般组织的意义外，还表现出符合自身发展要求的多元价值。

其一，政府组织是人类社会组织化的集中体现。人类在日益组织化的进程中实现其社会化，组织由此成为了人类最基本的存在方式，而政府组织又是所有组织形式中影响力最大、作用范围最广泛的一种。因此，可以说，政府组织产生与发展的进程集中反映了人类组织化的进步。这种进步的过程表现为政府组织变革与发展的总体进程中各项组织理论的演进，包括政府组织目标和成员的确立、政府组织行为规范的创制和权力结构的建立、政府组织变革与发展的规律等。这些都体现了与人类社会进步方向的一致性以及进步过程的曲折性。对政府组织价值本质的宏观透视，即为对其总体发展的方向性与具体实践过程的多维体现之间的融合统一关联。①

其二，政府组织是协调社会组织整体发展的首要因素。政府组织作为一种特殊的国家组织，需通过依法行使国家权力来实现其对社会公共事务的管理职能，从而实现其组织目标。在这一进程中，应注意政府组织与其他组织的有机协调关系，因为政府组织的发展存在于社会整体环境之中。其要义有四：（1）一国政府组织的结构体制、职能目标、制度规范以及管理方式等各方面都具有内生性②，根源于本国历史环境，具有鲜明的自身特色。（2）政府组织的自身差异性不影响承担各种职能的各类组织在社会中的整体协调状态，各类社会组织在各领域中呈现整体协调发展之态势。（3）各类社会组织的整体协调发展并非绝对"均衡式"的发展，而是在各具特色、差异互补基础上所形成的组织功能相互促进、组织目标内在一致的"求同存异式"有机和谐发展。（4）在整体协调发展的组织体系中，政府组织始终担任核心主体的角色，通过其相互之间以及与非政府组织之间关系的协调，实现政府组织对社会全面发展所承担的使命。

---

① 参见教军章：《公共行政组织发展意义的理性视角》，载《上海行政学院学报》2007 年第 5 期。

② 参见教军章：《公共行政组织发展意义的理性视角》，载《上海行政学院学报》2007 年第 5 期。

其三，政府组织是建设法治政府的核心主体。法治是规则治理的事业①，是政府治理社会的一种方式。法治政府是建设法治国家的核心目标，是指由法律控制、约束政府组织的所有行为，尤其是约束政府权威以保护个人自由。②简而言之，法治政府就是依法行政的政府③，意味着对政府组织的约束。④政府组织在整个法治政府建设的过程中具有十分重要的地位，发挥着关键功能，一个国家政府组织的法治素养和活动直接决定了该国法律的实施状况和实施效果，甚至决定了该国法治政府建设的成效和命运。⑤因此，可以说，政府组织在法治政府建设中承担首要责任，政府组织的法治意识、法治思维和法治能力的强弱直接制约法治政府建设的实效。

其四，政府组织是实施现代行政的关键载体。政府组织作为行政权的行使者，在现代行政中承担重要角色，是实施现代行政的关键载体。其要义有三：(1) 政府组织为现代行政活动的开展提供了重要支撑。政府组织是行政法律关系中的重要主体，负责所有行政活动的推行。离开政府组织的支撑，行政活动就如同无源之水、无本之木。(2) 政府组织对现代行政目标的达成起着决定性作用。政府组织与行政目标二者之间呈现一种相辅相成、良性互动的关系，一方面政府组织的职能、构造、行为、责任等都取决于其行政目标的设置，行政目标的多元化，促进了政府组织职能的多样化、行政权的扩大化、构造的专业化等；另一方面政府组织的行政目标能否实现，也取决于政府组织的行政权范围是否明确、权责是否统一、整体设置是否协调、人员配置是否合理

---

① 张本顺、刘俊：《法治思维和法治方式在政府履行职能中的运用研究》，载《淮北师范大学学报（哲学社会科学版）》2016 年第 3 期。

② 参见司开林、刘俊奇：《法治政府的基本理论界说》，载《珠海行政学院学报》2013 年第 2 期。

③ 蒋晓伟：《法治政府的理论分析及其制度、能力构建》，载《行政论坛》2015 年第 2 期。

④ 刘路刚：《论全球化进程中法治政府的基本内涵》，载《河南大学学报》2005 年第 6 期。

⑤ 黄学贤：《法治政府的内在特征及其实现——〈中共中央关于全面推进依法治国若干重大问题的决定〉解读》，载《江苏社会科学》2015 年第 1 期。

等。(3)政府组织对行政价值的实现形成了重要影响。现代行政的价值追求主要体现为民主、公正和效率，其实现有赖于完备的行政法律制度，尤其是其中的政府组织法律制度，如政府组织的设置和建构、行政机构的革新等都应体现民主精神和公正、高效价值。

二、政府组织的类型

"组织是人类最广泛的现象之一，是人类生存的方式，是连接人与社会的中介。通过组织，将个人纳入群体网络之中，使各个具体的人与人类的社会联系在一起，因此可以说，没有组织就没有社会。"① 作为人类社会的基本组织形式，政府组织是社会运动的产物，并伴随着社会的发展而进化。从历史维度来看，政府组织大致经历了统治型、管理型和服务型三个发展阶段。在不同类型的政府组织中，政府的职能重心不同，其内涵、结构及方式也相应有所变化。

(一)统治型政府组织

我国有着几千年的封建社会历史。受此影响，我国是一个非常传统的统治型国家，整个社会结构长期以来呈现的都是一种高度组织化的状态。由于血亲连带、内部权力的高度等级制以及专制性，我国很早便建立了一套从中央到地方的等级化社会组织系统。与此同时，为了确保社会组织系统顺利有效运作，也形成了一种高度集权的统治型政府组织。

1. 统治型政府组织的基本内涵

"统治"是指政治权威通过控制、引导和操纵等手段对国家公共事务及其相关活动的管理，② 其特点是统治的权威来自政府，政府是治民的工具，其权力运行方向是自上而下的，通过制定和实施政策对社会公共事务进行从上至下

---

① 何颖著：《行政学》，黑龙江人民出版社 2007 年版，第 69 页。

② 沈寨：《从"统治"到"治理"——新中国法律发展的模式转变》，载《厦门特区党校学报》2009 年第 2 期。

的单向度管理。统治型政府是对近代以前传统农业社会中奉行王朝治理模式的政府组织的一种概称，其以维护等级秩序为主要目的，以政治统治为主要职能。它所奉行的主要理念是家国观念、家长观念和圣人观念，其运行的内在逻辑是承认在社会之上有一个独立存在的国家实体，这个国家实体是掌握在统治者手中的，而统治者又有着自身的特殊利益要求，政府则是专门服务于统治者这种特殊利益要求的组织。①

统治型政府组织的特点主要包括如下几个：一是政府作为"决定者"，地位十分突出，权威独大，没有从国家权力体系中独立出来，是国家和社会公共事务的唯一管理主体和权力中心，是统治的唯一合法主体和权威来源。政府以权力控制为导向，通过政策和命令来实现法制的实施，包揽一切国家和社会公共事务，拥有绝对的控制权，扮演"全能型政府"的角色。二是政府各项职能中的政治统治职能始终占据着绝对主导地位，在传统农业社会中具体表现为"前农业社会"阶段以"争夺土地"为核心内容的统治职能和"后农业社会"阶段以"使用土地"为核心要素的统治职能。② 概而言之，这是一种集权式的阶级统治职能，导致政府公权力的全面扩张。三是政府对社会的管理处于从属地位，一般仅限于维护法律秩序和征收赋税、兵役以及劳役等，这些仅仅是服务于阶级统治的一种工具③，政府对社会的服务职能则更加微弱。

2. 统治型政府组织的职能结构

政府组织职能重心及内涵的不同构成了不同类型政府组织之间的重要区别，而政府组织的结构设置又是与其职能配置相适应的。恩格斯曾言："政治统治到处都是以执行某种社会职能为基础，而且统治职能只有在它执行了它的这种社会职能时才能持续下去。"④ 在职能配置上，统治型政府组织集国家职

① 张康之著：《公共行政中的哲学与伦理》，中国人民大学出版社 2004 年版，第 218 页。

② 参见郑家昊：《论政府类型从"统治"到"管理"的转变》，载《天津行政学院学报》2013 年第 3 期。

③ 参见李艳：《当代中国政府模式选择定位分析》，载《长白学刊》2009 年第 5 期。

④ 《马克思恩格斯选集》第 3 卷，人民出版社 1995 年版，第 523 页。

能与行政职能于一体。其要义包含三个层面：一是统治型政府组织既履行政治统治之职责，又承担公共管理之任务，以政治统治为主导；二是在目标取向上，统治型政府组织以维护统治秩序或国家利益为核心，其公共管理职能服务于政治统治之需要，管理手段相应地以政治性、行政性、直接和微观为主，具有强制性、随意性和不可预见性①，集权色彩较浓厚，而不注重分权与协商；三是合目的性成为政府组织行使行政权的正当理由，即只要目的为可欲的，即视为承载这些目的的政府组织具有正当性。因而，政府组织之正当性不是建立在人民主权之上，而是基于政府组织实现目的的能力——或者统治者决定人民利益的能力。②

与上述职能配置相适应，统治型政府组织的机构主要是一种层级制，内部结构以"家长制"为典型模式。其要义主要包含三个方面：一是尽管政府内部存在简单的职能划分，设置有不同的行政机构，分别履行不同的职能，但总体而言，行政权主要集中于行政首长即君主之上。因此，行政首长即君主在整个政府组织中具有绝对中心地位，行政官员只不过是君主的家臣而已，对君主具有极大的依附性。二是强调自上而下的权威控制，强调下级对上级的绝对服从，政府组织以政府与官员为本位，主要管理对象是人，政府作用的实现途径主要是人治手段③。三是强调社会对政府统治的绝对服从，政府的职能和作用比较单一，主要通过控制手段来体现。

3. 统治型政府组织的行为模式

由于统治型政府组织具有高度集权的特征，政治与行政合二为一，行政从属于统治，所以基于专制统治理论，统治型政府组织实行的是统治行政模式④，强调用统治的方法来管理公共事务。相应地，单向度的行政命令成为统

---

① 参见钟崇盛：《论管理性政府形态的管理模式和理论的演化》，载《中国青年政治学院学报》2009 年第 3 期。

② 参见江必新著：《行政法制的基本类型》，北京大学出版社 2005 年版，第 51 页。

③ 参见罗忠桓：《政府模式比较分析与中国的阶段目标选择》，载《云南行政学院学报》2004 年第 1 期。

④ 参见钟崇盛：《论管理性政府形态的管理模式和理论的演化》，载《中国青年政治学院学报》2009 年第 3 期。

治型政府组织的基本手段。其要义主要包含如下三个方面：一是基于政府组织系统的层级关系，单向度的行政命令通常是纵向直线传达，它以权威和服从为前提，既要求下级政府组织必须坚决服从和执行，也要求社会在行动目标上必须服从统一的意志；二是基本上没有经济手段和法律手段；三是基本上不容许社会和个人的参与，无法容纳民主成分，政府与公民之间是一种"统治—被统治"和"命令—服从"的关系。

（二）管理型政府组织

近代以来，随着市场经济和资本主义的快速发展，社会事务的复杂性日益增强，建立在传统农业社会基础上的王朝治理模式逐渐遭受了挑战，政府组织的统治职能也开始有所分化，社会管理职能逐渐增强，民族国家和管理型政府组织相应诞生。管理型政府组织是对近代政府组织的概称，其时间跨度大致涵盖政府组织从19世纪末到20世纪中叶近一百年的发展阶段。

1. 管理型政府组织的基本内涵

作为一种现代政府组织的基本形态，管理型政府组织的理论根据主要来源于"政治与行政二分"原则。该原则主张政府的行政管理任务虽然是由政治加以确定的，但却并都不是政治问题。政治与行政是两种基本的政府功能，存在于所有的政府体制中。前者主要是指国家意志的表达，后者则是指国家意志的执行。① 在"政治与行政二分"原则的基础上，在市场经济孕生的近代社会中，在统治型政府模式转型的进程中，企业管理中的一些技术手段开始被广泛运用于政府组织管理之上，从而形成了一套相对完备的新型行政运行体制，也即管理型政府组织。

管理型政府组织是指选择以管理目标为核心的行政制度体系，其扬弃了统治型政府组织围绕统治目标所形成的制度。它主要具有如下几个特点：一是在政府职能上，管理型政府组织在市场经济中的交换关系的基础上，经历了从以

---

① 参见［美］弗兰克·J.古德诺著：《政治与行政》，王元、杨百朋译，华夏出版社1987年版，第9~11页。

政治统治为主导向以社会管理为主导的政府职能转换①，并在行使社会治权时运用了"保护型职能"和"干预型职能"，在对"保护型"②和"干预型"③职能模式的使用和完善中实现了经济发展与社会进步。二是在行政运行体制上，管理型政府组织源于马克斯·韦伯的官僚制组织，其主张官僚集权组织是一种理想的组织结构，证明了政府组织的运行模式从小规模的企业管理过渡到大规模的专业管理的嬗变过程，④其中，"纪律化""机械化"等管理理念极大地提高了行政效率，促进了政府组织更好地承担社会管理职能。三是在行为模式上，管理型政府组织基于管理公共事务的主要职能，实行公共行政的政府管理模式。该种政府组织的管理内涵和管理外延都得到了大幅度的"扩张"，其范围大致涵盖经济、文化、卫生、科技以及教育和医疗保障等多个领域，政府组织的管理手段也从传统的"政治强制和微观直接"的方式调整为"经济手段、法律手段和宏观间接"的方式。⑤

2. 管理型政府组织的职能结构

在职能配置上，管理型政府组织的行政与政治两种职能相分离。其要义主要包含如下三个层面：一是政府组织的政治职能被剥离，其基本职能转向公共事务管理领域。二是政府组织的目标转向社会管理层面，尽管政府组织的良好运行及其效果在客观上很可能成为维护政治统治的重要因素，但至少在主观上，维护政治统治不再是政府组织唯一的、最高的目标。行政权与立法权的相分离通常被认为是管理型政府组织形成之标志。这其中，立法组织专司国民意

---

① 张康之著：《公共行政中的哲学与伦理》，中国人民大学出版社 2004 年版，第 218 页。

② "保护型"职能是指政府组织担任"保护者"或"守夜人"的角色，在不干涉市场运行的同时，以"看不见的手"为市场成长提供保护的职能，包括防止市场形成垄断、保障竞争环境、保护良好有序的经济秩序和安全等。

③ "干预型"职能是指政府组织担任"主导者"或"调控者"的角色，基于公共利益和社会融合的考虑，以"看得见的手"对社会经济实行干预的职能，其与"保护型"职能的最大差别在于，是置身市场之外保护市场，还是融入市场中控制和干预市场。

④ 参见［美］丹尼尔·A. 雷恩著：《管理思想的演变》，中国社会科学出版社 1986 年版，第 253 页。

⑤ 李艳：《当代中国政府模式选择定位分析》，载《长白学刊》2009 年第 5 期。

志之表达，此过程即协调各阶层、各利益集团之利益冲突的政治过程；政府组织则专司国民意志之执行，此过程乃行政人员依据管理科学和技术理性而为行政活动的过程，其目标主要在于社会管理本身，并与统治目标保持某种程度的"隔离"。三是政府组织的社会治理方式"以管理为轴心，政府及行政人员以管理者面目出现，参与对社会、经济事务的管理与协调"①。在内部结构上，管理型政府组织以"官僚制"为典型模式，是一种依职能和职位的分工与分层决定权力，以规则作为管理主体的管理方式的组织体系。

3. 管理型政府组织的权威来源

不同于统治型政府组织的政治权威，管理型政府组织的权威主要源自于法律。其要义包含三个层面：一是政府组织管理的权力是建立在一整套为所有政府组织成员共同认可和接受并自愿严格履行的正式规则基础之上的。这些正式规则的制定以及内容排除了个人情感等一些主观因素，而是由政府组织目标以及实现政府组织功能需要等这些客观因素决定的。二是成文的法律规定了政府组织内部各部门和各层级的职权范围。虽然管理型政府组织也是以"命令—服从"之纵向作用模式来履行职责的，但下级对上级的服从不是基于血统论、世袭制或情感依恋，而是基于行政共同体各组成分子之于行政体系中的等级制的认同——这种构建政府组织秩序并为行政体系各组成分子所认同的行政等级制，是由公布周知的成文法律所确认的。这就意味着，在管理型政府组织中的"命令—服从"关系，本质上是一种法律关系，其中"命令"是基于法律的授权，而"服从"则源于对法律的尊重。三是效力成为组织运行的核心追求，法律和技术成为行政管理的基本手段，在组织运行过程中还可以容纳有限的民主成分。

(三) 服务型政府组织

步入后工业社会后，管理型政府组织的一些弊端开始逐渐显现出来，继而影响到社会治理的实效。针对管理行政出现的不足和缺陷，服务型政府组织的

---

① 参见尹钢、梁丽芝主编：《行政组织学》，北京大学出版社 2005 年版，第 20 页。

理念于 20 世纪 20—30 年代应运而生。政府不再是社会治理中的唯一主体，社会公共组织在社会治理中的作用日益重要。

1. 服务型政府组织的基本内涵

服务型政府组织最初是由"服务行政"演化而来的。"服务行政"一词最早见诸 1938 年德国行政法学家福斯多夫发表的《作为服务主体的行政》一文中①，其后在我国理论界逐渐得到引述和阐释。服务行政是在计划经济向市场经济转型的过程中产生的，是与传统农业社会的统治行政模式及近代的管理行政模式相区别的一种崭新的政府行政模式，意指一国政府基于提供国家福利和满足社会正义的需求②，向公众提供服务，它具有公正、为人民服务等特点。服务型政府组织的内涵，可以从不同的角度予以界定：一是从社会分工的角度而言，由于在新的历史条件下出现新的社会分工，致使政府组织的角色发生变化，由原先的控制者演变为服务者，因此服务型政府组织就是在遵从民意的基础上，为公众提供与其公共利益相关的公共服务的政府组织。③ 二是从政府职能演变的角度来看，政府的法定职能并非一成不变，而是随着社会和经济的发展而不断发展的，服务型政府组织就是在政府职能由强制性控制转为公共服务传输、政府目标由引领经济增长转为供应公共产品④的过程中衍生的一种新型现代政府组织。三是从社会与政府的关系来界定，由于政府和社会之间并非矛盾关系，而是正向促进关系，政府组织通过为公众提供公共服务，促进了社会的稳定和发展。因此，服务型政府组织是以公民本位为价值导向，由公民意志建立，并以为公民服务为宗旨，承担相应服务责任的政府组织类型。⑤

对于服务型政府组织的内涵，上述三种界定都有其独特的理论视角，但同时也存在理论的耦合性。无论从何种角度进行界定，服务型政府组织都必须以

---

① 张克书：《"服务行政"理论批判》，载《行政法学研究》2002 年第 2 期。
② 参见陈新民著：《公法学札记》，中国政法大学出版社 2001 年版，第 105 页。
③ 参见中国海南改革发展研究院编：《建设公共服务型政府》，中国经济出版社 2004 年版，第 19 页。
④ 张康之：《行政道德的制度保障》，载《浙江社会科学》1998 年第 4 期。
⑤ 刘熙瑞：《服务型政府——经济全球化背景下中国政府改革的目标选择》，载《中国行政管理》2002 年第 7 期。

公共利益与公共责任为基本导向。其要义包含如下三个方面：一是政府组织据以行政的权力是一种公共权力，这种公共权力的本源在于公民全体，它不仅应当恪守为公民服务并受公民监督之本分，亦当恪守"公民第一""越权无效"之法则；二是政府组织乃公共利益的代表和体现，满足公共需要、实现公共利益乃政府组织之合法性的构成要件；三是整合公共资源、提供公共产品、承担公共责任乃政府组织的核心旨趣。立基于此，政府组织建构之重点也由行政机构如何组织、政府组织如何实现对社会的有效管理等方面转移到政府如何以"服务"的角色采取诱导性和服务性的管理方式为社会综合发展提供全方位的优质服务上来。① 总而言之，服务型政府组织要求政府结构功能和运行方式的转变，强调政府为所有人服务，为一切对象服务。② 它与管理型政府的本质区别在于其推崇民本位而非官本位、社会本位而非政府本位、权利本位而非权力本位。在这种组织类型中，政府与社会不再是管理与被管理式的主客体对立关系，而是一种双方皆为主体的合作关系；行政管理的高效性作为政府组织追求的价值目标不再具有唯一性，服务转变为最高价值。

2. 服务型政府组织的功能定位

政府组织的功能，即政府组织在管理社会公共事务的过程中所发挥的作用和功效，具体可表现为政治统治、经济调节、市场监管以及社会管理和公共服务等多个方面。尽管服务型政府组织是由统治型政府组织发展而来的，但政治功能仍然是其核心，因为国家职能的核心就是维护统治阶级的利益，政府组织作为国家职能的执行主体，必然会表现出鲜明的政治性。任何国家的政府组织都必须履行相应的行政职能，而政府的行政过程不是纯粹的机械的技术过程，它亦不能回避"政治和价值"问题。其要义包含如下三个方面：一是远离政治的行政并不存在。如果说所有的法律都承载着某种意义上的政治意图，那么作为执法者的行政就必然承载着实现这种法律化的政治意图的职能。二是公民

---

① 参见尹钢、梁丽芝主编：《行政组织学》，北京大学出版社 2005 年版，第 33 页。

② 魏爱云：《服务型政府：政府改革的目标选择——专访北京大学政治发展与政府管理研究所所长、教授谢庆奎》，载《人民论坛》2006 年第 5 期。

生活即最高政治。在服务政府理念下，行政的政治职能由过去赤裸裸的"为政治统治服务"转变为"为公民生活服务"。三是行政的过程也是价值导向的过程。如果说公平公正的行政是引领整个社会迈向公平、公正之境界的主导性因素之一，那么以公民参与为基本方式的行政民主则构成了社会民主与政治民主发展之引擎。

3. 服务型政府组织的价值取向

服务型政府组织的价值取向既体现了其作为一种新型政府组织形态的本质特征，又反映了在现代民主政治发展要求之下建设服务型政府的根本要求，主要包括如下三个方面：

其一，以公民为中心的人本价值。服务与人本联系紧密，两者都要求尊重人，尊重权利，主张政府和社会、官员和公众之间的平等，为人性的充分发展提供一切便利。正是具备此种平等意识，服务才真正成为了服务型政府组织的价值取向之一。① 服务型政府组织立基于公民本位、社会本位理念，以公民的需求为中心，以为公民服务为宗旨，以维护公共利益为根本目标。它打破了统治型政府组织形态中政府本位的理念以及管理型政府组织类型中公民主导性受限的僵局，将公众提升为社会治理的主体要素，由此实现了公民本位和权利本位的回归。

其二，以服务为根本的职能价值。现代政府组织首先应是职能科学合理的政府组织，这是现代政府组织的基本前提和基础。所谓职能科学合理，在不同社会背景和不同历史时期的具体含义不同，但只要与其社会基础相适应的，就是科学合理的。在服务型政府组织类型中，对政府服务职能的推崇和对公共利益的追求，就是服务型政府组织建设的最终目的和评判标准，它贯穿于政府结构调整及其职能运行的整个过程。② 因此，服务型政府组织的标志即在于"服务"核心地位的确立，它是政府的价值归属，意味着行政的本质不在于管理而

① 高猛、陈炳著：《走向社会建构的公共行政》，浙江大学出版社 2013 年版，第 120 页。

② 杨艳：《服务型政府的概念、模式与构建路径》，载《学习论坛》2014 年第 7 期。

在于服务。其要义有如下三个方面：（1）"服务"。此乃行政的基本方式。基于服务理念，行政目标取决于公民愿景与合法期待，政府职能由控制管理转变为传输服务，政府组织角色也因此由原来的控制者转变为组织者和服务者。（2）"能动"。此乃服务行政的内在要求。为履行其服务职能，政府组织须摆脱"管得越少的政府即是越好的政府"之观念，改变其社会生活消极被动之态度，能动积极地为公民提供"从摇篮到坟墓"的全方位服务。①　（3）"效率"。服务也许会迟到，但不能总迟到。公民可以容忍偶尔迟到的服务，但不能容忍总是迟到的服务。基于"效率行政"之需要，政府有必要通过委托合同等方式将本来属于自己的公共事务转交给第三部门来实施，政府直接干预社会的职能范围也因此渐次收缩，其刚性控制手段之应用也随之减少，政府组织非强制性的行政指导、行政合同和行政调解的事务逐渐增多，由此便催生了"第三部门行政模型"。②

其三，以参与为特征的民主价值。作为民主政治的核心之一，公民参与是指公民试图影响公共政策和公共生活的一切活动③，它是实现政府善治的必要条件，亦是实现民主价值和意义的必要途径，更是构建政府与公民及社会合作关系的重要载体。服务型政府组织中的参与，主要体现为如下两个方面：一是以公民为服务导向，扩大政府决策过程中的公民参与；二是以社会和服务对象的评价为主，扩大公民在政府公共服务中的影响比重。服务型政府组织对公民

---

① 李东方：《近代法律体系的局限性与经济法的生成》，载《现代法学》1999 年第 4 期。

② 这种理论模型肯定了政府组织之外的其他公共组织的地位和作用，反映了 20 世纪 80 年代以来的政府组织发展的大趋势，昭示了政府组织管理方式的转变，政府组织弹性化、开放性等品质。其特点在于：①公共事务往往由多人的董事会或委员会进行管理，代表多元利益的候选人遍布其中；②在很多方面政府成为代理人政府，许多政府工作通过合同委托给第三部门完成，政府官员处理这些事务时无法行使自己的等级权力；③政府不可能轻而易举地监督组织之外的代理商，除非损害了该项目和所服务的公共利益，政府不能随意利用等级命令来取消合同；④政府组织不是孤立地处理公共事务，它们往往与其他公共组织形成一个网络，通过组织互动来实现目标。

③ 贾西津主编：《中国公民参与：案例与模式》，社会科学文献出版社 2008 年版，第 1 页。

参与的追求，体现了政府与社会之间良好的互动与合作关系①，由此形成了由传统的政府本位的单向治理走向政府与社会公众基于平等观念之上的信任合作、互动共治的合作治理。

上述三种政府组织形态的转变，是统治和管理、管理和服务此消彼长的动态变化过程。② 三种政府组织类型的存在都并非独立和排他的，即并非以统治型政府为特色的农业社会就不存在政府的管理及服务，也并非服务型政府为主的后工业社会时期就绝对排斥政府的统治和管理。事实上，这三种类型的政府组织型态是共存的，每个历史时期由于政府职能的转变而以某一种类型的政府组织为主，寓其他政府组织型态的特点于其中，只是侧重点有所不同而已。

三、政府组织的功能

功能意指某种事物所具有的对特定时空范围内的对象施加影响或作用的客观能量及其可能功效，是对象能够满足某种需求的一种属性。"组织的功能是组织系统产生的功能，为了形成组织的功能，构成组织的要素必须构成一定的结构层次。相同的要素互不相关是不会产生组织功能的，结构不同功能也会改变。所以，组织的系统从其客体方面来说，也就是组织的结构层次性。"③ 据此，政府组织的功能是指其对国家与社会公共事务施加作用或影响的客观能量及其可能功效④，其核心包括型构与整合功能、沟通与治理功能以及服务与保障功能三个层面。

（一）型构与整合

制度型构功能，意指政府组织在整个国家法律体制的型塑与构造方面之能

---

① 聂华林、王桂云：《公民社会视角下的服务型政府构建：功能定位与路径选择》，载《社会科学家》2011 年第 9 期。

② 燕继荣：《服务型政府的研究路向——近十年来国内服务型政府研究综述》，载《学海》2009 年第 1 期。

③ 张尚仁著：《组织学》，福建人民出版社 1987 年版，第 131 页。

④ 江国华著：《中国行政法（总论）》，武汉大学出版社 2017 年版，第 121 页。

量与功效。其要义具体有三：（1）政府组织系国家宪法体制不可或缺的组成部分，是判断国家宪法体制完整性的基本标志，其拥有国家宪法赋予的合法权力，同时其权力受宪法的制约。无行政即无宪法，政府组织需要通过特定的行政行为和行政过程来体现宪法中的公共权力意志。（2）在整个宪法体制中，政府组织是最活跃并最具变革精神的因素，是推动宪法体制走向完善的最持久的内在驱动力。具体而言，宪法体制中的人民主权观念为政府组织为"人民服务"理念的构建提供了理论依据，所有体现现代宪制精神的政府管理行为都必须立足于对最大多数人根本利益的真实关怀。① 另外，宪法体制中的权力制衡观念为政府组织权力监督机制的构建提供了制度上的保障，政府组织通过对其权力的约束，内在地推动了宪法体制的完善。（3）政府组织是国家行政体制的基本内核，整个国家的行政体制正是围绕政府组织这个基本内核构建而成的。

资源整合功能，意指政府组织对行政要素乃至政治要素进行有机组合，从而形成有价值、有效率之整体，并最终达成整体与各分散要素之效能双重最优。其要义具体有二：（1）政府组织系各行政要素有机联合的必要条件，诸如行政目的、行政职权以及行政手段等要素必须借助于政府组织才可联合成一个有机整体②；（2）分散的行政要素只有在良好的组织中才可达至功能最优。政府组织既是行政要素有机组合的产物，也是行政要素发挥功能的必要条件。但各行政要素功能之发挥程度，还取决于政府组织本身的科学与规范程度。

（二）沟通与治理

行政沟通功能，意指政府组织在行政体系与外界环境之间，以及行政体系内部之情报传递、信息交流以及感情疏通等方面的能量与功效。其要义具体有三：（1）行政体系是一个开放的系统，它必须与其所存在之环境不间断地进行信息对流，方能维续系统的有效运转及其功能的正常发挥。正是在这个意义

---

① 黄健荣、余敏江：《论公共管理与宪政》，载《江苏社会科学》2004年第2期。
② 参见尹钢、梁丽芝主编：《行政组织学》，北京大学出版社2005年版，第5~6页。

上说，沟通乃科学行政的基本方式和行政民主的基本要素，无沟通既无行政科学，也无行政民主。那些分布于行政体系之中不同位置的各类政府组织，便构成了行政沟通的媒介和桥梁，无组织即无沟通。（2）在行政沟通过程中，政府组织实际上担负着双重角色，它既是系统内信息即行政信息的输出者，同时又是系统外信息的接收者。正是借助于政府组织的这种沟通作用，各种行政信息才能够得以实现对外输出，各种外部情报也能够得以成功输入行政系统。（3）在行政系统内部，政府组织是实现其各部门之间、层次之间以及人员之间有效沟通与成功交往的一个必要条件。政府组织不仅为这种沟通提供了适宜的场域或平台，而且与所有的社会组织一样，政府组织为各组成分子之交往与沟通预设了程序和规则。

国家治理功能，意指政府组织在贯彻国家意志、达成公共目的、实现社会善治等方面的能量与功效。其要义具体有三：（1）现代国家的意志通常渗透于法律之中，故法律的实现程度在相当程度上决定了国家意志的实现程度；但徒法不足以自行，抽象的法律原则与规范必须借助于执法与司法等环节，才可能转变为现实的权利义务关系；政府组织作为专门的法律执行机关，执法的过程构成了法律即国家意志实现的必要环节。（2）在现代社会，尽管公共目的之实现有赖于多元主体的协力与合作，但主要公共目的之实现仍然取决于公共行政；政府组织乃公共行政的基本主体，在某种意义上说，"达成公共目的"与其说是政府组织的一项功能，不如说是政府组织的内在需要，因为正是"公共目的"构成了现代行政的基本宗旨及其合法性的基本指标。（3）为执行法律并达成公共目的之需要，政府组织拥有制定行政规则、作出行政决策、发布行政命令并采取必要的行政措施等多项职能。这些职能与法律的有效执行一道，构成了社会善治的必要条件。可以说，在现代社会，没有政府组织的出色工作，社会善治是不可想象的。

（三）服务与保障

社会服务功能是政府组织对社会公共事务的管理中最大的一块内容，意指政府组织在社会生产、社会生活和社会发展等方面的能量与功效，其成效直接决定了政府组织的兴衰甚至国家治理的成败。① 政府组织的社会服务功能主要体现于政府组织对社会公共事务进行管理和服务的过程之中。其要义具体有三：（1）政府组织之于社会生产的功能。广义的社会生产意指人类从事创造社会财富的活动和过程，包括物质财富、精神财富的创造和人自身的生育；狭义的社会生产则仅指创造物质财富的活动和过程，其核心即经济生产。政府组织具有社会生产服务功能，可概括为两大方面：一是可以通过严格执行法律，创造并维护一种规范、有序、公平的环境，从而使各类社会生产在此环境中得到健康发展；二是能够通过各种政策工具和经济杠杆，引导社会资源的合理流动，从而促使社会生产结构与社会资源利用效率之双重优化。（2）政府组织之于社会生活的功能。在其狭义层面上，社会生活意指社会日常生活，其内容主要表现为个人、家庭及其他社会群体在物质和精神方面的消费性活动，包括吃、穿、住、用、行、文娱、体育、社交、学习、恋爱、婚姻、风俗习惯、典礼仪式等广泛领域。政府组织在社会生活中的服务功能表现在两个方面：一是调节功能，即运用法律和政策等手段，调节社会分配、组织社会保障、优化生活秩序、提高社会生活整体水平；二是促进功能，即借助于法律、政策与经济措施，促进社会化服务体系的建设、社会自我管理能力的提高及公民社会生活的可持续发展。（3）政府组织之于社会发展的功能。发展是人类社会的存在方式，也是其永恒不变的主题。政府组织之于社会发展的服务功能大致可概括为两个方面：一是"掌舵者"的功能，即政府乃社会发展的掌舵者，它规划社会发展之未来，引领社会发展之方向；二是"清道夫"的功能，即政府乃社会发展的清道夫，它疏通社会运行之脉络，清理社会发展之路障。

人权是指在一定的社会历史条件下每个人按其本质和尊严享有或应当享有的基本权利，尊重和保障人权是文明社会的基本标志。在一般意义上，政府组织之于人权之保障功能，意指其在维护人之自由和平等，促进人之生存和发展等方面的能量与功效。其要义具体有三：（1）提供社会保障。社会保障是对公民基本生存条件即人之为人所应当具备的最低限度的尊严的保障，也是对社

---

① 郭圣莉、应艺青编著：《行政组织学》，华南理工大学出版社 2012 年版，第 18 页。

会经济活动正常运行的保障。一个国家的社会保障体系应当包括社会保险、社会救济、社会优抚和社会福利这四大体系。相应地，政府组织在社会保障方面的服务功能，理应涵盖这四大社会保障体系的内容，譬如，通过社会保险体系提供政府在养老、医疗、失业和工伤保险等方面的政策支撑和服务保障，通过社会救济体系保证陷入困境的公民能够得到政府的救济和社会的帮助。① （2）提供公众基础设施，为社会的物质资料生产和公众生活提供便利；保护环境，通过直接控制、罚款或经济补贴等多元化手段减少环境污染，为公民提供优良生活环境，实现可持续发展。② （3）维护社会秩序，惩戒侵权行为，并为人权提供行政救济。

第二节　政府组织学

政府组织学是一门与政府部门的理论与实践紧密结合的学科，它属于组织学的分支，其产生和发展源于组织学的发展和完善。因此，对政府组织学的探讨基本上都是围绕着组织学展开。

一、（政府）组织学的起源

组织学深深植根于社会学，成为社会学所派生的一个学科。社会学理论体系中的社会组织是一种既有别于初级群体，又有别于社区的中观社会结构，一种有别于组织类型单一、组织结构不分化、组织功能普化的传统社会组织的现代社会组织。③ 它意指人们为执行某种社会职能、完成特定的目标而建立的共同活动的群体④，是一种有特定目标的协作系统，发端于古代社会，其后伴随

---

① 倪星主编：《行政组织学》，北京师范大学出版社 2011 年版，第 9 页。

② 参见尹钢、梁丽芝主编：《行政组织学》，北京大学出版社 2005 年版，第 8~9 页。

③ 参见刘祖云等著：《组织社会学》，中国审计出版社、中国社会出版社 2002 年版，第 3~4 页。

④ 邓伟志主编：《社会学辞典》，上海辞书出版社 2009 年版，第 19 页。

着工业化和社会现代化的发展而普遍出现。自 18 世纪英国工业革命以来，具有特定目标和功能的社会组织逐渐介入人类社会生活的各个方面和领域，成为社会生活的基本单位。

（一）结构主义思潮的兴起

"结构"一词来源于拉丁文"structura"，原意为部分构成整体，后派生出"结构主义"。结构主义理论肇始于 20 世纪 50 年代的法国，60 年代又广泛流传于欧美等其他国家。在这一时期，由于科学技术大革命的推进，科学发展开始趋向于一体化和整体化，整体性的观点和方法（即结构的方法）也由此得到社会学界的广泛认同，此乃结构主义产生的时代背景。

结构主义之于组织理论研究的影响主要有三：（1）提出了组织结构的整体性特征。法国实证主义哲学的创始人孔德主张，社会与生物有机体极为相似，是一种有规律的结构，是一个由各种要素组成的整体。但社会结构的复杂性更甚，其多样化的集团、阶级和组织需要更好地平衡与和谐、分工与协作，因而需要具备一定的机构——国家和政府。① （2）提出了组织的功能需求。在孔德的社会结构思想基础之上，英国实证主义哲学家斯宾塞进一步论述了社会与生物有机体在本质上的相同点，同时提出"超有机体"概念，认为社会是各阶级、各部门、各组织高度结合的超有机体，需要更高层次的平衡，由此提出人类对社会组织在生产、分配与循环以及调节方面的三种功能需求，通过社会组织所发挥的既有功能来解释各种社会组织存在的合理性，此即"结构功能主义"。（3）提出了组织结构的自主存在问题。法国的社会学奠基人杜尔凯姆围绕社会结构和社会秩序，强调社会整体的优先位置——组织结构的自主存在问题，主张人们的思想结构反映了社会组织结构的秩序，且在反映的过程中加强了这些秩序。②

---

① Auguste Comte, *System of Positive Polity*, London, Longmans Green, 1975, pp. 241-242.

② Emile Durkheim, *The Rules of Sociological Method*, New York, Free Press, 1964, p. 65.

可见，结构主义者强调整体性研究，反对孤立和局部的研究；重视认识事物的内部结构，淡化单纯探讨外部现象；肯定内部因素研究，否定外部因素探讨。① 虽然结构主义理论并未完全聚焦于组织理论的研究层面，但不可否认，其为组织学的诞生起到了添砖加瓦的铺垫作用。

（二）官僚主义思想的发展

17—18 世纪，伴随机器大工业的迅速发展，人类步入了工业社会。德国著名社会学家马克斯·韦伯所构建的符合工业社会特征的理性官僚制组织，被认为是推动组织学快速发展的重要力量。组织研究由此成为当时社会科学研究的一个热点。韦伯认为组织是各种各样的，但从结构的整体性观点出发可以抽象出它们的基本特点，从而形成一个理想类型，即官僚制。官僚制揭示了组织的深层结构，突出了组织结构中的本质特征，认为组织是一种封闭式的科层结构。据此，韦伯提出科层制组织的特点：一是一种理性组织，通过严格的规章制度和等级制度提高效率；二是一种专业化组织，科层组织内的官员通过专业训练成为专业化人员，实行专业化管理，因而"在明确性、稳定性、纪律的严格性及可依赖方面，它都比其他形式的组织优越"②。

韦伯的层级官僚制组织理论可谓组织社会学研究的一个起点。在很长一段时间内，组织社会学的研究都是围绕正式组织即韦伯式的组织而展开的，它关注正式组织结构及其产生原因。譬如，哥伦比亚学派的著名社会学家布劳、古尔德纳、塞尔兹尼克等针对不同的科层制组织进行个案研究，卡纳基—梅隆学派的学者们从有限理性的角度研究组织行为，法国社会学家克罗泽研究法国的两个政府机构并形成经典著作《科层制现象》，等等。可见，韦伯的层级官僚制组织理论的盛行极大地促进了组织学研究的发展，继而形成了一个组织学研究的黄金时代。

---

① 参见高猛、陈炳著：《走向社会建构的公共行政》，浙江大学出版社 2013 年版，第16~17 页。

② ［德］马克斯·韦伯著：《经济与历史 支配的类型》，康乐等编译，远流出版事业股份有限公司 1996 年版，第 22 页。

（三）结构主义的流变与官僚制理论的变迁

20 世纪中后期，结构主义内部开展了理论批判。同时，在公共行政领域，行为主义科学、组织人本主义以及比较公共行政等诸多理论逐渐兴起，许多组织社会学的学者开始探究现实生活中的组织对韦伯式科层制组织理想模式的背离现象，由此导致官僚制理论发生迁移。

这一时期，组织学的理论研究呈现一种多元化的样态。美国著名行政学家古德诺针对政治与行政的关系，在"政治与行政二分"原则基础上进一步发展，提出"相对地二分"观点，认为二者之间并非结构的二元对立，而是功能的类型划分，从而将学界对官僚组织的研究焦点由结构层面的静态转移至对结构功能、决策活动的动态研究，在一定程度上修正了结构主义过于强调结构静态研究的弊端。① 德国社会学家米歇尔斯着眼于组织的局限性和弊端，认为组织被上层的精英所垄断，最终将导致组织的两极分化，由此提出了"目标替代"这一著名概念，主张实际上很多组织的正式目标在组织演化过程中都被替代了。② 对"目标替代"现象的研究成为该时期一个非常重要的方向。又如，20 世纪 50 年代兴起的人本主义思想促使官僚组织中"人"的因素逐渐凸显重要性，为服务型政府组织的构建奠定了基础；20 世纪 70 年代末展开的"组织与环境之间的关系"这一研究主题衍生了资源依赖理论和组织学习理论，极大地丰富了组织社会学的内容。可以说，这一时期是组织学研究百家争鸣、百花齐放的鼎盛时期。

上述组织理论研究的发展路径表明，随着社会的发展和进步，组织社会学日益受到重视，研究的内容不断充实，范围逐步扩大，研究旨趣从对原理原则的探究转向以现实问题为中心，研究方向也逐步趋向于对系统理论、管理理念、组织结构、组织行为等方面的综合研究。

---

① 参见高猛、陈炳著：《走向社会建构的公共行政》，浙江大学出版社 2013 年版，第 24~25 页。

② 参见周雪光著：《组织社会学十讲》，社会科学文献出版社 2003 年版，第 13 页。

二、（政府）组织学的流派

组织社会学中的组织理论如同生物进化般连续不断地演变，其演变的过程也是权变观念的本质所在。与其他社会学领域相比，组织社会学拥有脉络分明、发展有序的各种理论流派。早期的组织理论大体上可以划分为三个学派，包括管理学派、人际关系学派以及结构学派。早期的组织社会学主要是在结构学派的基础上吸收管理学派和人际关系学派的成果发展起来的。

（一）管理学派

随着工业革命的爆发，整个社会制度和经济结构都发生了非常重大的变化，人类对管理与组织问题也开始了较为系统的思考和研究，逐渐形成了较为完整的组织管理理论体系。围绕组织管理理论展开研究的学者们被称为管理学派，主要包括科学管理学派和行政管理学派。

1. 科学管理学派

被誉为"科学管理之父"的弗雷德里克·泰勒，是科学管理学派的创始人，其将组织理论蕴含于科学管理理论中，最早提出了组织的管理原则。其认为组织是为了达到某个共同而明确的目的，通过分工和职能的分解、权限和责任的等级分层，以合理地协调人们的活动[1]。

以泰勒为代表，科学管理学派提出了许多与组织管理有关的思想，主要包括如下五个方面的内容：（1）提高效率是组织管理的核心问题，是一切组织和管理原则的出发点和归宿点。泰勒认为生产效率的巨大增长是将文明国家与非文明国家区别开来的重要标志，他通过对工作时间和行为的详细分析，提出了工作定额原理，以提高生产效率。（2）提高组织效能的关键在于挑选对工作具有兴趣和能力的一流工人。对此，泰勒提出促使每个员工与其工作岗位相适应、加强对员工的技能培训，乃组织管理的重要职责。（3）对管理活动进

---

[1] 刘祖云等著：《组织社会学》，中国审计出版社、中国社会出版社2002年版，第36页。

行科学分工。泰勒认为，一个好的组织，应将其计划职能与执行职能分开。其中，计划部门是关键，主要任务是实行调研并据此制定具有科学依据的定额和标准化的操作方法，执行部门的职责则在于依计划部门的指示和方法进行具体操作①，至少应有八个部门来分头执行，从而改善了组织中计划和执行职责混合不清的旧式体制。（4）实行工资激励制度，按组织成员的绩效来支付报酬，鼓励良性竞争；细分组织的管理工作，使所有的工长只承担一种管理职能，从而为组织管理的专业化发展奠定了基础。（5）实行组织控制的例外原则。通过组织中高管对例外事项决策权的保留和对一般事务权力的分流，为组织管理中的分权化原则提供理论基础。

科学管理学派的理论对当今社会的组织管理产生了非常深远的影响，并在世界范围内掀起了一场组织管理效率运动。这其中，科学管理学派许多思想也为之后的行政管理学派所采纳。

2. 行政管理学派

行政管理学派的代表人物是被誉为"管理理论之父"的法国古典管理理论学家亨利·法约尔，他认为各种社会组织尽管目标不同，遇到的情况各异，但存在结构与程序上的共同性。

该学派的主要贡献在于，其在吸收科学管理学派思想的基础上，以实践经验为指导，从各种组织的共性中归纳出可以普遍适用于各种组织的十四条管理原则。② 该学派特别强调命令统一原则，即在组织的管理工作中要实行统一领导，也就是采用直线式组织结构，采用一种单一的、直接的命令系统，以消除多头领导、政出多门的不良现象。

该学派的理论研究完善了泰勒的科学管理学派思想，两者的最大区别是，科学管理学派侧重于从微观角度探讨、关注组织效率和个体任务；行政管理学派倾向于从宏观层面分析组织管理的体系，重视组织行政管理层面的效力以及

---

① 参见张成福主编：《行政组织学》，中央广播电视大学出版社 2008 年版，第 23 页。
② 主要包括实行专业分工、权力与责任相一致、遵守纪律、统一指导、命令统一、个人利益服从组织利益、工作报酬合理、权力集中、等级链关系明确、秩序合理、公平、人员任期稳定，等等。

这种效力如何在总体上影响组织职能。①

（二）人际关系学派

人际关系学派源于早期的工业心理学研究，其主要代表人物是美国的社会学家乔治·梅奥。他们的研究构建于 1924—1932 年的霍桑试验基础之上，通过试验对组织中的人、人际关系和非正式结构展开研究，进而证明了这样的一个原理：影响生产效率的因素不仅包括组织成员的生理和物理方面，而且还包括社会环境和社会心理等方面的要素。乔治·梅奥撰写并出版了《工业文明中的人的问题》和《工业文明中的社会问题》两部著作，系统阐述了该项理论。

人际关系学派的观点有很多，但归纳起来主要包括如下三个方面：（1）组织是一个社会系统，其成员的作用以及各种可能与正式组织的标准相矛盾的标准在该组织中得以确立。（2）组织的管理需要优先考虑成员的社会心理因素，因为人是"社会人"而非"经济人"，组织成员的行为受人际关系、感情、情绪与态度等社会方面和心理方面因素的影响，进而影响组织的生产效率。（3）在社会组织中除了有目的地设计和建立的正式关系体系外，还存在着以感情、个人的实际作用等为基础的非正式关系体系，且非正式组织对组织效率起着重要影响。

人际关系学派在纠正管理学派"过于强调组织结构与管理技术而忽视人的因素"这一缺点上贡献较大，但其实也存在一些偏颇之处。这其中，最为典型的是人际关系学派过于重视组织成员的社会心理方面的影响，强调非正式组织的作用，而相对忽视了理性与经济因素。②

（三）结构学派

结构学派的代表人物首推德国著名的社会学家马克斯·韦伯，他于 1889 年完成的博士论文《中世纪企业组织对历史的贡献》是第一部从社会学角度

① 郭圣莉、应艺青编著：《行政组织学》，华南理工大学出版社 2012 年版，第 25 页。
② 张成福主编：《行政组织学》，中央广播电视大学出版社 2008 年版，第 28 页。

来论述社会组织的论著。

韦伯对组织理论的最大贡献是其创新性地建立了一种职权结构理论，提出组织的活动建立在职权关系的基础上，这种关系即为官僚制，又称科层制。韦伯在分析导致复杂的社会组织产生的历史因素的基础上，用"理想型"的方式叙述官僚制组织的特征。以韦伯为代表的结构学派的观点主要包括如下四个方面：（1）依据"传统权威""感召权威""法理权威"这三种不同的权威类型，可以将组织划分为"神秘化组织""传统组织""合理化—合法化组织"三种组织类型，后者"合理化—合法化组织"即为官僚制组织，寓合理、合法的"法理权威"于其中，并以此种权威为组织的基础，是现代社会中占主导地位的权威类型和组织形态。（2）官僚制组织须依据自上而下的等级来构建，依照层级、等级结构安排职务或职位，各层的职权范围明确，每个下级接受上级的控制和监督。① （3）组织内部实行专业化工作，工作分解成若干简单、常规和明确的任务，分工明晰。（4）组织内部规章制度正式和严格，包含一整套明确的纪律规则、工作程序、职责要求等规定，以确保组织的协调一致性和稳定性。

结构学派所主张的"建立合理、合法的依等级分配权力的行政组织结构和组织制度""严格按行政手续办事的组织体制"等一系列观点，对后世的组织学研究产生了非常深远的影响。这其中，结构学派的许多观点时至今日仍然是一些企业及行政部门组织工作的指导思想。

三、现代（政府）组织学

现代社会对社会组织的研究基本上都是沿着上述三个学派的方向进行发展。在一系列现代组织理论中，尤以系统组织理论、生态组织理论以及社会网络理论这三个为代表。

---

① 参见刘祖云等著：《组织社会学》，中国审计出版社、中国社会出版社 2002 年版，第 45~46 页。

（一）系统组织理论

通过引进系统的概念来分析组织，始自近代管理理论的奠基人切斯特·巴纳德。巴纳德的经典著作《经理人员的职能》《组织与管理》包含了大量系统组织理论，反映了现代以来对社会组织进行综合研究的趋势。在其代表作中，巴纳德第一次提出组织系统的概念，运用系统观点从多方面对组织进行全面研究，并建立了一套影响深远的组织理论体系，内容主要包括协作系统理论、动态系统理论、组织平衡理论、权威接受理论和组织决策理论五个方面。①

其一，协作系统理论。协作系统理论为系统组织理论的起点。巴纳德将组织界定为"个人之间有意识、经过协商和有目的的协作"②，主张组织在本质上是人与人之间的关系，因而把人、人的行为作为分析对象，通过分析协作系统中人的行为和协作关系来研究组织。这种对组织概念的抽象界定，打破了组织的边界，促使社会可以作为一个大的组织体系而存在。

其二，动态系统理论。动态系统理论为系统组织理论的核心。该理论立足于动态思维，即在动态中分析组织的存在和运行过程，把握整个组织的互动关系，认为组织是一个动态发展的系统，既包括内部协作关系，又涵盖外部协作关系③，两者同等重要。在动态协作系统中，任一级别的组织都可分解为协作意愿、共同目标和信息交流这三种要素。其中，协作意愿是指组织成员为实现组织目的而互相合作的愿望，共同目标是组织系统生存发展所要实现的目标，信息交流则是指组织成员之间的信息交流，是共同目标和协作意愿的动态连接，三者是形成组织的必要条件，缺一不可④，三者的统一协调共同促进了组

---

① 参见丁煌著：《西方行政学理论概要》，中国人民大学出版社 2011 年版，第 92~102 页。

② ［美］W. 理查德·斯科特、杰拉尔德·F. 戴维斯著：《组织理论：理性、自然与开放系统的视角》，高俊山译，中国人民大学出版社 2011 年版，第 80~81 页。

③ 高明、郭施宏：《基于巴纳德系统组织理论的区域协同治理模式探究》，载《太原理工大学学报（社会科学版）》2014 年第 4 期。

④ Gang Yin, Jinhua Li, "A Brief Analysis of Barnard's Systematic Organization Theory", *Legal System and Society*, 2009, p. 26.

织这一持续活动的协作系统的和谐。

其三，组织平衡理论。组织平衡理论为系统组织理论的特色。众所周知，组织的存在依赖于参与者为其做贡献的意愿①，而组织的稳定则取决于内部利益的有效平衡和稳定，因为组织内部利益平衡稳定的状态是组织得以运行的首要条件。组织可以通过物质奖励、精神鼓励以及心理激励和社会激励等一系列诱因对参与者进行激励②，以实现组织内部的平衡稳定状态。

其四，权威接受理论。权威接受理论为系统组织理论的主线。巴纳德采用一个较为新颖的视角，凭借信息交流体系来解释权威，认为信息交流体系的顺畅程度直接影响着组织的权威效力；同时，巴纳德采取自下而上的角度对权威进行阐释，认为权威的有效性取决于接受命令的人对它的反应，而非发布命令的"权威者"，由此建立了其影响深远的组织管理理论。

其五，组织决策理论。巴纳德的组织决策理论为社会管理主体提供了决策的基本准则。该项理论认为组织决策受目标和环境两个客观因素的影响，两者共同构成了组织的决策依据，它们对于提高决策的科学性和可行性、最大限度地增进公共利益具有十分重大的意义。③

概言之，巴纳德的系统组织理论具有极高的理论价值，它揭示了组织的本质及其最一般的规律，提出了组织系统观，创建了非正式组织理论体系，建立了权威接受理论等。该理论开创了组织管理理论研究，成为管理学领域的组织管理流派，对当代管理学体系有着重要影响。

（二）生态组织理论

组织的发展虽具有一定的规律性，但仍受到周围各种环境的制约。正因为

①　朱纪华：《协同治理：新时期我国公共管理范式的创新与路径》，载《上海市经济管理干部学院学报》2010 年第 1 期。

②　韩前广：《基层市场监管体制构建的协作共治路径：以巴纳德的系统行政组织理论为视角》，载《安徽行政学院学报》2017 年第 2 期。

③　参见赵亚君：《基于系统组织理论的社会管理创新路径研究》，载《金陵科技学院学报（社会科学版）》2015 年第 3 期。

组织与其外在环境之间存在互动关系，任何组织及其管理都应考虑组织与外在环境的适应性，否则组织将无法有效运作。生态组织理论就是从生态学的角度来研究组织，探讨环境与组织形式的互动关系。

美国哈佛大学教授高斯于 20 世纪三四十年代首先将生态理论引入了行政学领域，其在《政府的生态学》一书中提出，政府的行政组织与行政行为应作为一个生态系统来研究。其后，美国社会学家帕森斯也提出，组织的目的在于解决四个基本问题，包括适应环境问题、目标达成问题、统一协调问题和形态维护问题。① 其中，适应环境问题即组织如何适应生态环境的问题，根据不同的生态环境，组织目标和组织形态也有所区别。美国著名行政学家雷格斯则在其著作《行政生态学》中，阐述了传统农业社会时期、现代工业社会时期以及由农业社会向工业社会过渡时期的三种行政组织模式及其功能②，据此对影响公共行政的各种因素进行了考察，认为只有与生态环境相适应，并依据生态环境的变化而适时进行调整，行政组织才能健康发展。

生态组织学理论通过对组织的环境适应性和环境变动性的研究，充分探讨了组织与其存在的内外环境之间的良性互动关系，继而从更高的层次揭示了组织与管理活动的性质，使得组织和社会环境的关系成为当时一个非常重要的研究主题，极大地丰富了现代组织学理论。

（三）社会网络理论

20 世纪 90 年代以来，美国著名社会学家格兰诺维特及博特等人发展了社会网络学派。该学派的繁荣有其特定的历史背景，当时的组织社会学家热衷于从宏观角度去研究组织与社会环境的关系，而忽视了组织的微观基础，导致组织社会学进展缓慢，没有实现理论上的突破。社会网络学派通过对宏观研究未

---

① 张建东、陆江兵主编：《公共组织学》，高等教育出版社 2003 年版，第 45 页。
② 三种行政组织模式分别是融合型（行政组织与其他社会组织没有明确分工，故功能呈现混同状态）、衍射型（行政组织与其他社会组织有明确分工，故组织功能分化）和棱柱型（行政组织处于功能混同向功能分化转化的过程中，故呈现半分化状态）。参见张成福主编：《行政组织学》，中央广播电视大学出版社 2008 年版，第 36 页。

能解释的问题进行分析，有针对性地弥补了当时的研究空白。

社会网络理论从社会网络关系或人际关系的网络结构出发来解释社会现象，提供了一个结构主义的微观基础。① 其代表人物格拉诺维特首次提出了关系强度的概念，将关系分为强关系和弱关系，认为强关系起着维系群体、组织内部关系的作用，弱关系则在群体、组织之间建立纽带联系。强弱关系概念的提出对社会网络分析产生了重大影响，据此，格兰诺维特发展了"内嵌性"理论，对经济行为如何嵌入以社会网络为核心的社会结构进一步进行了阐释。博特则在此基础上进一步发展，提出了"结构洞"理论，对网络和个人的双重性问题加以模式化。

社会网络理论的特点主要在于它从更微观的角度去研究组织现象，并在很大程度上研究组织的内部关系。社会网络理论是通过具体的社会关系结构来认识人的社会行为，继而有效弥补了过去组织学研究存在的诸多不足，也为现代组织学的研究开辟了一条新的道路。

第三节　政府组织法学

政府组织作为最重要、影响也最广泛的一种组织，其组织结构、组织职能、组织功能及组织运行等方面都涉及社会公众利益，因而需要建立在民主、公正、理性的基础上，需要法律的规制和法学视角的研究，由此产生了组织法学的一个重要分支——政府组织法学。

一、政府组织法学的研究意义

政府组织法学是研究政府组织法的一门学科，其研究目的和意义主要有如下几个。

---

① 周雪光著：《组织社会学十讲》，社会科学文献出版社 2003 年版，第 113 页。

（一）掌握政府组织体制及其运行规律

作为组织法学的一个分支学科，政府组织法学有其独立的研究范畴，有其系统的知识体系和活动规律。通过对政府组织法学的研究，可以帮助人们了解政府组织的性质，了解政府组织的要素与体系，了解政府组织的权力机制及其活动方式，进而了解和掌握政府组织体制机制及其运行的规律。对政府组织有关知识及原理的了解和掌握，有助于政府组织的管理及运行遵循科学管理的规律和依照法律规定的原则进行，这对于实现政府组织法治化有着重要的意义。

（二）建立中国特色政府组织理论体系

研究政府组织法学的目的，就是以马克思主义为指导，揭示政府组织的构成、运行与发展的规律，寻求在中国特色社会主义新时代下，实现政府组织的科学化、法治化的途径，从而为建立一个结构合理、法治完善、高效科学的社会主义政府组织体系提供理论上的依据和支持。[1] 概言之，研究政府组织法学，有助于创立和完善适合中国特色的法治政府组织理论体系。

（三）推动我国政府组织体制的改革

政府组织体制改革是我国当前开展的政治体制改革和经济体制改革中一项非常重要的内容，也是政治体制改革和经济体制改革继续深入的一个必要条件。实践中，我国政府组织体制尚存在机构臃肿、职责不清、关系不顺、办事拖拉、效率低下、人浮于事等诸多问题，这与社会的发展和进步不相适应，也对政府的权威和公信力造成了影响。进行政府组织体制改革，构建结构合理、职责清晰、行为规范、高效灵活和运转协调的法治政府组织，是我国政府组织体制改革的重要目标，而这一目标的实现，有赖于政府组织理论的指导。对政府组织的性质、功能、要素、结构、目标、职责、原则、制度与体制、变革与

---

[1] 参见倪星、曾莉、余琴主编：《行政组织学》，北京师范大学出版社 2017 年版，第 24 页。

发展等重大理论问题与现实问题进行研究和思考，对推进我国政府组织体制的改革和完善具有重大的理论和现实指导意义。

（四）促进其他行政法律制度的完善

政府组织法在整个行政法体系中处于不可或缺的重要地位，许多具体行政法律制度的建立都以政府组织法为基础。如行政许可、行政处罚、行政强制等都涉及有关行政权力的范围、设定、分配、实施机关的资格、种类等①，这都与政府组织法密切相关。政府组织法在依法行政中具有基础性作用，没有完备的政府组织法律制度，就不可能有健全的其他行政法律制度。

二、政府组织法学的研究对象

政府组织法学是研究政府组织法以及专门规定地方政府自治、行政编制、行政人员以及行政经费和行政采购等相关问题的法学学科。它是组织法学科体系中的一门新兴学科，是行政法总论的一个重要组成部分。为了从理论上揭示政府组织的构成、建立以及政府运行与发展规律，本书对政府组织法的研究力求涵盖政府组织的静态和动态等各个角度、各个方面，既进行综合的和抽象的概括，又从事微观的和具体的分析，以求对政府组织法获得较为全面的认识。

（一）政府组织的总体研究

政府组织的总体研究主要围绕如下四个方面展开：（1）研究政府组织的历史发展和理论发展。自国家产生以来，就存在政府组织。政府组织经历了漫长的历史发展，拥有丰富的理论和实践经验，值得认真总结。这一部分主要是从理论的角度介绍和评价传统的和现代的政府组织理论。（2）研究政府组织的含义、性质、特征、功能与正当性，以及政府组织与其他社会组织的区别等一般性原理的阐述。（3）研究政府组织的目标、制度、职员、权威等构成要素，以及政府组织的系统性。（4）研究政府组织的法律渊源、基本原则，以

---

① 应松年、薛刚凌著：《行政组织法研究》，法律出版社 2002 年版，第 4 页。

及政府组织法治化的具体表现。

（二）政府组织的静态研究

政府组织的静态研究是指从静态层面研究政府组织的有关内容，其主要包括如下三个方面内容：（1）研究政府组织的体系、结构及其社会化。其中，对于政府组织的体系，是从最高政府组织之组织体系和地方政府组织之组织体系两个层面，研究组成法治政府之核心成员的产生途径和机制；对于政府组织的结构，是从中央政府组织法和地方政府组织法两个维度展开研究。（2）研究政府组织的制度、体制及编制。关于政府组织的制度，侧重于从公务员制度、政府预算制度、政府采购制度三个方面进行研究；关于政府组织的体制，主要研究其组织设置原则、机构设置和分工合作、行政领导制度等；关于政府组织的编制，主要涉及行政编制及其管理、中央政府组织编制法和地方政府组织编制法等内容。（3）政府组织的职权、行为及责任。立基于权责统一原则，从含义、特性、类型、配置、构成及形式等多方面进行研究。

（三）政府组织的动态研究

政府组织的动态研究意指从动态维度对政府组织进行研究，它主要立基于我国政府组织法的解构和建构两个层面，从内涵、目标以及路径等多个维度研究我国行政体制的变革。

三、政府组织法学的学科地位

作为组织法学一个重要的分支学科，政府组织法学的学科地位可以从"政府组织法学与相关学科之间的关联性"和"政府组织法学在法学学科体系中所处的位置"两个层面进行分析。

（一）政府组织法学与相关学科的关联性

政府组织法学与组织法学、行政组织学及管理学等学科之间存在着内在关联性。将政府组织法学与这些学科进行比较，有利于我们更加深入地认识和了解政府组织法学的学科性质。

1. 政府组织法学与组织法学

组织法学是以法学视野对组织进行研究的学科，其研究对象主要包括党组织、立法组织、行政组织、司法组织、军事组织、事业组织和社会组织等各类组织的法律关系。政府组织法学则是组织法学的一个下位概念，它属于组织法学的一个分支学科，是在组织法学基础上进一步分化的结果，由于政府组织是社会组织中的核心部分，它不仅在各类组织中规模最大，而且影响最深远，它行使国家行政权，在管理国家事务和社会公共事务的过程中起着至关重要的作用，与人民群众的利益息息相关。① 为了探讨其构成及活动的特殊规律，有必要将其从组织法学中分离出来单独进行研究。政府组织法学把组织法学所形成和确定的一般原理、基本原则用于对政府组织的研究上，结合政府组织的一些特殊性来进一步研究政府组织所涉的各项法律关系。因此，政府组织法学与组织法学是密不可分的关系，开展政府组织法学研究不仅丰富了组织法学的研究内容和研究视野，而且还深化和拓展了对组织的认识和了解。

2. 政府组织法学与行政组织学

政府组织法学是从法学角度来研究政府组织体系，属于组织法学的一个分支学科；行政组织学则是从行政学角度来研究行政组织，属于公共组织学的一个分支学科。二者虽然具有交叉性，研究对象都涉及行政组织，但二者之间也具有显而易见的差异性：一方面，从研究视角来看，政府组织法学的研究是以法学为视角的，而行政组织学的研究则是从行政学视角出发的，因而二者之间的差异实质上关涉组织法学和行政学这两个不同学科的差异；另一方面，从研究侧重点来看，政府组织法学着重于从宏观与微观相结合的角度，研究政府组织法以及专门规定地方政府自治、行政编制、行政人员以及行政经费和行政采购等相关问题的法律，而行政组织学则侧重于宏观研究，主要研究行政组织的结构、职权、演化、发展及运行的特殊规律。

---

① 参见李传军：《公共组织学的研究视域》，载《广东行政学院学报》2008 年第 2 期。

3. 政府组织法学与管理学

管理学是一门研究社会组织对社会公共事务进行有效管理的规律的学科,① 它是适应现代社会化大生产需要而产生的。管理学的诞生以管理学派泰勒的《科学管理原理》及法约尔的《工业管理和一般管理》为标志,其目的是研究如何通过合理的组织来配置人、财、物等因素,以提高生产力水平。② 这也是组织学的主要研究内容。因此,从广义上来说,管理学与组织学的研究目的都是为了提高组织的工作效率,二者之间有着广泛联系。组织学是从管理学中分离出来专门研究社会组织产生、演化、变革、发展以及构成、运行规律的,当然也包含研究政府组织。政府组织法学由于与组织学在研究对象上的部分重合性,也因此与管理学具有关联性,但二者的研究又有所区别。正如张康之教授所言, "公共管理不完全等于'政府管理',而是一种新的治理模式"。③ 管理学的研究内容比较全面,既包括组织自身的问题,也包括对某项社会公共事务进行管理的问题,而政府组织法学则是从法学的视角对政府组织这一类组织进行研究。

(二) 政府组织法学在法学学科体系中之地位

从政府组织法学在国家整个法学学科体系中的地位这个角度来看,政府组织法学属于国内公法学,它是行政法总论的一个重要组成部分。具体而言,主要表现在如下三个方面。

1. 政府组织法学属于国内公法学

就政府组织法学研究对象的性质而言,政府组织法学属于国内公法学的范畴。其要义具体有二: (1) 公法是关于国家的、政治的、支配的、他律的以及公益的规范的法。④ 这其中,就包括被认为是典型的公法形态的行政法。相应的,以属于公法范畴的行政法为研究对象的行政法学,即属于公法学的范

---

① 张建东、陆江兵主编:《公共组织学》,高等教育出版社 2003 年版,第 18 页。
② 郭圣莉、应艺青编著:《行政组织学》,华南理工大学出版社 2012 年版,第 10 页。
③ 张康之主编:《公共管理导论》,经济科学出版社 2003 年版,第 23 页。
④ 江国华著:《中国行政法 (总论)》,武汉大学出版社 2017 年版,第 45 页。

畴。而作为行政法学的一个重要组成部分的政府组织法学，也理应同属于公法学的范畴。（2）国内法作为国际法的对称，是指由特定的国家创制并适用于本国主权所及范围内的法律。行政法是基于一国国家主权而制定的，其效力只能溯及本国领域，在性质上属于国内法。相应的，作为行政法学的一部分，政府组织法学也属于国内法学范畴。

2. 政府组织法学属于行政法学的重要组成部分

政府组织法学是行政法学的组成部分，在行政法学体系中占有重要地位。其要义具体有三：（1）政府组织法是行政法的基本组成部分。所谓"行政"，从过程论角度来看，可以分为对行政的组织阶段和行政权的运作阶段两部分①。其中，对行政组织阶段的规范即为政府组织法的重要调整内容，如行政权和政府组织的设定等。行政法是规范和控制行政的法，通常包括行政组织法、行政行为法和行政救济法三大板块。因此，政府组织法是行政法的基本组成部分。（2）政府组织法是行政运作法的基础。所谓"行政运作"，通常包含管理机关、权限和程序、方式三大要素。其中，管理机关的形式及权限都需要政府组织法的规定。因此，政府组织法构成行政运作的基础，缺乏政府组织立法，行政运作将处于混乱无序的状态。（3）政府组织法是行政救济法的保障。行政救济法是解决行政争议，确保政府组织依法行政的法律规范。政府组织法对于促进行政救济制度的发展具有重要作用，如政府组织法关于行政主体的规定，为行政诉讼中被告的确认和行政责任的承担提供了法律依据。因此，政府组织法是完善行政救济法的保障。

3. 政府组织法学对其他部门法学具有重要影响

就政府组织法学与其他基本法律部门之间的关系来看，政府组织法学对其他部门法学的影响越来越大。因为，随着行政权的扩张，政府组织越来越多地"干预"民事活动和刑事活动，政府组织的权力设置、责任大小、功能设定等多方面都将对其他部门法学活动产生直接影响。

---

① 应松年、薛刚凌著：《行政组织法研究》，法律出版社2002年版，第19页。

第一章　原理·历史·现状

让政府接受法的统治是现代政府组织立法的核心原理，组织立法是法治政府的核心要素，也是法治政府的基本保障。依此原理，美国、英国、德国、法国、日本等法治发达国家均在很早就开展政府组织立法，时至今日，这些国家也基本上形成了相对完善的政府组织法体系。我国有着长达两千多年的封建史，直到中华民国时期，现代意义上的政府组织立法才开始有所起步。中华人民共和国成立后，国家非常重视政府组织的立法工作，曲折中有所前进，但与西方发达国家相比，存在一定差距，与法治政府建设的现实需求相比，还有不少工作要做。

第一节　政府组织立法原理

立法原理是关于立法的带有普遍性和基本规律性的事物的理论表现。① 要想了解和掌握政府组织立法的原理必须厘清组织与行政、法治与行政以及组织立法与法治政府之间的内在关联。

一、组织与行政

一切形式的行政都是有组织的活动。无组织即无行政。"组织"一词无论

---

① 李高协主编：《地方立法和公众参与》，甘肃文化出版社 2005 年版，第 60 页。

在古今、东西均具有丰富的含义。按照《辞海》的定义，所谓"组织"，主要是指按照一定的目的、任务和形式所编制的集体。就行政法学领域来说，作为政府组织法的研究对象，政府组织有着确定的意涵、功能和构造模式。就政府组织性质而言，对其进行学理界定大致可以分为如下三种解释进路。

（一）国家机构说

在狭义上，政府组织即行政机关，是国家机构的组成部分。其要义包含四个方面：（1）政府组织系国家权力分立之产物，正是基于分权原则，国家机构被划分为立法机关、行政机关、司法机关以监察机关等，并由它们分别承担不同的职能，行使不同的权力。（2）政府组织是国家宪法体制的一个分支，它与立法组织、司法组织以及监察组织一样，是直接依据宪法而设立的，其地位与职权都由宪法直接规定，组织和构成由国家组织法规定。（3）政府组织行使专门国家行政权力，并担负着主要国家公共行政治理职能。（4）在我国，政府组织系国家权力机关的执行机关，它由同级国家权力机关决定或选举产生，并对其负责，受其监督。[1]

（二）政府系统说

政府组织系构成政府系统的基本要素。其要义包含三个方面：（1）在狭义上，政府组织即行政机关，行政机关即政府。在我国，最高国家行政机关是国务院，地方国家行政机关是地方各级人民政府。（2）在广义上，政府组织包括行政机关与行政机构。行政机构是指行政机关的组成部门及其管理机构、办事机构、直属机构、派出机构等。（3）政府是一个有机的系统，这个系统是由不同的政府组织依照一定的规则构成的。构成这个系统的不同组织依法享有不同的权限，它们各司其职，各负其责。（4）在我国，地方各级人民政府

---

[1] 根据《宪法》第62条与第67条之规定，国务院的组成人员由最高国家权力机关或其常务委员会决定产生；根据《宪法》第101条之规定，地方各级人民政府主要负责人由同级地方国家权力机关选举产生。

对上一级国家行政机关负责并报告工作，全国地方各级人民政府都是国务院统一领导下的国家行政机关，都服从国务院。

（三）行政主体说

在行政法学意义上，政府组织是最基本的行政主体。其要义包含两个方面：（1）并非所有的政府组织都是行政主体，只有那些享有行政权能，能以自己名义行使行政权力，并独立承担相应法律效果的组织或机关，才属适格的行政主体；（2）行政主体并非都是政府组织，除了具备法人资格的政府组织或机关外，行政主体还包括被授权组织、其他社会公权力组织①等。

二、法治与行政

从其历史渊源来看，"法治"思想滥觞于古希腊城邦时代。柏拉图认为，依法的统治，或合法的统治可以是王者统治或民主政治；非法的统治并非"无法"，它只是意味着政府习惯于漠视法律，特别是意在限制政府权力的法律，一个可以改变任何法律或"至高无上"的政府就是"无法"的政府。亚里士多德认为，法治应当包括两个层面的意思：已成立的法律要获得普遍的服从；大家普遍服从的法律又应该是本身制定良好的法律。前者强调法的适用和遵守，后者强调立法本身。法治行政乃法治主义在行政领域长期浸润之后的衍生之物。但在传统上，"法治行政"主要取其形式意义，即侧重于强调行政权力运行过程的法律控制。故此，行政法在诞生之初，被赋予的首要任务是控制行政权力。诚如英国行政法鼻祖威廉·韦德爵士（Sir William Wade）所揭示的那样："行政法定义的第一要义就是它是关于控制政府权力的法。"美国学者伯纳德·施瓦茨也有类似论述，在他看来，在其本初意义上，"行政法是管理

---

① 伴随着现代国家与社会二元分离的良性局面的形成，包括行政权力在内的国家权力大量向社会转移，二元化社会向多元化社会过渡，一些社会公权力组织尽管没有法律法规的明确授权，但它却可以根据自己的组织章程，对内、对外行使一定的公权力，取得行政主体资格。参见姜明安主编：《行政法与行政诉讼法》，北京大学出版社、高等教育出版社 2005 年版，第 143~144 页。

政府活动的部门法"。

（一）"法的统治"与法治政府

从英美法系发展而来的法治行政原理，以英国学者戴雪提出的"法的统治"理论为代表，具体包括如下三个方面的内容：（1）法律至上；（2）法律面前人人平等，包括政府同社会公众一样也服从同一法律和同一法院；（3）法治行政不仅意味着法和行政之间形式上的关系，而且意味着对法内容的规制。尽管，由于戴雪对法国行政法的误读以及他本人对行政自由裁量权的排斥而无视英国行政法的存在，但戴雪的法治理论仍被认为是英国法治行政的理论渊源之所在。戴雪之后的一大批学者诸如詹宁斯、弗里德曼、韦德、福赛等，也正是在戴雪的"法的统治"理论的基础上，发展了"法治行政"理念，并使之成为英国法治传统的有机组成内容。经由这些学者的阐释，英国的法治行政包含四重意味：一是依法办事；二是禁止滥用自由裁量权；三是独立于行政机关的法官来裁决涉及行政行为合法性的争议；四是法律对政府和公民平等对待。

（二）司法审查与法治政府

在美国建国初期，联邦宪法和司法审查制度共同构成了其法治行政之基石。其要义主要包含如下三个层面：（1）政府应当依照法律的规定行使权力，但政府所恪守的法律之本身须合法，否则法律也可以沦为专制统治的工具；（2）政府行使权力必须遵守正当法律程序；（3）法律规定的权力和程序必须执行，故必须有保障法律权威、限制政府权力、保护公民权利的机构。

（三）"法的精神"与法治政府

在素有"行政法母国"之称的法国，卢梭和孟德斯鸠等人的法治思想乃其行政法治之理论渊源。卢梭主张，法律乃是公意的行为，体现人民意志并由代表机关制定，故只有掌握行政职权等国家机关"依法行政"才能实现法治国家。孟德斯鸠认为，"法的精神"即"法治"的实质，也即我们现在所追求的自由、公正、平等等人的基本权利；权力是否守法为判断"有无法治"的标准。据此，他将政体区分为依法律统治的君主国和不依法律而依任性统治的专制国。为建立"法治"政府，法律之下的"三权分立"不失为一种良好的解决方法。在此基础上演变而成的行政法治包含如下三个方面含义：（1）在普通法院之外建立独立的行政法院，系统行使对行政行为的审查权；（2）与英美法系国家中行政活动原则上适用和私人活动相同的法律不同，行政法是在私法以外独立存在的法律体系；（3）行政法的重要原则由行政法院的判例产生。

（四）"法治国原理"与法治政府

在德国，"法治国原理"被认为是其法治行政的典型渊源。德国近代行政法学创始人奥托·迈耶（Otto Mayer）正是在"法治国原理"的基础上推导出行政应当接受"法律支配"之结论。奥托·迈耶（Otto Mayer）的"法治国原理"具体包括如下三个方面含义：（1）所有行政活动都不能违反现行法律（法律优先）；（2）没有法律的授权不能进行行政活动（法律保留）；（3）代表国民会议的意思（法律）一旦改变，它就具有优先意思的效力（后法废除前法原则）。

（五）依法治国与法治政府

在我国，"法治行政"理念可视为"依法治国"宪法原则在行政领域中的具体适用。根据《国务院全面推进依法行政实施纲要》（2004年）之规定，法治行政理念有如下几点要求。

其一，受法治行政理念之拘束，行政权力的获取与运行必须合法，即合法性原则。其具体要义包括如下三个方面：（1）行政主体要合法，职权法定，越权无效——判断行政主体是否合法主要看法律是否授权，"三定方案"关于职能的设定以及政府公告，三者缺一不可；（2）行政方式与方法要合法，不能用非法手段对待违法，禁止野蛮执法与粗暴执法；（3）行政执法程序要合法，程序是实体的保证，不经合法的程序就无法达成合法的实体或者结果。

其二，受法治行政理念之拘束，行政自由裁量权的行使适当，即合理性原则。其具体要义包括如下三个方面：（1）恪守法律面前人人平等之原则，平等对待行政相对人，不偏私、不歧视；对危害程度相同的同一违法行为不能给予不同的处罚。（2）自由裁量权的行使应当符合法律目的，排除不相关因素的干扰；目的、动机、内容和范围要合理。（3）行政方式和手段应当必要、适当；要符合比例原则，全面衡量公权力和私权利，尽量选择对相对人侵害较小的措施，不能用高射炮打蚊子。可罚可不罚的不罚，要以教育为主；可重罚可轻罚的则以轻罚为主。

其三，受法治行政理念之拘束，行政过程必须严格按照法定程序行使权力、履行职责，即正当法律程序原则。其具体要义包括如下四个方面：（1）行政公开，即行政机关实施管理，除涉及国家秘密和依法受到保护的商业秘密、个人隐私之外，应当予以公开，注意听取公民、法人和其他组织的意见。（2）行政参与，即行政过程要遵循法定程序，依法保障行政相对人、利害关系人的知情权、参与权和救济权。（3）依法回避，即行政机关工作人员履行职责，与行政相对人存在利害关系时，应当回避。（4）遵守时效，即行政机关实施管理应当遵守法定时限，积极履行法定职责，提高办事效率，提供优质服务，为公民、法人和其他组织提供便利。

其四，受法治行政理念之拘束，行政过程必须恪守诚信负责之法则。这其中，诚信即诚实守信，它意味着：一则行政机关公布的信息应当全面、准确、真实；二则行政机关要遵守信赖保护，行政允诺要得到执行。负责即认真负责，它意味着：一则行政机关违法或者不当行使职权，应当依法承担法律责任；二则行政主体应当充分全面履行行政职责，否则就属于不作为或者不完全作为，应当承担法律责任；三则行政主体应当及时有效地履行行政职责，不得无故延期或者以其他方式增加当事人程序负担，否则应当承担相应的行政侵权责任。

三、组织立法与法治政府

政府组织法的根本宗旨在于"法治行政"。基于视角和立场的差异，目前学术界对于法治行政的具体内涵并无公认的权威性界定。从现有的观点来看，一般是从行政与法律之间的关系来解读法治行政之意涵，主要有行政法定说、依法行政说、行政法治说三种解说路径。

（一）行政法定说

法治行政意指行政机关必须根据代议机关制定的法律来履行职责，行使权力，无法律明文规定的事项行政机关不得擅自进行。据此，现代行政必须恪守如下三个原则：（1）法律保留，即行政活动必须有代议机关制定的法律为根据。无论是侵益行政，还是授益行政，都必须有法律依据。（2）法律优先，即行政机关的一切行政活动都不得违反法律，且行政措施不得在事实上废止、变更法律。（3）司法审查，即行政法上的一切纠纷均服从司法法院审判的统制。

（二）依法行政说

法治行政意指行政主体从事行政活动必须要以法律为依据，一切行政措施都必须受到法律的约束，不得超越法律授权的范围，否则即构成违法并承担相应的法律责任。据此，现代行政必须恪守如下三个原则：（1）依法平等。平等是法律的实质，执行法律应当坚持平等原则。为此，行政机关执行业务，对处于同样条件下的公民应当适用同样的法律、法规，而不应有差别待遇或者双重标准，以免形成特权阶层。（2）依法限制。法治行政是对公民和政府两个方面而言的。对公民而言，其合法权利受宪法及法律的保障，凡法未明文禁止的，不得惩之，行政机关必须有法律依据才能对公民的权利进行干涉或限制；对行政机关而言，其职权的行使须有法定的范围，不得违法超越，凡法未明文规定（授权）的，不得行之，做到权力来源（取得）合法化，权力运行合法化，权力制约合法化，对涉及公民权利的案件，应依法处理，不得任意侵害。（3）依法负责。行政机关及其工作人员必须依法办事，如有违法或不当的行政行为，致使公民的合法权利受到侵害，应就其行为而负各方面的法律责任，以示其与人民共同守法。

（三）行政法治说

法治行政内在要求行政法治，具体包括两层含义：（1）在行政组织层面，意指各种政府机关、政府机构作为行政法意义上的行政组织，应当依照宪法、组织法而设立，不同政府机关和政府机构之间的职责、权限应当明晰、确定。概而言之，在政府与法律的关系方面，政府由法律产生，政府由法律控制，政府依法管理，政府对法律负责。（2）在行政权运行层面，强调所有政府机关、政府机构都应当依法行政，行政权运行的各种机制都要在法律上予以规范，要求政府在一切行为中都受到事前规定并宣布的规则的约束，以使人们能够准确预测政府在某一情况下使用强制权力，并据此来安排个人事务。（3）从人权保障的角度来看，要求各种政府机关在行政权力的运作领域，应当依照行政法律规范的实体性和程序性规则行使权力，贯彻公平、公开和公正原则，促进行政相对人的参与，并接受行政监督，实现行政权力的正当行使。

第二节　西方政府组织立法的历史与现状

政府组织立法在行政法律制度中具有非常重要的地位，美、英、德、法、日等法治发达国家均注重对政府组织立法的研究，也均形成了相对完善的政府组织立法体系。总体而言，上述五个国家政府组织立法有诸多相同之处，但也都有各自的特色。比如，美国和英国都采用了单行法模式，但美国采用的是宪法加单行法模式，而英国采用的却是惯例加单行法模式。下面将从立法起源、立法变迁以及立法现状三个层面来对这些国家的政府组织法律制度进行探讨。

一、美国政府组织立法

美国政府组织立法是建立在严格的三权分立和制衡理论基础之上，并随着行政权的扩张而发展起来的，其主要采用的是宪法加单行法模式，具体可分为联邦政府组织法与州政府组织法。

（一）政府组织立法起源

1789 年美国第一届国会成立时，通过法律设立行政机关，授予行政机关委任立法权力和裁决权力，就表明政府组织立法已然存在。① 但是，在美国建国早期，主要奉行自由市场主义，通过国会制定法律和法院进行判决来对市场进行监督，行政并不占据主导地位，政府仅管理很少量的经济活动和社会活动，② 因而有关政府组织的相应内容主要是附属于普通法或其他法律之中③。然而，南北战争结束之后，美国工业得到了非常快速的发展，经济问题也因此日益凸显，如当时最为棘手的道路运输问题，由于不属于任何一个州的管辖范围，因此各州对此难以进行针对性的管理。为此，联邦政府于 1887 年成立了州际商业委员会，对州与州之间的商业活动进行干预。④ 这种在 19 世纪末建立的独立管制机构使得美国政府组织立法受到更多关注。

（二）政府组织立法变迁

从 1789 年美国联邦政府成立到 1887 年成立州际商业委员会近 100 年间，美国的主要思潮为自由放任主义，认为一个良好的政府就是要最少干涉公民的活动。因此，早期的行政机关仅管理很少量的经济活动和社会活动，政府组织立法也并不盛行。19 世纪 60 年代以后，美国开始由转变为政府干预主义，1887 年联邦国会制定了州际商业法，建立州际商业委员会控制铁路运输。这标志着美国政府组织立法进入一个新阶段。到了 20 世纪六七十年代，政府组织立法所调整的范围有所扩大，从原先以控制私人经济活动为中心扩展到社会领域、环境保护领域和职业安全领域。除此之外，政府的职责也从原先的控制

---

① 王名扬著：《美国行政法》，中国法制出版社 2005 年版，第 47 页。

② 应松年主编：《行政法与行政诉讼法学》，中国人民大学出版社 2009 年版，第 22 页。

③ 王名扬著：《美国行政法》，中国法制出版社 2005 年版，第 47 页。

④ 应松年主编：《行政法与行政诉讼法学》，中国人民大学出版社 2009 年版，第 22 页。

管理逐渐转变为提供福利和服务。①

（三）政府组织立法现状

美国政府组织法所追求的价值目标是民主，联邦、州以及地方政府之间实现分权，三级政府各有一定的行政组织法制定权②。因此，美国政府组织立法总体较为分散，主要采用的是宪法加单行法的模式。具体而言，则可以从联邦和州两级来分析美国政府组织立法的现状。

1. 美国联邦政府组织立法

美国联邦政府不存在系统的行政组织立法，而是由宪法、国会立法以及总统命令所构成。其中，总统的选举方法、任期、资格、酬劳、就职宣誓以及行政权，联邦和各州政府的权力划分等由宪法规定。③ 比如，美国《宪法》第2条规定："行政权属于美利坚合众国总统。总统任期四年，副总统任期与总统任期相同。……总统应在规定时间获得服务报酬，此项报酬在其当选担任总统期间不得增加或减少……"第1条第8款规定，国会有权规定征召民兵，以执行联邦法律、镇压叛乱和击退入侵；规定民兵的组织、装备和训练，但民兵军官的任命和按国会规定的条例训练民兵的权力，由各州保有等；联邦各部、独立机构的设置以及职能划分等均由联邦行政机关设置法规定。按照美国宪法的要求，行政机关由立法机关创置，其不能自我设置，也不能由司法机关设立。因此，随着社会的发展，当一种新的行政职能出现时，立法机关必须制定法律设置新的行政机关来承担这些职能，或者将这些职能交由已经存在的行政机关执行。上述这些由立法机关制定的法律就被称为行政机关设置法，除此之外，在国会的授权和监督之下，总统也有权通过总统令的形式来设置、变更行政机关。④

---

① 王名扬著：《美国行政法》，中国法制出版社2005年版，第48~59页。
② 参见应松年主编：《当代中国行政法》（第二卷），人民出版社2018年版，第338页。
③ 参见应松年、薛刚凌著：《行政组织法研究》，法律出版社2002年版，第28页。
④ 参见应松年、薛刚凌著：《行政组织法研究》，法律出版社2002年版，第28页。

2. 美国各州政府组织立法

各州政府组织立法主要包括三个部分：一是联邦宪法对州政府权力的规定；二是各州宪法对州政府的组织、权力和地方政府的规定；三是州单行法对地方政府的组织和权力的规定。① 《联邦宪法》第十修正案笼统地规定了州政府的权力：宪法未授予合众国，也未禁止各州行使的权力，由各州各自保留，或由人民保留。各州宪法对州行政机关的设置及权限、地方政府的组成和职权作了更为具体的规定。其他在州宪法中未有涉及的政府组织问题则规定在州单行法中。例如，郡县政府的组织形式就是由州议会通过法律规定，但各个州制定的法律各有不同，有的州制定统一的郡县法典，有的州是通过制定郡县政府组织通则来对政府组织加以调整。②

二、英国政府组织立法

英国政府组织法律制度既有其深厚的历史痕迹，也体现了英国人追求民主、分权以及自治的精神。目前，英国政府组织立法包括中央政府组织法、地方政府组织法以及公法人组织法。

（一）政府组织立法的起源

资产阶级革命以前，英王是最高统治者，通过枢密院的辅助行使立法、行政等权力。17 世纪末期，议会取得了最高权力，从而确立了资产阶级的政治统治，为现代行政机构的建立创造了前提条件。一般认为，英国近代第一个正规内阁成立于 1721 年。此后，枢密院逐渐成为没有实际权力的机构，英国政府的各个部门开始建立，也表明现代意义上政府组织体系的形成。

（二）政府组织立法的变迁

在中央层面，英国实行以立宪君主为国家元首的议会内阁制的行政组织体

---

① 应松年、薛刚凌著：《行政组织法研究》，法律出版社 2002 年版，第 29 页。
② 许崇德主编：《各国地方制度》，中国检察出版社 1993 年版，第 62 页。

系。首先，资产阶级革命以后，英王的权力已经虚有其表，其实质权力仅包括被咨询权、鼓励权和警告权，一切活动都必须服从内阁的安排。其次，英国的内阁最早始于 17 世纪初期，最初是国王的秘密议事机构，随着资产阶级的发展、壮大，内阁逐渐壮大并独立，成为实质上的最高行政机关，并对国王、议会以及法院形成制约。在地方层面，英国是单一制国家，但与集权制的单一制国家不同，英国实行以地方议会为中心的分权制。在 19 世纪 80 年代以前，英国实行城乡分治，国王直接干预地方事务。19 世纪 80 年代以后，英国建立了近代的地方政府制度，即地方政府分为郡和区两级，由地方选举的议会管理，地方政府的组织由地方政府组织方式明确规定。①

(三) 政府组织立法的现状

英国政府组织法采用的是宪法惯例加单行法的模式。中央政府的结构、职权大多来自于宪法惯例，是历史演变、发展的结果，地方政府的规范则主要规定于单行法中。

1. 中央政府组织法

中央政府组织法最主要的表现形式就是宪法惯例，宪法惯例主要规定英王的法律地位和权限；枢密院的组织和权限；内阁的法律地位、组成、职权和责任；首相的法律地位和职权等内容。如按照宪法惯例，英国国王"统而不治"，只能根据大臣的建议和内阁的忠告而行动，对上述建议和忠告没有否决权。② 除了宪法惯例，中央政府组织法的第二种表现形式是制定法，其主要涉及政府各部的组建以及行政裁判所的设置。首先，在英国，设立新的部必须由法律规定。至于对原先存在的部的合并、废除或者变动则不需要通过立法程序。1975 年《英王大臣法》规定政府可用枢密院令将一个部的职能转移到另一个部，或者取消不再需要的部。政府也可以用枢密院令把某些职权划分给两

---

① 应松年、薛刚凌著：《行政组织法研究》，法律出版社 2002 年版，第 186 页。
② 应松年、薛刚凌著：《行政组织法研究》，法律出版社 2002 年版，第 21 页。

个或两个以上的部同时行使。① 其次，行政裁判所的设置通常也需要依据议会法的规定，但有时议会法也可能将此项权力授予给某一大臣行使。②

2. 地方政府组织法

地方政府组织法主要表现为制定法的形式。1835 年英国议会制定了《市自治组织法》，该法律对 13 世纪以来出现的自治市的组织进行了改革。英国又先后于 1888 年和 1894 年颁布了《地方政府法》和《区和教区议会法》，建立了英国现代地方制度。《地方政府法》主要适用于英国的英格兰和威尔士地区。1973 年英国又制定了《苏格兰地方政府法》，其适用于英国的苏格兰地区。1972 年英国又制定了《北爱尔兰地方政府法》，其适用于英国的北爱尔兰地区。③

3. 公法人组织法

在英国，除了中央政府与地方政府外，还存在着大量的公法人。公法人有独立的法律人格，根据法律和特许状的授权从事公务，并与行政机关相互独立。一般而言，公法人的设立、变更以及权限等由议会制定组织法规定。在特殊情况下，公法人也可以由英王颁布特许状设立。④

三、德国政府组织立法

与美国一样，德国也是联邦制国家，因而其政府组织立法也包含联邦政府组织法与各州政府组织法两个部分。但德国的联邦制也存在些许不同，德国行政权由联邦总理而非总统行使，联邦政府对议会负责，联邦与州的权力是按照权力运作过程进行划分的，国家的立法权由联邦行使，行政权和司法权由各州行使。德国联邦制的这些特征直接影响到德国政府组织立法。⑤

---

① 王名扬著：《英国行政法》，中国政法大学出版社 1987 年版，第 30 页。
② 应松年、薛刚凌著：《行政组织法研究》，法律出版社 2002 年版，第 22 页。
③ 应松年、薛刚凌著：《行政组织法研究》，法律出版社 2002 年版，第 22~23 页。
④ 应松年、薛刚凌著：《行政组织法研究》，法律出版社 2002 年版，第 23 页。
⑤ 应松年、薛刚凌著：《行政组织法研究》，法律出版社 2002 年版，第 45 页。

（一）政府组织立法起源

德国与许多国家不同，其政治制度历经多次变迁，政府组织制度也变化多次。1871年《德意志帝国宪法》确立了君主立宪制的政体，1919年通过的《德意志联邦法》又开启了德国共和政体的历史。经历了第二次世界大战，德国被分裂为联邦德国和民主德国。最终在1990年两德统一后，真正建立德国现行的政治制度，包括立法、行政、司法三个支柱，联邦、州、地区三个级别。

（二）政府组织立法变迁

在联邦层面，联邦德国吸取了之前的经验教训，参照英国君主的地位和作用，涉及了虚位的总统制，并将联邦总理设为政府首脑，赋予其一系列行政权力。而与美国不同的是，德国联邦总理是由总统根据议院中力量对比，提名最强大党的领袖为总理候选人，再经公民直接选举产生的联邦议院全体大会选举后产生，因此联邦总理对联邦议院负责，而不是对公民负责。除此之外，联邦政府的各部也屡经变化，最多的时候有19个，最少的时候只有12个。① 在地方层面，德国的地方自治可追溯到中世纪的自由都市，当时为防止盗贼与外敌的入侵，这些都市都筑起了城墙，然后在都市内开展自治行政。到17、18世纪，德国的都市自治一度衰落，但到19世纪，地方自治再度兴起，普鲁士确立了地方自治。到19世纪末，德国中央集权加强，地方自治名存实亡。再到"二战"以后，为限制中央集权，地方自治制度重新得到肯定。②

（三）政府组织立法现状

基于德国特有的宪法体制，德国政府组织立法主要采用宪法加联邦政府章程加单行法的模式。具体而言，德国政府组织立法主要由联邦政府组织法和各

---

① 古莉亚著：《西方行政制度》，南开大学出版社2008年版，第193~195页。
② 应松年、薛刚凌著：《行政组织法研究》，法律出版社2002年版，第45页。

州政府组织法两部分组成。

1. 联邦政府组织法

德国联邦政府组织的大部分事项是由《德意志联邦共和国基本法》规定，如联邦与州的权力划分、联邦共和国总统、联邦政府、行政机关的类型以及行使权力的依据。除《德意志联邦共和国基本法》外，联邦法律以及联邦政府颁布的行政法规也规定了行政组织部分事项。[1]

2. 各州政府组织法

在联邦制国家，各州与联邦相互独立，其对行政机关的设置以及编制等享有一定的自主权，决定设立行政机关，但不得与联邦法律相抵触。在德国，地方自治制度主要由《德意志联邦共和国基本法》加以规定，如《德意志联邦共和国基本法》第28条规定："在县（市）或乡（镇）应设立民选的代表机关，并保证各乡（镇）在法律范围内有权处理各种地方性事务。"此外，各州宪法也规定了地方自治。[2]

四、法国政府组织立法

法国政府组织立法的模式较为特殊，其政府组织立法权主要集中在中央，由立法机关和行政机关共同享有，重要的政府组织问题由宪法、法律规定，其他的政府组织问题由中央政府以条例等形式自行决定，其采取的是宪法加地方行政区域法典加单行法的立法模式。[3] 另外，法国的政府组织立法还具有一个特点，即行政二头制，中央行政领导权归属于总统与总理。

（一）政府组织立法起源

法国政府组织的起源可以追溯到10世纪，当时法国建立了中央集权的君主制度，法国逐渐形成了有一定规模的行政机构，成为法国政府组织的雏形。

---

[1]　应松年、薛刚凌著：《行政组织法研究》，法律出版社2002年版，第45页。

[2]　应松年、薛刚凌著：《行政组织法研究》，法律出版社2002年版，第45页。

[3]　应松年著：《当代中国行政法》，中国方正出版社2005年版，第226页。

1789 年法国爆发资产阶级大革命，法国正式建立了具有资产阶级性质的国家机构，但在以后的近百年中，该国家机构一直处于变动之中，法国始终未能形成一套非常稳定的行政机构。直到 1875 年法国第三共和国的建立，法国政体才得以最终确定和巩固。在第三共和国和第四共和国时期，法国主要实行议会制政府体制，行政机构变化无常。现行的政府组织是由法国第五共和国宪法确定的。

（二）政府组织立法变迁

法国在第三共和国与第四共和国时期实行内阁制，中央行政部门的权力由内阁总理掌握，总统的地位近似英国的君主，仅为形式上的国家元首，并不掌握实际权力。但是，在 1958 年 5 月，阿尔及利亚的法国将军叛乱，内阁无力应付，总统号召当时在法国声望最高的戴高乐将军组织法国最后一届内阁。在戴高乐将军的领导下，制定了一部新宪法即 1958 年宪法，该宪法的特点可以大致概括为如下三点：（1）加强行政部门的权力和对议会的独立性；（2）限制议会的权力；（3）继续保持内阁制的传统。因此建立起了总统和总理二头制的中央行政领导①。在地方政府组织法层面，由于法国具有中央集权的历史传统，因而其地方制度比较统一。

（三）政府组织立法现状

与美国和德国不同，法国是单一制的中央集权国家，因而其政府组织法的基本特征是以中央集权为主体。在资产阶级革命后，法国经历了多次行政分权和集权的变革②，进行了大规模的地方分权改革运动，由此法国政府组织立法也呈现出一定的权力下放和行政分权态势③。具体而言，法国政府组织立法由宪法、地方行政区域法典和单行法共同构成，主要包括以下几个方面：

---

① 王名扬著：《比较行政法》，北京大学出版社 2006 年版，第 121 页。
② 许崇德主编：《各国地方制度》，中国检察出版社 1993 年版，第 56 页。
③ 应松年、薛刚凌著：《行政组织法研究》，法律出版社 2002 年版，第 37 页。

1. 国家层面政府组织法

法国国家层面政府组织法采取制定法的形式，主要包括宪法、法律和行政条例。首先，宪法规定了法国政府组织的基本形态，主要有共和国总统的法律地位、选举和职权。同时还原则性地规定了中央政府和总理的法律地位和职权范围。① 如法国第五共和国《宪法》第20条规定"政府制定并执行国家政策，政府支配行政机构及军队"；第21条规定"总理指挥政府行动，负责国防，确保法律之遵行"等。其次，法律对一些重要的行政组织事项进行规定。包括总理的权限、政府各部的设置程序，以及某些特殊组织制度等。最后，对于中央政府各部的设置和职权划分、地方行政机关的职权范围等由自主条例规定。②

2. 地方层面政府组织法

法国地方政府组织法的渊源也有宪法、法律以及法令三种。宪法仅规定了法国地方团体的设置和地位，地方政府的组织体制、任务和职权大多规定于各个单行法或者法令之中。③

3. 公务法人组织法

在法国，还有一种特殊的政府组织形式存在，即公务法人，其具有法人资格，从事国家规定的公共事务，受公法规则调整。根据法国第五共和国《宪法》的规定，公务法人类型的创设权属于法律，但对既存类型公务法人的设立、合并和废止由中央政府或地方政府以条例决定。④

五、日本政府组织立法

与美国政府组织法追求民主不同，日本政府组织立法更加强调效率。因此，日本政府组织立法主要集中于国家，政府组织权在立法机关和行政机关之

---

① 应松年、薛刚凌著：《行政组织法研究》，法律出版社2002年版，第37页。
② 潘小娟著：《法国行政体制》，中国法制出版社1997年版，第66页。
③ 应松年、薛刚凌著：《行政组织法研究》，法律出版社2002年版，第38页。
④ 应松年、薛刚凌著：《行政组织法研究》，法律出版社2002年版，第39页。

间进行分配，可将其概括为多元、多级、系统、单独的立法模式。① 具体可分为国家层面政府组织法和地方层面政府组织法。

（一）政府组织立法起源

日本现代的政府组织法律制度是在第二次世界大战以后形成的。日本在"外部压力"下进行了政治体制改革，以"议会内阁制"为核心的"三权分立"制取代了以天皇为中心的君主立宪制。在此基础之上，日本的政府组织法律制度得以发展，并形成了自己独特的风格。②

（二）政府组织立法变迁

日本自第二次世界大战以来，十分重视政府组织立法。除了宪法对内阁和地方自治等重大政府组织法问题进行规定外，日本还制定了几十部政府组织方面的法律。具体而言，可以划分为如下三个主要层次：第一层次是《内阁法》《国家行政组织法》《地方自治法》。这一层次的政府组织法主要是规范重要的政府机关以及对国家或地方政府组织的重要问题进行规定。第二层次是国家各行政机关的设置，《总定员法》《地方税法》《地方财政法》等。这一层次的法律是根据上述政府组织基本法律来制定的。第三层次是内阁关于政府组织的政令、省令，地方公共团体制定的条例和规则等。这一层次的法律文件是对第二层次法律的进一步细化。③

（三）政府组织立法现状

日本奉行行政组织法定原则④，所有国家行政机关事项都由法律规定，包括行政组织的设置、职权、责任等。相较于其他西方国家而言，日本政府组织

---

① 应松年著：《当代中国行政法》，中国方正出版社 2005 年版，第 222~224 页。
② 应松年、薛刚凌著：《行政组织法研究》，法律出版社 2002 年版，第 51 页。
③ 应松年著：《当代中国行政法》，中国方正出版社 2005 年版，第 224~225 页。
④ ［日］室井力著：《日本现代行政法》，吴微译，中国政法大学出版社 1995 年版，第 270 页。

法最为系统、具体以及明确。①

1. 国家层面政府组织法

从法律渊源来看，日本的国家行政组织法包括宪法的有关规定。日本宪法设专章规定了内阁的地位及职权。比如，《日本宪法》第65条规定："行政权属于内阁。"第73条规定："内阁除执行一般行政事务外，执行下列各项事务：诚实执行法律，总理国务；处理外交关系；缔结条约，但必须在事前或根据情况在事后获得国会的承认；按照法律规定的准则，掌管有关官吏的事务；编制并向国会提出预算；为实施本宪法及法律的规定而制定政令，但在此种政令中，除法律特别授权者外，不得制定罚则；决定大赦、特赦、减刑、免除刑罚执行及恢复权利。"除宪法规定以外，日本还通过《内阁法》《国家行政组织法》《行政机关定员法》，府、省、委员会和厅设置法，各种审议会设置法或设置令以及有关国家行政组织的省令、府令等对政府组织的有关事项作具体的规定。

2. 地方层面政府组织法

在日本，地方政府组织法的渊源主要是《日本宪法》《地方自治法》以及一系列有关地方自治制度的法律。《日本宪法》设置专章确定地方实行自治，并规定了地方自治机关的设置与职权等事项。《地方自治法》是日本地方自治的基本法，其明确规定都道府县和市町村都是自治团体。

第三节　中国政府组织立法的历史与现状

为明晰政府组织立法在中国的演变过程和内在逻辑，有必要对中国政府组织立法的发展进行全面梳理。具体而言，近代以来中国政府组织立法大致可以分为三个阶段：一是民国时期政府组织立法；二是中共民主政权时期政府组织立法；三是中华人民共和国成立以后政府组织立法。

---

① 应松年、薛刚凌著：《行政组织法研究》，法律出版社2002年版，第51页。

一、中华民国时期政府组织立法

中华民国时期的政府组织立法大体上可以分为两个阶段：第一个阶段是民国初期即民国成立至南京国民政府成立期间。在这一时期，政府组织立法主要呈现为官制立法的形态；第二阶段是民国中晚期即南京国民政府成立到中华人民共和国成立期间。在这一时期，政府组织立法开始逐渐转变为组织法立法的形式，由此产生了政府组织立法的第二种形态。

（一）民国初期的政府组织立法

民国初期的政府组织立法主要呈现为官制立法的形态。官制立法，顾名思义就是以"官制"一词作为政府组织法律名称的法律形态，其产生于清朝末年，后历经中华民国南京临时政府、中华民国北京政府等不同政权更迭，至北洋政府政权结束。由于此间政权更迭频繁，法律繁杂，本书仅以中华民国南京临时政府和中华民国北京政府时期的官制立法作为代表加以阐述。

1. 中华民国南京临时政府时期官制立法

南京临时政府成立后开展了诸多政府组织立法工作，但从其命名来看，多是以"官职"而非"官制"命名，比较具有代表性的如 1912 年 1 月公布的《各部官职令通则草案》《法制院官职令草案》等。从内容方面来看，这一时期的政府组织立法仍属于官制立法类型。比如，1912 年 1 月 2 日公布的《中华民国临时政府组织大纲》第 5 条规定，临时大总统得制定官制、官规，兼任免文武职员，但制定官制暨任免国务各员及外交专使须参议院之同意。孙中山在南京临时政府期间曾经提及："所有各部官制通则及各部院局官制，亟应编定，以利推行。"①

2. 中华民国北京政府时期官制立法

其一，中央官制立法。在这一时期，中央官制立法变动较大，其主要由两个部分组成：一是国务院及其相关组织的官制立法。国务院官制立法屡经变

① 《孙中山全集》第 9 卷，人民出版社 2015 年版，第 19 页。

迁，在袁世凯时期，先制定《国务院官制》，后来被废止。袁世凯去世后，北洋政府又宣布《国务院官制》依然有效，此后有所修改。如 1912 年 6 月 26 日，参议院议决《国务院官制》，共 12 条，大致内容包括国务院总理的地位、副署、会议制度、国务院会议职权、国务院总理职权等。[①] 二是部院官制立法。如 1912 年 10 月 9 日以教令第 97 号公布《外交部官制》，其主要包括外交部的地位、外交部内设机构职掌、外交部职员及其职责等内容。[②] 从当时部院官制立法来看，通常以部院官制作为政府组织立法的基础，在此基础之上部院通过行政命令形式制定相应的细则，如组织令等。[③]

其二，地方官制立法。从当时的地方官制来看，其涉及省级、京兆特别区域、省县间区域和县域行政组织，范围很广。首先，《省官制》于 1914 年以教令第 72 号公布，其内容主要包括巡按使的地位、巡按使的省单行章程发布权、停止撤销权、惩戒奖励权、特别委任权、任免权以及巡按使与军队的关系、巡按使公署等。[④] 其次，《道官制》于 1914 年以教令第 72 号公布，其内容主要有道尹的地位、道尹的道单行章程发布权、停止撤销权、惩戒奖励权、荐任权、监督权、调遣巡防警备队权、直接呈报权以及道尹与军队的关系、道尹代理问题、道尹公署等。[⑤] 最后，《县官制》于 1914 年以教令第 72 号公布，其主要包括县知事的地位、县知事的县单行章程发布权、停止撤销权、调用警备队权、直接呈报权以及县知事与军队的关系、知事公署等。

其三，官制附属法规。在这一时期，围绕着官制法律，民国政府还制定了大量的附属法规，比较具有代表性的如《大总统府政事堂组织令》《政府组织令》《卫生试验所规程》等。[⑥] 从这些附属法规的制定主体来看，其虽然是以命令的形式出现，但却是由中央行政机关发布的。

---

① 钱实甫著：《北洋政府时期的政治制度》，中华书局 1984 年版，第 85 页。
② 蔡鸿源主编：《民国法规集成》第 7 册，黄山书社 1999 年版。
③ 钱宁峰著：《政府组织法立法论研究》，东南大学出版社 2015 年版，第 41 页。
④ 蔡鸿源主编：《民国法规集成》第 7 册，黄山书社 1999 年版。
⑤ 蔡鸿源主编：《民国法规集成》第 7 册，黄山书社 1999 年版。
⑥ 谢振民编著：《中华民国立法史》（上册），中国政法大学出版社 2000 年版。

（二）民国中晚期的政府组织立法

进入民国中期，由于在政治形态上分为"训政"和"宪政"两个时期，因此这一时期的政府组织立法也大致可以分为训政时期的政府组织立法和宪政时期的政府组织立法两类。

1. 训政时期的政府组织立法

其一，中央政府组织立法。训政时期的中央政府组织立法非常多，从涉及的中央政府组织种类来看，既涉及国民政府、行政院、各部会，也涉及附属机构：（1）1928年10月8日国民政府公布了《中国民国国民政府组织法》，此后历经多次修正，内容包括行政院的性质、组成、行政院与立法院的关系、行政院会议、各部委员会命令权、组织立法形式等①，但对于行政院内设机构、职掌和员额等问题却并未有所涉及。（2）1928年10月20日国民政府公布《行政院组织法》，行政院是训政时期中央政府的重要立法，其规定了行政院的组成部门、院长的职权、行政院的内设机构、人员及其职掌、会议规则和处务规程等。②（3）作为行政院组成部门之一的部，其也有各自的组织法，如《内政部组织法》就具体规定了内政部的职责、内设机构、总务司的职掌、民政司的职掌、内政部人员及其职权、处务规程等。③（4）除部以外，委员会也是行政院的组成部门之一，因此与部相同，各委员会也有各自的组织法，如《蒙藏委员会组织法》。（5）除上述行政院、部、委员会以外，还存在着其他机关，其同样具有相应的组织法，这些机关往往是行政院、部委下设的机关，如内政部下设卫生署，而卫生署也有自己的组织法。

其二，地方政府组织立法。训政时期由立法机关议决通过的地方政府组织法包括省、市、县以及特别行政区域的政府组织法：（1）省政府组织法于1931年3月23日由国民政府公布施行，其内容包含省政府的职责、省令及其

---

① 夏新华等整理：《近代中国宪政历程：史料荟萃》，中国政法大学出版社2004年版，第787页。
② 蔡鸿源主编：《民国法规集成》第33册，黄山书社1999年版。
③ 蔡鸿源主编：《民国法规集成》第34册，黄山书社1999年版。

他规则制定权、省政府停止撤销权、省政府委员会、省政府主席职权、省政府组成部门及其职掌，省政府组成部门领导人员、厅等。①（2）在训政时期，市政府组织内容并没有单独的政府组织法来加以规定，而是作为市组织法的部分而存在的。1930年5月20日制定的市组织法中规定了市政府的地位、市令及规则制定权、市长地位、市政府组成部门及其职责、市政府组成部门特别规定、市政府组成部门领导人员、秘书处设置、参事设置、组织规则、其他人员等内容。②（3）与市政府组织内容一样，县政府关于组织的相关内容也规定于县组织法中，具体包括县长、民选县长的条件、县政府秘书、事务员及雇员、警察、县政府组成部门及其职掌、县政府组成部门人员、县政会议、县政府办事通则等内容。③

其三，政府组织立法附属法规。组织法附属法规是指除由立法机关通过的组织法律以外，由各行政组织自行制定的组织法规，包括两类：一是由中央政府组织自行制定的组织法规，即无论是国民政府、行政院还是各部、会均可自行制定；二是由地方政府组织制定的组织规则。④

2. 宪政时期的政府组织立法

其一，宪法中的政府组织法条款。1947年1月1日公布的《中华民国宪法》第五章对"行政"进行了规定，包括行政院的性质、行政院的组成人员、行政院组成人员的任免方式、行政院与立法院之间的关系、行政院会议、行政院预算和决算案、行政院组织立法形式等内容。⑤

其二，《行政院组织法》。进入宪政状态后，《行政院组织法》也屡有修正，最终形成了1949年3月31日公布的《行政院组织法》，其包括《行政院组织法》的宪法依据、行政院的职权、行政院组成部门及其首长、行政院内设

---

① 蔡鸿源主编：《民国法规集成》第34册，黄山书社1999年版。
② 蔡鸿源主编：《民国法规集成》第34册，黄山书社1999年版。
③ 蔡鸿源主编：《民国法规集成》第39册，黄山书社1999年版。
④ 钱宁峰著：《政府组织法立法论研究》，东南大学出版社2015年版，第86页。
⑤ 夏新华等整理：《近代中国宪政历程：史料荟萃》，中国政法大学出版社2004年版，第1108~1109页。

机构、行政院组成部门及其他所属部门之增减、行政院领导人员、行政院秘书处职掌及人员、行政院参事职掌及人员、行政院诉愿审议委员会及其他委员会、行政院会计处、统计室和人事室职掌及人员、规则制定权、施行日期等内容。①

其三，其他政府组织立法。根据《行政院组织法》之规定，各部及各委员会的组织法由法律规定，这就意味着各部委采取了分别立法的模式，其可以制定针对本部门的组织法。②

二、中共民主政权时期政府组织立法

新中国政权形态萌芽于革命根据地时期，无论是工农民主政权时期，还是抗日民主政权时期，抑或解放战争时期，当时以"组织"命名的政府组织立法的数量非常多。因此，可以说，中国政府组织法主要起源于新民主主义革命时期。

（一）工农民主政权时期的政府组织立法

1. 中央政府组织立法

在工农民主政权时期，中央政府层面主要是由中央苏维埃组织立法来对中央政府组织进行规定。如 1934 年 2 月 17 日公布的《中华苏维埃共和国中央苏维埃组织法》对中央政府组织进行了规定，并设置了人民委员会制度；同时，也授权对人民委员部另行进行组织立法，但从当时立法实践来看，其似乎并没有相应的组织立法形式。不过，其存在着组织纲要形式，如 1932 年 1 月 27 日公布的《中华苏维埃共和国国家政治保卫局组织纲要》。

2. 地方政府组织立法

除中央政府组织立法外，在这一时期，地方政府组织立法也相应展开。例

---

① 夏新华等整理：《近代中国宪政历程：史料荟萃》，中国政法大学出版社 2004 年版，第 1144~1146 页。

② 钱宁峰著：《政府组织法立法论研究》，东南大学出版社 2015 年版，第 87 页。

如，1931 年 11 月中央执行委员会通过《苏维埃地方政府的暂行组织条例》，对地方政府组织进行规定，主要包括区、县、省执行委员会的组成，区、县、省执行委员会的部门及其机构，区执行委员会生活费规定，县执行委员会生活费规定，省执行委员会生活费规定，各部委员会规定，地方苏维埃的具体工作。① 需要注意的是，这一时期的地方政府组织被称为区、县、省执行委员会。

（二）抗日战争时期的政府组织立法

1. 中央政府组织立法

在抗日战争时期，中央政府组织立法主要表现为边区政府组织立法。如《陕甘宁边区政府组织条例》对边区政府组织进行了规定，其包括边区政府的组成、边区政府的职权、边区政府主席的职权、秘书处的职责、民政厅的职责、财政厅的职责、教育厅的职责、建设厅的职责、保安司令部的职责、保安处的职责、审计处的职责、各部门长官及其职权、其他规定等内容。② 从这一时期的组织立法情况来看，其显然不同于苏维埃政权时期的组织立法，不仅改变了人民委员制，采用政府制，而且规定了边区政府的地位和边区政府组成部门的职责和人员。③

2. 地方政府组织立法

在这一时期，地方政府组织立法主要是针对县、区、村三级政府组织进行立法。例如，1941 年 11 月边区二届参议会审议通过的《陕甘宁边区县政府组织暂行条例》，该条例对县政府组织进行了规定，包括县政府的组成、县政府机构、单行法规制定权、县政府委员会、县长职权、县政府各机构职权、县政府职责、其他规定，等等。④ 从该条例的具体内容来看，其基本上和南京国民政府的政府组织立法相同，对政府机关、职权和人员均作了非常详细的规定。

---

① 蔡鸿源主编：《民国法规集成》第 70 册，黄山书社 1999 年版。
② 蔡鸿源主编：《民国法规集成》第 70 册，黄山书社 1999 年版。
③ 钱宁峰著：《政府组织法立法论研究》，东南大学出版社 2015 年版，第 94 页。
④ 蔡鸿源主编：《民国法规集成》第 71 册，黄山书社 1999 年版。

（三）解放战争时期的政府组织立法

1. 中央政府组织立法

解放战争时期的组织立法基本上延续了抗日战争时期的组织立法模式，主要采用的是政府组织条例或者大纲等形式。比如，《中原临时人民政府组织大纲》对政府组织进行了规定，其内容主要包括中原临时人民政府的组成、中原临时人民政府的职责、中原临时人民政府主席的职权、中原临时人民政府部门及其长官、中原临时人民政府命令、中原临时人民政府各部门组织规程、中原临时人民政府的会议制度、其他规定，等等。① 从这一组织大纲的具体内容来看，其不仅规定了人民政府的地位，而且还对政府的组成部门进行了规定。同时，该大纲对各政府部门的组织立法进行了授权规定，即采用组织规程的形式单独规定各政府部门的组织。

2. 地方政府组织立法

解放战争时期的地方政府组织立法主要是以组织规程形式出现的。比如，1949 年 6 月 1 日公布的《河南省人民政府暂行组织规程》，其内容大致包括省人民政府的组织、省人民政府各部门、各厅事务、各部门关系规定，等等。② 该组织规程对政府组织立法内容规定非常详细，不过其侧重于对政府及其组成部门的规定，而对内设机构及其人员却未作详细规定。③

三、中华人民共和国成立后中国政府组织立法

中国政府组织法从产生至今，可划分为三个阶段：第一阶段为中华人民共和国成立初期至 1954 年，属于中华人民共和国成立初期的中国政府组织法产生阶段；第二阶段为 1954 年至 1979 年，属于中国政府组织法转型阶段；第三阶段为 1979 年至今，属于中国政府组织法制度的重建和发展阶段。④

---

① 蔡鸿源主编：《民国法规集成》第 73 册，黄山书社 1999 年版。
② 蔡鸿源主编：《民国法规集成》第 73 册，黄山书社 1999 年版。
③ 钱宁峰著：《政府组织法立法论研究》，东南大学出版社 2015 年版，第 95 页。
④ 应松年、薛刚凌著：《政府组织法研究》，法律出版社 2002 年版，第 265~267 页。

（一） 中国政府组织立法的产生阶段

1949 年 9 月 29 日，中国人民政治协商会议第一届全体会议选举了中央人民政府委员会，宣告了中华人民共和国的成立，并通过了起临时宪法作用的《中国人民政治协商会议共同纲领》（以下简称《共同纲领》）。该时期的政府是大政府的概念，不仅包括通常意义上的政府组织，也包括审判机关和检察机关。根据《中国人民政治协商会议共同纲领》《中央人民政府组织法》《中国人民政治协商会议组织法》三大建国宪法性文件的规定，建立了政府组织系统，为我国政府组织建设提供了法律框架，并为今后宪法配置国家权力奠定了法律基础及地位。与此相应的政府组织立法也渐次铺开。由政务院所批准的政府组织立法主要有两种形态：一是组织通则，二是组织条例。前者适用于普遍性的行政区域和行政系统；而后者则针对单个政府组织。

1. 中央政府组织立法

1949 年 9 月 27 日中国人民政治协商会议第一届全体会议通过《中央人民政府组织法》，其第 5 条规定，中央人民政府委员会组织政务院，为国家政务的最高执行机关。这意味着政务院被确立为中央政府组织的核心机关。根据上述组织法，各委、部、会、院、署、行、厅的组织立法形式是“组织条例”。根据《政务院及其所属各机关组织通则》规定，各机关拟定之组织条例，经政务院核准后，可先试行若干时期，再送请中央人民政府委员会批准。可见，政府组织立法有一个过程：一是试行，二是正式施行。值得注意的是，这一时期出现了通过决议或者决定来实现对机构的调整的现象，可称为决定立法。①1952 年中央人民政府委员会公布的《关于调整中央人民政府机构的决议》对政府机构进行了调整，《关于改变大行政区人民政府（军政委员会）机构与任务的决定》对大行政区人民政府机构进行了调整。②

---

① 钱宁峰著：《政府组织法立法论研究》，东南大学出版社 2015 年版，第 116 页。
② 关保英主编：《政府组织法史料汇编与点评（1950—1960）》，中国政法大学出版社 2012 年版，第 45 页。

2. 地方政府组织立法

在《共同纲领》施行时期，涉及地方政府组织的立法主要是一些通则性立法，既涉及大行政区人民政府委员会、省人民政府、市人民政府、大城市区人民政府、县人民政府、乡（行政村）人民政府等地域性政府组织，也涉及一些政府组成部门的组织通则，如各级人民政府民族事务委员会，省、市劳动局，人民法庭等。政府组织通则从本质上来说并不是仅仅针对政府组织的，也涉及法院和检察署等机构。例如，1950 年 1 月 6 日政务院第十四次政务会议审议通过的《省人民政府组织通则》，其内容大致包括省人民政府的地位，省人民政府委员会的组成人员，省人民政府委员会的职权，上下级关系，省人民政府主席、副主席，省人民政府工作机构，各工作机构领导设置、编制，会议，专员区，组织条例等。同时，该组织通则侧重于对省人民政府及其组成部门的规定，以政府组织机构为中心，而对于内设机构、职掌和人员均仅作了原则性规定。① 政府组成部门的组织通则一般也是由政务院批准的。例如，1950 年 5 月 5 日政务院第三十一次政务会议批准了《省、市劳动局暂行组织通则》，其主要包括依据、职责、法令制定权、人员设置、机构设置及职务、隶属关系、会议制度、机构变动等内容。从该组织通则来看，其立法内容和地方政府组织通则基本相同。除了上述两种地方政府组织立法之外，还存在大量的地方政府组织单行立法。以各大行政区人民政府为例，"各大行政区人民政府虽然成立时间先后不一，但其机构设置和职权范围均以 1949 年 12 月 16 日中央人民政府第十一次政务会议通过的《大行政区人民政府委员会组织通则》为法律依据，并且按照该通则的基本原则分别制定了各该大区人民政府（军政委员会）的组织条例，报中央人民政府政务院批准施行"。②

综上所述，在施行《共同纲领》这一时期，政府组织立法形式主要由组织法、组织通则以及组织条例三类所构成。可以说，《中央人民政府组织法》

① 钱宁峰著：《政府组织法立法论研究》，东南大学出版社 2015 年版，第 98 页。
② 韩延龙主编：《中华人民共和国法制通史（上）》，中共中央党校出版社 1998 年版，第 34 页。

和各组织通则基本上覆盖了上至中央人民政府，下达基层人民政府的整个行政系统，继而形成了一个比较完整的政府组织法体系。

（二）中国政府组织立法的转型阶段

中国政府组织立法的转型肇始于"五四宪法"时期。1954 年《宪法》的制定，带动了政府组织立法的发展，《国务院组织法》和《中华人民共和国地方各级人民代表大会和地方各级人民委员会组织法》（以下简称《地方政府组织法》）两部政府组织法以及《城市街道办事处组织条例》等一系列政府组织条令，《新疆维吾尔自治区各级人民代表大会和各级人民委员会组织条例》等相关的自治地方人民政府的组织法令都陆续起草和出台。到 20 世纪 50 年代后期，已经初步形成了以"五四宪法"为核心的从中央到地方，从政府到各部门、直属机关、办事机构、派出机构的政府组织法体系。因此，这一时期通常被誉为我国政府组织法制建设的"黄金时期"。①

1. "五四宪法"时期政府组织立法概况

1954 年《宪法》公布实施以后，国务院取代政务院。政府组织立法发生较大变化。首先，在中央政府组织立法上，全国人民代表大会公布了《国务院组织法》，而国务院所属各种政府组织规则则由国务院自行批准。其次，在地方政府组织立法上，全国人民代表大会通过了《地方政府组织法》，奠定了人民委员会这种政府组织形式的法律地位。在民族自治区域，由民族自治地方制定组织条例，报全国人民代表大会常务委员会批准。在组织立法形态上，基本上采用的是人民代表大会和人民委员会一并规定的模式，但在有些地方也将其并列规定。同时，全国人民代表大会和国务院也制定了组织条例和组织办法。另外，这一时期的政府组织立法还有一种模式，即由全国人民代表大会作出政府组织设立或变更的决定或由全国人民代表大会常务委员会决定的模式。比如，1959 年 8 月 26 日审议通过的《全国人民代表大会常

---

① 杨向东著：《建国初期（1949—1954 年）政府组织法认识史》，山东人民出版社 2013 年版，第 12 页。

务委员会关于设立农业机械部的决议》和《关于调整国务院所属组织机构的决议》。此种绕开组织法修改来变动政府组织的做法实际上是通过决定形式修改了法律的规定。

2. 中央政府组织立法

国务院的组织立法一方面来自宪法的规定，另一方面来自国家最高权力机关的配置，主要有三种：（1）宪法规定。1954年《宪法》将政务院改为国务院，从而赋予国务院特殊的宪法地位。该《宪法》在第二章"国家机构"部分第三节专门规定了国务院，对国务院的规定侧重于对国务院及其组成部门的规定。（2）国务院自身的组织立法。根据《宪法》规定，国务院的组织由法律规定。1954年9月21日第一届全国人民代表大会第一次会议通过了《国务院组织法》。该组织法包括法律依据、国务院的组成部门、国务院组成部门领导人员、国务院会议、国务院直属机构、国务院办公机构、国务院任免人员等内容。从规定来看，其涉及国务院组成部门，并且列举了这些组织部门的名称。值得注意的是，该组织法也规定通过决定的方式来增加、减少或者合并各部和各委员会。（3）政府组织简则。这一时期制定了不少政府组织的组织简则。"组织简则"不同于"组织法"，在法律位阶上较低。具体包括两类：一是国务院组成部门的组织简则，如《劳动部组织简则》；二是国务院所属机构的组织简则，如《国务院法制局组织简则》。

3. 地方政府组织立法

涉及地方政府组织的立法形式既有宪法规定，也有专门性的组织法，它们一般都是将地方各级人民代表大会和地方各级人民委员会一并规定。《宪法》对地方政府组织作了原则性规定，主要包括地方各级人民委员会的地位、地方各级人民委员会组成人员、地方各级人民委员会的职权和负责制等。从宪法规定来看，其只规定了法律地位、职权、领导人员和领导体制，同国务院部分一样，并未涉及其他事项。1954年全国人民代表大会通过了《地方政府组织法》，以组织法形式规定了涉及地方各级人民委员会的相关事项，并针对所有地方政府组织作了详细规定。

综上所述，"五四宪法"时期的政府组织立法显然是由宪法、组织法、组织简则以及组织条例共同形成的，反映了政府组织立法的基本样态。① 至此，中国政府组织法有了初步发展。

（三）中国政府组织立法的重建和再续阶段

由于"文化大革命"的爆发，法统被迫中断。在这一时期，几乎没有政府组织立法出现。随着 1978 年《宪法》的颁布，政府组织立法开始再续。这一点集中体现在 1979 年 7 月 1 日第五届全国人民代表大会第二次会议通过的《中华人民共和国地方各级人民代表大会和地方各级人民政府组织法》（以下简称《地方政府组织法》）之中。该组织法在 1982 年《宪法》修改后被修正，此后历经四次修改，但是基本上没有对政府组织部分进行大的修改。同时，《国务院组织法》也于 1982 年予以修订。由此，上述两部组织法构成了当代中国政府组织立法的典型代表。

1. 1978—1988 年：中国政府组织法的重建

"文化大革命"结束后，改革开放的提出标志着中国政府组织法重建的开始。这一时期，尽管邓小平同志提出了"有法可依，有法必依，执法必严，违法必究"的"十六字方针"，然而在当时特定的情况下最为强调的还是"有法可依"，这一特征在政府组织法方面表现得亦十分明显。该时期的政府组织法立法为后来制度的重建奠定了基础，并基本确立了政府组织法的法律框架。这一时期具有代表性的立法为《国务院组织法》《地方政府组织法》。1982 年第五届全国人民代表大会第五次会议通过《国务院组织法》，尽管从法律名称上来看与以往的国务院组织法相比没有改变，但是在立法内容上有了很大的变化。其包括宪法依据，国务院组成人员和领导体制，国务院职权，国务院会议，总理签署权，国务委员的地位，国务院办公厅、国务院各部、各委员会调整权，各部、委员会、直属机构和办事机构等内容。与"五四宪法"时期的

---

① 钱宁峰著：《政府组织法立法论研究》，东南大学出版社 2015 年版，第 116 页。

《国务院组织法》相比，其基本结构相差不大，但是在内容上已经大大减少。1979年7月1日第五届全国人民代表大会第二次会议通过《地方政府组织法》，该法在1982年被修正，此后又经历1986年、1995年、2004年以及2015年多次修改。从该法来看，其将地方人民代表大会和地方政府一并规定，从而赋予了该法地方自治的色彩。总之，从上述两部组织法的立法内容来看，其基本上沿袭了中华人民共和国成立初期的立法模式。中华人民共和国成立初期的若干组织立法在改革开放以后得到继承，如《居民委员会组织法》《人民调解委员会组织条例》《国务院参事室组织简则》《水政监察组织暨工作章程》《北京市劳动保护监察组织管理办法》等。这些组织立法基本上出现于20世纪80年代，数量屈指可数。其反映了组织法立法模式虽然在改革开放以后得以再续，但存在着立法质量不高、内容简单、操作性不强等诸多不足。

2. 1988年至今：中国政府组织立法的新模式

这一时期出现了政府组织法制度供给不足，而采用全国人民代表大会及其常务委员会的决定、行政法规以及其他规范性文件来规范政府组织的设置、变更等的情形。除了2005年全国人民代表大会常务委员会颁布的《公务员法》外，政府组织的设置、职权和人事管理等问题主要是由政策和效力等级较低的行政法规以及其他规范性文件加以规范。从中央层面来看，这一现象始于1988年开始的国务院机构改革。全国人民代表大会分别于1988年、1998年、2003年、2008年四次通过《关于国务院机构改革方案的决定》，于2013年通过《关于国务院机构改革和职能转变方案的决定》，并于2018年通过《关于国务院机构改革方案的决定》。为了适应历次重要的机构改革，从1988年至今，国务院先后发布了《国务院关于机构设置的通知》《国务院关于部委管理的国家局设置的通知》《国务院关于议事协调机构和临时机构设置的通知》《国务院关于地方各级审计机关设置和人员编制问题的通知》，制定了《国务院行政机构设置和编制管理条例》（1997年）、《国务院工作规则》（2003年）、《地方各级人民政府机构设置和编制管理条例》（2007年）等。这是典型的以决定、行政法规和规范性文件规范政府组织的立法模式；同时，部门政府组织法定化也取得了一定的进展，如制定了《公安机关组织管理条例》等。在地方层面，政府组织立法也采用了类似的模式。地方政府组织的调整只需经过上级政府批准，并向地方人民代表大会常务委员会备案即可，而无须地方人民代表大会及其常务委员会批准。从实践来看，地方机构改革方案也几乎不需要人民代表大会的通过，正印证了《地方政府组织法》的该条规定。因此可见，地方政府组织的立法模式基本上与中央政府组织的立法模式相同。

第二章　要素·渊源·体系

政府组织法是指规定国家政府机关等政府组织的机构设置、管理体制、职责权限和活动原则等，规范和调整国家政府组织之间关系的各种法规范的总和。作为"规范行政的组织过程和控制行政组织的法"，与行政行为法、行政监督和救济法并列，共同构成了我国行政法总论的三大基本内容。在中国，政府组织法有广义和狭义之分。其中，狭义的政府组织法又可分为两种：一种狭义的政府组织法大致由机关组织法、行政机关编制法和公务员法构成；另一种最狭义的政府组织法就是专指国家行政机关组织法。依据学者应松年的观点："政府组织法是规范行政的组织过程和控制行政组织的法。"在这个定义中主要强调了规范行政组织的过程，同时这个界定也突出了其具备组织行政和控制行政的双重性质，对于行政组织过程中如何保障民主、公开和平等以及如何进行行政体制的改革都必须由政府组织法来规定。本章介绍政府组织法的构成要素、渊源和体系。广义的政府组织法由立法目的、政府体制、政府成员三个要素构成；中国政府组织法的渊源，即是指其效力来源，包括法的创制方式和法律规范的外部表现形式，在我国政府组织法的渊源表现为宪法、法律、行政法规、地方性法规和其他形式，这些渊源共同赋予政府组织法效力；我国的政府组织法的体系也分为宪法、中央政府组织法、地方政府组织法、政府组织关联法。这些渊源体系中，宪法始终居于核心地位，具有最高效力。其他的体系均需要在宪法规定的原则和指引内运行，也不能违反宪法中的规定。政府组织立法的构成要素、渊源、体系，是研究政府组织立法的宏观框架。

第一节 政府组织法的构成要素

政府组织法是调整国家政府组织之间关系的规范总和，负责组织行政和控制行政。政府的行政必须在政府组织法的基本规范下运行。广义的政府组织法由政府组织法的立法目的、政府体制、政府成员三个要素构成。

一、立法目的

目标是行为的先导，任何行为在本质上都是目标指导下的产物，目标构成法治政府组织的第一大要素。行政任务与行政组织之间大致是目的与手段的关系，行政组织的建构必须以行政任务的达成为出发点，"任务—组织"之间必须具有匹配性。[1] 在行政组织的建设过程中，首先需要考虑的是，是否需要设置某个行政组织的问题。[2] 组织目标是指组织在一定的时间和空间范围内所要努力达到的一种未来状态，对其成员的活动具有公共指向性。相应的，政府组织的目标是政府组织为了实现某一特定的未来状态而设定的一种导向性的宗旨。组织目标并非静态、一成不变的，而是动态可变的未来状态，要随组织所处特定时代背景条件的变化而调整。因此，政府组织的设置应当依据明确的目标且符合其目标运行，并根据目标的变化而作出相应调整。政府组织法作为组织法的重要组成部分，其作用是由其特征、法源和法律固有的规范性、强制性等特点决定的。政府组织法的立法目的主要体现在实施宪法、配置行政组织职能权限、规范行政组织机构设置和人员、编制以及保障行政机构改革依法进行

---

[1] [日] 盐野宏著：《行政组织法》，杨建顺译，北京大学出版社 2008 年版，第 1~2 页；黄锦堂：《行政组织法论》，台北翰芦图书出版有限公司 2005 年版，第 25 页；李昕：《作为组织手段的公法人制度研究》，中国政法大学出版社 2009 年版，第 3 页。

[2] 郭圣莉、应艺青编著：《行政组织学》，华东理工大学出版社 2012 年版，第 45~46 页。

等方面。①

（一）实施宪法

宪法从原则上规定了一个国家的基本组织结构，但宪法规范大多是原则性的规定，需要借助低位阶的法规范将其具体化。政府组织法除了要对宪法规定进行细化之外，还必须体现宪法基本原则，政府组织法规范不得背离宪法基本原则。② 我国政府组织法在宪法某些条文的规定中有所体现。比如，《宪法》第85条规定："中华人民共和国国务院，即中央人民政府，是最高国家权力机关的执行机关，是最高国家行政机关。"第92条规定："国务院对全国人民代表大会负责并报告工作，在全国人民代表大会闭会期间，对全国人民代表大会常务委员会负责并报告工作。"这一关于国务院性质的宪法规定，对国务院的设置有了原则性的规定，《国务院组织法》作为下位法，需要针对宪法的这种原则性的规定给予具体化，所以国务院组织法要设立专条，对宪法的条文进行落实。另外，宪法也可以重审其有关的规定，保证国务院组织法的完整性。这样就可以使宪法与国务院组织法相互呼应，在形式上形成上位法与下位法的结构统一，使国务院真正建立在国家宪政体制的基础之上，在行政管理最高层次上实现法治化的管理。

（二）设置机构

行政编制是政府组织资质的第二大要素。在法律上，只有被列入行政编制的机关才被称为政府组织。所谓行政编制，实际上就是对政府组织内部的机构设置、人员配备以及经费核算等问题的总称。③ 具体而言，其主要包括如下三个方面内容：（1）机构设置。宪法法律赋予的行政职权最终需要政府组织内部的各个机构进行分解负担，因而机构设置是行政编制必不可少的要件。例

---

① 任进著：《行政组织法教程》，中国人民大学出版社2011年版，第7页。
② 杨建顺主编：《行政法总论》，北京大学出版社2016年版，第61页。
③ 应松年主编：《行政法学新论》，中国方正出版社2004年版，第91页。

如：公安局在其内部设置了各种科、室等机构，这些机构是分担公安局职能的载体，是公安局必不可少的部分。（2）人员配备。行政职能需要由公务人员负责具体实施，故人员配备构成行政编制的基本要素。比如：《国务院组织法》规定，国务院由总理、副总理、国务委员、各部部长、各委员会主任、审计长、秘书长组成。国务院的职能正是通过总理、副总理、国务委员、各部部长、各委员会主任、审计长、秘书长等公务人员的意志和行为得以实现的。（3）经费核算。政府组织履行职责须有行政经费保障，故此，经费核算亦为行政编制的基本组成部分。通过行政机构的设置、人员的任用、公物的提供等手段，按照事物的性质、地域等标准将行政权在行政系统内部分配，行政机关形成了纵横交错、分工明确、权责一致的组织体，为行政活动的开展提供了机构、人员、公物等方面的条件，使得各项行政活动的开展成为可能。

（三）分配职权

权力是履行职责的必要条件，行政组织法在设置特定行政组织的同时，必须赋予其特定行政职权，这也是行政组织法的核心内容。[①] 通过行政组织法的具体规范，配置行政机关与行政机构、中央与地方行政组织、行政机关与其他行使行政职权的组织的职能、权限，保障行政组织整体功能的实现。[②] 政府组织法的权力配置功能是其他任何法律都无法取代的。尽管和行政管理有关的单行法律中也涉及权力配置，但任何单行法律法规对行政机关的权力配置规定都不如行政组织法完善和统一。行政组织法的权力配置功能主要表现在设定权力、分配权力以及调整权力三个方面。[③] 总而言之，政府组织的权威主要通过其行政职权来体现，行政职权构成政府组织资质的第三大要素。其具体要义包含如下三个方面：（1）行政职权是政府组织作出行政处理决定、形成行政法律关系的前提。行政职权是政府组织参与社会治理的必要条件，无职权即无行

---

①　江利红著：《行政法学》，中国政法大学出版社 2014 年版，第 135 页。

②　任进著：《行政组织法教程》，中国人民大学出版社 2011 年版，第 8 页。

③　应松年、薛刚凌：《行政组织法与依法行政》，载《行政法学研究》1998 年第 1 期。

政。（2）行政职权必须满足合法性要件，任何政府组织都不能行使法外职权。政府组织的行政职权或由宪法、法律、法规设定，或由有权机关依法授予，除此而外，都不具有合法性。（3）在我国，行政职权的"合法性依据"仅指宪法、法律和行政法规，不包括地方法规、规章和其他规范性法律文件。根据《立法法》第 8 条、第 9 条之规定，有关各级人民政府的组织和职权的事项，只能制定法律；尚未制定法律的，全国人民代表大会及其常务委员会有权作出决定；除此以外，授权国务院可以根据实际需要，对其中的部分事项先制定行政法规。

二、政府体制

政府体制又称行政体制，是一个国家的政府组织形式，是政府系统内部行政权力的划分，政府机构的设置以及运行等各种关系和制度的总和。国家政权需要通过一定的组织形式来行使国家权力，需要在政治活动中进行制度化的设计与安排，从而使整个国家机构的运作得以稳定和有序，使国家意志得以有效体现。在此政府体系中，政府的组织体系及其功能通过制度化的形式构成了政府体制。① 法治政府之组织体制作为法治中国政府体制的主要内容之一，是指法治政府组织内部各要素、各部门、各单位乃至各层级之间的权力配置关系及其运行模式，是政府组织内部各种行政关系制度化的表现。政府体制是政府组织法的核心要素，其主要类型包括四个方面。

（一）行政权力体制

行政权力体制是指一个国家的行政机关与其他国家机关、政党组织、群众团体等之间的权力分配关系及其制度的总称。其中心内容是指国家行政机关在该国政治体制中所拥有的职权范围和权力地位，通常由宪法和法律作出规定。根据国家行政机关与其国家机关、政党组织、群众团体等之间的权力分配关系以及世界各国行政权力体制的发展历史与现实，行政权力体制主要有三权分立

---

① 陈尧著：《当代中国政府体制》，上海交通大学出版社 2005 年版，第 7 页。

制、议行合一制、军政合一制、政教合一制、党政合一制等几种类型。一个国家行政权力体制的合理化、科学化程度是衡量该国行政体制合理化、科学化程度的主要标志。行政机关在该国权力结构体系中的权力地位，直接影响着行政管理活动的权限、范围和效应，直接关系到事权的多少和职能的大小。因此可以说，行政权力体制是行政管理体制的重要体现。

（二）行政领导制度

行政领导制度从整体上可以划分为三个层次：一是约束行政领导活动的制度安排；二是保障领导者个人与组织协调行动的制度，使领导者的个人能动性与组织能力最大限度地整合和发挥；三是保证日常行政领导活动顺畅开展的制度措施，保证行政活动富有成效，避免无的放矢。对我国法治政府组织之领导制度具体内容的理解，建立在对领导制度类型的探讨之基础上。

1. 行政领导制度类型

政府组织领导制度是一个比较复杂的问题，原因在于其存在多种模式。以政府组织的管理结构为标准，可分为单头领导制度和双头领导制度两种模式。前者是指政府机构只对一个上司负责，其与上级之间是一种单向式结构；后者是指政府机构对两个上司负责，是一种双重式管理结构。① 就政府机构内部而言，纵观世界各国政府组织，其领导制度主要包括如下三种类型。

其一，首长负责制。首长负责制是指各级政府及其部门的首长在民主讨论的基础上，对本政府组织所管辖的重要事务享有最终决策权，并对此全面负责的领导制度。在资产阶级国家中可以进一步分为三种类型：总统型首长制、半总统型首长制、内阁型首长制。② 首长负责制的基本特征在于行政首长既具有高度的管理权威，又承担高度的管理责任，其主要具有如下三个优势：（1）有利于行政权力的集中和行政责任的明确，维护权责一致原则，避免政府组织

---

① 关保英著：《行政法教科书之总论行政法》，中国政法大学出版社 2005 年版，第 186 页。

② 沈荣华：《各国最高行政机关行政领导制度的比较》，载《法学杂志》1985 年第 12 期。

及其部门行政人员之间相互推诿、互相扯皮，减少行政机关与行政相对人之间的冲突和矛盾；（2）行政权力的集中有利于行政首长灵活快速地作出决策，提高行政效率，减少行政事务的拖延；（3）有利于行政首长统一领导、统一指挥，增强公众参与的主动性。当然，首长负责制也具有一定的局限性，主要有如下三个：（1）由于行政首长个人能力和知识、技能的有限性，易导致行政决策的错误；（2）由于行政首长专享对政府事务的最终决定权，易导致滥用职权，造成权力制约机制的失衡；（3）由于行政首长独揽大权，易导致权力专断，影响民主性和参与性。

其二，合议制。合议制又称委员会制，是指最高决策权是由一个若干人组成的合议组织掌握的一种行政领导制度。① 在政府机构中，采取多数原则行使决策权，即由机关成员进行合议，最终通过表决作出决策。其主要特征在于：以合议形式集体行使最高行政权，并集体对之负责。合议制的优点主要有：（1）遵循多数原则有利于集思广益，保证行政决策的民主性；（2）分工与合作协同，有利于政府组织的行政管理；（3）集体承担责任，有利于相互监督，实现权力制衡。当然，合议制也有几个弊端，主要有：（1）集体行使行政权力易导致彼此难以协调，形成妥协和折中的结果；（2）决策成本较高，易出现议而不决的现象，效率低下；（3）当少数有影响力的人占据支配地位时，合议结果则易导致民主的形式化，不能真正反映集体的决策。

其三，混合制。将以上两种方式结合起来，对重大问题进行集体合议表决，对其他问题赋予行政首长决策权，此即为混合制。该领导制度可同时兼顾首长负责制和合议制的优点，既有利于权责集中统一，又可保证决策的民主性；既可防止个人专断、权力滥用，又可避免无人负责。但若运用不当，则同时兼有前两种领导制度之弊端，易造成权力滥用以及权责不清的局面。

2. 我国行政领导制度

就政府组织整体而言，早在中华人民共和国成立初期，我国即已形成中央

---

① 沈荣华：《各国最高行政机关行政领导制度的比较》，载《法学杂志》1985 年第 12 期。

对地方的双重领导制度，一直沿用至今。地方政府的领导主要是在机构设置、人事管理、经费使用和管理行为的控制方面；国务院主管部门的领导则主要体现在政策上的领导，以及项目批准和管理方面，对地方行政机关并无直接控制权。长期以来，此双重领导制备受诟病，其弊端主要在于：由于地方各政府机关分别受国务院主管部门领导，但国务院主管部门对地方政府机关没有直接控制权，故既不利于地方政府的统一管理，容易造成各自为政，又难以保证国务院主管部门政策的执行。① 就政府组织内部而言，我国中央政府和地方各级政府均实行首长负责制，其是经历一系列变迁发展而来的。其中，国务院的领导制度，从中华人民共和国成立初期实行集体讨论决定和集体负责，一直到1982 年修改《宪法》时才发展成为总理个人负责制，即首长负责制，并在《宪法》和《国务院组织法》中得以明确规定；地方各级政府领导制度的变迁与国务院基本同步，从中华人民共和国成立初期地方政府采取委员会制的组织形式，贯彻集体领导的原则，发展至 1982 年，才在《宪法》和《地方政府组织法》中加以规定，实行首长负责制。

　　首长负责制的贯彻实施有其合理性。首先，其符合《宪法》和法律的规定。我国《宪法》第 86 条规定："国务院实行总理负责制。各部、各委员会实行部长、主任负责制。"《国务院组织法》第 2 条规定："国务院实行总理负责制。总理领导国务院的工作。"《地方政府组织法》第 62 条规定："地方各级人民政府分别实行省长、自治区主席、市长、州长、县长、区长、乡长、镇长负责制。省长、自治区主席、市长、州长、县长、区长、乡长、镇长分别主持地方各级人民政府的工作。"《民族区域自治法》第 17 条第 2 款规定："民族自治地方的人民政府实行自治区主席、自治州州长、自治县县长负责制。自治区主席、自治州州长、自治县县长，分别主持本级人民政府工作。"可以看出，从中央至地方，政府组织内部实施的领导制度是一致的。其次，其符合我国客观实际。在我们的党政机构以及各级企业和事业领导机构中，长期缺乏严格的从上而下的行政法规和个人负责制，缺少对于每个机关乃至每个工作人员

---

① 　应松年主编：《当代中国行政法》，中国方正出版社 2005 年版，第 262 页。

职责权限严格明确的规定，以致事无大小，往往无章可循，绝大多数人不能独立负责地处理他所应当处理的问题，只能成天忙于请示报告，批转文件。有些单位、有的领导人甚至推卸责任，相互扯皮。所谓集体领导，实际上是无人负责，造成行政机关工作效率低下。为了克服以上这些问题，《宪法》规定在我国国家行政机关中实行首长负责制。随着现代化建设和新时期改革的不断强化，明确首长个人的权责，加强首长的权威，在民主基础上强调高度集中，有利于我国政府组织更高效、更全面地履行政府职能。在首长负责制下，行政首长负责政府组织的工作，对重大问题有决定权，但其决定权同时又是建立在发挥集体作用基础之上的。易言之，首长负责制要求首长在进行民主讨论的基础上，进行最终决策。因此，会议制度与首长责任制是相配套的制度。①

（三）中央政府体制

中央政府体制是指一个国家代表统治阶级领导和管理全国行政工作的最高行政机关的职权划分、组织形式及管理方式等制度的总称。它是行政管理体制的核心部分，直接影响着行政管理的性质和效率，关系整个国家机器的运转状况。由于各国的政权性质不同以及历史发展条件不同，中央政府体制的类型也各不相同。根据国家最高行政机关的职权划分、活动方式和组织形式等制度，从纵向行政职权的角度，分为中央集权型、地方分权型、集权与分权结合型；从横向行政职权的角度，则可分为合议制和首长制或者政府首长负责制和集体领导负责制。

（四）行政区划体制

行政区划是国家对行政区域的划分，即根据国家政治统治和行政管理的需要，遵循有关的法律规定，充分考虑经济联系、地理条件、民族分布、历史传统、风俗习惯、地区差异和人口密度等客观因素，实行行政区域的分级划分，将国家的国土分为若干层次、大小不同的行政区域系统，并在各个行政区域设

---

① 江利红著：《行政法学》，中国政法大学出版社 2014 年版，第 135 页。

置相应的地方国家权力机关，建立政府公共管理网络，为社会生活和社会交往提供基础。① 行政区划包括国家对行政区域的划分、调整、变更，以及对已有行政区域的认可，其实质是国家权力在地域上的分配，包括行政区域、行政单位、行政建制三个主要部分。这不仅是国家政权建设的重要组成部分、是治国理政的基础制度框架②，而且是国家进行分权管理，实施有效统治的重要手段之一。行政区划体制也称行政区域划分建制，是指国家为实现有效的行政管理，依据一定的原则，国家将全国领土划分为若干层次的区域单位，并建立相应的各类行政机关的一种制度。在不同社会制度的国家，在单一制或复合制结构形式不同的国家，可以采用多种标准划分为不同的类型。在我国，根据不同的标准，也可划分为不同的类型。如按行政层次不同，可划分为省级行政区、地（市）级行政区、县级行政区、乡级行政区等；按时间的长短不同，可划分为稳定性行政区、过渡性行政区等。若着重从行政区划分的主要要素和特征来划分，我国现行的行政区划体制主要有传统型、发展型、特殊型三种。

行政区划体制主要遵循以下原则：一是政治原则，即有利于巩固统治阶级的政权，有利于国家长治久安；二是经济原则，即既要从各地区的实际出发，又要从整个国家的全局出发；三是民族平等原则，即在不违背整个国家根本利益的前提下，充分考虑各民族的风俗习惯和其他特点，有利于民族团结和共同繁荣；四是精减、统一、效能的原则，即以有利于进行有效的行政管理为原则，尽量精简机构，减少层次，政令统一，以达到提高行政管理效率的目的。

三、政府成员

政府成员是指在政府中工作的人员。《宪法》《国务院组织法》《地方政府组织法》等对从中央到地方的各级政府组成人员作了规定。除了政府组成人员

---

①　赵聚军著：《我国行政区划改革研究》，天津人民出版社 2012 年版；张可云：《行政区划与城市总体规划》，载《北京规划建设》2004 年第 4 期。

②　林拓：《新时代行政区划改革再出发》，载《中国社会科学报》2018 年第 3 期。

87

之外，在中央人民政府和地方各级人民政府中工作的其他人员，也可以被一概统称为政府人员。政府成员可以根据领导职数、岗位编制等进行划分。

（一）领导职数

领导职数是指党委、政府及其部门（包括内设机构、派出机构）等国家行政机关法定的领导职务的名称、层次和数量。其中，党委、政府领导班子职数一般由换届文件确定，部门及其内设机构、派出机构领导职数原则上根据"三定"规定和机构编制批复文件确定。① 我国有关法律法规、机构改革方案、部门"三定"规定以及机构设置批复文件等对领导职数都有明确规定。按照《地方政府组织法》和党中央、国务院等有关文件精神，各级行政领导的职数为：（1）国务院各工作部门一般设正职一人，副职二至四人；司局设正职一人，副职一至二人；处设正职一人或正副职各一人，任务较重，人数较多的处可增设副职一人。（2）省、自治区、直辖市人民政府的工作部门设正副职一至三人；处设正职一人或正副职各一人，任务较重，人数较多的处可增设副职一人。（3）地级的市人民政府的工作部门设正职一人，副职一至二人，科设正职一人或正副职各一人。（4）县级人民政府的工作部门设正职一人，副职一至二人。

根据《公务员法》第 105 条②的规定，领导人员是指机关的领导人员，但不包括机关内设机构担任领导职务的人员。公务员晋升职务必须在法定的职数限额内进行，不得随意突破，否则应追究相关的行政责任。领导职数的规定，对定员、定编、定经费和加强管理都具有十分重要的作用。对于各级行政组织领导人员的产生办法，根据《宪法》第 62 条的规定，国务院总理的人选由国家主席提名，国务院副总理、国务委员、各部部长、各委员会主任、审计长、秘书长的人选由国务院总理提名，由全国人民代表大会决定。根据《地方政府

---

① 田玉萍：《严肃机构编制纪律，不断推进中央和国家机关机构编制监督检查工作》，载《中国机构改革与管理》2017 年第 4 期。

② 《公务员法》第 111 条规定：本法所称领导成员，是指机关的领导人员，不包括机关内设机构担任领导职务的人员。

组织法》第8条的规定，由县级以上的地方各级人民代表大会选举省长、副省长，自治区主席、副主席，市长、副市长，州长、副州长，县长、副县长，区长、副区长。根据《地方政府组织法》第44条第10项的规定，根据省长、自治区主席、市长、州长、县长、区长的提名，由县级以上的地方各级人民代表大会常务委员会决定本级人民政府秘书长、厅长、局长、委员会主任、科长的任免，报上一级人民政府备案。对于领导职数的管理方面的纪律要求，中央组织部、中央编办、国家公务员局《关于严禁超职数配备干部的通知》规定得非常明确。2014年以来，经过专项整治，各部门超领导职数配备的干部已经基本消化到位，"三超两乱"① 问题得到了有效遏制。

（二）岗位编制

"编制"一词有广义、狭义之分。广义的编制是指国家机关、军队、企业事业单位的组织机构及其人员的数量和职务的配备，即除了按合理、恰当的比例确定人员数额，进行定编以外，还包括各有关行政机构的科学设置，是国家机关和企事业单位组织机构、人员定额和内部结构的总称；狭义的编制是指国家对有关组织的人员配置和数额的规定，即一个系统或一个单位内部的机构设置、机构比例、人员配备及与之相适应的经费问题的总称②，是全面编制工作（机构编制和人员编制）的一部分。本书所讲的"编制"是从狭义上使用的。

岗位编制主要是指在组织结构框架内进行的岗位设置和人员配置，以适当的人员充实组织结构所规定的岗位，从而保证部门的正常维持和运行。当然，国家行政机关及其内部机构，都是根据一定任务来设置一定的机构，根据确定的机构来制定编制，再根据编制来配备人员。因此，编制作为机构与人员的中介和桥梁，不可能离开机构合理设置问题，所以行政机关编制法与行政机关组

---

① 即超职数配备干部、超机构规格提拔干部、超审批权限设置机构，擅自提高干部职级待遇、擅自设置职务名称。

② 马宝成：《健全和完善行政法制：依法行政的重要基础》，载《行政论坛》2001年第1期。

织法之间有着"天然"的密不可分的联系。在理论上，有专家按照组织机构的性质和功能的不同，将编制分为五种类型，即行政编制、事业编制、社会团体编制、企业编制和军事编制，并认为行政编制又可派生出政法编制、离退休干部工作人员编制、驻外编制、储备编制等。① 在岗位编制中要遵循关于管理幅度、管理层次和人员总数控制等普遍的规定。在岗位编制的实施过程中，要全面掌握岗位设置管理的基本精神和主要内容，按照先入轨后完善的原则，抓住重点环节，严格程序，规范操作，切实保护岗位设置管理的各项政策规定落实到位。重点抓好五个环节：（1）认真制定岗位设置方案；（2）严格按规定程序审核；（3）科学合理地设置岗位；（4）规范岗位聘用；（5）做到岗位设置的审核认定。我国编制管理和使用方面的纪律要求主要有三个方面：一是严禁违反规定擅自增加编制；二是严禁超出编制限额录用、调任、转任人员；三是严禁以虚报人员等方式占用编制并冒用财政资金。②

（三）公务人员

公务人员是指专门为国家政权机构服务的工作人员。公务人员所涵盖的范围比我国现行的公务员队伍要庞大，因为其还包括中国共产党机关工作人员和党所领导的人民团体等机关工作人员。行政公务人员③是指任职于行政机关或其他行政公务组织（包括被授权组织和委托组织）中具体行使行政职权、执行国家公务的工作人员。在行政机关系统中担任一定行政职务的公务员，是行政公务人员中最基本、最主要的组成部分，行政公务人员还包括在其他行政公务组织（包括被授权组织和委托组织）中依法行使行政职权或从事行政管理活动的人员。

公务员是指依法履行公职、纳入国家行政编制、由国家财政负担工资福利

---

① 宋德福著：《中国政府管理与改革》，中国法制出版社2001年版，第272页。

② 田玉萍：《严肃机构编制纪律，不断推进中央和国家机关机构编制监督检查工作》，载《中国机构改革与管理》2017年第4期。

③ 其他学者也有提出"行政人"的概念，也有提出"行政人员"的概念。参见王名扬著：《法国行政法》，中国政法大学出版社1998年版，第233页。

的工作人员。政府组织依法设定编制并按编制配备公务人员是构成政府组织资质的基本要素，也是近年来行政组织改革中的重点。公务人员是政府组织中的主角，高水平的政府组织应具有较高综合素质和合理智力能力结构的公务人员。政府组织的公务人员配置涉及组织内部各类工作人员的结构比例、职位分配、定额和人员管理等问题，这既是促进政府组织高效运作的基本保证，也是控制政府组织整体规模平衡的重要因素。职员过少不利于政府组织工作的有序开展，职员过多容易造成行政职能不清、影响行政效率和滋生官僚主义。因此，如何精简机构，控制人员增长并维持职员人数与政府组织工作效率之间的有效平衡，是政府组织改革需要重点权衡的问题。比如，为了配合执行中共中央于 2018 年 3 月印发的《深化党和国家机构改革方案》，在我国从中央到地方层面大幅进行的政府组织改革过程中，机构调整不可避免地带来人员变动、压缩的问题，应坚持科学和效率的统一，依据简化和调整后的机构进行合理的职位分类和人员配置。

第二节　中国政府组织法的渊源

"渊源"一词的本意是指水流的发源之处。"法的渊源"简称为法源，最早出自罗马法的 fontes juris，英文译为 sources of law。法的形式渊源是指法的效力的来源，包括法的创制方式和法律规范的外部表现形式，如法律、法规、判例等。① 法治政府组织的法律渊源是指有关政府组织的产生、组织以及职权在法律、法规中的表现形式。我国现行的政府组织法主要包括宪法中规定的相关条款、专门的国家机构组织法以及单行法律中的相关规定等。②

---

① 杨海坤、章志远著：《中国行政法基本理论研究》，北京大学出版社 2004 年版，第 122 页。

② 孟鸿志著：《中国行政组织法通论》，中国政法大学出版社 2001 年版，第 57~120 页。

一、宪法

《宪法》作为国家的根本大法，规定了国家的基本制度，具有最高法律地位和最高法律效力，其中规定了行政组织法的基本原则，① 如行政组织法定原则、民主集中制原则、组织效率原则。《宪法》中有关政府组织的条款，是法治政府组织据以存在和运作的首要依据及合宪性的基础，属于法治政府组织法第一层次的规范。正如有的学者所言："行政组织法系宪法学和政策学之范畴。"②《宪法》所建立的民主、人民基本权利等原则，"拘束并指引立法者之行政组织有关的决定"。由于《宪法》之相关条文简洁，不免有释义学的争论，尤其就行政组织权的归属，立法者一般享有广泛裁量权；于是在实质内容上，得依时空推演而为调整。③《宪法》的有关规定作为国家机构组织法的渊源，不仅表现为其作为制定行政机关组织法的基本依据，如我国《宪法》第三章第三节关于国务院的规定以及第五节关于地方人民政府的规定等；更体现为这些规定是指导行政机关行使职权的基本准则，如国家尊重和保障人权、民主集中制、依法治国、机构设立精简等原则；还表现为其作为国家机构组织法的基本规范。行政组织的职能设定、机构设置应考虑宪法的规定和宪法就国家性质所涉及的权力结构。我国《宪法》规定的国家权力结构和运行原则，决定我国行政组织的基本架构和运行机制，也影响行政组织法的功能。④ 实际上，在现代国家中，一般而言，行政组织主要由中央政府（联邦政府和联邦主体）行政组织和地方行政组织两大部分组成。⑤ 其中，地方行政组织又包括属于国家行政系统内的地方国家行政组织与地方自治行政组织两种。《宪法》第三章第三节、第五节和第六节中分别规定了中央政府组织、地方各级政府组织和民族自治地方政府组织三个层面的内容，具体包括：

---

① 胡建淼、江利红著：《行政法学》，中国人民大学出版社 2015 年版，第 108 页。
② 翁岳生编：《行政法》（上册），中国法制出版社 2009 年版，第 307 页。
③ 任进著：《行政组织法研究》，国家行政学院出版社 2010 年版，第 5 页。
④ 任进著：《行政组织法教程》，中国人民大学出版社 2011 年版，第 9 页。
⑤ 任进著：《行政组织法研究》，国家行政学院出版社 2010 年版，第 6 页。

（一）中央政府组织

根据《宪法》第 85~92 条的规定，中央人民政府即国务院，在性质上是我国最高权力机关的执行机关，即最高国家行政机关；国务院的组织具体由法律规定，在人员组成上包括总理、副总理、国务委员、各部部长、各委员会主任、审计长和秘书长等，每届任期与全国人民代表大会相同，工作由总理领导、副总理和国务委员协助，实行总理负责制，各部和各委员会实行部长和主任负责制；在职权行使上，有权根据宪法和法律制定行政法规和规定行政措施，向全国人民代表大会或全国人民代表大会常务委员会提出议案，规定各部和各委员会的任务、职责，统一领导全国地方各级国家行政机关的工作并规定其职权划分，领导和管理经济、教育、科学、文化、卫生、体育、计划生育、民政、公安、司法行政、国防建设和民族等事务以及改变或撤销各级行政机关的决定和命令等；机构设置上，国务院设立审计机关，独立行使审计监督权。

（二）地方各级政府组织

《宪法》第 95 条、第 105~111 条分别针对地方各级人民政府的级别设立、组织产生、性质、责任设置、职权行使和机构设置等几个方面进行了规定。在级别设立上，地方各级人民政府分设于省、直辖市、县、市、市辖区、乡、民族乡、镇等三个级别；在组织产生上，与中央政府组织一样，由法律规定；在性质上，地方各级人民政府是地方各级国家权力机关的执行机关，即地方各级国家行政机关；在责任设置上，实行省长、市长、县长、区长、乡长和镇长负责制；在职权行使上，地方各级人民政府依照法律的规定在各自行政区域内各司其职，管理本行政区域内的行政工作；在机构设置上，县级以上地方各级人民政府设立审计机关，独立行使审计监督权。除此以外，《宪法》第 62 条规定，省、自治区和直辖市的建置，由全国人民代表大会批准；《宪法》第 89 条规定，自治州、县、自治县、市的建置由国务院批准。

（三）民族自治地方政府组织

民族自治地方政府组织是民族自治地方的自治机关，包括自治区、自治州和自治县的人民政府。根据《宪法》第113～122条的规定，民族自治地方人民政府性质上是民族自治地方的自治机关；在人员组成上，自治区主席、自治州州长和自治县县长由实行区域自治的民族的公民担任；在职权行使上，除了行使地方国家机关职权之外，还可以有权根据法定权限行使自治权，包括管理地方财政、自主安排和管理地方经济建设事业以及本地教科文卫体事业的自治权。

二、法律

法律是最高国家权力机关制定的规范性文件，存在广义和狭义之分。此处的法律指的是广义上的法律，既包括全国人民代表大会制定的基本法律，也包括全国人民代表大会常务委员会制定的基本法律以外的其他法律。在我国，主要体现在单行的组织法、公务员法以及立法法等当中。

（一）专门的国家机关组织法

《国务院组织法》和《地方政府组织法》构成了我国法治政府组织法的主要渊源。其中，《国务院组织法》是规定国务院法律地位、组织结构和基本职能的基本法，其明确规定了国务院的人员组成、责任制度、组织职权、会议组成、岗位设置、工作职责和机构设立、变更、撤销等事项。《地方政府组织法》第四章则对省、自治区、直辖市、自治州、设区的市、县、自治县、不设区的市、市辖区、乡、民族乡等地方各级人民政府的性质、责任制度、组织职权、人员组成、岗位设置、工作职责、会议组成和机构设立、变更、撤销等事项进行了规定。《地方政府组织法》第64条规定："地方各级人民政府根据工作需要和精干的原则，设立必要的工作部门。"这个条款实际上授权地方各级人民政府根据"工作需要"设立其认为"必要的"工作部门，同时遵循"精

干的原则"。除此之外,《公务员法》专门针对国家机关工作人员的职权、职责、晋升、奖惩等具体内容进行了规范,《全国人民代表大会和地方各级人民代表大会选举法》和《全国人民代表大会和地方各级人民代表大会代表法》则规定了人大代表的产生和活动的准则。

(二) 单行法律

除了专门的政府组织法,即《国务院组织法》和《地方政府组织法》之外,有些部分性质的法律(单行法规)对行政机关组织也作了一些规范,如1954 年的《公安派出所组织条例》《城市街道办事处组织条例》等。但是,根据 2009 年 6 月 27 日十一届全国人民代表大会常委会第九次会议《关于废止部分法律的决定》,上述法律已经废止失效。① 有的相关法中有许多关于组织法的内容,特别是各类法律中有关于行政机关体制或职权的规定。② 比如:《立法法》第三章规定了国务院制定行政法规的职权,第四章第二节规定了国务院部门在其权限范围内制定部门规章的权力以及省、自治区、直辖市和设区的市、自治州的人民政府制定本地的地方政府规章的职权;第五章规定了国务院对行政法规之间的冲突的裁决权、对地方性法规与部门规章之间的冲突的决定权或提议权、对部门规章之间以及部门规章与地方政府规章之间的冲突的裁决权。《行政处罚法》第 10 条规定了国务院通过行政法规设定行政处罚的权力,第 12 条规定了国务院各部委通过部门规章给予行政处罚的权力,第 13 条规定了省、自治区、直辖市人民政府和省、自治区人民政府所在地的市人民政府以及经国务院批准的较大的市人民政府通过地方政府规章给予行政处罚的权力。《中国人民银行法》针对国务院领导之下的中国人民银行

---

① 如果根据全国人民代表大会常务委员会的分类,我国法律部门分为宪法及其相关法、民商法、经济法、刑法、行政法、社会法和诉讼及非诉讼程序法。这类法律属于宪法相关法(机构组织法、国家制度法、公民权利保障法和地方制度法)中的机构组织法的范畴。参见任进著:《行政组织法研究》,国家行政学院出版社 2010 年版,第 58 页。

② 任进著:《行政组织法教程》,中国人民大学出版社 2011 年版,第 9 页。

的各项职责进行了规定；①《土地管理法》中关于国务院及县级以上地方人民政府的土地行政主管部门的职责的规定②以及《食品安全法》关于国务院食品安全委员会、卫生行政部门、质量监督以及工商行政管理和国家食品药品监督管理部门，县级以上地方人民政府及其卫生行政农业行政、质量监督、工商行政管理以及食品药品监督管理部门食品安全监督管理职责的规定。③

三、行政法规

行政法规是由行政机关制定的行政法律规范，其制定主体为国务院，是政府组织法的主要渊源之一。根据1982年《宪法》第86条之规定，国务院的组织由法律规定，但国务院有权规定各部和各委员会的任务和职责；《立法法》第65条规定："国务院根据宪法和法律，制定行政法规。行政法规可以就下列事项作出规定：（一）为执行法律的规定需要制定行政法规的事项；（二）宪法第八十九条规定的国务院行政管理职权的事项。"因此，国务院的组织应由《国务院组织法》规定，国务院可以在《宪法》和法律规定的关于国务院行政机构的职权的范围内，对国务院机构的职权作具体的规定。行政法规中有许多规定是我国政府组织法的形式渊源，典型的如《工商行政管理所条例》针对工商行政管理所的组织建设和管理职能等事项作出的规定；《国务院行政机构设置和编制管理条例》针对国务院行政机构的设置和编制管理事项作出的规定；《地方各级人民政府机构设置和编制管理条例》则规定了地方各级人民政府的机构设置、职责配置以及编制核定与对机构编制工作的监督管理等事项；《公安机关组织管理条例》针对公安机关的设置、编制、经费和公安机关人民

---

① 《中国人民银行法》第2条规定：中国人民银行是中华人民共和国的中央银行。中国人民银行在国务院领导下，制定和执行货币政策，防范和化解金融风险，维护金融稳定。

② 国务院土地行政主管部门统一负责全国土地的管理和监督工作；县级以上地方人民政府土地行政主管部门的设置及其职责，由省、自治区、直辖市人民政府根据国务院有关规定确定。

③ 任进：《宪法视界下的国家机构改革与组织法完善》，载《法学论坛》2012年第6期。

警察的职务、管理及待遇等事项作出的规定。另外，相关行政法规中也有许多关于政府组织法的规定，尤其是各类行政法规中关于行政机关体制或职权的规定，如《企业国有资产监督管理暂行条例》① 等。

四、地方性法规

地方性法规是指省、自治区、直辖市的人民代表大会及其常务委员会在不同宪法、法律、行政法规相抵触的前提下，较大的市的人民政府及其常委会，在不同宪法、法律、行政法规和本省、自治区的地方性法规相抵触的前提下，根据本行政区域的具体情况和实际需要所制定的规范性文件。它们也有部分关于政府组织的规范。根据《立法法》第 8 条的规定，有关各级人民政府的产生、组织和职权的事项只能制定法律。这里的"制定"应理解为"设定"，要结合其他法律规定和具体情况而定。②《立法法》第 72 条规定："省、自治区、直辖市的人民代表大会及其常务委员会根据本行政区域的具体情况和实际需要，在不同宪法、法律、行政法规相抵触的前提下，可以制定地方性法规。"《立法法》第 73 条对地方性法规可以作出规定的事项进行了具体列举。《地方政府组织法》第 69 条规定："省、自治区、直辖市的人民代表大会及其常务委员会可以根据本法和实际情况，对执行中的问题作具体规定。"因此，省、自治区、直辖市的人大及其常委会可以依法制定地方性法规，对本行政区域内的地方人民政府的组织和职权作出具体的规定，地方性法规也是我国政府组织法的一种渊源。部分地方的人民代表大会及其常务委员会制定了本地的地方性机构和编制管理法规，如海南省人民代表大会常务委员会于 2009 年颁布了《海南省各级国家机关、事业单位机构设置和编制管理条例》③，该条例中就包

---

① 根据 2003 年《企业国有资产监督管理暂行条例》的规定，国务院、自治区、直辖市人民政府，设区的市、自治州级人民政府，分别设立国有资产管理机构；国有资产管理机构根据授权，依法履行出资人职责，依法对企业国有资产进行监督管理；企业国有资产较少的设区的市、自治州，经省、自治区、直辖市人民政府批准，可以不单独设立国有资产监督管理机构。

② 任进著：《行政组织法研究》，国家行政学院出版社 2010 年版，第 60 页。

③ 2009 年 9 月 25 日，海南省第四届人大常委会第十一次会议通过。

含了对该省国家行政机关的机构设置和编制管理的明确规定；类似的还有广东省人民代表大会常务委员会于2000年通过并于2009年修订的《广东省行政机构设置和编制管理条例》①，其规定了广东省各级人民政府的行政机构设置、职责配置、编制核定以及对机构编制工作的监督管理等多种事项，要求按照经济社会全面协调可持续发展的要求，适应全面履行政府职能的需要，遵循精简、统一、高效的原则。行政机构的设置和编制的核定必须依照国家和省级规定的程序审批，不得擅自进行变动。

五、其他

除了《宪法》中的有关规定、法律以及行政法规和地方性法规外，我国政府组织法的渊源还有很多，如政府规章、全国人民代表大会及其常务委员会各种决定、决议以及相关规范性文件，等等。

(一) 政府规章

依据制定机关的不同，政府规章可以分为国务院部门规章和地方政府规章两大类。前者是指国务院组成部门及直属机构在其职权范围内制定的规范性文件；后者是指省、自治区、直辖市和较大的市的人民政府依照法定程序制定的规范性文件。我国《立法法》第80条规定："国务院各部、委员会、中国人民银行、审计署和具有行政管理职能的直属机构，可以根据法律和国务院的行政法规、决定、命令，在本部门的权限范围内，制定规章。"部门规章规定的事项应当属于执行法律或者国务院的行政法规、决定、命令的事项。据此，国务院部门规章也构成法治政府组织的法律渊源。《立法法》第82条规定："省、自治区、直辖市和设区的市、自治州的人民政府，可以根据法律、行政法规和本省、自治区、直辖市的地方性法规，制定规章。地方政府规章可以就下列事项作出规定：（一）为执行法律、行政法规、地方性法规的规定需要制

---

① 2000年7月28日广东省第九届人民代表大会常务委员会第十九次会议通过、2009年7月30日广东省第十一届人民代表大会常务委员会第十二次会议修订。

定规章的事项；（二）属于本行政区域的具体行政管理事项；……"因此，省、自治区、直辖市和较大的市的人民政府可以依法制定地方政府规章，对本行政区域内的地方人民政府的组织和职权作出具体的规定。当地方政府规章对地方各级政府机构的设立、撤销、合并或变更事项加以规范时，也成为法治政府组织法的表现形式之一。实践中，重庆、四川、河北等多地都先后制定了各自的地方性机构设置和编制管理规章。如《安徽省行政机构设置和编制管理规定》①，对该省行政机构的职责配置、机构设置、编制管理、监督检查、法律责任等事项作出了详细规定。

（二）全国人民代表大会及其常务委员会关于机构改革的决议或决定

根据《国务院组织法》第 8 条的规定，国务院各部、各委员会的设立、撤销或者合并，经总理提出并由全国人民代表大会决定；在全国人民代表大会闭会期间，由全国人民代表大会常务委员会决定。《国务院行政机构设置和编制管理条例》第 7 条对该条内容作了进一步细化，规定国务院组成部门的设立、撤销或者合并由国务院机构编制管理机关提出方案，经国务院常务会议讨论通过后，由国务院总理提请全国人民代表大会决定；在全国人民代表大会闭会期间，提请全国人民代表大会常务委员会决定。由此可见，全国人民代表大会及其常务委员会对于国务院机构的改革，是以决定的形式而非通过修改《国务院组织法》的方式作出的，且只是对每一届任期内国务院机构的调整。② 全国人民代表大会及其常务委员会关于机构改革的决议也由此成为法治政府组织法的一种表现形式。改革开放以来，我国分别在 1982 年、1988 年、1993 年、1998 年、2003 年、2008 年、2013 年和 2018 年进行了八次规模较大的政府机构改革，每一次改革都是经由全国人民代表大会及其常务委员会审议通过国务院机构改革方案的议案进行的。譬如：2018 年的国务院机构改革，由国务院总理李克强将方案提请第十三届全国人民代表大会第一次会议审议，会议表决

---

① 2014 年 1 月 8 日，安徽省人民政府第十九次常务会议修订通过。

② 任进著：《行政组织法教程》，中国人民大学出版社 2011 年版，第 43 页。

通过了关于国务院机构改革方案的决定。据此，国务院正部级机构减少 8 个，副部级机构减少 7 个，除国务院办公厅外，国务院设置组成部门 26 个，进行了较大规模的政府机构调整，是推进法治政府建设和治理能力现代化的一场深刻变革。

（三）国务院的规范性文件

国务院关于政府机构职责、政府机构编制的规范性文件也构成政府组织法的一种重要渊源，其主要包括如下三个方面①：（1）《国务院关于机构设置的通知》《国务院关于部委管理的国家局设置的通知》以及《国务院关于议事协调机构设置的通知》。譬如：2018 年 3 月 22 日实施的《国务院关于机构设置的通知》是根据党的十九届三中全会审议通过的《深化党和国家机构改革方案》及国务院第一次常务会议审议通过的国务院直属特设机构、直属机构、办事机构、直属事业单位设置方案和国务院部委管理的国家局设置方案，分别就国务院机构设置和部委管理的国家局设置所作的规定；2008 年 3 月 21 日发布的《国务院关于议事协调机构设置的通知》是根据国务院第一次常务会议审议通过的精简和规范国务院议事协调机构方案，针对国务院议事协调机构的设置与调整等问题作出的规定。（2）与中共中央有关机构联合发布的规范性文件。如：中共中央办公厅、国务院办公厅于 2018 年 7 月 30 日联合发布的《国家卫生健康委员会职能配置、内设机构和人员编制规定》，对国家卫健委的职责、内设机构和人员编制进行规定；2018 年 9 月 13 日联合发布的《关于调整国务院办公厅职责机构编制的通知》《关于调整住房和城乡建设部职责机构编制的通知》《关于调整商务部职责机构编制的通知》《关于调整工业和信息化部职责的通知》等文件，分别针对国务院办公厅、住房和城乡建设部、商务部以及工业和信息化部的机构编制和职责问题作出规定。（3）国务院各部门的

---

① 任进著：《行政组织法教程》，中国人民大学出版社 2011 年版，第 62 页。

"三定"规定①。即对国务院所属各部门的主要职责、内设机构和人员编制等所作的规定，是各职能部门履行职责的重要依据。自 1988 年以来，国务院各部门的主要职责、内设机构和人员编制的管理，主要根据的是中央机构编制委员会办公室拟定、国务院常务会议通过、国务院办公厅下发的国务院各部门的《主要职责、内设机构和人员编制规定》②。对行政机构的职能界定、内部机构设置和编制规模都有很大的影响，至今还有很大的实用性。

从"三定"规定的内容、制定程序以及效力来看，其在性质上属于国务院的规范性文件。"三定"规定主要包括如下六个部分的内容：（1）职责调整，即明确部门取消、划出移交、划入和增加以及加强的职责；（2）主要职责，即规定部门的主要职能和相应承担的责任；（3）内设机构（一般部门内的司局机构），即确定部门内设机构的设置和具体职责；（4）人员编制，即核定部门的机关行政编制数、部门和内设机构的领导职数；（5）其他事项，即明确与有关部门的职责分工、部门派出机构和直属事业单位的机构编制事宜等；（6）附则，即明确"三定"规定是由谁解释和调整的事宜。譬如：2018年国家机构改革进程中，国务院各部委公布"三定"方案，其中，国家卫健委的机构设置中与计划生育有关的 3 个司局都发生了变化，计划生育基层指导司、流动人口计划生育服务管理司被撤销，计划生育家庭发展司被重组为人口监测与家庭发展司。

第三节　中国政府组织法的体系

政府组织法的基本内容包括国家政府机关的地位、政府机关的性质、政府

---

① "三定"规定是中央机构编制委员会办公室（简称中央编办）为深化行政管理体制改革而对国务院所属各部门的主要职责、内设机构和人员编制等所作规定的简称。

② 这个《规定》简称为"三定规则"，即"定职能、定机构、定编制"，虽然它只是国务院的内部规定，在随后的七次改革中，三定规则由国务院办公厅以文件形式下发并对外公布，并且逐渐成为了国务院部门组织设定的依据。

机关的权限、政府机关内部机构的设立、政府机关的编制、政府机关之间的关系、政府机关之间权限争议的处理以及违法责任的承担等诸多方面。凡是对上述内容进行规定的法规范及其他规范性文件都属于国家政府机关组织规范，这些组织规范共同构成了我国的政府组织规范体系（详见图 2-1）。① 截至目前，中国已经形成以宪法为统帅，以中央政府组织法和地方政府组织法为轴心，以公务员法、行政编制法、预算法以及政府采购法等政府组织关联法为分支的政府组织法体系。

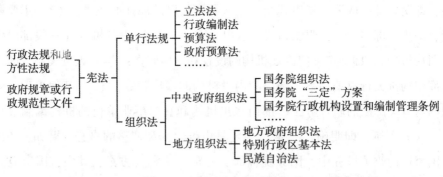

图 2-1　中国政府组织法的体系

一、中央政府组织法

在政府组织中，中央政府组织至关重要，因为其是代表国家进行管理的。中央政府组织法则是规定中央政府组织的性质与地位、设置与结构、规模与组成、职权与职责及其运行等法律规范的总称。我国是单一制的国家，中央政府组织法在政府组织法体系中具有重要地位，主要包括《国务院组织法》、国务院"三定"方案以及《国务院行政机构设置和编制管理条例》等。

---

① 杨建顺著：《行政法总论》，北京大学出版社 2016 年版，第 90 页。

（一）《国务院组织法》

《国务院组织法》是规定国务院性质与地位、组织与结构以及职能的基本法。在整个国务院组织法体系中，《国务院组织法》居于基本法地位。1954 年 9 月 21 日，第一届全国人民代表大会第一次会议审议通过了《国务院组织法》。该法共有 9 条，主要规定了国务院设各部和各委员会、直属机构、办公机构、秘书厅等机构，并规定了相关机构的设立、增加、减少、合并的程序。为了进一步健全国务院的组织和各项工作制度，有利于提高国家行政机关的工作效率和工作质量，国务院在 1954 年对《国务院组织法》进行了重新修订。1982 年 12 月 10 日，第五届全国人民代表大会第五次会议审议通过了新的《国务院组织法》，内容增至 11 条，主要对国务院组成成员、工作任务、议事规则以及部门领导职数等作了规定，并沿用至今。

（二）国务院"三定"方案

"三定"方案是中央机构编制委员会办公室为深化行政管理体制改革而对国务院所属各部门的主要职责、内设机构和人员编制等所作规定的简称。由于在改革的变动性和法律的稳定性之间存在着不可避免的紧张关系，我国在政府机构改革过程中不再制定中央政府部门组织法，而以"三定"规定这种较为灵活的文件形式作为各部门组织规则。自 1982 年以来，国务院历次机构改革都是围绕着"机构调整和职能转变"这个核心而展开的。在改革过程中，逐渐形成的"三定"方案和"三定"规定通过逐一测算、核定各部门内设机构、人员编制和领导职数，实现了对机构编制的控制，并基本理顺了国务院所属行政机构之间的职责关系，实质上扮演着部门组织单行规则的角色和功能。尽管由于改革频繁，影响了其"定职能、定机构、定编制"的"三定"功能的实现程度，但"三定"规定为国务院行政机构部门组织的立法确立了原则、奠定了基础、构设了框架。自 1998 年国务院办公厅印发的第一个"三定"规定即《国务院发展研究中心职能配置内设机构和人员编制规定的通知》（国办发〔1998〕133 号）以来，国务院所属主要行政机构均制定了"三定"规定，作

为其行使职能的重要依据。在 1988 年和 1993 年的机构改革中，"三定"工作
形成的规范性文件被称为"三定"方案。自 1998 年起，其改称"三定"规
定，在形式上更加规范。国务院"三定"规定是一种具有普遍约束力的规范
性文件。①

(三)《国务院行政机构设置和编制管理条例》

在我国，尚未制定专门的"行政编制法"，《国务院行政机构设置和编制
条例》是调整中央政府组织即国务院编制的主要法律。该条例分为总则、机构
设置管理、编制管理、监督检查以及附则五章，总计 25 条。总则部分规定了
国务院编制管理的立法目的、管理原则和立法依据。机构设置管理部分规定了
行政机构的设置应当以职能的科学配置为基础，做到职能明确、分工合理、机
构精简，有利于提高行政效能。② 编制管理部分列明国务院的人员编制配备主
要指国务院机构人员定额和人员结构比例以及机构领导职数和司级内设机构领
导职数等内容。国务院行政机构人员配备的增加或者减少，由国务院机构编制
管理机关审核方案，报国务院批准。③ 监督检查部分则规定国务院机构编制管
理机关有权对国务院行政机构的机构设置和人员配备执行情况进行监督检查。
国务院行政机构应当每年向国务院机构编制管理机关提供其机构设置和编制管
理情况的报告，并对违反《国务院行政机构设置和编制条例》规定的行为作
出了相应的处罚规定。

二、地方政府组织法

地方政府组织与中央政府组织相对应，属于国家政府组织的范畴。我国地
方行政组织主要包括地方各级人民政府、地方各级人民政府的工作部门、地方
各级人民政府的派出机关、地方各级人民政府工作部门的派出机关以及民族自

---

① 任喜荣：《国家机构改革的宪法界限》，载《当代法学》2017 年第 4 期。
② 应松年、袁曙宏主编：《走向法治政府——依法行政理论研究与实证调查》，法律
出版社 2001 年版，第 186~188 页。
③ 应松年：《完善行政组织法治探索》，载《中国法学》2013 年第 2 期。

治地方的自治机关和特别行政区的行政组织。① 由于地方政府组织通常位于社会治理第一线，承担着众多且非常重要的社会治理职能，因此地方政府组织法在整个政府组织法体系中也具有十分重要的地位。与中央政府组织法相比，地方政府组织法往往比较复杂，其体系更加庞杂，内容也更为丰富。② 我国地方政府组织法主要有《地方政府组织法》《地方各级人民政府机构设置和编制管理条例》《民族区域自治法》《香港特别行政区基本法》《澳门特别行政区基本法》，等等。

（一）《地方政府组织法》

一个国家为了便于治理，将其领土划分为不同层次、不同范围的行政区域，这个大小不等的行政区域即为"地方"。③《剑桥百科全书》认为："地方政府是宪法上属于全国性政府、区域性政府或者联邦政府下的一整套政治机构，它有权在国家有限的领土范围内履行某种职能。"④ 在西方国家，地方政府一般是指地方自治行政组织。我国地方各级人民政府是地方各级人民代表大会的执行机关，是地方各级国家行政机关，由同级人民代表大会产生，对其负责，受其监督；对上一级国家行政机关负责并报告工作，受其领导；是国务院统一领导下的国家行政机关，都服从于国务院。⑤《地方政府组织法》由第五届全国人民代表大会第二次会议于 1979 年 7 月 1 日通过，2015 年 8 月 29 日第十二届全国人民代表大会常务委员会第 16 次会议进行修改。在现行的《地方政府组织法》中，对人大及其常委会的规定要多于对人民政府的规定，对政府的规定过于原则性。比如，其第 64 条规定："地方各级人民政府根据工作需要

---

① 任进著：《行政组织法研究》，国家行政学院出版社 2010 年版，第 60 页。

② 应松年主编：《行政法与行政诉讼法》，法律出版社 2009 年版，第 77 页。

③ 任进著：《行政组织法研究》，国家行政学院出版社 2010 年版，第 115 页。

④ ［英］大卫·克里斯特尔著：《剑桥百科全书》，丁仲华等译，中国友谊出版社 1996 年版，第 658 页。

⑤ 江国华著：《中国行政法（总论）》，武汉大学出版社 2017 年版，第 144~145 页。

和精干的原则，设立必要的工作部门。"① 对于地方各级人民政府的权力配置，其规定主要集中在第四章"地方各级人民政府"。就其内容而言，与宪法一样，采用"笼统授权"与"特别授权"并举之方式，但在内容上，《地方政府组织法》规定得更为详，并对市政府的权力有所规定。

（二）《地方各级人民政府机构设置和编制管理条例》

为了规范地方各级人民政府机构设置，加强编制管理，提高行政效能，依据《宪法》《地方政府组织法》，2007 年 2 月 14 日国务院第 169 次常务会议通过了《地方各级人民政府机构设置和编制管理条例》。该条例分总则、机构设置管理、编制管理、监督检查、法律责任和附则六章，总计 30 条。较诸"国务院编制条例"，增加了"法律责任"一章。根据条例第 4 条②之规定，地方各级政府组织的编制管理工作由中央统一领导、地方分级管理。③ 所谓中央统一领导，即是地方各级政府组织机构设置和人员配备，要严格按照国务院所制定的条例和其他规范性文件执行。地方各级人民政府可以根据工作需要和精干高效的原则设立必要的工作部门，这些部门一般包括厅、局、委员会、科、审计署、议事协调机构、办公厅或办公室等机构。其中，省、自治区、直辖市的人民政府的厅、局、委员会等工作部门的设立、增加、减少或者合并，由本级人民政府报请国务院批准，并报本级人民代表大会常务委员会备案。根据条例第 20 条之规定，地方各级人民政府行政机构的领导职数，按照地方各级人民代表大会和地方各级人民政府组织法的有关规定确定。其中，省、自治区、直辖市、自治州、设区的市的人民政府分别由省长、副省长，自治区主席、副主

---

① 葛洪义：《我国地方法制研究中的若干问题》，载《法律科学（西北政法大学学报）》2011 年第 1 期。

② 《地方各级人民政府机构设置和编制管理条例》第 4 条规定：地方各级人民政府的机构编制工作，实行中央统一领导、地方分级管理的体制。

③ 所谓分级管理，即是地方各级人民政府行政机构的设立、撤销、合并或者变更规格、名称，由本级人民政府提出方案，经上一级人民政府机构编制管理机关审核后，报上一级人民政府批准。

席，市长、副市长，州长、副州长和秘书长、厅长、局长、委员会主任等组成。县级以上各级人民政府机构编制管理机关应当按照管理权限，对机构编制管理的执行情况进行监督检查。① 其要义包括两方面：（1）政府机构编制管理机关在必要时，有权会同监察机关和其他有关部门对机构编制管理的执行情况进行监督检查。（2）政府机构编制管理机关在享有监督检查权的同时，也应承担相应义务。除此以外，条例第 26 条及第 27 条对违反机构编制管理规定的直接负责主管人员和其他直接责任人员所承担的责任以及机构编制管理机关工作人员在机构编制管理工作中因违法和犯罪所承担的责任进行了规定。

（三）《民族区域自治法》

《民族区域自治法》于 1984 年 5 月 31 日第六届全国人民代表大会第 2 次会议通过，根据 2001 年 2 月 28 日第九届全国人民代表大会常务委员会第 20 次会议通过《关于修正〈民族区域自治法〉的决定》。就法律地位而言，《民族区域自治法》属于宪法性法律的范畴，但就其内容而言，由于涉及民族区域自治地方的政府组织和职权等方面，故而划归至地方组织法之范畴。② 《民族区域自治法》中涉及行政组织的规定包括民族区域自治地方政府之性质和自治权两个方面。其中，就性质而言，根据《民族区域自治法》第 15 条之规定，民族区域自治行政组织具有自治性、民族性、执行性和国家性；就其职权而言③，基于其所特有的自治机关和地方政府之双重人格，民族区域自治地方政府兼行同级人民政府与区域自治机关之双重职权。④

----

① 《地方各级人民政府机构设置和编制管理条例》第 21 条。

② 参见江国华著：《中国行政法（总论）》，武汉大学出版社 2017 年版，第 148～149 页。

③ 所谓民族自治权意指法律法规明确规定的，由自治机关根据法律法规规定的原则，结合当地民族的政治、经济和文化的特点，自主管理本地方、本民族内部事务的一种特定权力。参见杨侯第主编：《民族区域自治法教程》，法律出版社 1995 年版，第 66 页。

④ 参见顾华详：《论民族区域自治地方政府的主要行政权利与义务》，载《中央民族大学学报（哲学社会科学版）》1996 年第 6 期。

（四）特别行政区基本法

我国特别行政区基本法包括《香港特别行政区基本法》《澳门特别行政区基本法》两部，两者皆属于宪法性法律。就其内容而言，两部法律可以划归至地方政府组织法之范畴。其中，《香港特别行政区基本法》于1990年颁布，于1997年7月1日中国对香港恢复行使主权时生效，内容涉及行政组织法的主要包括政府架构、行政职权和行政体制三个方面；《澳门特别行政区基本法》于1993年3月31日制定，于1999年12月20日中国对澳门恢复行使主权时生效，同样包括政府架构、行政职权和行政体制三个方面。

三、政府组织关联法

政府组织关联法是指虽未有组织法之名，但内容涉及行政组织之构成要素的法律。① 在我国，政府组织关联法包括公务员法、行政机关编制法、财政预算法以及政府采购法等。

（一）公务员法

行政组织的人员是行政组织的重要组成部分，对其进行研究应当是行政组织法研究的重要任务和组成部分。我国《公务员法》于2005年4月27日由第十届全国人民代表大会常务委员会第15次会议通过。2018年12月29日由第十三届全国人民代表大会常务委员会第7次会议修订。其涉及的内容主要有：一是公务员管理的基本问题，主要包括公务员的范围界定，公务员管理的基本精神和原则，公务员的法律地位、权利义务和责任等；二是公务员的职位分类；三是公务员管理的具体制度，包括公务员的考试录用制度、培训交流制度、考核晋升制度、奖惩制度、工资福利制度、辞职退休制度以及申诉制度等；四是公务员的管理机关及体制等。《公务员法》是我国人事行政领域的第一部法律，该法将党、政、群和社会团体，乃至人大、政协、法院、检察院等

---

① 江国华著：《中国行政法（总论）》，武汉大学出版社2017年版，第152页。

机构之工作人员一并列入规制范围，既包括实体法律规范也包括程序法律规范。①

（二）行政编制法

行政编制法是调整政府组织中机构设置及其职责权限、结构比例和人员定额以及编制管理权限、程序、对执行编制的监督及违反编制的法律责任的法律规范的总称。② 与政府组织法相比，行政编制法是从更加具体、更加细微的角度去规制政府组织。其目的是做到设编必须有法定条件、扩编必须有法定程序以及超编必须有法律制裁，用法律的形式把机构设置及其职责权限、结构比例和人员定额固定下来，使编制管理有法可依，以促进政府组织编制的法治化。故此，行政编制法属于广义的政府组织法之范畴。但行政编制法又是相对独立于政府组织法的一套法律规范体系。因为政府组织法关于机构编制管理的条文只能是原则性的、简约的，不具备可操作性，对于政府组织具体编制的提出、审查、论证和批准程序、领导职数限额、人员编制标准及违反编制的法律责任等，则需要制定行政编制的专项法律予以具体、明确的规定。

在我国，工作人员的工资和日常办公经费，由行政经费开支，执行国家职能及政治体系管理职能的国家权力机关、政府组织、监察机关、审判机关、检察机关、党派机关、政协机关、人民团体所使用的人员编制，列为国家行政编制：（1）行政编制可以分为国家机关编制和政府组织编制、政党组织编制与人民团体编制四类。③（2）行政编制由国家编制委员会负责，国家计划部门审核批准；国家从宏观上规定各级机构设置的限额数，层层下达编制人员的数额；各级编制管理机构依据国家规定的权限，负责审批机构的设置、变更与调整，人员编制的定额。（3）行政编制管理包括行政机构设置、变更和人员定员、定编两个主要部分；编制管理机构依据各机构、部门、单位的职责范围，

①　周汉华主编：《行政法学的新发展》，中国社会科学出版社 2013 年版，第 71 页。

②　马宝成：《健全和完善行政法制：依法行政的重要基础》，载《行政论坛》2001 年第 1 期。

③　江国华著：《中国行政法（总论）》，武汉大学出版社 2017 年版，第 152 页。

任务简繁和工作量大小，确定人员数额及领导职位。① 行政编制管理在国家行政管理中占有突出的地位，其内容涉及政府组织的职能之规定，组织机构之设计以及组织人员的结构和数额之控制等，大致涵盖职能管理、机构管理和人员编制管理。

1. 中央行政机关编制法

在我国，尚未制定专门的行政编制法。有关中央行政机关编制的规定散见于宪法、国务院组织法以及国务院制定的《国务院行政机构设置和编制管理条例》之中。其中，《国务院行政机构设置和编制管理条例》是调整中央行政机关编制的主要法律规范。该条例分总则、机构设置管理、编制管理、监督检查以及附则五章，总计25条。《国务院行政机构设置和编制管理条例》第3条规定："国务院根据宪法和国务院组织法的规定，行使国务院行政机构设置和编制管理职权。国务院机构编制管理机关在国务院领导下，负责国务院行政机构设置和编制管理的具体工作。"但是，该条例只涉及国务院行政机构编制的规定，如第18条规定："国务院行政机构的编制在国务院行政机构设立时确定。国务院行政机构的编制方案，应当包括下列事项：（一）机构人员定额和人员结构比例；（二）机构领导职数和司级内设机构领导职数。"事实上，有关行政编制的规定大多数只是以行政规范性文件的形式出现的，随意性较强。②

2. 地方政府机关编制法

为了规范地方各级人民政府的机构设置，加强编制管理，根据《宪法》以及《地方政府组织法》，2007年2月14日国务院第169次常务会议通过了《地方各级人民政府机构设置和编制管理条例》。该条例分为总则、机构设置管理、编制管理、监督检查、法律责任和附则六章，总计30条，较诸《国务院编制条例》，增加了"法律责任"一章。

---

① 王飞：《我国政府行政编制核定方法研究》，载《理论与当代》2008年第5期。
② 李牧著：《中国行政法学总论》，中国方正出版社2006年版，第93页。

（三）预算法

预算法是指调整预算关系的法律规范的总称。预算作为行政事业单位重要的工作计划和行动纲领，对事业单位财务管理的有序发展起着不可替代的作用。预算管理是国家财政治理的核心，推进公共预算制度的完善是建设法治国家的必然要求。① 2014 年，新《预算法》颁布实施，预算编制执行的透明度和完整性逐步加强，进而对行政事业单位财务管理工作提出了新的挑战。② 新《预算法》主要有如下几个改进：一是完善政府预算体系，健全透明预算制度；二是改进预算控制方式，建立跨年度预算平衡机制；三是规范地方政府债务管理，严控债务风险；四是完善转移支付制度，推进基本公共服务均等化；五是坚持厉行节约，硬化预算支出约束。新《预算法》全面贯彻了党的十八大和十八届三中全会精神，规范政府钱袋子，实现了从"管理法"到"控制法"的转型，充分体现了"依法治国"的精神实质。为深化财税改革引领方向，使得财税领域的改革成果在法律上得到确认；为其他领域的改革发挥着营造环境、奠定基础的作用。

（四）政府采购法

政府采购法是规范政府采购行为，提高政府采购资金的使用效益，维护国家利益和社会公共利益，保护政府采购当事人的合法权益，促进廉政建设制定的法律规范的总称。从 2002 年颁布《政府采购法》至今，仅中央层面专门针对政府采购方面的法律法规就近 60 部，从而初步形成了以《政府采购法》为统领，以《政府采购法实施条例》为支撑，以《政府采购信息公告管理办法》（财政部令第 19 号）、《政府采购质疑和投诉办法》（财政部令第 94 号）、《政府采购非招标采购方式管理办法》（财政部令第 74 号）、《政府采购货物和服

---

① 傅宏宇、张明媚著：《预算法律问题国别研究》，中国法制出版社 2017 年版，第 1 页。

② 史先平：《新预算法视野下加强行政事业单位财务内控的策略分析》，载《中国国际财经》2018 年第 3 期。

务招标投标管理办法》（财政部令第 87 号）等规章为依托，以各级指导性文件为补充的较为完善的政府采购法律制度框架，涵盖了体制机制、程序操作、政策执行、基础管理及监督处罚等各个方面的内容。地方政府也在此框架下结合实际对辖区内的政府采购制度进行了规范。这些法律法规制度有效规范了财政支出行为，维护了政府采购市场交易秩序，奠定了政府采购市场良性发展的基石。与 2000 年颁布的《招标投标法》及其相关法律法规相衔接，我国已初步建立了覆盖货物、工程和服务的较为完善的公共采购法律制度框架。2015 年国务院颁布了新《政府采购法》，2017 年出台了《政府采购法实施条例》，为政府采购事业发展提供了可靠的法律依据。《政府采购法》分总则、政府采购当事人、政府采购方式、政府采购程序、政府采购合同、质疑与投诉、监督检查、法律责任和附则等九章，共计 88 条。作为调整政府采购法律关系的基本法律，《政府采购法》具有以下几个重要特征：（1）政府采购主体具有特定性；（2）政府采购资金的公共性；（3）政府采购对象的广泛性；（4）政府采购的非营利性；（5）政府采购的政策性；（6）政府采购的规范性。① 政府行政效率的提高及成功转变都离不开政府采购制度的施行。② 《政府采购法》根据我国当前的国情，充分总结、吸收了以往政府采购工作中取得的经验，借鉴、比较了西方国家成熟的政府采购立法和有关国际条约，并注意到了政府采购对经济全球化和国际贸易自由化的影响。它的正式出台，标志着我国推进政府采购制度的进程又实质性地迈上了一个新台阶。

---

① 张传著：《政府采购法比较研究》，中国方正出版社 2007 年版，第 7~12 页。
② 邵友忠：《论政府采购制度问题及对策研究》，载《中国国际财经（中英文）》2018 年第 5 期。

第三章　原则·制度·正当性

政府活动不能肆意妄为，不能仅凭个人意志领导一切，必须接受一定的约束，而这离不开基本原则的指导，并需要通过具体的制度去落实。政府组织法调整规范政府活动，法治原则、精简高效原则、民主集中制原则、分工协作原则是理论界多数学者认同的政府组织法的基本原则，这些原则共同指导着政府组织法，使政府组织法在法治框架下建设，体系能够精简、系统、合理，分工能够明确，让各部门互相沟通，互相合作，并且充分发扬民主，贯彻群众路线，推动依法行政，坚持党的领导。同时，政府组织法也需要严谨、良善的制度，从人员活动到层级结构，从财政预算到公物管理，都需要相应制度来规范，确保政府在法治下规范有序地活动。政府组织法的基本制度包括首长负责制、科层管理制、公务员制度、公共预算制度、公物管理制度。本章中将一一介绍上述政府组织法基本制度的法理和基本内容，并讨论这些制度的主要特征。除此之外，政府组织法必须具有正当性才能充分发挥效力并被人们接受，正当性体现在外在和内在两方面，外在的正当性是形式上的合法性，必须符合法律的基本规范，这是最基本的要求，但远远不是政府组织法正当性的全部。内在的正当性是实质内容上的合理性，要求符合客观规律，具有可行性，不能脱离实际。政府组织法也要符合社会的伦理道德，包括形式伦理和实体伦理。事物普遍发展变化，许多内在合理性和社会伦理道德的内涵难以成文写进法律条文里，但如果失去了内在合理性或违背社会伦理道德，只披着形式上合法的外衣表面上合法，那么政府活动便会丧失正当性，产生恶劣深远的影响。我国的政府组织法也逐渐由原先的全能型政府、管理型政府向服务型政府进行转变，开始更多地探索政府与个人、政府与社会的合作共赢。本章将分为三节，分别论述中国政府组织法的基本原则、基本制度和政府组织法的正当性。原则、制度、正当性共同指导约束着政府组织法，使政府的活动在正轨上运行。

第一节　政府组织法的基本原则

政府组织法作为行政法的重要组成部分，其基本原则是行政法基本原则在政府组织领域的具体化，是政府组织领域都应当遵守的基本价值。目前，关于政府组织法的基本原则众说纷纭，但法治原则、精简高效原则、分工协作原则以及民主集中制原则为大多数学者所接受。

一、法治原则

法治原则是现代国家政府活动中奉行的一项基本原则，我国《宪法》第5条要求一切国家机关都必须遵守宪法和法律。政府组织作为政府活动的重要组成部分，应当贯彻法治原则。在政府组织法中，法治原则集中表现为法律授权原则，即只有经过法律的规定或授权，才能制定政府组织法律命令，从而保证政府组织始终在法治轨道上运行。① 正如潘恩所言："一切管理国家的权力必定有个开端，它不是授予的就是僭取的。此外别无来源。一切授予的权力都是委托，一切僭取的权力都是篡夺。"② 法治原则在政府组织领域具体可以归纳为以下几点：一是政府组织问题都必须经法律规定或授权，由宪法和法律加以规范或者由宪法和法律明确授权政府组织加以规定；二是政府组织的法律规范应具有公开性、确定性和一致性；三是政府组织法必须切实保障公民的权利与

---

① 钱宁峰著：《行政组织法立法论研究》，东南大学出版社 2015 年版，第 19 页。
② ［法］潘恩著：《潘恩选集》，马清槐等译，商务印书馆 2009 年版，第 251 页。

自由；四是政府组织违反法律规定必须承担相应的法律责任。①

（一）政府组织问题要由宪法和法律加以规范或者授权

法治原则要求对政府的组织依法进行。首先，根据我国《立法法》第 8 条第 2 项的规定，各级人民代表大会、人民政府、人民法院和人民检察院的产生、组织和职权的事项只能制定法律。这表明政府组织设置中的重要问题属于法律保留事项，如行政主体制度的选择，行政权的设定，中央行政机关的设置、职权，地方行政组织的结构，其他公法人的设置等都要由宪法或法律规定。对于以上重要事项不能授权政府组织自行决定，政府组织更不能自行其是。其次，对于一些政府组织设置的具体问题，可以通过法律特别授权的方式给予政府组织一定的权力，但是这些具体的组织过程必须为法律所规制，即由法律规定相应的设置标准。②

（二）政府组织法必须具有公开性、确定性和一致性

首先，政府组织法公开意味着所有的政府组织法律规范，包括行政立法制定的政府组织规范都要正式予以公布，让人民知晓。公开是对公民的尊重，便于人民对政府组织活动的监督。其次，确定性是政府组织法得以实施的基础，如若政府组织法模棱两可、无法把握，则难以实现对政府组织的规范和控制，因此政府组织法律条文必须清楚、明确，具有可操作性。最后，政府组织法的一致性是指政府组织法律制定之后，需要保持相对的稳定以及一致，不能频繁变动，否则极易引起社会的动荡，损害法律的权威性。③ 虽然，随着社会的快速发展，法律需要在一定时期内通过变化来适应社会的发展，但是相对的稳定

---

① 姜明安、沈岿：《法治原则与公共行政组织》，载《行政法学研究》1998 年第 4 期。

② 应松年、薛刚凌著：《行政组织法研究》，法律出版社 2002 年版，第 65 页。

③ 应松年主编：《当代中国行政法》（上编），中国方正出版社 2005 年版，第 197 页。

性与一致性仍是十分必要的。①

（三）政府组织法必须切实保障公民的权利与自由

对于政府组织的规制从根本上来说，就是要保障公民的权利与自由。具体而言，政府组织制度与公民权益的关联性主要表现在四个方面：一是政府的基本组织形态直接影响到公民的行政参与权。集中式管理意味着公民较少有机会直接参与政府管理，而分散式管理则为公民提供了更多参政议政的权利。二是行政权与公民权的划分直接影响公民的自由空间。当前从管理型政府向服务型政府的转变体现了我国政府正在逐渐转变行政权的行使模式，给予公民更多的自主权，以提升公民的能动性。三是政府组织的规模直接影响公民的负担，国家机构改革就是立基于公民权利保障而在政府组织层面采取的措施。四是政府组织的结构包括政府组织的设置、职能分配等会影响行政效率，从而直接对公民的权益产生影响。② 为此，在政府组织过程中，一方面我们要充分保障公民的参与权，另一方面也要合理界分行政权与公民权的边界。除此之外，对于政府组织的设置、职能分配等也要给予法治、效率、比例等多方面因素的考量。③

（四）违反法律要承担相应的法律责任

法治原则并不仅仅意味着政府组织的过程要受到法律的规制，其结果也同样要为法律所调整，"法无授权即禁止"，即当政府组织在法律规定或授权范围之外，实施相应行为，其行为无效，且违反法律的相关人员必须承担相应的法律责任。随着现代行政法治的发展，一切行政活动都必须置于法律监督之下，即使是与相对人权益不直接相关的政府组织法领域的内部行政行为，其作出也必须要有法律法规依据，也要接受监督。

---

① 宋惠玲主编：《行政法概论》，吉林大学出版社 2008 年版，第 52 页。
② 应松年主编：《当代中国行政法》（上编），中国方正出版社 2005 年版，第 195～196 页。
③ 应松年、薛刚凌著：《行政组织法研究》，法律出版社 2002 年版，第 66 页。

二、精简高效原则

行政权同立法权、司法权和监察权的差别之一就在于它对效率具有更高的要求——立法权之行使在于创制法律，法律乃社会公正之准绳，故立法权运行更多地强调公正价值，由此也注定了法律的滞后性，正所谓"法律一旦被制定出来就意味着它已经过时了"；司法权运行奉行不告不理之原则，尽管它也追求一定的效率，即所谓"迟来的正义不是正义"，但公平正义乃其最高价值；监察权之行使在于监督权力，其作为一种制约公权力、实现权力制衡的重要权力，蕴含保障人民权利的价值追求。效率原则乃行政的内在要求，是指对政府组织中的各种行为都要以提高效率为宗旨，即以最小的投入获取最大的效益。具体而言，精简高效原则在政府组织法上的基本内容主要包括政府组织精简化、政府组织系统化和政府组织合理化三个方面。①

（一）政府组织精简化

近些年来，我国政府机构编制和干部队伍膨胀问题非常严重，具体表现在机构设置过多、机构升格问题突出、机关人员普遍超编以及领导干部增多等多个方面。这就造成了政府目前行政效率低下、相互扯皮等现象。为此，有必要保证政府组织的精简化。纵观世界各国在精简政府组织方面的做法，主要有以下三种：一是通过立法明确政府组织的定员，如日本早在 20 世纪 60 年代就制定有《总定员法》，任何人不得突破。这种控制政府组织规模的方法比较严格，效果也相对理想。二是通过控制政府组织预算的方法来限制政府组织的规模。预算一定，当人员越多时，其个体经费越少。在美国和德国等西方国家大多采取此办法。三是通过大规模的机构改革，通过精简机构和人员来控制政府组织的规模，我国大体上采取的是这种方法。②

---

① 应松年、薛刚凌：《行政组织法基本原则之探讨》，载《行政法学研究》2001 年第 2 期。

② 应松年主编：《当代中国行政法》（上编），中国方正出版社 2005 年版，第 195~196 页。

(二) 政府组织系统化

精简高效原则在政府组织领域的第二个要求就是对政府组织需按系统方式进行，即国家行政组织的各个层级，应当事权确实、上下贯通、政令归一，同时按照各自的职务和功能实行有效的协作和配合，在此基础之上实现国家行政决策、行政行为的一致性。具体而言包括三个方面：一是国家行政一体性，即国家行政整个为一体，由最高行政首长指挥、监督，并以此总体向选民和议会负责①；二是各个行政组织之间的一体性，即各个政府组织既要强调合理分工，又要考虑工作协调、相互沟通，能够作为一个整体发挥其功能；三是各个政府组织内部的一体性，由于行政事务较为庞杂，各个政府组织内部均分设诸多内设机构、分支机构等，而要保证这些机构之间能够合理地分工合作，其关键就在于保障政府组织内部的系统性。

(三) 政府组织合理化

政府组织设置合理与否直接关系到政府效率的问题。如若政府组织设置过于庞大，则会导致有关机构相互推诿、互相扯皮的现象，从而导致政府效率低下；如若政府组织设置不全，有些职权的行使缺少对应的职能部门，那么则会导致公民求助无门，政府权威下降。因此，政府组织合理化至关重要，其内容主要有如下几个：第一，政府组织形态合理。采用最先进的，具有民主、法治、效率精神的政府组织形态进行管理，是时代所需，也是社会发展的必然。第二，政府组织标准合理。政府组织标准合理包含多重内容：组织法规标准合理、政府组织结构合理、政府组织层次合理。第三，政府组织程序合理。政府组织程序包含公法人的成立程序，政府组织的设置、变更程序，政府组织系统的整体调整程序等。合理的政府组织程序至少应包括两个环节：一是论证环节。这种论证工作主要由社会各界代表和专家学者完成。二是民主参与环节。

---

① 翁岳生编：《行政法》，中国法制出版社1998年版，第311页。

与政府组织事项利益相关者都有权参与到组织过程中来，参与决定自己的命运。① 当然，不同的政府组织事项，影响范围不同，需要的程序也不尽相同。

三、分工协作原则

分工协作原则作为组织设计中遵循的传统原则之一，是指政府组织内部既要分工明确，又要互相沟通、协调合作，以达成共同的目标。其中，"分工"强调依据提高行政管理的专业化程度和工作效率的要求，将政府组织的任务、目标、职责等分成各个层次，明确各个层次、各个部门甚至各个人所应完成的工作；"协作"则强调政府组织之间以及组织内部各部门之间的协调与配合，是构建于合作基础之上的一种协调关系。"精良的工具能促使行政活动过程短而效率高，反之，就会拖延时机，产生不良后果。"② 在此处，"精良的工具"实则包含了政府组织机构设置和分工协作之优良状态的含义。因此，分工协作原则与上述的精简高效原则之间实则是一种正向促进的关系，政府组织机构之间分工协作水平高，行政管理的效率也自然会提升。

政府组织之间以及政府组织内部各机构之间的分工协作效果如何，决定了政府组织的法治化程度和权力配置的实现效果。每一个机构都是由各部门或者各个隶属的层级组成的，在不同的职能目标理念下，部门之间的组合方式各异。譬如，尖型结构有利于强化政府组织的行政权力，加强行政控制。反之，扁平化结构则有利于发挥下级政府组织的创造性和积极性，促进组织的民主性和灵活性。因此，在推进法治政府建设的进程中，政府组织的机构设置成为改革的重中之重，它直接影响了政府组织机构之间的分工协作机制的畅通性和高效性。在迄今为止最新的一轮政府组织机构改革中，尤其重视机构设置中的分工协作状况。比如，在中央层面的机构改革中，组建农业农村部作为国务院组成部门，并将中央农村工作领导小组办公室的职责、农业

---

① 应松年主编：《行政法与行政诉讼法》（上卷），中国法制出版社2009年版，第124页。

② 关保英著：《行政法的价值定位》，中国政法大学出版社2003年版，第108页。

部的职责，以及国家发展和改革委员会的农业投资项目、财政部的农业综合开发项目、国土资源部的农田整治项目、水利部的农田水利建设项目等管理职责整合并入其中，主要负责"三农"工作的战略统筹、管理和监督。在层面的机构改革中，各省、自治区、直辖市配合中央加强党政机构设置和职能配置的协同性，纷纷将原监察厅的职责与省级人民检察院查处贪污贿赂、失职渎职及预防职务犯罪等反腐败相关职责整合，组建省级监察委员会，同省级纪律检查委员会合署办公，履行纪检、监察两项职责，实行一套工作机构、两个机关名称。在不同的地方政府组织机构之间，也通过职能整合实现分工协作，如湖北省将省政府金融领导小组办公室的职责，以及省经济和信息化委员会的融资性担保行业监督管理职责，省商务厅的典当行、融资租赁公司监督管理职责，省工商行政管理局的小额贷款公司监督管理职责进行整合，组建省级地方金融监督管理局，作为省政府直属机构，对外加挂省金融领导小组办公室牌子，等等。

四、民主集中制原则

根据《宪法》第 3 条的规定，我国国家机构实行民主集中制原则。民主集中制原则是指民主基础上的集中和集中指导下的民主相结合的原则，是党的根本组织原则和领导原则，也是马克思主义认识论和群众路线在党的生活和组织建设中的运用。在政府组织法领域，民主集中制原则包含四个方面内容，即充分发扬民主、贯彻群众路线、推进依法行政、坚持党的领导。

（一）充分发扬民主

我国《宪法》第 2 条规定，中华人民共和国的一切权力属于人民。人民依照法律规定，通过各种途径和形式，管理国家事务，管理经济和文化事业，管理社会事务。社会主义国家是人民当家做主的国家，人民是国家的主人，干部是人民的公仆。民主是人民群众的意愿、主张的充分表达和积极性、创造性的充分发挥。发扬民主就是要求政府组织充分听取群众的意见，让他们畅所欲言，对正确的意见加以采纳，对不正确的意见加以引导，对一时还难以达到要求的，充分向公众作出解释。总之，政府组织要在发扬民主的基础上实行正确的集中。

（二）贯彻群众路线

在政府组织中，政府机关及其工作人员要始终牢固树立群众观点，遇事要学会主动与群众商量，把自身置于群众的监督之下，如此才能防止个人专断，滥用权力。政府组织还要建立起相应的会议制度，让群众能够参与决策，如此才能实现政府决策的民主化、科学化和法治化。

（三）推进依法行政

民主集中制要求一切政府组织活动都必须以法律为依据，严格遵守法律的规定，在法律范围内行使权力，禁止滥用职权，侵犯他人的合法权益，违法者则必须承担相应的法律责任。

（四）坚持党的领导

民主集中制是我们党的根本组织原则，而政府组织中有大量的行政人员存在公务员与党员的身份竞合。坚持党的领导也是宪法对于国家机关工作的基本要求，因此政府组织本身及其工作人员应当坚持党的领导，按照民主决策、民主管理以及民主监督的要求办事。

第二节　政府组织法的基本制度

制度建设是政府组织建设的基本前提，对政府组织法治建设至关重要。如果政府和部门所遵循的制度并非良善，那么所谓的"政府组织法治"也无从谈起。在我国，政府组织法的基本制度主要包含首长负责制度、科层管理制度、公务员制度、公共预算制度以及公物管理制度。

一、首长负责制度

首长负责制度是指行政部门的领导决策权归部门行政首长所有的行政领导制度。首长负责制度强调行政首长享有最高决策权，但同时其也应当承担相应的责任。美国的总统制就是首长负责制度的典型代表，即对于特定事项即使经过部长会议讨论，总统的决策遭遇否决，总统仍可以一人决策该事项。[①] 目前，我国政府机关也普遍采用行政首长负责制度，其具体内容如下。

（一）首长负责制度的法理

首长负责制度是伴随着民主政治的责任要求产生的。民主政治在解决了民意的表达和整合之后，必须着力解决民意的贯彻和落实问题。著名政治学家古德诺在其《政治与行政》一书中提出："政治是国家意志的表现，行政是国家意志的执行。"[②] 民意执行的核心要义是效率以及权威，为此在制度的构建上对于充分的权力与独立的负责人提出了要求。科学管理时期的代表人物法约尔明确将"统一指挥"作为一般管理的基本原则之一，其强调"一个下属人员只能听从一个领导人的命令"。唯有此，才能实现将行政权力集中，继而保障行政权力的高效运行。[③]

（二）首长负责制度的内容

行政首长负责制度是我国政府机关工作的基本制度，其是指各级政府及其部门的首长在民主讨论的基础上，对本行政组织所管辖的重要事务具有最后决策权，并对此全面负责。我国《宪法》第86条规定："国务院实行总理负责制。各部、各委员会实行部长、主任负责制。"第105条规定："地方各级人民政府实行省长、市长、县长、区长、乡长、镇长负责制。"同时，行政首长

---

① 高怀鹏著：《比较政府与法治》，中央民族大学出版社2014年，第107页。
② ［美］古德诺著：《政治与行政》，华夏出版社1987年版，第12~13页。
③ 张晓清著：《高等学校党政领导体制研究》，天津人民出版社2015年版，第27页。

负责制也是民主集中制的一种形式，是与集体领导相结合的。行政首长负责制并不意味着行政首长可以独断专行或者滥用职权。行政机关或行政部门的重大问题，要由某种行政会议来决定。例如，根据《国务院组织法》的规定，国务院工作中的重大问题，需由国务院常务会议或者国务院全体会议讨论决定。《地方政府组织法》第 63 条规定："县级以上的地方各级人民政府会议分为全体会议和常务会议。省政府工作中的重大问题，须经政府常务会议或者全体会议讨论决定。"

（三）首长负责制度与党的领导之关系

首长负责制度与党的领导是两种不同的组织制度，两者有严格的区别，但同时也存在着一定的联系。具体而言，政府作为国家权力机关的执行机关，其工作性质是执行性的，因此其内在要求是高效运行，而首长负责制度的责任明确、反应灵敏、决策快捷的特点恰恰适应了政府工作的需要。党作为全面领导的核心，其决策的责任是十分重大的，需要足够的政治智慧和政治经验，且党是建立在民主的基础之上，因此党需要采取集中领导并集中承担决策责任的方式。那么如何处理首长负责制度与党的领导之间的关系呢？首先，坚持党的领导是完善首长负责制度的重要保障，主要体现在如下三个方面：一是党制定政策，对重大问题拥有决策权；二是党有权向政府机关输送干部；三是党有权监督、检查和协调国家机关的工作。[1] 其次，完善首长负责制度的前提是要不断改善和完善党的领导，即支持行政首长行使行政管理的权力和决策行政事务，党对政府事务不得包办代替，不得干预插手，而是通过政治组织领导实现党对政府机关的领导。

二、科层管理制度

如果说代议制度是政治民主制度的现代结晶的话，那么科层管理制度则是

---

① 王正泉著：《从列宁到戈尔巴乔夫——苏联政治体制的演变》，中国人民大学出版社 1989 年版，第 80 页。

公共行政体制最重要的创造物。这两大制度支配着现代社会的政治与行政运转过程。其中，代议制度解决了超大版图多民族国家不同区域的利益协调与整合问题，而科层管理制度则解决了民族国家制定公共政策并执行公共政策，让其服务于统治阶级目标和社会需求的问题。① 科层制度的理论是德国著名社会学家马克斯·韦伯创立的，他认为科层制是以严格的规章制度为行为规范，由一群训练有素的政府工作人员依据既定规则持续运作，从而创造出有效率的组织，以此来进行有效的行政管理。

（一）科层管理制度之法理

科层管理制度是指权力依职能和职位分工与分层，以规则为管理主体的管理方式和组织体系，其中合法—合理的权力是科层管理制度的基础。德国著名社会学家马克斯·韦伯将被社会接受的合法权力分为三种类型：第一种是以确立已久的习俗和传统为基础的传统型权威；第二种是基于个体的人格力量而建立的人格魅力型权威；第三种则是合法—合理型权威，其将权威与法律规则相联系，权力最终取决于正式的宪法规则，这些规则制约着或限制着公共权力和公职人员的权力行为，与前两种合法权力类型相比，其优点在于权威附属于职位而非个人，其被滥用或者造成不公正的可能性更小。因此，其能够维系有限政府的存在，还能够通过劳动分工提高效率。

（二）科层管理制度之内容

我国政府几乎都采用的是科层管理制度，包括两个层面：一是外部结构。根据宪法和法律规定，我国从中央至地方分别设立相应级别的政府和政府组成机构。在中央层面，由国务院和国务院各部委机构作为最高行政决策的制定者。在地方层面，省级政府和政府机构在贯彻、落实中央的决策和部署时，结合本辖区的具体实际制定与本辖区发展相适应的政策。市、县、区等政府及政

---

① 刘圣中著：《现代科层制——中国语境下的理论与实践研究》，上海人民出版社2012年版，第3页。

府机构需要严格落实中央和省级的决策方针，保障国家的长治久安。二是内部组成。从各政府机关的内部组成来看，政府机关从"一把手"至各科室负责人至基层科室工作人员也是金字塔式的科层管理结构，行政"一把手"对本单位的工作全面负责，各部门之间以及工作人员之间依照职责分工，依法履行各自职责，呈现出相对独立又紧密配合的工作态势。①

（三）科层管理制度之特征

科层管理制度具有如下几个典型特征：第一，专门化。在政府组织中，各项事务是根据事务类型和目的进行划分的，各个科层组织具有清晰的职责范围。科层管理制度科学地将各个事务划分到各个部门，并强调删除那些无用的重复工作以及考虑到职能交叉的必要。各个政府组织接受分配的任务并按照分工原则专精于自己职责范围内的事务。第二，等级制。在科层管理制度中具有大量的政府工作人员，他们的权力和责任都具有明确规定。这些人员的职位按照等级依次排列，下属必须接受主管的命令与监督，上下级之间的职权关系严格按照等级划定。第三，规则化。在科层管理制度中，组织运行包括成员间的活动与关系都必须接受规则的制约。每个职能部门和政府成员都必须了解自己所应当履行的职责以及组织运行的规范，否则将承担规则所规定的法律责任。第四，非人格化。在科层管理制度中，领导不得滥用其职权，个人的情绪不能影响组织的理性决策。公与私具有明显的界限，组织成员都按照严格的法律和规章对待工作和业务交往。第五，技术化。在科层管理制度中，组织成员凭借自己的专业所长和技术能力获得工作机会，享受工资报酬。组织按照成员的技术资格授予其某个职位，并根据成员的工作成绩与资历条件决定其晋升与加薪，从而促进个人为工作尽心尽职，确保组织效率的整体提升。②

① 张阳：《关于科层制体制下提高行政效率的探讨》，载《山西青年》2019年第3期。

② 姚加慧著：《福建应用技术型本科高校内部治理结构优化研究》，厦门大学出版社2016年版，第25~26页。

三、公务员制度

公务员制度是指通过制定法律法规规章，依法对政府中行使国家行政权力、执行国家公务的工作人员进行科学管理的一种人事制度。现代意义上的公务员制度最初形成于西方资本主义国家，经历100多年的发展逐渐产生了诸如分类管理体制、公开平等激励竞争机制以及专业化管理体制等一系列现代化的管理内容。我国公务员制度正式实现法治化的标志是2005年4月27日第十届全国人民代表大会常务委员会第十五次会议审议通过的《公务员法》。

（一）公务员制度之法理

公务员制度的法理基础是政治行政二分论，政治行政二分论是由伍德罗·威尔逊在其公共行政领域的奠基之作《行政之研究》中首次提出的，其核心要义是认为政治与行政是两个不同的概念，行政是一种管理工具，其目的是使政府能够以最少的金钱和精力，最高效地完成政府应当从事的事情。政治关注的是社会财富、权威价值以及利益的分配。政治解决的是方向问题，而行政解决的是手段问题。为此，为了实现行政的高效，政府组织需要组建一支能够高效完成行政管理工作，服务于公众的公职人员队伍，这就引领了现代国家公务员制度的建立。[1]

（二）公务员制度之内容

公务员制度是我国选拔任用和管理行政机关工作人员的基本制度。根据《公务员法》，大致可以将公务员制度分为职位分类制度、考核制度、奖惩制度、交流制度、回避制度、申诉控告制度六项制度。这其中，职位分类制度是指以"事"为中心而对公务进行分类的制度，其包含三个方面，即划分公务员的职位类别、设置公务员的职务序列以及设置公务员的级别。考核制度，即对公务员的德、能、勤、绩、廉等方面进行全面考察，该制度包含考核的内

---

[1]　陈民、靳秉强主编：《行政管理学》，河北人民出版社2015年版，第116~117页。

容、方式、程序以及法律效力等。奖惩制度，即公务员奖励制度与惩戒制度的合称，具体包含奖励的原则、种类，惩戒的方式、程序等内容。交流制度，即组织根据工作需要或公务员个人意愿，通过法定形式，在组织内部调整公务员的工作职位，或者把公务员调出机关任职，或者将组织以外的工作人员调入机关担任公务员职务的管理活动，具体包含交流的范围和交流的方式两个方面。回避制度是指机关为保证公务员依法执行公务，促进机关廉政建设，按照法定程序和条件，对公务员所任职务、执行公务和任职地区等方面作出的限制性规定，其包含回避的类型以及程序。申诉控告制度是维护公务员权益的制度，包含申诉控告的条件、程序、时限等。

（三）公务员制度之特征

公务员制度是政府人事管理制度发展的高级阶段，不同于以往历史上的任何官员管理制度，它具有以下突出特点：首先，其是由一整套完备的法律法规体系构成的，包括总法规、各单行法规以及具体的实施细则等。通过严密的法律法规体系来规范公务员的职务行为，以保证人事管理能够依法进行。其次，其以一整套完善的体制框架作支撑，包括人员选聘、考核、奖惩制度的设计与管理、人员培训、工资发放、档案保管等。最后，其有自己独立的机构管理体系。作为劳动人事制度的重要组成部分，其在全国劳动者组织和管理中自成体系，这个体系既包括纵向的各级政府设立的公务员综合管理机构，也包括横向的政府各部门内部的公务员执行机构。①

四、公共预算制度

·　公共预算制度是政府履行职责的重要环节，其背后体现的是利益之权威性分配。理性的公共预算制度的建立可以对政府的行政行为形成一些制约，基于这种制约，政府的许多非理性的政治利益是很难在预算过程中得偿所愿的。可

---

①　张旭霞、包法宝编著：《公务员制度》，对外经济贸易大学出版社 2013 年版，第 3 页。

见，公共预算制度在本质上是一项权力制约制度。

（一）公共预算制度之法理

人民主权原则是近现代各国宪法公认的基本原则，也是各国宪法发展的根本价值取向。其表明国家或政府的最高权力来源于和最终属于人民，即国家或政府的最高权力的"民有"。在实际生活中由于自然状态存在种种不便，每个人便与其他人签订社会契约交出自己的一部分自然权利，建立政府，进入公民社会或政治社会。人民联合成为国家和置身于政府之下的重大的和主要的目的，是保护他们的财产，这就是社会契约论的内涵。现代公共预算制度实质上就是建立在人民主权原则和社会契约论的基础之上，其要求政府与纳税人之间签订一项契约，政府通过预算这种契约对公共资金进行收集和分配，促进政府公共职能的实现，并且以民主法治的方式，对政府的财政权力予以限制和监控，以保护公民财产权以及依附其上的基本人权。[1]

（二）公共预算制度之内容

公共预算制度是国家政权内部立法机构与行政机构划分财政权限，并且由立法机构对行政机构的财政行为予以根本约束和决定的一种制度，包含三个方面的内容：一是国库统一集中支付制度。由政府财政（国库）对所有公共收入，包括预算内收入以及纳入预算管理的预算外收入进行统一集中处理。各单位根据自身职能需要，决定购买公共服务，但付款过程由国库集中处理。二是强化部门预算改革。部门的预算外收入全部纳入预算管理或财政专户管理，部门预算全面反映部门及所属各单位预算内外资金收支状况，收支不挂钩，支出要透明。三是实施政府采购制度，分为集中采购、分散采购和混合控制三种类型。

---

[1] 黎晓武、张昌武：《论宪政视野下的公共预算制度改革》，载《江西社会科学》2010 年第 11 期。

（三）公共预算制度之特征

公共预算制度建立的根本目的在于依法监督与控制行政权力的行使，从而保障公民权利。公共预算制度具有四个典型特征，即政治性、民主性、公共性和法治性。这其中，政治性是指公共预算制度主要由国家权力机关予以审批和制定，国家权力机关对公共预算行使控制职能。其次，民主性是指公民预算制度的建立和展开要以民主方式进行。比如，公众可以参与公共预算的制定。再次，公共性是指公共预算是为了实现广大社会民众的利益，公共服务是公共预算制度的核心。最后，法治性是指公共预算制度应当纳入法治轨道，以法律的形式予以构建。

五、公物管理制度

公物管理制度是指为了使行政公物能够合乎使用目的，发挥最大效能，行政公物主管机关对行政公物进行的管理、修缮和维护等一系列制度总称，① 是政府组织法的一项重要制度。

（一）公物管理制度之法理

公物管理制度主要是立基于人民主权理论和特别权力关系理论。首先，根据人民主权理论，无论是行政主体使用行政公物进行社会管理，还是行政主体占有、使用行政公物这一物质财富本身，都是人民主权的体现。政府作为人民权利的受委托者，其可以享有对行政公物的管理权力，但同时由于此权力是由人民让渡于政府代为行使的，因此人民享有对公物使用管理情况的监督权。其次，根据特别权力关系理论，行政公物是为保证行政主体顺利完成行政活动，由纳税人出资购买的行政公用物品，其使用和管理完全可以由行政机关依据内部规则自行管理和支配，但随着法治观念的提升，特别权力关系得到不断修

---

① 杜睿哲主编：《行政法与行政诉讼法》，华中科技大学出版社 2013 年版，第 121 页。

正，目前行政公物也被纳入法治轨道。

(二) 公物管理制度之内容

公物管理制度主要包括三个方面内容：一是公物登记制度，即行政公物必须建立和完善档案资料，如公车档案应完整登记公车的购置情况（购置时间、价格、名称、型号、编号），年审、保险、证件以及车辆的使用和保养维护等情况；二是公物调配制度，即明确统筹调配安排行政公物的机关，并由其统一调配，除此之外还应当明确使用公物的条件、程序以及相应责任等；三是公物维修保养制度，具体包括公物的保养维修、故障的处理、年检保险等事项。

(三) 公物管理制度之特征

公物管理制度具有如下几个特征：一是公物管理的客观基础，是行政领域中存在的权力滥用的风险，管理的客体是行政主体违法违规使用公物的行为；二是公物管理的主体是特定的，主要是指行政主体自身，还包括权力机关、司法机关以及社会公众等；三是公物管理属于对行政权管理的一种特殊形式，因此公物管理制度与前述公务员制度一样，属于政府组织管理的内容之一；四是公物管理制度的根本目的在于保障公民的合法权益，因为行政公物大多是由纳税人提供资金，政府采购得来，因此对公物进行监督管理其实质是在保障社会公众的权利。

第三节 政府组织法的正当性

政府组织法的正当性涉及三个维度：一是合法性，指符合实在法，即规范正当性；二是正确恰当，指符合客观规律，即制度正当性；三是伦理正当性，指在道德上可得到证成。①

---

① 蒋开富：《正当性的语义学与语用学分析》，载《广西社会科学》2005 年第 5 期。

一、政府组织法的规范正当性

哈贝马斯说过："规则或规范不像事件那样发生，而是根据一种主体间承认的意义而有效的。规范有这样一种语义内容，也就是意义，一旦进行意义理解的主体遵守了这些规范，它就成为他的行为的理由或动机。"① 哈贝马斯认为，人们对于规范的承认和遵守有两种情况：一种情况是人们之所以承认和遵守这种规范，是因为人们认为这种规范值得承认；另一种情况是人们之所以遵守规范，是因为违背规范会受到惩罚，所以就算内心不认可也不得不遵守。这就意味着"规范"存在着"被承认"和"值得承认"之分殊。其中，"规范的被承认"涉及的是规范的事实性问题，"规范的值得承认"涉及的是规范的有效性问题。② 规范的正当性蕴含着规范被承认和值得承认的双重维度，介于规范的事实性与有效性之间，包括规范在道德上的正当性和在技术上的功效性。在其现实性上，规范正当性大体上可以分解为合宪性、规范本身的适恰性以及可操作性三个层面。首先，实在法是由众多法律按照一定的效力位阶所形成的体系，所以下位法必须从上位法中寻找依据，最终归于最高位阶的宪法，因而合宪性是政府组织法正当性的标准；其次，法律本身是否符合客观发展规律也是其是否正当的依据，毕竟法律的正当性证成是以对人类理性的承认和尊重为基础的；最后，法律的可操作性是保障其实效的关键，缺乏可操作性的法律不具有实效，当然也就不存在正当性。

（一）合宪性

宪法是政府组织法规范正当性的根基。在立宪主义国家，宪法作为一种价值秩序，是以尊重个人为原理及以此为基础的人权体系，是社会生活的基本的价值体系，是国家法律秩序的最高准则。因此，政府组织法只有以宪法为基

---

① Jürgen Habermas, Vorstudien und Ergaenzungen zur Theorie des Kommunikativen Handelns, p. 3; Jürgen Habermas, On the Pragmatics of Social Interaction, p. 5.

② 朱彦瑾：《主体间性与规范的正当性——从哈贝马斯到弗斯特》，载《贵州社会科学》2018 年第 12 期。

础，并把人权保障作为核心价值，其才能获得正当性的根据。具体而言，政府组织法的合宪性主要体现在立法形式和立法内容两个方面。首先，从立法形式上来看，我国的《公务员法》和《国务院组织法》等均规定了"根据宪法，制定本法"，充分反映了立法者对政府组织法本身的宪法依据的重视。因此，政府组织法具有形式意义上的合宪性。其次，从立法内容上来说，其总体上与宪法保持一致。如我国新修改的《公务员法》第 3 条"法律对公务员中领导成员的产生、任免、监督以及监察官、法官、检察官等的义务、权利和管理另有规定的，从其规定"中新增"监察官"的规定就是与《宪法》新增的监察委员会制度相统一。再如《国务院组织法》第 8 条"国务院各部、委员会的设立、撤销或者合并，经总理提出，由全国人民代表大会决定；在全国人民代表大会闭会期间，由全国人民代表大会常务委员会决定"就是基于《宪法》第 86 条"国务院的组织由法律规定"的授权所制定的。

（二）适恰性

适恰性是指规范对其存在的环境和对与规范相关人的恰当性、适应性，是规范与人的和谐有机统一。[1] 萨维尼曾明确指出，当一个国家对社会规则的自然演化视而不见，却致力于把法律原理凝固为一个综合性的概念化体系时，这个自然演化过程就会衰竭。[2] 因此政府组织法的制定应当遵循自然演变的趋势，否则就失去了正当性的可能。随着社会的发展、政治的变革以及国际环境的变化，我国的政府组织法本身也在与社会变迁博弈的过程中与现代经济社会相适应。我国《公务员法》第 2 条新增"公务员是人民的公仆"的规定正符合了我国从管理型政府向服务型政府转变的趋势，要求公务员全心全意为人民服务，政府履行好公共服务职能。

---

① 秦国民、高亚林：《推进国家治理现代化的制度建设原则》，载《中国行政管理》2015 年第 9 期。

② ［英］罗杰·科特维尔著：《法律社会学导论》，潘大松等译，华夏出版社 1989 年版，第 37 页。

（三）可操作性

法律的可操作性是指法律规范规定的权利义务及责任在社会生活中可以得到实现，执法者、司法者和一般社会民众可以按照法律规范的规定处理相关事务，使得该法律规范真正起到对人们行为指引、预测、教育、评价、强制或者警戒的作用。① 可操作性是政府组织法规范正当性的重要保障，如若缺乏可操作性，那么政府组织法就难以真正发挥效力。政府组织法的可操作性主要体现在具体化以及宜操作两个层面。首先，具体化是指政府组织法是明确的，规定了相应的行为准则和奖惩标准；其次，宜操作是指政府组织法是科学的，能够被大众广泛认同并严格遵守的。宜操作应当考虑立法和执法的成本，也就是说法律的实施应当符合经济效益和社会效益。政府组织法是规范行政主体及其相互关系的各种法律规范的总称，其在本质上是为了规制行政权力，保障公民权利而制定的，因而政府组织法在宜操作层面应当没有问题。

二、政府组织法的制度正当性

"制度"乃组织法的直接产物。因此，制度正当性乃考察组织法正当性基本维度。制度正当性即"制度正义"，乃制度伦理的核心范畴。而"制度伦理"以制度作为自身的关注点，并以制度的"善"或"好"作为其核心。②

（一）制度的形式正当性

制度的正当性或者制度的"善"首先表现为制度形式的正当性，或者形式的"善"。制度形式的正当性侧重于考量制度在技术层面是否自洽、严密、有效、具有可操作性，因而，属于技术"善"之范畴。

其一，制度的形式正当性意味着制度的系统性、整体性、自洽性。（1）系统性意指制度本身是一个由不同维度、不同层级的子制度所构成的体系，在

① 陈伟斌：《地方立法应坚持必要性原则》，载《创新》2015 年第 2 期。
② 高兆明：《制度伦理与制度"善"》，载《中国社会科学》2007 年第 6 期。

这个体系中，同层级制度之间以及不同层级制度之间具有清晰的逻辑关系。在整个体系中的单个制度反映出制度整体某个侧面之属性，制度的综合则体现了各子制度的共同属性。（2）整体性意指构成制度诸要素之间密切配合、相互依存，成为一个完整的有机统一体。诺斯认为，制度是一个社会的游戏规则，更规范地讲，它们是为人们的相互关系而人为设定的一些制约。他将制度分为三种类型，即正式规则、非正式规则和这些规则的执行机制，三者构成完整的制度内涵。（3）自洽性意味着构成制度的各要素、制度体系内在的子制度之间相互吻合、协调、匹配。如果相互之间不吻合、不协调、不匹配，那么，即使单独地看再好的制度，也有可能失却有效性，并进而伤及整个制度体系的结构性与规范性。①

其二，制度的形式正当性意味着制度具有形式上的普遍性。其要义有三：（1）它具有一个合理的结构，这个结构能够保证制度内部契合一致、上下通达；（2）形式上一律平等，不因人而异，能够被平等地实施；（3）内在协调且相对稳定，一个稳定的、能够前后一致实施的制度要求，总比反复无常的制度要求要好。它至少可以使受这种制度约束的人们有明确的可预期性，能够在有限范围内尝试着根据这种制度安排来争取与维护自己的某些权益，并在这种可能的范围内反抗某些任意的专制暴横，反抗不正义。②

其三，制度的形式正当性意味着制度具有可执行性。（1）可执行性首先表现为制度的效力，即制度具有强制执行的力量。（2）可执行性同时表现为制度的实效——制度具有合法性根据，并以合法明示的方式明确规定有约束力的行为规则要求，这是制度的效力。这个有效力的制度通过各种维护力量，能够有效地规范与调节社会日常生活，这是制度的实效。（3）可执行性也表现为制度的效率，这个效率主要不是指在这个制度中的政府活动的高效，而是指这个制度本身具有活力，生活在这个制度中的人们有积极性与创造性，进而能够创造出更多的社会财富。

---

① 高兆明：《制度伦理与制度"善"》，载《中国社会科学》2007年第6期。
② 高兆明：《制度伦理与制度"善"》，载《中国社会科学》2007年第6期。

（二）制度的内容正当性

制度的正当性或者制度的"善"本质上就是制度内容的正当性，或者内容的"善"。制度内容的正当性侧重于考量制度在实质层面是否体现人权价值和时代精神。因此，制度的内容正当性属于实质的"善"的范畴。

其一，公平正义。制度的内容正当性意味着制度内容具有现实合理性根据的价值精神，这种价值精神的内核就是"公平正义"。罗尔斯说，作为公平的正义的善的制度是公民基于基本自由平等的合作体系，即制度的内容正当性是以"公平的正义"为基本特质的，在这个制度中每个公民具有平等的基本自由权利。

其二，制度的时代性。马克思指出："只要与生产方式相适应，相一致，就是正义的；只要与生产方式相矛盾，就是非正义的。"① 可以看出，马克思认为，社会的历史性变迁决定了制度作为历史存在物的客观实在性，既需要通过社会权益的博弈求得自身存在价值的有效发挥，也需要在稳定与变革的历史进程中不断进行自我革新，谋得自身与社会的适应性。② 具体到政府组织法领域，一方面政府组织法要具有实效性，能够发挥出自身的价值；另一方面政府组织法要合乎社会发展规律，能够根据社会发展的变化而不断进行更新。比如，我国修改后的《公务员法》第 2 条新增的"公务员是人民的公仆"之规定，正是符合了我国从管理型政府向服务型政府转变的趋势。

其三，制度的人民性。制度正义的一个重要评判标准即为是否始终坚持人民正义观，是否以人的全面发展作为制度的根本价值旨归。我国是社会主义国家，我国的各项制度在设计、制定和管理的实践中始终坚持着"国家权力归人民所有、为人民所用、为人民所享"的基本准则③，政府组织法也不例外。比

---

① 《马克思恩格斯文集》（第 7 卷），人民出版社 2009 年版，第 379 页。

② 李莎：《马克思制度正义观视域下中国特色社会主义制度的正义性探析》，载《重庆第二师范学院学报》2019 年第 3 期。

③ 李莎：《马克思制度正义观视域下中国特色社会主义制度的正义性探析》，载《重庆第二师范学院学报》2019 年第 3 期。

如，对于政府组织法的确定性、统一性以及普遍性的要求，就体现了人民正义观。首先，政府组织法的概念、条文明确、清晰，人民能够明晰自身行为的界限，从而更好地行使权利、履行义务。其次，政府组织法的统一，避免政府组织的职责不清、权责脱节、多头管理等问题，而损伤人民群众的权益。最后，政府组织法具有普遍性，公平公正公开地适用于所有人民。

（三）形式正当与实质正当的统一

正当的内容必然借助于正当的形式予以表达。制度的实质正当，总是通过一系列具体形式呈现于外，并得以成为具体存在。

一个具有内容正当性的制度，必定有一个形式正当性的制度，但一个形式正当的制度未必是一个内容正当的制度。唯有内容正当和形式正当相统一的制度，才可能提供一个稳定的规范秩序，并在这种稳定规范秩序中呈现与传达一种能够有效引导社会成员的价值精神。

三、政府组织法的伦理正当性

组织生存于社会应当与个人一样，具有道德，即组织伦理性。组织伦理性是组织这一实体的伦理精神，是组织自觉的道德自我意识和自主的道德行为意志的表达，体现了组织伦理"自由的理念"①。政府组织法的组织伦理正当性包括实体伦理性和形式伦理性两重维度。

（一）实体伦理性

当前政府组织出现了两类问题，一是由于政府组织的概括命令权，使得其极易损害成员的个性与权益；二是政府对社会问题的关注和回应不足，导致社会成员的权益难以得到及时有效的保障。目前，我们正处于一个合作的社会，孤立的个人与组织均无法实现其价值，单纯考虑自然人之间或组织之间的关系

---

① 王理著：《组织伦理：现代性文明的道德哲学悖论及其转向》，中国社会科学出版社 2008 年版，第 311 页。

已经不能精确地描述现代的社会结构，对现代社会的理解必须扩展到自然人与组织之间的关系，甚至还应当以组织与社会、国家、世界、自然之间的伦理关系作为研究对象。只有这样，组织及其伦理精神才具有合理性。① 我国的政府组织法也逐渐由原先的全能型政府、管理型政府向服务型政府进行转变，开始更多地探索政府与个人、政府与社会的合作共赢，如目前的公众参与制度、信息公开制度、绩效评估制度、政府采购制度等。

（二）形式伦理性

政府作为有着自身目标、特殊目的的伦理实体，其不仅需要在实体上具有正当的伦理精神，更为重要的是要将这种伦理精神用合理的方式予以展现。这样的合理方式主要包括政府组织法的一般性、公开颁布、不得溯及既往、清晰性、不自相矛盾、不要求不可能之事、连续性和官方行动与公布的规则之间的一致性等原则。② 与实体伦理性不同，形式伦理性不涉及组织与个人的权力划分，而只针对政府组织法的形式面向。政府组织法的形式伦理性既关注由立法机关制定的政府组织法静态文本，也关注政府组织法在适用过程中通过解释形成的动态形态，要求政府组织法的制定和适用体现出逻辑一致性、清晰性、严密性、体系化和稳定性。这种形式伦理性集中体现于政府组织法的概念、原则、规范，在合法性的要求下约束立法和司法者，避免政府组织法沦为不顾自身的形式逻辑要求，完全随着功利价值的需求应声起舞的权宜之策。③

---

① ［美］W. 理查德·斯科特、杰拉尔德·F. 戴维斯著：《组织理论：理性、自然与开放系统的视角》，高俊山译，中国人民大学出版社 2011 年版，第 1~7 页。
② ［美］富勒著：《法律的道德性》，郑戈译，商务印书馆 2005 年版，第 40 页以下。
③ 胡波著：《专利法的伦理基础》，华中科技大学出版社 2011 年版，第 82 页。

第四章　职权·分权·权力秩序

　　政府职权是行政的核心和实质内容。关于职权的概念在学界充满争议，包括国家权力说、国家政权说、行政事务管理权说、公共事务管理权说等多种学说。综合而言，行政权是国家政权的组成部分，就是国家行政机关执行国家意志、管理国家公共事务的权力。且不论各路学说谁更有道理，可以确定的是，任何学说都不会否认政府职权有其内在结构，有众多子权力。想要让规模庞大的政府职权实现良好运转，就离不开权力内部的互相制衡，不管是在理论还是在实践中，对于分权的探讨也就尤为重要。分权体现在政府的权力配置，权力配置是指一个权力系统中的各权力主体之间对权力进行分配和行使的过程。我国的政府权力配置可分为国务院的职权、国务院组成部门的职权、地方各级政府职权、民族区域自治政府职权、特别行政区政府职权。其中，国务院是最高国家权力机关的执行机关，并从属于最高权力机关，处于行政权力顶点，系国家行政权力之中枢所在。它主导国家行政，统一领导国务院所属部委和地方各级行政机关。一套完整、精准、科学的职权配置有利于部门分工合作，各司其职。各类职权彼此联系，互不僭越，在结构性的权力秩序下规范运转。权力为社会所共有，人类的一切活动都必须在权力秩序下进行，同时政府也必须在相应的政府权力秩序下行使权力、履行职责，如此才能形成一个文明、有序且长远的社会。秩序并非是孤立的，而是事物在普遍联系中的运行规律，权力秩序也是这样，在各种权力的互相作用、互相制约间寻找稳定普遍的规律，成为权力秩序。各国的政府权力秩序各不相同，中国特色的政府权力秩序离不开党的领导，在新时代下党政机构关系的进一步构建是非常紧迫的事。除了党政关系外，政府和人大、人大常委会，中央政府和地方政府之间也都有各自的权力秩序。本章将介绍政府的职权、职权配置和政府权力秩序。

第一节　政府职权

权力是人类社会一种普遍存在的现象，是社会生活和政治生活中的一种不可缺少的力量。① 在近代以前，国家政权组织形式是一元的，所有的国家权力由统治者一人所掌握，并没有立法、司法以及行政三权之划分，即"既无法律又无规章，由单独一个人按照一己意志和反复无常的性情领导一切"②。三权的划分是一国权力制衡的有效措施，是社会进步的标志。政府职权作为政府机关实现一国行政的工具，它是行政的核心和实质内容。没有政府职权，政府的行政管理活动就不可能有效展开，行政管理目标也无法实现，因而对政府职权进行研究十分必要。

一、政府职权的概念

职权是指某一职位依法具有的权力，这一权力由法律规定，并且与一定的职位相结合。③ 具体到政府职权则是指政府机关在其职位上所具有的权力，概括而言就是作为国家行政机关所拥有的行政权。因而，要想了解政府职权的概念，首先要去了解行政权的概念与内涵。在行政法学中，行政权是一个无比重要的概念，但这个无比重要的概念在理解上却充满分歧。

---

① 马起华著：《政治社会学》，台湾正中书局印行 1981 年版，第 169 页。
② ［法］孟德斯鸠著：《论法的精神》（上册），张雁深译，商务印书馆 1982 年版，第 8 页。
③ 李寿初著：《中国政府制度》，中央党校出版社 2005 年版，第 79 页。

（一）行政权之界说

学界对于行政权的界定主要是从行使权力、管理事务以及巩固政权等方面进行，但各自的侧重点又不一样。概而言之，主要有如下几种典型观点。

1. 国家权力说

根据《行政管理学大辞典》的规定，行政权即政府及国家各级行政机关执行法律、制定和发布行政规章，在法律授权范围内，完成行政管理的任务，处理或解决问题的权力。它是国家权力体系中的一部分，与立法权和司法权构成国家权力体系的基本内容。[1] 张树义教授认为行政权是国家行政机关执行法律、管理国家行政事务的权力，是国家权力的组成部分。[2]

2. 国家政权说

有学者从行政权主体、行政权功能以及行政权与国家政权关系来考察行政权概念，认为行政权是国家行政机关执行法律、管理国家行政事务和社会事务的权力，是国家政权和社会治理权的组成部分，是国家行政机关依法享有的为维护和巩固政权而进行行政行为的权力，其本质即行政机关依法从事国家行政管理的权力。[3]

3. 行政事务管理权说

有学者从管理角度界定行政权概念，认为行政权是指国家行政机关执行国家法律、政策，管理国家内政外交事务的权力；[4] 是国家行政机关执行法律、管理国家行政事务的权力；是行政机关职务范围内的法定权力和非行政机关行使的法定的管理国家行政事务的权力的总和。[5] 比如，莫于川教授即认为行政职权是指行政主体依法享有的、对于某一行政领域或某个方面行政事务实施行

---

① 贾湛等主编：《行政管理学大辞典》，中国社会科学出版社1989年版，第211页。

② 张树义主编：《行政法学》，中国政法大学出版社1995年版，第8页。

③ 胡建淼主编：《行政法与行政诉讼法》，高等教育出版社1999年版，第5~6页。

④ 姜明安主编：《行政法与行政诉讼法》，北京大学出版社、高等教育出版社1999年版，第13页。

⑤ 朱新力主编：《行政法学》，浙江人民出版社2002年版，第8页。

政管理活动的资格及其权能，它是国家行政权力的转化形式，或者说是定位到具体职位上的行政权力。它具有法定性、公益性、专属性、单方性等特征。①

4. 公共事务管理权说

有学者以行政权的特征为依据考察其概念，认为行政权是指由国家或者其他行政主体担当的执行法律，对行政事务主动、直接、连续、具体管理的权力，是国家权力的组成部分；② 是国家行政机关依法对国家和社会公共事务的组织与管理的权力，③ 比如，王连昌教授即认为行政权力是一个国家权力体系中负责执行国家机关的意志，维护社会、经济、文化等秩序，增进社会福利，管理社会事务的权力。④

此外，还有许多观点对于行政权的界定综合了上述几种观点。比如，认为行政权是由国家宪法、法律赋予的国家行政机关执行法律规范，实施行政管理活动的权力，是国家政权的组成部分；⑤ 行政权是国家政权的组成部分，就是国家行政机关执行国家意志、管理国家公共事务的权力。⑥

（二）行政权之秉性

有学者认为，行政权的内涵包含四大要素：（1）行政权是国家政权有机组成分子。（2）行政权是权力分立原则的产物。（3）行政权是一种法律权力。（4）行政权与行政行为密切关联。⑦ 窃以为，把握行政权概念须了解如下四个基本要素：

1. 行政权之法定性

---

① 莫于川：《行政职权的行政法解析与构建》，载《重庆社会科学（创刊号）》2004年第1期。

② 应松年、薛刚凌：《论行政权》，载《政法论坛》2001年第4期。

③ 王学辉、宋玉波著：《行政权研究》，中国检察出版社2002年版，第115页。

④ 王连昌主编：《行政法学》，中国政法大学出版社1999年版，第1页。

⑤ 罗豪才主编：《行政法学》（新编本），北京大学出版社1996年版，第4页。

⑥ 武步云著：《政府法制论纲——行政法学原理研究》，陕西人民出版社1995年版，第97页。

⑦ 谢晖著：《行政权探索》，云南人民出版社1995年版，第38~40页。

全部行政活动必须以法律为基准，这是近代法治国家的前提。① 在行政学领域中，对行政权的研究主要侧重于其运行效率和成本之关系；而在行政法学领域中，对行政权的研究则侧重于其合法性与规范性——如果说"合法性"所要解决的是行政权的正当来源问题，那么"规范性"所要强调的则是行政权的规范运行问题。故此，行政权的法定性既意指"权自法出"，它要求一切行政权都必须源自于法律的明文规定；又意在"权依法行"，它要求一切掌握行政权的人都必须依法行使其权力。

2. 行政权之公共性

国家的公权体系主要由行政权、立法权与司法权所构成；其中的行政权与立法权、司法权一样，具有公共性。这种公共性具体表现为：（1）行政权为行政主体所垄断，社会组织或者个人不得分享。（2）享有行政权的主体以提供公共服务为基本职责——行政权一般不提供私人服务；行政权的形式不同于私人组织，其权力来源于公民的赋予与法律的授予，因而指向的是国家与社会的公共利益。②（3）行政权的运行以国家强制力为后盾。

3. 行使主体之多元性

行政权是行政主体依法享有的权力，行政权的主体不仅包括国家行政机关与地方行政机关，还包括法律法规授权的组织、受委托的组织和公务法人，等等。具体有国务院、国务院组成部门、国务院直属机构、经法律法规授权的国务院办事机构、国务院部委管理的国家局、地方各级人民政府、地方各级人民政府的职能部门、经法律法规授权的派出机关和派出机构、经法律法规授权的行政机关内部机构以及法律法规授权的其他组织。③

4. 作用方式之多样性

行政权是行政主体"对国家和社会公共事务进行组织和管理的权力"④；为履行其公共服务的职责，行政权的作用方式既可以是执行性的，也可以是创

---

① ［日］和田英夫著：《现代行政法》，中国广播电视出版社1993年版，第21页。
② 邓岩：《对行政权进行法律控制的内在价值》，载《魅力中国》2018年第33期。
③ 张小静：《行政主体研究文献综述》，载《企业文化》2015年第9期。
④ 王学辉、宋玉波著：《行政权研究》，中国检察出版社2002年版，第115页。

制性的，譬如行政立法等；既可以是命令式的，也可以是协商式的，譬如行政契约；既可以是惩戒性的，也可以是救助性的，譬如行政补偿；既可以是单向决定式的，也可以是居中裁断式的，譬如行政裁决。

综合上述定义与特征，我们可以得知，行政权的主体是国家行政主体；行政权是国家权力的重要组成部分，是国家公权力的核心；行政权的内容是执行法律，管理国家事务和社会事务；它具有法定性、公共性、形式主体之多元性以及作用方式之多样性的特征。因此，我们认为行政权是指行政主体及其他法律法规特别授权的社会组织依法享有的执行法律、组织和管理国家与社会事务的权力，它是一国公权力的组成部分，具有公共性、强制性、执行性等特征。政府职权作为具体的政府行政主体及其工作人根据行政任务或职务而被授予或分配到的行政权，是行政权的具体化，因而政府职权的概念基本可以等同于行政权。但值得注意的是，与政府职权不同，根据我国法律及相关规定可知，行政权的主体不仅包括属于政府机关的国家行政主体，还包括法律法规特别授权的社会组织，但政府职权的主体则仅包括前者。

（三）政府职权与相关概念

政府职权并非一个孤立的概念。它与行政权、政权、行政以及行政权能等概念存在着密切的关联性。

1. 政府职权与行政权

如上所述，政府职权是行政主体依法享有的执行法律、组织和管理国家与社会事务的权力。行政职权则依其来源可分为固有职权和授予职权，固有职权一般可以理解为政府职权，而授予职权的主体则主要是法律法规特别授权的社会组织。行政职权与政府职权是包含与被包含的关系，因而，观察政府职权与行政权的关系也可以从行政职权与行政权的角度出发。行政职权与行政权是从不同层面理解国家行政管理活动的，它们是具体与抽象、个别与一般的关系。其要义有三：（1）行政权是行政职权的基础。行政权具有整体性，是国家权力的组成部分；行政权具有主权性，是一国对内事务的自主管理的至高无上的权力；行政权具有政治性，政府与人民的关系、国家行政干预与公民自主程度关系决定着行政权的性质与大小。① 因此，行政权是一种抽象的国家权力，需要经过具体地配置到行政主体之中，针对相应事务才能转化为具体的行政职权。相应的行政职权的享有，必须基于一定的行政权授予。（2）行政职权是行政权的具体化；是具体的行政主体及其行政人员根据其行政任务或职位（务）而授予或分配到的行政权，它是行政权（力）的具体化，是特定的行政主体为完成一定的行政任务（职责），即组织和管理国家与社会特定的事务而享有的行政权力。② （3）行政职权是行政权配置到具体行政主体之后的权力面向，是抽象行政权经过量化后的产物，是行政主体根据管辖事务而享有的具体权力——行政职权是行政权的分解和具体化，行政权是行政职权的总和与全体。因此，政府职权与行政权的关系大体也包含上述三项要义，但值得注意的是，行政权是行政职权的总和，但并非政府职权的总和，政府职权只构成行政权的一大部分。

2. 政府职权与政权

如上所述，政府职权可以说是实质上的行政权，行政权的一大部分由其构成，因而政府职权与政权的关系可以从行政权与政权的关系进行分析。"政权"通常包含两重意思：（1）指"政治上的统治权力"（State Political Power）。（2）指行使国家统治权力的机关体系（Organs of State Power）。就其第一重意思而言，政权与行政权系属种关系，即政权包含了行政权，行政权构成政权的有机分子。就其第二重意思而言，政权与行政权系目的与手段的关系，即行政权对国家政权负责，并为国家政权服务；国家政权中的行政机关掌理行政权，并通过行政权的行使确保国家政权的稳定与发展。③ 据此，一方面，政府职权可被认为是政权的具体化形式之一；另一方面，政府职权对政权负责，是政权得以正常运行和发挥作用的保障之一。

3. 政府职权与行政权能

---

① 应松年、薛刚凌：《论行政权》，载《政法论坛》2001年第4期。
② 王学辉、宋玉波著：《行政权研究》，中国检察出版社2002年版，第116页。
③ 石佑启：《论法治视野下行政权力的合理配置》，载《学术研究》2010年第7期。

　　行政权能（Governability）即政府权能或治理能力，它包含两层意思：一是指代表公共权威的政府部门所具有的权威性的指挥或支配力量，二是指政府行政部门在社会治理过程中体现出来的诸种职能、技能与效力的综合。它涵盖提供福利扶助弱者、制定规章维持秩序、加强安全防御外敌、管理市场纠正失灵、促进社会发展等多种功能。就其第一层意思而言，政府职权与行政权能是一个事物的两方面，只有划定了行政权能才能赋予其相应的政府职权，职权表现为政府主体的内在属性，而效能则表现为政府主体的外在功能。就其第二层意思而言，政府职权是行政权能的前提条件，政府之所以"能"的前提是"权"，行政权能与其职权应该是外在与实质的统一①，没有政府职权就无法体现政府在社会治理中的诸种职能、技能与效力，因而行政效能是伴随着政府职权的行使而显现出来的，也是判断政府职权行使效果的核心指标。

　　4. 政府职权与行政

　　把握政府职权与行政的关系必须要了解行政的概念。关于行政，有各种各样的定义，如"行政是国家权力机关的执行机关依法管理国家事务、社会公共事务和机关内部事务的活动"②，"行政学在研究行政时，对行政的界定采取的是实质标准，即以某种职能活动是否具有执行、管理的性质作为界定行政的依据"③，"行政是为实现国家的目的和任务而行使的执行、指挥、组织、监督等职能"④ 等。可以看出，政府职权是国家行政机关有关于执行法律、管理国家事务与社会事务的权力，而"行政则是为实现某个私人目的或公共目的而在具体情形中对权力的行使"⑤，因而政府职权是行政的依据之一，而行政则是政府职权得以实现的手段与方式。

---

　　① 李燕英：《对我国政府职权的法学思考》，载《行政与法》2008 年第 2 期。

　　② 夏书章主编：《行政管理学》，中山大学出版社 1991 年版，第 2 页。

　　③ 姜明安主编：《行政法与行政诉讼法》，北京大学出版社、高等教育出版社 1999 年版，第 3 页。

　　④ 许崇德、皮纯协主编：《新中国行政法学研究综述》，法律出版社 1991 年版，第 30 页。

　　⑤ ［美］E. 博登海默著：《法理学——法律哲学和法律方法》，邓正来译，中国政法大学出版社 1999 年版，第 364 页。

二、政府职权的渊源

"渊源"一词含源流、本原之意。政府职权有其自己的渊源，"国家不是从来就有的，曾经有过不需要国家，而且根本不知道国家为何物和国家权力为何物的社会"①，政府职能也是如此。同时作为行政权具体化形式的政府职权，政府职权的渊源也与行政权的渊源具有密切联系，行政权的渊源即行政权的本原或源流，指行政权产生的根据②；它要解决的是行政权从哪里来的问题。大致可以从法理维度、历史维度和规范维度等三个层面进行解释。

（一）政府职权之理论渊源

政府起源的理论主要有神创论、自然发生论、有机论、家长制论、社会契约论等，这些理论多出自哲学家、社会学家依据神话或传说得出的推论或猜想。有机论和社会契约论是最具代表性的观点，但其侧重点在于阐释自然权利高于权力的观念，而不能够科学地解释国家和政府的起源。③ 19 世纪马克思与恩格斯提出，政府与国家同时出现，国家是社会在一定的发展阶段上的产物，国家是在一个社会陷入不可解决的自我矛盾，分立为不可调和的对立面而又无力摆脱这些对立面时出现的。④ 马克思关于政府起源的理论侧重于阶级分析，具有较强的科学性。

因而，一般认为，政府是管理和行使国家主权的机关⑤，有了国家之后便会产生政府，政府作为陈述、表达和执行国家意志的代理机关，在产生之后就有了政府职权。但传统的结构主义认为，行政权未分立出来之前，只不过是王权或帝王家族霸权的一部分。在奴隶社会和封建社会的王权时代，没有民主政

---

① 《马克思恩格斯选集》（第 4 卷），人民出版社 1995 年版，第 174 页。
② 孙笑侠主编：《法理学》，中国政法大学出版社 1999 年版，第 110 页。
③ 乔耀章著：《政府理论》，苏州大学出版社 2003 年版，第 10~12 页。
④ 《马克思恩格斯选集》（第 4 卷），人民出版社 1995 年版，第 189 页。
⑤ 肖丹著：《契约·德性·权利——卢梭政府理论新探》，吉林人民出版社 2015 年版，第 29 页。

治，也无立法、司法与行政三权概念及分权制衡制度，统治权是一个整体——虽然，王权统治亦存在诸如现代国家的权力分工制度，如中国秦朝开始，中央设置御史大夫、丞相和太尉分担皇帝事务，分别掌管监察和司法、行政、军事，丞相相当于现在的行政机关首长，分掌行政权，但此时政府属于包括立法、司法、行政及一切公共机关的广义政府，政府机关划分不明确，履行政府职能的国家机关几乎是合一的，因而尚未形成明确的政府职权。西欧封建社会晚期，在启蒙运动中兴起的"社会契约""人民主权""三权分立"等学说，在瓦解了"君权神授"理论和王权统治秩序的同时，解构了国家权力秩序——作为近代立宪政治之基本内核的以分权与制衡为基本特征的权力秩序理论由此诞生。其中，具有奠基性意义的即洛克的"两权分立说"和孟德斯鸠的"三权分立说"——洛克在其代表作《政府论》中明确提出了立法权与执行权（含对外权）两权分立思想，并首次将行政权解释为"负责执行被制定和继续有效的法律的经常存在的权力"；孟德斯鸠在其《论法的精神》中指出："每一个国家有三种权力：（1）立法权力；（2）有关国际法事项的行政权力；（3）有关民政法规事项的行政权力。"[1] 孟德斯鸠认为行政权是国家行政机关法定权限范围的同义语，近代意义的行政权概念自此正式形成。同时期的卢梭则明确了政府的含义，他认为政府是主权的执行人，负责执行法律并维持社会稳定以及政治的自由，政府行政就是对行政权的合法、合理运用，推及具体的个人则可以称之为君主或行政官。[2] 此后大多数国家的国家机关开始予以明显划分，纷纷设置国家代表机关即权力机关或立法机关、国家司法机关、国家行政机关即政府、国家元首以及军事机关，其中行政权被明确赋予一国政府，政府成为现代意义上的狭义政府，负责国家行政工作、对国家进行组织和治理，是统治阶级直接实现其政治、经济、外交、军事、文化教育等重大政策

---

① ［法］孟德斯鸠著：《论法的精神》，张雁深译，商务印书馆 1961 年版，第 155 页。

② 肖丹著：《契约·德性·权利——卢梭政府理论新探》，吉林人民出版社 2015 年版，第 30 页。

的政权机关①，政府各机关的职权也逐渐进入明确划分的阶段。

（二）政府职权之历史渊源

没有无本之木，没有无源之水。任何事物都有其生发的历史渊源。从历史的发展看，关于行政权的渊源有三种不同的解释进路，而政府职权作为行政权在具体行政机关的体现，其历史渊源可以等同于行政权的历史渊源。

1. "政治论"解释进路

"政治论"解释进路的核心命题即"行政权产生于政治统治之需要"；基于政治统治本身的多重面向，它又可分为两种考究方法：（1）功能主义方法——政治可以分为决策与决策执行两个基本板块。如果说立法权产生于政治决策的需要，那么行政权则产生于决策执行的需要。据此，行政权被认为是一种相对于决策权（含立法权）的执行性权力。（2）形式主义方法——基于"权力分立"理论，国家政权被格式化为立法、行政、司法三大板块，其中的行政板块分理国家行政权。据此，行政权被解释为由行政机关所掌理的权力。基于上述认识也可认为"政府职权产生于政治统治之需要"：（1）政府职权是为了执行具体的决策而赋予相关行政机关的权力。（2）政府职权是为了履行国家行政权而赋予具体行政机关的权力。

2. "管理论"解释进路

"管理论"解释进路的核心命题即行政权产生于行政管理之需要。基于行政管理本身所内在的双重意味，它又可以分为两个观察视角：（1）内政管理之视角——基于组织或者团体本身之团结与发展之需要，有必要赋予组织者一种控制性权力，这就是行政权。据此，行政权具有非专属性，即行政权非为行政机关所专属，其他组织和团体也享有这种权力。（2）社会管理之视角——任何社会都具有某种程度的离散性，为防止社会分裂或者因为无序而陷入内耗，有必要赋予政府一种管制性权力，这就是行政权。据此，行政权具有强制

---

① 徐万珉著：《现代政治论》，北京出版社1989年版，第60页。

性，即行政权具有迫使社会成员慑服的能力。① 基于前述两个观察视角，政府职权是具体行政机关为了自我管理而被赋予的权力，是具体政府机关为了维护国家的基本制度和稳定，对敌视和破坏的各种因素予以镇压而被赋予的权力。值得注意的是，政府职权因仅限于赋予行政机关的行政权力，因而其主体不包括法律法规特别授权的社会组织，因而政府职权具有专属性，仅属于行政机关所有。

3. "服务论"解释进路

"服务论"解释进路的核心命题即行政权产生于公民之于公共服务的需要。基于公共服务本身的运行逻辑，它又可以分解为两个认知基点：（1）输出系统之基点——作为输出系统的政府，肩负着提供公共服务的法定职责，为完成这项职责，行政权变为必要。据此，行政权是履行行政职责的必要条件。（2）输入系统之基点——作为输入系统之社会，鉴于其自身能力的局限，很难满足其成员的广泛需求，特别在保障和实现公民社会经济文化等积极权利方面，更是远远超出社会自治能力之范围。由政府供给的包括基础设施建设、社会经济文化权利保障等在内的公共服务便是不可或缺的。为确保这种公共服务的有效供给，必须赋予政府行政权。② 据此，行政权是社会的内在需要，政府职权也正是在这种基础上为了实现公共服务之需求而产生。

（三）政府职权之规范渊源

行政权的规范渊源，即行政权在实定法上的根据。在法治国家，受制于行政法定原则，一切形式的行政权都必须有法律的明确授权，无法律即无行政。而政府职权作为行政权在行政法上的体现，宪法法律等对于各行政机关权力的配置实际上更加体现了我国政府职权的规范渊源。就我国而言，作为行政权根据的实定法仅限于《宪法》和全国人民代表大会制定的组织法及其他基本法。

1. 宪法

---

① 王新艳：《行政权的演化及启示》，载《四川行政学院学报》2008 年第 3 期。
② 宋豪钊：《行政权的变迁与行政权的社会化》，载《江南论坛》2005 年第 6 期。

《宪法》是国家权力资源配置的总方案，也是行政权配置的根本渊源。我国《宪法》第 89 条将最高行政权配置给了国务院，并对国务院的权力范围作了明确规定。《宪法》第 107 条规定了地方各级政府的职权，《宪法》第 117~121 条对民族区域自治地方的自治机关行政权力予以了规定。

2. 组织法

《国务院组织法》规定国务院行使《宪法》第 89 条规定的行政职权；《地方政府组织法》第 59 条明确规定了县级以上各级人民政府的行政职权，第 61 条规定了乡级政府的行政职权；《民族区域自治法》第 3 章规定了民族区域自治地方政府的自治性行政职权；《香港特别行政区基本法》第 4 章规定了行政长官的行政职权和行政机关的行政职权；《澳门特别行政区基本法》第 4 章规定了行政长官的行政职权和行政机关的行政职权。

3. 其他基本法律

《立法法》第 56 条规定了国务院根据宪法和法律制定行政法规的权力，规定了国务院各部、委员会、中国人民银行、审计署和具有行政管理职能的直属机构根据法律和国务院的行政法规、决定、命令制定行政规章的权力；第 73 条规定了省、自治区、直辖市和较大的市的人民政府根据法律、行政法规和本省、自治区、直辖市的地方性法规制定地方性规章的权力。

三、政府职权的构造

行政权是一种集束性权力形态，它可以分解为若干不同构造板块或者子权力形态。① 政府职权作为行政权的具体形式亦是如此。这些集束于行政权或政

---

① 从管辖领域标准划分行政权，行政权具有不可穷尽性，因为随着社会的发展，行政权管辖的事务在不断扩展，行政权的内容也随之多样化。早期的行政权主要管辖的是安全保障事务，行政主体的主要职责是对外行使国家主权，参与国际政治事务，抵御外来侵略和保护侨民；对内维护国家统一，防止分裂，确保国民的人身安全和财产安全，维护经济秩序和社会生活秩序，保护社会公共利益。而现代行政权在发展经济、提高人民生活水平、进行文化建设、发展社会公益事业，提供社会服务、环境保护等方面发挥着越来越大的作用。胡建淼主编：《公权力研究——立法权、行政权、司法权》，浙江大学出版社 2005 年版，第 199 页。

府职权名下的不同板块或者子权力形态之划分及其相互关系即行政权以及政府职权的构成之核心问题。

（一）政府职权的板块构造

政府职权作为行政权在行政法上的体现，是基于职位而引起的在其职责范围内的行政权，虽然行政权除了政府职权外还有法律法规赋予权力的社会组织行使，但一般而言，社会组织在这一过程中起着辅助作用，并且主要负责行使管理相关社会事务的行政权。这一类行政权主要具有执行性、监督性等性质，但这一类性质的行政权并不具有由授权组织进行行使的专属性，反而大多数具有执行性或监督性的行政权由政府机关行使。行政权的板块构造实际上可看作是对于政府职权的一种分类，从而可被当作政府职权的板块构造。基于不同的观察视角，学术界对于行政权的构成存在不同的学说，概括起来，大致包括"两板块说""三板块说""四板块说"等。其中"两板块说"从行政权受法律约束程度的视角主张行政权是由管辖权与裁量权构成的；"三板块说"从功能的视角出发，认为行政权包括决策性行政权、执行性行政权和监督性行政权，其行政机构也基本上是围绕这三大板块而构设；"四板块说"则基于行政对象的差异性，将行政权分解为行政事权、行政财权、行政组织权与人事权四大板块等。[①]

（二）政府职权的具体子权力形态

为了促使行政机关及其工作人员更好地履行职责，实现行政目的，我国《宪法》《国务院组织法》及其他基本法授予了各级政府机关相应的行政权力，主要包括以下几个方面。

1. 行政立法权

"观察改革开放近40年来的中国立法发展，一个显豁的事实就是，人大立

---

① 参见江国华著：《中国行政法（总论）》，武汉大学出版社2017年版，第78~82页。

法权尤其是大会立法权的弱化、虚化态势以及政府立法权的高度膨胀。"① 立法权本是属于权力机关的职权，但因为我国国情问题，人大无法主导立法权，这导致行政立法权的必要性十分显著。根据《宪法》《立法法》及其他相关法律规定，国务院及其部委，省、自治区、直辖市人民政府，省、自治区人民政府所在地的地方人民政府以及经国务院批准的较大的市人民政府，享有行政立法权。行政立法的出现有其客观原因，具体包括②：（1）现代行政管理中有许多技术问题，只有主管机关才熟悉业务，权力机关不得不授权行政机关制定；（2）行政管理范围日益拓展，权力机关无暇事无巨细，只能作出原则性、抽象性的规定，具体细则由行政机关制定；（3）有些问题尚处于试验阶段，只能由行政机关先制定试行办法、暂行条例加以规定，待日后成熟时再上升为法律；（4）行政需要效率，而权力机关的立法程序繁琐，由行政机关立法更加简便及时。当然，需要指出的是，行政立法权只是有限的权力。③ 行政法规等规则是立法部门提供给社会的特殊公共产品，这种公共产品必须具有广泛的公意性和民主性，④ 因此为了防止这种公共产品变为服务于少数利益集团的私人产品，各处部门利益化的潜规则等现象，必须严格限制行政立法权。

2. 领导命令权

领导命令权主要是指政府机关及其工作人员在其权力管辖的范围内，可以领导下一级的政府机关及其工作人员工作，依据相关法律规定并根据实际需要，指挥、调动庞大的行政系统乃至整个社会系统，使用国家和社会公共资源，在其职权管辖范围内要求相关国家机关、企事业单位、社会组织以及个人等服从安排、配合工作。对此，相关单位、组织及个人必须服从。

---

① 封丽霞：《人大主导立法的可能及其限度》，载《法学评论》2017年第5期。

② 参见金国坤著：《依法行政：行政法新论》，中国政法大学出版社1992年版，第22~23页。

③ 参见金国坤著：《依法行政：行政法新论》，中国政法大学出版社1992年版，第23页。

④ 参见刘武俊：《把行政法规的立法权关进制度的笼子里》，载《民主与法制时报》2017年7月22日，第002版。

3. 行政执行权

行政执行权一般是指行政主体依据法定职权和法定程序将行政决定、行政命令和行政处罚等变为现实行政法律关系的权力。① 它包括一般执行权和强制执行权两种。此外，政府机关还享有另一具有"执行"属性的职权，即政府机关执行法律、行政法规、本级人民代表大会及其常务委员会的决议、命令以及上级政府交办的各种事项，这个是政府职权的核心所在。②

4. 行政司法权

行政司法权一般是指行政主体以中间人的身份裁决相关权益纠纷的权力，如行政确权等均属于行政裁决行为，是行政司法权的体现。赋予行政机关这一权力主要有以下原因：（1）如前所述，行政事务日益具有较强的专业性，而行政裁决所处理的纠纷一般与行政事务管理有关，因而由行政机关进行裁决更能够得到正确的结果；（2）行政司法权是上级行政机关监督下级行政机关行使权力履行职责的有效途径，因而行政机关拥有行政司法权既有可能性也有必要性。但是，因为司法权原则上属于司法机关，因此行政机关的司法权只局限于一定的范围内，同时行政司法权的行使必须以当事人的自愿为前提，并且公民不服行政机关处理的一般仍可以请求司法机关处理。这不仅有利于有效保证行政机关的工作效率，而且有利于实现社会公平。③

5. 行政制裁权

行政制裁主要是指行政主体对违反行政法律规范但尚未构成犯罪的行政相对人追究相应法律责任的行为，包括行政处分和行政处罚两种。行政制裁权是保障法律法规规章得以贯彻实施和遵守的有力方法，也是实现行政主体的实体性权力和行政管理目标的重要路径。

6. 行政监督检查权

行政监督检查权是指政府为了保障法律、法规等赋予的行政目的，保证政

---

① 吕延君：《论行政执行权的概念》，载《北京行政学院学报》2009 年第 4 期。

② 金建东主编：《行政管理学概论》，华东师范大学出版社 1988 年版，第 52 页。

③ 韩志红：《行政司法权的行使应以当事人的自愿为前提》，载《法学杂志》2002 年第 1 期。

府的有效进行，而对行政管理对象、下级政府或同级政府所属部门的行政行为进行监督的权力，以便及时发现错误并予以纠正，从而保障政府机关行政行为、其他被管理对象行为的有效性、合法性以及政府职权的正确履行。如进行行政复议，撤销或改变下级行政机关的不适当的行政决定和命令的监督，对行政机关的财务行为进行监督等都是行政机关履行监督检查职权的体现。

第二节　政府职权配置

权力配置是指一个权力系统中的各权力主体之间对权力进行分配和行使的过程①，是确定中央政府与地方政府权力内容、权力行使的边界以及相互之间的权力关系的重要方式，是使各机关能够各司其职以便公正、高效地履行国家赋予的职能。

一、国务院职权

我国《宪法》第85条规定："中华人民共和国国务院，即中央人民政府，是最高国家权力机关的执行机关，是最高国家行政机关。"② 该条规定至少包含两层意思：（1）从横向层面上看，就其与最高权力机关之关系而言，国务院是最高国家权力机关的执行机关，并从属于最高权力机关；（2）从纵向层面看，就其在整个国家行政机关系统中的地位而言，国务院是最高行政机关，处于行政权力顶点，系国家行政权力之中枢所在。它主导国家行政，统一领导国务院所属部委和地方各级行政机关。作为国家最高行政机关，国务院的职权

---

① 张文礼主编：《当代中国地方政府》，南开大学出版社2010年版，第86页。

② 一般地说，"执行"（Executive）与"行政"（Administrative）往往是国务院工作的同一个过程，而且二者的性质基本相同。但毕竟存在一定差异。其中，"执行"指国务院把最高国家权力机关已经通过的法律和决议付诸实施；"行政"则意指国务院的工作在性质上既不同于国家立法，也不是审判或者检察，而是对国家事务进行行政管理。许崇德主编：《中国宪法》，中国人民大学出版社1996年版，第221页。

主要源自于《宪法》第 89 条之规定。《宪法》第 89 条共有 18 项内容，其中，前 17 项明确列举了国务院的基本职权，第 18 项有概括授权条款之属性。据此，国务院享有"未明确列举的其他权力"，但这种"其他权力"需要经全国人民代表大会或者全国人民代表大会常委会明确授权。此外，《立法法》《国务院组织法》对于国务院部分职权进行了进一步的规定。具体而言，国务院的权力主要包括下列各项。

（一）行政领导权

行政领导权意指作为国家最高行政机关的国务院对整个国家行政系统，包括其所属部门及地方各级行政机关，实行统一领导以及为实现统一领导而对行政机关之任务和职权作出规定的权力。国务院的行政领导权直接源自于《宪法》第 89 条第 3 项与第 4 项的规定——根据《宪法》第 89 条第 3 项、第 4 项之规定，国务院有权统一规定国务院各部委的任务和职责，统一领导各部委的工作以及其他全国性工作。国务院有权统一规定中央和省级机关的职权，统一领导全国地方各级国家行政机关的工作。此外，根据《国务院组织法》第 10、11 条之规定，国务院有权设立机构办理各项业务，有权听取各部委的工作报告并作出决定。就其内容而言，国务院的行政领导权具体体现在两个方面。

1. 国务院对全国行政机关之领导权

作为国家最高行政机关，国务院对全国行政系统享有统一领导权，主要包括如下两个方面：（1）对中央部委的领导权，具体有二：一是虽然国务院各个部委各司其职，自主开展工作，但国务院对其工作却有最后的决定权。二是一些难以划归到部委职权范围的全国性行政事务，仍需由国务院直接领导。以人口普查为例，对此类临时性的全国性工作，就由国务院临时性设立"全国人口普查工作领导小组"负责实施。（2）对地方各级国家行政机关领导权。具体有三：一是地方各级行政机关都由国务院统一领导；二是地方都必须执行贯彻国务院制定的行政法规、政策、发布的决定与命令，以及下达的任务；三是对下级行政机关享有监督检查权等。

2. 国务院在国家行政权力配置中的领导权

《宪法》第 89 条第 3 项和第 4 项分别规定了国务院在国家行政权力横向层面配置和纵向层面配置的领导权,《国务院组织法》第 10、11 条则进一步规定了国务院的具体横向职权。具体而言,主要内容如下:(1)行政权力横向配置领导权——就其性质而言,行政权在国务院所属机关间的配置属于国务院的内部职权分工之范畴,囿于《宪法》以及相关的组织法对这种行政权的内部分配缺乏明确的规定,《国务院组织法》第 10 条也仅仅规定了对于各部委部分行政措施的决定权,因而该项权力原则上便为国务院之领导权所吸附;借助于《宪法》第 89 条第 3 项所赋予的"规定各部和各委员会的任务和职责"之权力,国务院不仅有权调配和调整其所属各部委职能和职权,而且有权根据需要增设或者精简部委机构。(2)行政权力纵向配置领导权——对于中央政府与地方政府之间的纵向权力分配,我国仅有原则性规定,即在中央的统一领导下,充分发挥地方积极性和主动性。据此原则,国务院根据法律授权或者根据全国人民代表大会或其常委会授权所制定的行政法规,明确中央政府与地方行政机关在某些事项上的职权划分。正是在这个意义上说,国务院在中央政府与地方政府之间的行政权力划分问题上,享有决定权。

(二)行政立法权

行政立法权意指宪法赋予行政主体的创制行政法律规范的权力,它在形式上包括行政法规创制权、行政规章创制权以及其他行政规范创制权。[①] 就国务院而言,其享有的行政立法权主要是指《宪法》第 89 条第 1 项所规定的"根据宪法和法律,制定行政法规"的权力。

1. 国务院行政立法权之来源

国务院行政立法权有两个来源:(1)源自于《宪法》第 89 条第 1 项之明确规定;(2)源自国家权力机关之依法授予,它属于《宪法》第 89 条第 18 项所规定的由"全国人民代表大会和全国人民代表大会常务委员会授予的其他

---

① 许崇德主编:《中国宪法》,中国人民大学出版社 1996 年版,第 221 页。

职权"之范畴——《立法法》第 9 条规定："本法第 8 条规定的事项尚未制定法律的，全国人民代表大会及其常务委员会有权作出决定，授权国务院可以根据实际需要，对其中的部分事项先制定行政法规……"因此，根据需要，全国人民代表大会及其常委会可以授权国务院制定行政法规。譬如根据 1985 年六届全国人民代表大会第三次会议《关于授权国务院在经济体制改革和对外开放方面可以制定暂行的规定或者条例的决定》，国务院可以根据宪法，在同有关法律和全国人民代表大会及其常务委员会的有关决定的基本原则不相抵触的前提下，制定暂行的规定或者条例，颁布实施，并报全国人民代表大会常务委员会备案。①

2. 国务院行使行政立法权之根据

国务院行使行政立法权之"根据"在于宪法和法律。它意味着作为最高国家权力机关的执行机关，国务院是没有独立的立法权的，国务院所享有的行政立法权仅仅是一种对宪法和法律进行细则化或者具体化的权力，该种权力在本质上仍属于行政权之范畴。②

3. 国务院行政立法权之界限

宪法赋予国务院行政立法权同时，也对其作了如下三个方面的限制：（1）国务院制定的行政法规不能与宪法和法律相抵触。《宪法》第 5 条第 3 款规定："一切法律、行政法规和地方性法规都不得同宪法相抵触。"《宪法》第 67 条第 7 项规定，全国人民代表大会常委会有权"撤销国务院制定的同宪法、法律相抵触的行政法规、决定和命令"。（2）行政立法不得超越宪法和法律的授权范围。《宪法》第 5 条第 5 款规定："任何组织或者个人都不得有超越宪法和法律的特权。"（3）行政立法须尊重法律保留之法则，如根据《宪法》第 13 条第 3 款之规定可知，国家仅可以依照法律规定对公民的私有财产实行征收或者征用，也就是说"私有财产的征收或者征用"这一事项属于法律保留范围，

---

① 朱维究：《论中央行政立法的权限——对〈宪法〉第 89 条规定的理性思考》，载《行政法学研究》1995 年第 3 期。

② 王磊：《对行政立法权的宪法学思考》，载《中外法学》1998 年第 5 期。

行政法规不得染指。

（三）行政规范权、监督权与人事权

就其一般意义而言，行政规范权是指宪法、法律赋予行政主体的除了行政立法之外的发布具有普遍约束力之行政规范文件的权力，它在形式上大致包括制定行政措施权、发布行政决定和行政命令等权力。行政监督权是指宪法、法律赋予的行政主体对行政系统各机关及其工作人员的职务行为是否合乎宪法、法律和行政命令之规定而实施的全面监察与督促的权力。行政人事权则是指宪法、法律赋予行政主体的有关行政管理活动中的行政人员与行政事务之关系，以及行政人员相互之关系的组织、指挥、协调、控制和监督等权力之总称。[1]

1. 行政规范权

就国务院而言，其所享有的行政规范权主要是指《宪法》第89条第1项所规定的，国务院有权根据宪法和法律，规定行政措施，发布决定和命令等。[2] 据此，国务院在行政管理过程中，如认为必要，或者为了执行法律和最高国家权力机关的决议，有权制定各种具体办法和措施，发布决定和命令。就其性质而言，国务院这项行政规范权具有行政性、规范性和过渡性等属性，它的行使必须有宪法和法律上的依据，并遵守国家法制统一等原则。

2. 行政监督权

就国务院而言，其行政监督权主要源自《宪法》第89条之规定，具体包括：（1）法制监督权，即国务院对其所属部门和下级国家行政机关发布之决定和命令的改变与撤销权——根据《宪法》第89条第13项与第14项之规定，国务院有权改变或者撤销国务院工作部门以及地方各级国家行政机关发布的不

---

[1] 曾明德、罗德刚等著：《公共行政学》，中共中央党校出版社1999年版，第96~97页。

[2] 也有学者称之为行政命令权，即行政机关向行政相对人发布命令，要求行政相对人作出某种行为或不得作出某种行为的权力，它的形式各种各样，如通令、布告、规定、通知、决定、命令和对特定相对人发布的各种"责令"等。姜明安主编：《行政法与行政诉讼法》，北京大学出版社、高等教育出版社2007年版，第127页。

适当的决定和命令；根据《立法法》第 95 条、第 97 条、第 98 条规定，部门规章之间、部门规章与地方政府规章之间对同一事项的规定不一致时，由国务院裁决，国务院有权改变或者撤销不适当的部门规章和地方政府规章，部门规章和地方政府规章报国务院备案。（2）专门监督权，主要意指行政监察权。这项权力由国务院所属之监察部所掌理，专门适用于对各级政府及其工作人员是否秉公执法、廉洁奉公等进行监督。《宪法》第 89 条第 8 项之规定，国务院"领导和管理民政、公安、司法行政等工作"。

3. 人事行政权

国务院的人事行政权直接源自于《宪法》第 89 条第 17 项之规定，主要包括：（1）审定行政机构的编制；（2）依照法律规定，任免国家行政机关的领导人和行政人员；（3）依照法律规定，培训、考核和奖惩行政人员。

（四）其他权力

此处的其他权力主要包括重大事项决定权、社会经济文化等事业的领导与管理权以及国家权力机关授予的"其他权力"。其中，重大事项决定权意指宪法赋予行政主体之于涉及国计民生、影响范围大的重大事项作出最终决定之权力的概称；社会经济文化等事业的领导与管理权则意指宪法赋予行政主体对国家社会经济文化等事业进行引导、规范和治理等权力的总和。

1. 重大事项决定权

重大事项决定权是指宪法赋予行政主体之于涉及国计民生、影响范围大的重大事项作出最终决定之权力的概称。就国务院而言，其重大事项决定权主要源自《宪法》第 89 条之规定，主要包括如下两个方面：（1）批准区域划分和建置权力，即国务院有权批准省级区划的范围和区划的变更，有权批准省级以下市一级和县一级的建置和区域划分。根据《宪法》第 89 条第 15 项之规定，国务院有权批准省级行政区划，批准自治州、自治县以及市的建置与划分。（2）紧急状态权，根据《宪法》第 89 条第 16 项之规定，国务院有权依照法律规定决定省级行政区划范围内的部分地区进入紧急状态。

2. 社会经济文化等事业的领导与管理权

就国务院而言，其社会经济文化等事业的领导与管理权直接源自于《宪法》第89条第6~12项之规定，这些权力涉及的事项主要包括：（1）领导和管理经济工作和城乡建设；（2）领导和管理教育、科学、文化、卫生、体育和计划生育工作；（3）领导和管理民政、公安、司法行政和监察等工作；（4）管理对外事务，同外国缔结条约和协定；（5）领导和管理国防建设事业；（6）领导和管理民族事务，保障少数民族的平等权利和民族自治地方的自治权利；（7）保护华侨的正当的权利和利益，保护归侨和侨眷的合法权利和利益，等等。

3. 最高权力机关授予的其他权力

根据《宪法》第89条第18项之规定，国务院享有全国人民代表大会和全国人民代表大会常委会授予的其他职权。就其性质而言，此处的"其他职权"主要有如下两种基本解释：（1）固有权力说，即"其他权力"原本就属于国务院行政管理活动中的固有权力，但由于行政管理活动十分复杂，通过列举的方式也无法穷尽国务院正当履行其职责所需之权力项，故而只能授权全国人民代表大会或其常委会依情势进行授予；（2）人大权力说，即"其他权力"原本属于全国人民代表大会或其常委会所有，但鉴于情势所必需，全国人民代表大会或全国人民代表大会常委会将其授权给国务院行使——在这个意义上的"其他权力"中，最重要的一项权力就是授权立法。

二、国务院组成部门职权

根据《宪法》第86条之规定，国务院由总理、副总理若干人、国务委员若干人、各部部长、各委员会主任、审计长和秘书长组成。《宪法》对各组成成员及对应机构之职权，均有规定。

（一）国务院主要组成人员的职权

《宪法》对于国务院总理、副总理与国务委员的职权未作详细列举，仅有原则性规定。此外，《国务院组织法》与《立法法》对国务院各组成部门的职权也进行了规定。

1. 总理职权

我国《宪法》《国务院组织法》等对于国务院总理的权力配置主要采用明确授权的方式。就其性质而言，这些权力大致包括：（1）国务院组成人员的提名权——根据《宪法》第62、67条之规定，国务院总理有权向全国人民代表大会及其常委会提出国务院副总理、国务委员、各部部长、各委员会主任、审计长、秘书长的任免人选。（2）领导权——根据《宪法》第66、88、92条之规定，国务院实行总理负责制，总理全面领导国务院工作，总理代表国务院对全国人民代表大会及其常委会负责。（3）会议召集和主持权——根据《宪法》第88条之规定，总理召集和主持国务院全体会议和常务会议。全体会议一般讨论重大问题或涉及众多部门的重大事项，常务会议主要讨论国务院工作中的重要事项。（4）签署行政法规、决定、命令、议案权——《立法法》第70条规定："行政法规由总理签署……"《国务院组织法》第5条规定："国务院发布的决定、命令和行政法规，向全国人民代表大会或者全国人民代表大会常务委员会提出的议案，任免人员，由总理签署。"（5）国务院组成部门成立撤销合并的提名权——《国务院组织法》第8条规定："国务院各部、各委员会的设立、撤销或者合并，经总理提出……"《国务院行政机构设置和编制管理条例》第7条规定："国务院组成部门的设立、撤销或者合并由国务院机构编制管理机关提出方案，经国务院常务会议讨论通过后，由国务院总理提请全国人民代表大会决定……"

2. 副总理、国务委员和秘书长职权

《宪法》对于国务院副总理、国务委员和秘书长的职权作了规定。根据《宪法》第86、88条之规定以及《国务院组织法》第6条之规定，国务院副总理与国务委员的职权有四：（1）组成并参加国务院全体会议。（2）协助总理工作。（3）组成并参加国务院常务会议。（4）国务委员受总理委托负责某些方面的工作或者专项任务，并且可以代表国务院进行外事活动。根据《宪法》第86条与第88条规定，国务院秘书长的职权有三：（1）组成并参加国务院全体会议。（2）组成并参加国务院常务会议。（3）秘书长领导国务院办公厅的工作。

3. 各部部长和委员会主任职权

《宪法》第86、90条以及《国务院组织法》第9条对国务院各部部长与各委员会主任的职权作了简约规定，主要内容如下：（1）组成并参加国务院全体会议；（2）负责并领导本部门的工作；（3）召集和主持部务会议或者委员会会议、委务会议，讨论决定本部门工作的重大问题；（4）签署上报国务院的重要请示、报告和下达的命令、指示；根据《立法法》第85条之规定，国务院部门首长签署部门规章并予以公布。

（二）国务院各部委之职权

基于其立法例的不同，宪法对国务院各部委的行政权配置有两种方式：（1）隐含性授权，即没有对国务院各部委的职权作明确列举，但基于其国务院部委之身份以及其所承担的国务院具体职能，可以有条件地推定宪法对国务院部委的授权隐含在其之于国务院的授权规定之中。易言之，由于国务院是由不同部门组成的，其职能亦由这些不同的组成部门所承担，故《宪法》第89条对国务院的授权，实际上由各组成部门所分享。（2）明示性授权，即宪法明确规定了国务院某些特定组成部门的行政立法权、行政规范权以及一些工作制度等。具体而言，国务院各部委的行政权主要源自于《宪法》第89条的隐含性规定和第90条的明示性规定。

1. 隐含性授权

根据《宪法》第89条之规定，国务院职权涉及领导和管理经济工作、城乡建设、教育、科学、文化、计划生育、民政、公安、司法行政、国防建设、民族事务，等等，为完成这些职能，国务院设置了对应的部委机关，譬如住房和城乡建设部专履城乡建设职能，教育部专司教育管理职能，文化部专司文化管理职能，等等。此外，《国务院行政机构设置和编制管理条例》第6条也规定，国务院组成部门依法分别履行国务院基本的行政管理职能。据此可有条件地推定，宪法对国务院各职能部门授权隐含于其第89条对国务院的授权之中——国务院在设置各部委，并将其职能分摊到这些部门之时，《宪法》第89条授予国务院的相关专门职权也随之发生转移，譬如国务院设置国防部的目的，是为了让其分担"国防建设"方面的职能，为此，《宪法》第 89 条授予国务院的国防建设方面的管理权就自然地转移到国防部。

2. 明示性授权

《宪法》第 90 条第 2 款规定，国务院"各部、各委员会根据法律和国务院的行政法规、决定、命令，在本部门的权限内，发布命令、指示和规章"；《国务院组织法》第 10 条也规定："根据法律和国务院的决定，主管部、委员会可以在本部门的权限内发布命令、指示和规章"；《立法法》第 80 条也规定："国务院各部、各委员会……可以根据法律和国务院的行政法规、决定、命令，在本部门的权限范围内，制定规章。"据此，可以看出，国务院各部委享有宪法所明示的制定规章、发布命令、指示和制定规章的权力。但是，仍然需要注意如下三点：（1）国务院部委的行政立法权和行政规范权之依据，不仅仅是法律，还包括国务院制定的行政法规、发布的命令和决定；（2）国务院部委制定的部门规章或其他行政规范权，不得与法律或其上位规范性文件相抵触；（3）国务院部委的行政立法权和行政规范权主要适用于对法律、行政法规和规范的执行和具体化，属于执行权的范畴，故只能在本部门权限内行使，不得越权。

（三）审计机关之职权

在我国，审计机关属国务院的组成部门，其地位与各部委类似，但却是宪法中唯一设有专条规定的国务院组成部门。《宪法》第 91 条规定："国务院设立审计机关，对国务院各部门和地方各级政府的财政收支，对国家的财政金融机构和企业事业组织的财务收支，进行审计监督；审计机关在国务院总理领导下，依照法律规定独立行使审计监督权，不受其他行政机关、社会团体和个人的干涉。"其要义有三：（1）就其性质而言，审计权是一种监督权；基于其与国务院的隶属关系，原则上属于行政权的范畴；（2）审计机关直接对总理负责，并独立行使审计监督权，不受任何组织和个人的干涉；（3）基于其监督对象之性质不同，审计监督权大致可以分为财政审计权和财务审计权，其中：①财政审计权意指针对国家财政收支情况，主要是对国家的税收和预算执行情况，实行审计监督的权力；②财务审计权意指针对国家机关、企业事业组织是否执行财务法规和纪律等行为实行审计监督的权力。此外，根据《立法法》第 80 条之规定，审计署可以根据法律和国务院的行政法规、决定和命令，在本部门的权限范围内，制定规章。

三、地方各级政府职权

根据《宪法》第 105、110 条之规定，地方各级人民政府是地方国家行政机关，具体实行省长、市长、县长、区长、乡长、镇长负责制，对本级人民代表大会和其常务委员会以及上一级国家行政机关负责并报告工作，受国务院统一领导。同时，地方各级人民政府也是地方各级国家权力机关的执行机关，权力机关通过的决议人民政府必须贯彻执行。根据《宪法》第 30 条之规定，在普通行政区域，我国地方各级人民政府分为省、直辖市、县市区与乡镇三个层级。但在实际上，在县市与省之间，还存在着一个地市级政府——鉴于其无宪法根据，此处不予讨论。就地方各级行政权配置而言，需要注意如下三点：(1) 宪法对地方各级人民政府之行政权配置须遵循"中央统一领导，发挥地方的积极性和主动性之原则"；(2) 国务院对地方各级人民政府之行政权配置享有领导权；(3) 根据《宪法》第 107~111 条、《地方政府组织法》第 59 条等之规定，我国地方各级人民政府享有广泛的行政权。

（一）省、直辖市政府之权力

对省、直辖市政府的权力规定主要表现在《宪法》第 107 条、第 108 条、第 109 条以及《地方政府组织法》第 59 条之中。具体有以下几个方面：(1) 领导、执行权。根据《地方政府组织法》第 59 条第 1、2 项之规定，省、直辖市政府贯彻执行本级人大及常委会和国务院的决议、命令，领导所属部门和下级人民政府的工作。(2) 行政立法、规范权。根据《宪法》第 107 条、《立法法》第 82 条、《地方政府组织法》第 59 条和第 60 条之规定，省、直辖市政府依据宪法、法律制定规章，发表决议和命令，规定行政措施。(3) 监督权。根据《宪法》第 108 条、《地方政府组织法》第 59 条第 3 项之规定，政府有权改变或者撤销所属各工作部门和下级人民政府的不适当的决定、命令、指示，以上即为法制监督权；根据《宪法》第 107 条第 1 款、《地方政府组织法》第 59 条第 4 项之规定，省、直辖市政府可以依法定权限和程序任免、培训、考核和奖惩国家行政机关工作人员，以上即为人事监督权。（4）乡镇建置及其区域划分决定权。根据《宪法》第 107 条第 3 款之规定，省、直辖市的人民政府对于乡、民族乡、镇的建置和区域划分享有决定权。（5）审计机关设立权。这属于《宪法》对于省、直辖市政府的特别授权条款，根据《宪法》第 109 条之规定，省、直辖市政府有权设立审计机关，并通过审计机关在本辖区内，依法行使审计监督权。此外，《地方政府组织法》第 64 条规定："地方各级人民政府根据工作需要和精干的原则，设立必要的工作部门。"（6）议案提出权。根据《地方政府组织法》第 18 条之规定，本级人民代表大会举行会议时，省、直辖市政府可以向本级人民代表大会提出属于其职权范围内的议案。（7）其他。依照法律规定的权限，管理本行政区域内的经济、教育、科学、文化、卫生、体育、城乡建设事业和财政、民政、公安、民族事务、司法行政、监察、计划生育等行政工作。

（二）县市区人民政府之权力

根据《宪法》第 30 条之规定，省、自治区下设自治州、县、自治县、市；直辖市和较大的市下设区、县——鉴于后文有专节介绍民族区域自治地方政府的权力配置，故此处仅讨论县市区政府权力配置。在我国宪法文本中，没有对于县市区政府特别授权条款，仅有笼统授权规定。据此，县市区政府的行政职权主要包括：（1）行政管理权，即依照法律规定，管理本行政区域内的经济、教育、科学、文化、卫生、体育、城乡建设事业和财政、民政、公安、民族事务、司法行政、监察、计划生育等行政工作；（2）人事监督权，县市区人民政府有权任免、培训、考核和奖惩行政工作人员；（3）法制监督权，即改变或者撤销所属各工作部门和乡镇人民政府的不适当的决定。

此外，根据《地方政府组织法》第 59 条以及《立法法》的相关规定，除了进一步规定上述《宪法》所规定的职权外，还强调县市区人民政府的以下职权：（1）行政立法、规范——根据《立法法》第 82 条与《地方政府组织法》第 59、60 条之规定，县市区人民政府可以根据法律、行政法规和本省、直辖市的地方性法规制定规章，可以规定行政措施，发布决定和命令。（2）执行权。根据《地方政府组织法》第 59 条第 1、5 项之规定，省、直辖市政府政府执行本级人大及其常委会的决议，执行国民经济和社会发展计划、预算。（3）领导权。根据《地方政府组织法》第 59 条第 2 项之规定，县市区政府领导所属部门及下级政府的工作。（4）议案提出权——根据《地方政府组织法》第 18 条之规定，在本级人民代表大会举行会议期间，县级以上政府可以向本级人民代表大会提出属于其职权范围内的议案。（5）部门设立权——根据《地方政府组织法》第 64 条之规定，县市区政府根据工作需要和精干的原则，可以设立必要的工作部门。根据《宪法》第 109 条之规定，具市区政府有权设立审计机关，并通过审计机关在本辖区内依法行使审计监督权。

（三）乡镇人民政府之权力

在我国宪法文本中，没有对乡镇人民政府权力配置的笼统授权条款，仅有特别授权规定，即《宪法》第 107 条第 2 款规定："乡、民族乡、镇的人民政府执行本级人民代表大会的决议和上级国家行政机关的决定和命令，管理本级行政区域内的行政工作。"据此，乡镇人民政府的职权可以分为两类：（1）行政执行权，即负责执行本级人大的决议和上级国家行政机关的决定和命令；（2）行政管理权，即管理本区域内的行政工作之职权。《地方政府组织法》第 61 条则进一步细化了上述职权。此外，根据《地方政府组织法》第 64 条之规定，乡政府根据工作需要和精干的原则，可以设立必要的工作部门。

四、民族区域自治政府职权

民族区域制度是我国政治体制的有机组成部分——我国《宪法》第 4 条规定："各少数民族聚居的地方实行区域自治，设立自治机关，行使自治权。"就其权力配置而言，《宪法》对民族区域自治地方政府的授权分为笼统授权与特别授权两种形式。同时，《地方政府组织法》对《宪法》的笼统授权作了具体规定，《民族区域自治法》则对《宪法》规定的特别授权作了具体规定。民族区域自治地方政府的行政权由两部分构成。

（一）普通行政权

根据《宪法》第三章第五节有关对"地方各级人民政府"的笼统授权条款，民族区域自治地方政府与普通行政区域内的同级人民政府享有同等的权力——《宪法》第 115 条规定，"自治区、自治州、自治县的自治机关行使宪法第三章第五节规定的地方国家机关的职权"，同时《地方政府组织法》对这些权力做了进一步规定。

1. 领导、执行权

根据《宪法》第 107 条第 2 款与《地方政府组织法》第 59 条第 1、2、5 项之规定，民族乡政府有权依法执行本级人民代表大会及其常委会的决议和上级国家行政机关的决定和命令，管理本级行政区域内的行政工作，领导所属各工作部门和下级人民政府的工作。执行国民经济和社会发展计划、预算等。

2. 行政立法权

根据《宪法》第 107 条、《地方政府组织法》第 59 条之规定，民族区域自治地方政府有权规定行政措施，发布决定和命令。

3. 监督权

根据《宪法》第 108 条、《地方政府组织法》第 59 条第 3 项之规定，自治区、自治州和自治县政府有权改变或者撤销所属各工作部门和下级人民政府的不适当的决定或命令。根据《宪法》第 107 条、《地方政府组织法》第 59 条之规定，民族区域自治地方政府有权依照法律的规定任免、培训、考核和奖惩国家行政机工作人员。

4. 部门设立权

根据《宪法》第 109 条之规定，自治区、自治州、自治县有权设立审计机关，并通过审计机关在本辖区内依法行使审计监督权。此外，根据《地方政府组织法》第 64 条之规定，民族区域自治地方政府政府根据工作需要和精干的原则，可以设立必要的工作部门。

5. 议案提出权

根据《地方政府组织法》第 18 条之规定，民族自治地方人民代表大会举行会议时民族自治地方政府可以向本级人民代表大会提出属于其职权范围内的议案。

6. 行政管理权

根据《宪法》第 107 条第 1 款、《地方政府组织法》第 59 条之规定，自治区、自治州和自治县政府有权依照法律规定，管理本行政区域内的经济、文化、教育、科学、卫生、民政、公安、民族事务、计划生育、精神文明建设等行政工作。

（二）自治权

根据《宪法》第三章第六节"民族自治地方的自治机关"中的第 112～122 条以及民族区域自治法之规定，民族自治地方的自治机关享有广泛的自治权。这些权力包括：

1. 行政执行自治权

《宪法》第 115 条规定："自治区、自治州、自治县的自治机关行使宪法第三章第五节规定的地方国家机关的职权，同时依照宪法、民族区域自治法和其他法律规定的权限行使自治权，根据本地方实际情况贯彻执行国家的法律、政策。"《民族区域自治法》对此做了具体规定，第 20 条规定："上级国家机关的决议、决定、命令和指示，如有不适合民族自治地方实际情况的，自治机关可以报经该上级国家机关批准，变通执行或者停止执行。"第 33 条规定，"民族自治地方的自治机关对本地方的各项开支标准、定员、定额，根据国家规定的原则，结合本地方的实际情况，可以制定补充规定和具体办法。"第 44 条规定："民族自治地方的自治机关根据法律规定，结合本地方的实际情况，制定实行计划生育的办法。"

2. 财政与救济自治权

《宪法》第 117 条规定"民族自治地方有管理地方财政的自治权"；根据《宪法》第 118 条第 1 款和第 2 款之规定，民族自治地方依法享有自主地安排和管理地方性的经济建设事业和依法获得与维护民族自治地方利益的权力。①根据《民族区域自治法》第34条之规定，民族自治地方在执行国家税法时，根据具体情况可以实行减税或免税。

3. 文教卫等方面之自主权

《宪法》第119条规定：“民族自治地方的自治机关自主地管理本地方的教育、科学、文化、卫生、体育事业，保护和整理民族的文化遗产，发展和繁荣民族文化。”《民族区域自治法》第6条规定：“民族自治地方的自治机关根据本地方的情况，在不违背宪法和法律的原则下，有权采取特殊政策和灵活措施，加速民族自治地方经济、文化建设事业的发展。”此外，《民族区域自治法》第36~42条对自治地方文教卫体等工作进行了具体规定。

4. 组建民族地方公安部队权力

根据《宪法》第120条、《民族区域自治法》第24条之规定，民族自治地方的自治机关依照国家的军事制度，结合当地的实际需要，经国务院批准，享有组织公安部队的权力。

5. 发展语言、风俗之自主权

《民族区域自治法》第10条规定：“民族自治地方的自治机关保障本地方各民族都有使用和发展自己的语言文字的自由，都有保持或者改革自己的风俗习惯的自由。”第21条规定：“民族自治地方的自治机关在执行职务的时候，依照本民族自治地方自治条例的规定，使用当地通用的一种或者几种语言文字。”

6. 经济建设自治权

根据《民族区域自治法》第6条、第25条、第30条、第31条之规定，民族自治机关的经济建设自治权具体包括：（1）采取特殊政策和灵活措施，加速本地区经济建设事业发展；（2）根据本地方的特点和需要，制订经济建设的方针、政策和计划，自主地安排和管理地方性的经济建设事业；（3）自

---

① 《宪法》第118条第2款规定：“国家在民族自治地方开发资源、建设企业时候，应当照顾民族自治地方的利益。”

主地管理隶属于本地方的企业、事业；（4）开展对外经济贸易活动，开辟对外贸易口岸，开展边境贸易等。

7. 自然资源确权、保护、开发权

《民族区域自治法》第27条规定："民族自治地方的自治机关根据法律规定，确定本地方内草场和森林的所有权和使用权。"《民族区域自治法》第28条规定："民族自治地方的自治机关依照法律规定，管理和保护本地方的自然资源。民族自治地方的自治机关根据法律规定和国家的统一规划，对可以由本地方开发的自然资源，优先合理开发利用。"

8. 基本项目建设自主权

根据《民族区域自治法》第29条规定："民族自治地方的自治机关在国家计划的指导下，根据本地方的财力、物力和其他具体条件，自主地安排地方基本建设项目。"

五、特别行政区政府职权

《宪法》和《香港特别行政区基本法》规定的特别行政区制度是国家对某些区域采取的特殊管理制度，在这一制度下，中央拥有对特别行政区域的全面管治权，既包括中央直接行使的权力，也包括授权香港特别行政区依法实行高度自治。[1] 澳门也是如此。《宪法》第31条规定："在特别行政区内实行的制度按照具体情况由全民人民代表大会以法律规定。"因此，根据我国《宪法》和基本法的规范，香港、澳门特别行政区拥有较为广泛的权力，其中具体的权力规定主要体现在基本法之中，大致包括以下几个方面。

（一）行政管理权

根据《香港特别行政区基本法》第62条，《澳门特别行政区基本法》第64条规定，港澳特别行政区政府行使下列职权：（1）制定并执行政策；（2）

---

① 许昌：《中央政府对特别行政区直接行使的权力的分类研究》，载《港澳研究》2016年第3期。

管理各项行政事务；(3) 办理本法规定的中央人民政府授权的对外事务；(4) 编制并提出财政预算；(5) 拟定并提出法案、议案、附属法规；(6) 委派官员列席立法会并代表政府发言。

(二) 高度自治权

根据《香港特别行政区基本法》第 3 条、第 12 条、第 13 条、第 16 条和《澳门特别行政区基本法》第 2 条、第 12 条、第 13 条、第 16 条规定，港澳特别行政区 "是中华人民共和国的一个享有高度自治权的地方行政区域"；港澳特别行政区政府 "享有高度自治权"；港澳特别行政区政府依法 "自行处理有关的对外事务"；港澳特别行政区 "享有行政管理权，依照本法规定自行处理特别行政区的行政事务"。具体又包括以下几个方面：(1) 自然资源自主支配权。根据《香港特别行政区基本法》第 7 条规定，各特别行政区内的土地和自然资源由各特别行政区政府负责管理、适用、开发、出租或批给个人、法人或团体使用或开发，其收入归各特别行政区政府支配。(2) 财政、金融、经济自主权。根据《香港特别行政区基本法》第 106 条、《澳门特别行政区基本法》第 104 条规定，港澳特别行政区保持财政独立，中央人民政府不在港澳特别行政区征税；《澳门特别行政区基本法》第 106 条规定："澳门特别行政区实行独立的税收制度。澳门特别行政区参照原在澳门实行的低税政策，自行立法规定税种、税率、税收宽免和其他税务事项"；《香港特别行政区基本法》第 110 条、《澳门特别行政区基本法》第 107 条规定，港澳特别行政区政府自行制定货币金融政策，保障金融市场和各种金融机构的经营自由，并依法进行管理和监督；根据《香港特别行政区基本法》第 111 条与《澳门特别行政区基本法》第 108 条规定，港澳特别行政区政府有权发行或者指定银行发行港币；《香港特别行政区基本法》第 119 条规定："香港特别行政区政府制定适当政策，促进和协调制造业、商业、旅游业、房地产业、运输业、公用事业、服务性行业、渔农业等各行业的发展，并注意环境保护。"(3) 对教科文体卫等工作的自主权。根据《香港特别行政区基本法》第 136 条、第 139 条、第 140 条、第 141 条、第 142 条之规定，香港特别行政区政府在原有教育制度的基础上，自行制定有关教育的发展和改进的政策；自行制定科学技术政策，自行确定适用于香港的各类科学、技术标准和规格；自行制定文化政策；自行制定有关评审各种专业的职业资格的办法。《澳门特别行政区基本法》第 92 条规定，"澳门特别行政区政府可参照原在澳门实行的办法，作出有关当地和外来的律师在澳门特别行政区执业的规定"；第 121～129 条亦规定了澳门特别行政区政府自行制定、确定教育政策、医疗卫生和发展中西药政策、科学技术政策、文化政策、新闻出版政策、体育政策、专业制度等。

（三）航运、航空自主权

《香港特别行政区基本法》第 124 条规定"香港特别行政区政府自行规定在航运方面的具体职能和责任"；《香港特别行政区基本法》第 134 条规定，经授权特别行政区政府可以：（1）同其他当局商谈并签订有关执行民用航空运输协议和临时协议的各项安排；（2）对在特别行政区注册并以香港为主要营业地的航空公司签发执照；（3）依法指定航空公司；（4）对国外航空公司往返、经停中国内地的航班以外的其他航班签发许可证。《澳门特别行政区基本法》第 116 条、第 117 条规定，澳门特别行政区保持和完善原在澳门实行的航运经营和管理体制，自行制定航运正常；经中央人民政府具体授权可自行制定民用航空的各项管理制度。

（四）外交自主权

《香港特别行政区基本法》第 150 条规定："香港特别行政区政府的代表，可作为中华人民共和国政府代表团的成员，参加由中央人民政府进行的同香港特别行政区直接相关的外交谈判。"第 151 条规定："香港特别行政区可在经济、贸易、金融、航运、通讯、旅游、文化、体育等领域以'中国香港'的名义，单独地同世界各国、各地区及有关国际组织保持和发展关系，签订和履行有关协议。"第 152 条规定："对以国家为单位参加的、同香港特别行政区有关的、适当领域的国际组织和国际会议，香港特别行政区政府可派遣代表作为中华人民共和国代表团的成员以中央人民政府和上述有关国际组织或国际会议允许的身份参加……香港特别行政区可以'中国香港'的名义参加不以国家为单位参加的国际组织和国际会议。"第 154 条规定,"中央人民政府授权香港特别行政区政府依照法律给持有香港特别行政区永久性居民身份证的中国公民签发中华人民共和国香港特别行政区护照,给在香港特别行政区的其他合法居留者签发中华人民共和国香港特别行政区的其他旅行证件。"《澳门特别行政区基本法》第 135 条、第 136 条、第 137 条、第 139 条也进行了同样的规定。

(五) 机构设立同意权

根据《香港特别行政区基本法》第 22 条之规定,中央各部门、各省、自治区、直辖市如需在港澳特别行政区设立机构,需征得特别行政区政府同意,并经中央人民政府批准。

第三节 政府权力秩序

秩序是人类社会发展的需要,任何形式的人类社会都必须拥有秩序,政治领域亦是如此。[1] 罗素认为"在社会科学上权力是基本的概念,犹如在物理学上能是基本概念一样"[2],因此权力为社会所共有,人类的一切活动都必须在权力秩序下进行,同时政府也必须在相应的政府权力秩序下行使权力履行职责,如此才能形成一个文明、有序且长远的社会。

一、政府权力秩序的意涵

所谓权力秩序,就其静态意义而言,就是一个政治共同体的权力结构;就

---

[1] 陈国权、曹伟、谷志军:《论权力秩序与权力制约》,载《江苏行政学院学报》2013 年第 3 期。

[2] [英] 伯特兰·罗素著:《权力论:新社会分析》,吴友三译,商务印书馆 1991 年版,第 4 页。

其动态意义而言，就是组成共同体之权力体系各分子之间的相互关系。在一个成文宪法国家，不管是静态的抑或是动态的权力秩序都是以宪法为基础的。而政府权力秩序作为一国权力秩序的一部分，其内涵亦有静态、动态与概括、具体之分。

（一）政府权力秩序的概念

有限政府理论的发展论证了政府的边界本质是政府权力的边界，而政府权力边界划分的最终产物是政府秩序边界的形成①，因而一国政府权力秩序可以说是一国政府的权力划分。从政府权力的本源出发，根据社会契约论，洛克、霍布斯等法哲学家认为秩序是人类实现自由的手段和条件，因而政治社会的起源决定了政治权力的本质特征是运用公权力维护社会秩序、保护公民自由和自然权利。② 因而政府权力秩序体现为政府权力与公民权利、自由之间的关系。从现代国家治理体系来看，政府秩序属于国家秩序的行政秩序部分，其外部涉及与国家立法、司法等机关权力的关系，内部则涉及多方面的内在秩序，包括领导秩序、决策秩序、执行秩序和监督秩序等。③ 因而政府权力秩序一方面体现为与国家其他机关的分权与制衡，另一方面则体现为其自身的权力分工。综上，对于政府权力可以作以下解释：

其一，从政府权力的来源与发展来看，政府权力秩序具有概括意义与具体意义。就其概括意义而言，政府权力秩序是一国政府机关为维护一国秩序与该国公民权利而被赋予的全部权力，体现与该国公民之间的权力分配关系；就其具体意义而言，政府权力秩序是一国各政府机关之间为履行职权而进行的具体权力分配关系。

① 刘艳：《基于有限政府理论修正提出的秩序边界假说》，载《陕西行政学院学报》2015 年第 1 期。

② 刘云虹、邵海军：《〈政府论〉中自由、秩序与权力的张力》，载《学海》2006 年第 3 期。

③ 毛寿龙、刘茜：《政府"放管服"改革及其"获得感"的秩序维度》，载《江苏行政学院学报》2018 年第 1 期。

其二，从一国治理体系建设来看，政府权力秩序具有静态与动态之分。就其动态意义而言，政府权力秩序是一国政府机关与其他享有国家权力的机关之间的权力分配，在我国则体现为我国政府与人大及其常委会、司法、检察机关等之间权力关系；就其静态意义而言，政府权力秩序是一国各政府机关之间的权力分配，在我国则体现为中央政府与各级政府之间、各级政府之间的相互关系。这也可被认为是对上述政府权力秩序具体意义的进一步划分。

（二）政府权力秩序的基本内核

对于行使重要的国家权力——行政权——的政府而言，保持政府权力秩序的稳固主要在于处理好如下三对关系。

1. 统治权力与自治权力

作为一种集合性权力，统治权由统权与治权两个基本要素构成，其中统权（the power of government）即维持政治共同体统一与完整的权威与强制性力量，它是促使社会"聚合"的因素①，治权（the power of governance）即维持政治共同体运行所必需的，发挥规约、协调、裁判以及引导等作用的权威与力量，它是促使社会"善治"的因素②。关于自治权，在"治权"意义上，自治权是以具体事务为客体的治理权力，它包括对具体事务的决策权、管理权与归责权；在逻辑上，作为"治权"的自治权是相对于统治权而言的，因此，它的主体也是相对于政府的存在，这种存在就是公民社会。作为自治权逻辑主体的公民社会，实际上就是一种"非政治性的不受国家任意干预的由各类自主、自

① 英语中的治理（governance）一词源于拉丁文和古希腊语，原意是控制、引导和操纵。长期以来它与统治（government）一词交叉使用，并主要用于与国家的公共事务相关的管理活动和政治活动中。但是，自20世纪90年代以来，西方政治学和经济学家赋予governance以新的含义，不仅其涵盖的范围远远超出了传统的经典意义，而且其含义也与government相去甚远。参见俞可平：《治理和善治：一种新的政治分析框架》，载《南京社会科学》2001年第9期。

② "善治"实质是国家权力回归于社会，善治的过程即还政于民的过程。善治表示国家与社会或者政府与公民之间的互动，从全社会的范围看，善治离不开政府，更离不开公民。参见俞可平：《全球化时代的善治》，载《商务周刊》2002年第1期。

治、合法、非政治的民间组织和团体构成的社会力量和空间"①。

统治权与自治权的关系本质上就是国家与社会之间的关系，而国家与社会之间的关系通常是博弈关系。政府作为国家最主要的权力主体，政府与社会之间更体现出这一博弈关系：其一是作用方式上的彼此制衡。一方面，根据马克思恩格斯观点，国家是在社会陷入不可解决的矛盾时，为了把这种矛盾保持在"秩序"范围内而出现的。② 政府是国家的行政机关，是伴随着国家而出现的，因而社会是国家的天然界线，更是政府的天然界线，自治权乃统治权的天然屏障。另一方面，政府也是社会潜在的威胁者，它有着令人民恐惧的一面。其二是在功能上的彼此依赖。一方面，公民权利推动政府权力的正义化、合理化运作。一切有权力的人都容易滥用权力，这是一条亘古不变的经验。③ 正义是人类追求的崇高价值，在行政管理职能日渐增长的时代，行政权力运行的合理性与合法性亦是人类所普遍期盼的，为此，赋予人民监督的权利，将政府权力的运行暴露在广大民众的监督下，从而推动政府权力的正义化、合理化运作。另一方面，政府权力创造公民权利的实现机会。权利是社会的产物，是永远无法超出社会的经济结构以及由社会经济结构所制约的社会文化的发展，因而政府切实行使宪法所赋予的权力，促进社会经济文化发展，从而推动公民权利的增长与实现。其三是在治理范围上表现为此消彼长，即统治权愈强大，自治权就愈弱小；统治权范围愈广泛，自治权空间就愈狭窄。政府权力作为国家权力的重要表现主体④，政府作为统治权行使的最主要主体之一，它与公民权利之间的关系在整体国家秩序中有着极其重要的地位，统治权与自治权的平衡性极大程度上决定了政府权力秩序的稳定性、可执行性以及权威性。

2. 意思性权力与执行性权力

意思性权力包括国家意思的形成和意思表达两方面的权力。从我国现行

---

① 孔德元著：《政治社会学导论》，人民出版社 2001 年版，第 160 页。

② 《马克思恩格斯文集》第 9 卷，人民出版社 2009 年版，第 189~191 页。

③ ［法］孟德斯鸠著：《论法的精神》（上册），商务印书馆 1982 年版，第 264 页。

④ 王三秀：《政府权力与公民权利的宪法秩序——反思立宪主义的一个视角》，载《河南省政法管理干部学院学报》2004 年第 3 期。

宪法的有关规定来看，国家意思性权力由最高国家权力机关与国家元首共享——在我国宪法文本中，作为国家意思的形成与表达权，意思性权力既指涉最高国家权力机关及其常设机关所享有的立法权、重大事项决定权以及人事任免权，也包括国家元首享有的公布法律权、缔约权、赦免权和荣典权等。

相对于国家意思权而言，执行性权力是实现国家意思的权力，即将国家意思付诸实施和落实的权力——如果说，法律的制定与公布权构成了国家意思权的核心，那么法律的实施权和适用权就构成了国家意思执行权的主体。因此，执行性权力涵盖了通常意义上的司法权和行政权①，在我国宪法体制中，则囊括了行政权、审判权与检察权，这三者之间又相互存在双向关系。

政府作为行使行政权的主要国家主体，在保持意思性权力与执行性权力之间以及执行性权力内部的相互制约平衡方面起着很大的作用，政府机关各司其职、分权制衡、不越权是使意思性权力与执行权力以及执行性权力之间的保持平衡、达到权力秩序稳定的重要因素；反过来，国家权力秩序的日趋稳定也促进了政府横向权力秩序的形成。

3. 全国性权力与地方性权力

所谓全国性权力，指中央政府为完成宪法所预设的目标而依法享有的统摄权和管辖权。它是一种全局性、聚合性权力，它以国家整体利益为基本目标②，以关涉国家整体利益、社会整体性公共利益以及公民普遍利益之事务为客体，是一项约束地方的离心倾向并促使国家聚合与团结的权力。

所谓地方性权力是相对于国家性权力而言的，是各级地方政府为实现地方

---

① 当洛克说"只要有人被认为独揽一切，握有全部立法权和执行的权力，那就不存在裁判者"的时候，我们有理由相信，在洛克那里，裁判权或者司法权被认为是执行权的当然内容，甚至是核心内容。参见 [英] 洛克著：《政府论》（下册），叶启芳等译，商务印书馆 1997 年版，第 55 页。

② 一般来说，中央全局利益是整个社会公共利益的最直接、最集中的体现，中央政府的主要目标是寻求全局利益的完整、统一和最大化。从这个意义上讲，中央政府代表的全局利益就是整个社会的公共利益。参见熊文钊著：《大国地方——中国中央与地方关系宪政研究》，北京大学出版社 2005 年版，第 119 页。

利益依法所享有的治理权。地方性权力乃实现地方善治和维持地方活力的必要条件，也是实现整个国家善治与维持国家活力的必要条件——如果说，地方善治乃国家善治之基础，那么地方活力就是国家活力之源泉。①

在其一般意义上，代表全局性的"中央"内在地包含着"集权"的倾向，而具有"局部性"特点的"地方"则天然地具有"离散"的秉性。因此，中央集权与地方分权之间的某种程度的平衡，构成了全国性权力与地方性权力关系的基本内核。而具体到政府权力上来也是如此，中央政府的行政权力与地方政府的行政权的关系取决于中央与地方的分权，只有中央与地方的权力达到平衡并相互遵守，中央与地方才能形成稳定的权力秩序。同时就地方性权力内部而言，地方各级政府之间的权力关系的合理配置也构成政府纵向权力秩序的基本要求。

二、政府权力横向秩序范式

行政权力横向配置关涉国家政权组织形式。所谓国家政权组织形式，意指"实现国家权力的机关以及各机关之间的相互关系"②，它与政体概念事实上是有区别的——政体着重于体制，政权组织形式着重于机关。体制粗略地说明国家权力的组织过程和基本形态，政权组织形式则着重于说明实现国家权力的机关以及各机关之间的相互关系。③ 当今世界，民主共和政体占据主流。就其结构而言，民主共和政体又可以分为议会内阁制、总统制、半总统制等几种主要的政权组织形式。受制于不同的政权组织形式，其行政权的横向配置亦各具特色。

（一）内阁制——以英国为例

责任内阁制首创于英国——英国的内阁制肇始于威廉一世统治时期，在亨利三世时期得到进一步的发展；"光荣革命"之后，责任内阁制基本成熟。其后，诸如日本、德国、加拿大、印度等国均效仿英国，建立责任内阁制。就其

---

① ［法］托克维尔著：《论美国的民主》（上册），董果良译，商务印书馆1988年版，第72页。
② 周叶中主编：《宪法》，北京大学出版社、高等教育出版社2005年版，第222页。
③ 何华辉著：《比较宪法学》，武汉大学出版社1988年版，第144页。

一般意义而言，内阁制主要特点有四：（1）由议会中占多数席位的一个政党或政党联盟的领袖，受国家元首的委托，单独或联合组阁，该政党或政党联盟领袖经国家元首任命成为内阁首脑，一般称内阁总理或首相。（2）内阁总理或首相是国家权力中心，既是政党领袖，又是议会和政府的首脑。（3）内阁行使行政权，向议会负责，若议会通过对内阁的不信任案，则内阁应辞职，或提请国家元首解散议会，重新选举。（4）内阁是整个国家行政机关的核心，其组成人员由内阁总理或首相选任，内阁决策以首相意见为准，最后决议不表决，内阁成员有不同意总理或首相意见而不放弃时，总理或首相有权免去其职务或接受其辞呈。

基于其不成文宪法传统，作为内阁制的英国，其行政权力配置并非由宪法规定，而是主要通过惯例的形式完成的——尽管英国不乏关涉行政权力配置的制定法，但它没有统一规定行政权的法律，由此决定了英国行政权规范渊源的多样性，主要包括国王特权、议会立法授权、法人权力①、合同权力和非法定权力②，等等。就其中央政府的行政权力横向配置情况而言，国家行政权在英王、内阁、首相、部长和枢密院等机构之间分派与调配最具典型意义。

（二）总统制——以美国为例

实行总统制的国家，一般都恪守三权分立之宪法原则。以美国为例，其宪政体制分为立法、行政与司法三个分支，这三个分支分别行使立法权、行政权与司法权三种权力，三种权力彼此分立、相互制衡。对于美国分权原则通常有两种不同的解释路径：（1）形式主义的解释。这种解释认为宪法为了保护个

---

①　英国公法人主要包括两类：（1）通过国王特许状建立的自治团体，譬如自治市、某些大学和学院等。这些团体过去不受议会立法的一般约束，但是现在法律对它们的权力也加以限制，但是它们仍然享有比较广泛的裁量权。（2）通过议会立法设定的，譬如许多中央政府的部和地方政府。它们完全是议会立法授权运作的，其权力运行不得超越授权法的明确或暗示授权，否则越权无效，所以法人权力也是行政权的一个来源。

②　在英国，存在一些非法定机构，诸如文官申诉委员会、刑事伤害赔偿委员会等，它们虽然不是行政机关，不能行使行政行为，但是法院通常把它们视为一种事实上的行政机关，对它们的行为进行司法审查。所以也可以将这些非法定权力列入行政权的渊源。

人的自由，把政府权力分别归属于三个部门，每一个部门不得行使属于其他部门的权力，否则就是破坏分权原则。美国最高法院在 1986 年的鲍谢尔诉塞纳尔案中，就是采用这种观点。（2）功能主义的解释。这种解释是从权力的作用着眼，在每个具体问题上观察权力行使的效果，其核心问题在于强调政府各部门间的权力平衡与相互制约，并防止政府权力过分集中。

就其行政权的横向配置而言，美国 1787 年宪法直接将行政权配置给了共和国总统。但在其现实意义上，国家行政权力并非由总统一人独享，总统领导下的包括白宫办公厅、内阁、各部，以及国会立法设立的独立管制机构等机关，都在不同程度上分享了国家行政权。

（三）半总统半议会制——以法国为例

半总统半议会制是一种兼具总统制与议会内阁制特性的政权组织形式，采用这种政权组织形式的国家主要有法国、奥地利、葡萄牙和俄罗斯等。其主要特点包括：（1）行政二元制，即在形式上设有总统与总理两元行政首脑。其中，总统由全民选举产生，是政府决策的核心，并领导总理和内阁工作；总理由总统任命，是形式上的政府首脑，主持内阁工作。（2）总统是国家权力中心——总统执掌实际的行政大权，它不对任何机关负责，只对选民负责；总统可以无须经过议会同意径行任命总理和各部部长；可以不经总理副署直接发布紧急命令、发布总统咨文；可以否决议会通过的法案，并将此法案交由全民复决；可以解散议会。（3）内阁对议会负责——虽然总理及部长由总统任命，辅助总统工作，但由总理和部长组成的内阁或政府并不对总统负责，而是由总理代表政府向议会负责；当议会通过不信任案或否决政府施政纲领或财政预算案时，总理必须向总统提出政府总辞职。

在半总统制国家，其行政权的横向配置的特色主要体现为总统与总理及其所主持的内阁之间的权力分配关系。以法国为例，根据 1958 年《法兰西第五共和国宪法》之规定，国家实行双首长制，总统既是国家元首，又是国家最高行政权实际的掌控者；总理名为政府首脑，但受制于总统，处于虚位状态。

三、政府权力纵向秩序范式

就其一般意义而言，国家结构形式意指国家整体与其组成部分之间的纵向关系，其核心是中央政权与地方政权之间的相互关系，其本质是一种权力关系。[1] 当今世界，主要有单一制和联邦制两类国家结构形式。在不同的国家结构形式之中，其行政权力的纵向配置也存在着明显的差异性。

（一）单一制——以法国为例

单一制是指国家由若干普通行政单位或自治单位、特别行政区等组成，各组成单位都是国家不可分割的一部分的国家结构形式。[2] 严格而言，单一制国家无所谓地方政府，身处地方的行政机关只是中央政府为管理的方便而设置的派出机关，是中央政府的代理机构，其目的是执行中央法律、政令。在这个意义上，只有上级行政机关与下级行政机关之别，没有中央行政机关与地方行政机关之分。但在诸如法国之类的具有地方自治传统的国家，除了有国家行政之外，还有自治行政——地方行政团体由地方普选产生，其与中央行政机关没有隶属关系；其自治权力受到宪法保护，上级行政机关不可以随意干涉地方自治事务。若地方自治执行机关超过了自治事务权限范围，即产生中央与地方机关之间的权限争议，须通过诉讼渠道，由法院裁决。[3]

法国的国家行政机关由中央国家行政机关和地方国家行政机关构成，形成等级森严的体系。所有行政事务的决定权集中于行政首脑，基于上下级之间的层级指挥权，首脑以下各级行政机关只是传达和执行机关；行政首脑对下级行政机关的全部活动都有控制权，而无须法律的另行规定。基于这种关系，为实现其行政权力在国家行政机关内部的纵向配置，权力下放成为主要方式——"权力下放制"乃中央集权制国家行政权纵向配置的基本形式，具体可划分为

---

[1]　秦前红主编：《新宪法学》，武汉大学出版社 2005 年版，第 139 页。

[2]　周叶中主编：《宪法》，高等教育出版社、北京大学出版社 2005 年版，第 237 页。

[3]　韩大元、林来梵、郑贤君著：《宪法学专题研究》，中国人民大学出版社 2005 年版，第 454 页。

两种类型：（1）分布式的权力下放制，或称垂直式的权力下放制。在这种体制下，中央各部与地方上的直属机关发生直接联系，将决定权的一部分下放，由地方上的直属机关行使。① （2）集中式的权力下放制，或称平面式的权力下放制。在这种体制下，中央各部通过地方行政长官与地方上直属机关发生关系，中央各部下放的权力实际上集中于地方上的行政长官。②

（二）联邦制——以美国为例

联邦制是指由两个或两个以上的联邦组成单位组成联盟国家的国家结构形式，其核心是权力在不同层次政府组织中的分配。以美国为例，由于存在着两种意义上的中央与地方关系：（1）联邦中央政府与成员单位即各州或各邦之间的纵向权力关系；（2）作为成员单位之各州或各邦中央行政机关与下级行政机关之间纵向权力关系。故此，美国行政权力之纵向配置实际上涉及行政权在联邦政府、州政府与地方政府三个层面上的分派与调配，其中，对于联邦政府与州政府之间权力配置，遵循分权原则，由联邦宪法作明确规定③；对于州政府与其下级地方政府之间的行政权力配置，则不适用分权原则，而是参照严格的单一制国家上下级行政机关的原则处理。

作为联邦制的美国，其政府在形式上由联邦政府与州政府两套系统构成。其中，联邦政府系全国政府，具有国家性；各州政府在其所辖范围内是独立存在的政治实体，设有一整套政府机构。联邦政府或全国政府和各州政府之间没有隶属关系，双方的权力由宪法赋予，而非由对方授予。但联邦宪法对联邦政府与州政府权力在规定方式上略有不同，其中对联邦政府采用"积极授权"方式，即明确规定其有哪些权力，可以做什么；而对州政府则采用"消极授

---

① "一个绝对中央集权的行政制度是没法维持的。按照拉莫奈的说法，这是'脑袋中风而四肢瘫痪'。行政要运转正常，只能求助于权力下放。权力下放的意思是，将某些决策权交给中央政权驻地方官员。"［法］让·里韦罗、让·瓦利纳著：《法国行政法》，鲁仁译，商务印书馆2008年版，第51页。

② 王名扬著：《法国行政法》，北京大学出版社2007年版，第32~34页。

③ 韩大元、林来梵、郑贤君著：《宪法学专题研究》，中国人民大学出版社2004年版，第455页。

权"方式，即明确规定其不可以做什么，禁止其行使哪些权力——其意旨在于尊重"州保留一切没有放弃的权力"。具体而言，行政权在联邦与州政府之间的配置主要涉及专有行政权力、共有行政权力和禁止的权力等三个层面的内容：（1）专有行政权力。专有行政权力意指只能由联邦或州政府独立行使的行政权；根据联邦主义原则，凡是应由联邦政府行使的专有行政权力，州政府不得分享；同样的，凡是应由州政府行使的专有行政权力，联邦政府也不得干预。若联邦政府与州政府在专有权限方面发生无法调和的争议，原则上由联邦法院依照宪法和有关法律予以裁决。具体有二：一是联邦政府的专有行政权力，主要包括由宪法明确授予联邦政府的权力、默示和固有的行政权力，等等；二是州政府的行政权力，主要包括负责高等教育、监察犯罪以及地方政府的授权、提供并管理州里的公路系统和社会福利、应当由地方政府提供的服务、税务管理以及税收资源的再分配，等等。（2）共有行政权力。共有行政权力意指联邦和州政府共同享有的行政权力。就其相互关系而言，主要有三点：多数的共有行政权力在宪法中没有具体说明，它们只是默示意义上的，譬如在联邦和州都可以涉及的事项，只要有合理的诉求，联邦和州政府都可以行使行政权；在行使诸如征税、借款（发行公债）、设立银行和公司、为公共目的而征用财产提供公共福利、环境保护的权力以及海港管理的权力等共有权力时，联邦和州政府彼此既须承认权力共有，不得相互排斥，亦须尊重分工负责之原则；各州在行使共有权力时，不得与联邦的法律冲突，也不能妨害全国的利益。（3）禁止的权力。为保证联邦和州所拥有的权力互不侵犯，宪法明确列举了联邦、州以及联邦和州都不得行使的权力。

四、中国特色政府权力秩序

（一）党政关系

和谐党政关系是"近代以来中国人民长期奋斗历史逻辑、理论逻辑、实践逻辑的必然结果"，稳定和谐的政治局面的长远发展离不开和谐党政关系的形成。但是在我国的不同阶段，对于党所处地位有着不同的认识，相应的党和政府的关系也随之不断演化。

1. 中国党政关系的演变

就宪法文本规定而言，从"五四宪法"到"八二宪法"，我国"党政"关系经历了由分立到合一再到分立的过程。在"五四宪法"的框架内，政治权力与法律权力是彼此分立的。其中，法律权力是显性的，宪法对其有比较明确的规定；政治权力则是隐性的，宪法只作原则性规定。政治权力包括执政权实际上是通过"对法律权力的渗透"来实现的——就其政治权力条款而言，"五四宪法"有两处涉及"党的领导"，均集中在序言中：第一处在序言的第 1 段，对党领导中国人民取得革命胜利的历史进行了回顾，其所要解决的是共产党执政权的正当性问题；第二处在《宪法》序言第 4 段，它所要表明的是共产党在政治路线上的主导地位。与政治权力的规定方式不同，"五四宪法"在总纲与国家机构两个部分对法律权力的配置作了比较明细的规定。其中总纲第 2 条明确将形式上、制度上的法律权力赋予了全国人民代表大会和地方人民代表大会，"中华人民共和国的一切权力属于人民"；"人民行使权力的机关是全国人民代表大会和地方各级人民代表大会"；并规定了各机关之间的组织原则和相互关系。《宪法》在"国家机构"一章中，对法律权力在国家机构之间的配置及其相互关系作了明细规定。

但随后的"七五宪法"，全篇涉及"中国共产党"字眼的有 12 次，从序言到总纲，从国家机构到公民权利义务，处处规定"党的领导"。这样的规定很清晰地表明，在"七五宪法"的框架内，政治权力与法律权力合二为一，并凌驾于法律权力之上，以显性的方式作用于法律权力。这是导致当时"党政"高度同构的制度根由。"七八宪法"沿袭"七五宪法"政治权力与法律权力合一模式，全文涉及"党的领导"的字眼共 6 处，其中总纲第 2 条规定党是"中国人民的领导核心""实现对国家的领导"，第 19 条确认了党对军队的领导权，第 22 条规定了党对国务院总理人选的提议权。"八二宪法"删除了"七五宪法""七八宪法"中党对全国人民代表大会的领导、党对军队的领导、党对国务院总理的提议权等规定。就其所出现的 4 次"党的领导"条款来看，"八二宪法"对政治权力规定方式重新回归到"五四宪法"的"隐形"模式。

这就意味着，由"七五宪法""七八宪法"所规定的党政一体、党国合一的模式为"八二宪法"所抛弃，从而实现了向"五四宪法"所规定的政治权力与法律权力相分离原则的回归。

可见，政治权力与法律权力的关系实际上出现了分合两难的境地——我们习惯于批判"七五宪法"与"七八宪法"所确定的政治权力与法律权力"合一"模式，认为这是导致党政不分、党委集权等弊害的根由之所在。① 但实践证明，政治权力与法律权力的分立非但未能从根本上解决党政不分所带来的弊端，相反，它所催生的权力双轨制却在很大程度上构成了中国未来法治进程中的新障碍。② 隐形的政治权力以显性化的方式作用于法律权力，其后果是置法律权力于尴尬之境。另外，将一个足以对法律权力产生支配性作用的政治权力并立于法律权力之外，势必导致政治权力去法律化的巨大风险。

2. 新时代中国特色党政关系的新发展

党的十九大报告指出："当前，国内外形势正在发生深刻复杂变化。我国发展仍处于重要战略机遇期，前景十分光明，挑战也十分严峻。"因而为面对复杂多变的国内外形势，党政关系的进一步构建也十分紧迫。③

继十八大报告提出"要更加注重改进党的领导方式和执政方式，保证党领导人民有效治理国家"，再次强调改进党的领导方式和执政方式，并上升到治理国家的角度处理党政关系，十八届三中全会进一步提出全面深化改革的总目标是"完善和发展社会主义制度，推进国家治理体系和治理能力现代化"；十九大确立了习近平新时代中国特色社会主义思潮，明确了中国特色社会主义最本质的特征是中国共产党的领导。党中央作出的决策部署，党的组织、宣传、统战、政法部门要贯彻落实，人大、政府、政协、法院、检察院的党组织要贯

① 1980 年邓小平在反思之前的体制时在《党和国家领导制度的改革》一文中对权力过分集中于党委、党的一元领导现象作了分析和批评。参见《邓小平文选》第 2 卷，人民出版社 1994 年版，第 320～343 页。

② 周叶中、江国华：《82 年宪法与中国宪政——写在 82 年宪法颁布实施 20 周年之际》，载《法学评论》2002 年第 6 期。

③ 曾宁：《新时代中国党政关系初探》，载《学校党建与思想教育》2018 年第 5 期。

彻落实，事业单位、人民团体等的党组织也要贯彻落实。① 同时，因为进入新时代党和国家机构设置以及职能配置与统筹推进"五位一体"总体布局、协调推进"四个全面"战略布局的要求还不完全适应，因此为深化党和国家机构改革，解决党和国家机关职能体系覆盖面，确保党的领导全覆盖、党的领导更加坚强有力，中共中央《关于深化党和国家机构改革的决定》要求加强党对一切工作的领导贯穿改革各方面和全过程，提出党的有关机构可以同职能相近、联系紧密的其他部门统筹设置、实行合并设立或者合署办公，并以国家治理体系和治理能力为导向，以推进党和国家职能优化协同高效为着力点，积极构建系统完备、科学规范、运行高效的党和国家机构职能体系。② 可以看出，党的十八大以来，新一届中央领导集体以恢宏的气魄，在继续深化行政体制改革的同时，分别对党的领导方式、国家治理能力等提出了更高的要求，并由此开拓了我国党政关系认识的新境界。③

但需要指出的是，新时代的党政关系并不是党政合一的回归，而是在吸取改革开放以来党和国家领导制度改革经验的基础上，所建立起来的一种既不同于以党代政，也不同于党政完全分离的党政统筹关系④，以国家治理体系与治理能力现代化为最终目标，党政关系在加强党的全面领导的基础上，逐渐向一种融合趋势发展。

（二）政府与人民代表大会关系

我国人民代表大会实行的是"一院制"，与议会存在本质上的不同。正确处理好人民代表大会与政府的关系，对坚持和完善人民代表大会制度，做好国

---

① 闻言：《坚持党的领导，坚定不移走中国特色社会主义政治发展道路——学习习近平关于社会主义政治建设论述摘编》，载《人民日报》2017 年 8 月 29 日，第 005 版。

② 金国坤：《党政机关统筹改革与行政法理论的发展》，载《行政法学研究》2018 年第 5 期。

③ 熊文新：《十八大以来党关于改革党政关系的新探索》，载《党政干部论坛》2015 年第 7 期。

④ 金国坤：《党政机关统筹改革与行政法理论的发展》，载《行政法学研究》2018 年第 5 期。

家各方面的工作，具有重要意义。① 人民代表大会制度的前身是苏维埃制度。我国人民代表大会制度的创设可以追溯到第一次大革命时期，在工人与农民代表大会中亦有迹可循。② 中华人民共和国成立前，在巴黎公社制、苏维埃制以及马克思对于巴黎公社的总结经验的影响下先后在不同地区建立起工农民主政府、抗日民主政府与人民民主政府，这在一定程度上成为中华人民共和国成立后人民代表大会与政府制度建设的主要根据。1949 年中华人民共和国成立，但由于当时召开全国人民代表大会实行普选的条件还不具备。因此为结束长期的革命斗争，建立新政权，在中华人民共和国成立前夕由中国共产党和各民主党派、无党派民主人士、各人民团体、各爱国人士创立中国人民政治协商会议③，以讨论中华人民共和国成立事项，确定主席、副主席、国旗、国歌等，并制定了《政治协商会议共同纲领》加以确认。政协会议制定的《政治协商会议共同纲领》发挥临时宪法的作用直至 1954 年 9 月召开第一届全国人民代表大会第一次会议，这次会议制定了中华人民共和国第一部宪法，即"五四宪法"。《宪法》对人民代表大会制度作出了比较系统的规定，确立了全国人民代表大会为最高国家权力机关，全国人民代表大会常委会是它的常设机关，国务院是最高国家权力机关的执行机关，是最高行政机关。自此，人民代表大会与政府之间的产生与被产生、决定与执行、监督与被监督的法律关系④在制度上得以确立。根据我国《宪法》规定可知，中华人民共和国全国人民代表大会是最高国家权力机关，全国人民代表大会常务委员会是其常设机关，因而在中央政府与人民代表大会的关系中，包括中央政府与全国人民代表大会及其常务委员会的关系两个方面。

1. 国务院与全国人民代表大会之关系

由于国务院在性质上是最高国家权力机关的执行机关，故此，其与全国人民代表大会之间的关系最本质上即执行机关与权力机关之间的关系。这种关系

---

① 张劲松等著：《政府关系》，广东人民出版社 2008 年版，第 187 页。

② 张希坡著：《人民代表大会制度创建史》，中国党史出版社 2009 年版，第 12 页。

③ 《中国人民政治协商会议》，载《台声》2015 年第 5 期。

④ 崔厚元：《支持与被支持不是人大与政府之间的法定关系》，载《时代主人》2014 年第 5 期。

可以从正向关系与反向关系两个视角进行审视。

其中，正向关系即全国人民代表大会对国务院的制约关系，具体表现为四个方面：一是国务院的组成人员由全国人民代表大会决定产生。一方面，根据国家主席的提名，全国人民代表大会有权决定国务院总理的人选；另一方面，根据国务院总理的提名，全国人民代表大会有权决定国务院副总理及其他组成人员的人选。二是国务院的组织由全国人民代表大会制定的法律加以规定。三是国务院的职权部分产生于全国人民代表大会制定的法律①，除《宪法》第89条所明确列举的17项权力之外，还可以行使全国人民代表大会及其常务委员会授予的其他职权。四是国务院对全国人民代表大会负责并报告工作，具体包括四点内容：（1）全国人民代表大会有权罢免国务院总理、副总理、国务委员、各部部长、各委员会主任、审计长、秘书长。（2）国务院须向全国人民代表大会报告工作，全国人民代表大会有权审议国务院的工作报告。这里的"审议权"当然地包含了"否决权"，这就意味着，一旦全国人民代表大会没有通过国务院的工作报告，实际上就是对国务院的工作行使了否决权或者投了"不信任票"。尽管《宪法》没有明确规定国务院工作报告被否决的法律后果，但从地方的政治实践来看，行政首长必须为此承担责任已成基本共识。（3）全国人民代表大会一个代表团或者三十名以上的代表，可以书面提出对国务院及其各部委的质询案。②③ 这种质询案一旦被全国人民代表大会通过，实际上

---

① 《宪法》第89条明确列举了国务院的权力，该条第1项规定国务院可以根据宪法和法律制定行政法规、发布决定和命令，因而，国务院立法权部分产生于全国人民代表大会及其常务委员会的授予；该条第16项规定，国务院依照法律规定决定省、自治区、直辖市的范围内部分地区进入紧急状态，简而言之，国务院宣布部分地区进入紧急状态的权力最终还需要由全国人民代表大会通过具体法律授予。

② 这里没有规定对国务院质询答复瑕疵的追究机制，从法理上来说，可以考虑将质询答复瑕疵当作罢免前置程序来完善。

③ 根据《立法法》第14~15条之规定，国务院向全国人民代表大会提出的法律议案由主席团决定列入会议议程；代表团或者法定数额代表提出的法律议案则由主席团决定"是否"列入会议议程，或者先交有关专门委员会审议，提出是否列入会议议程的意见，再决定是否列入会议议程。由此可以认定，包括国务院在内的"机构提案"相对于代表提案而言，具有明显的优先性。

就可能产生类似于"不信任案"①的效果。（4）国务院有权编制国民经济和社会发展计划和国家预算、有权提出全国人民代表大会职权范围内的重要法律议案，而全国人民代表大会对国务院的国民经济社会发展和国家预算以及其他重大议案行使议决、审查、批准的权力，这种权力内在地包含了"否决权"。尽管宪法与法律就全国人民代表大会对国务院所提出的包括财政预算在内的重大议案行使否决权的后果保持了沉默，但不能因此否认这种否决权的威慑效果。②

反向关系即国务院对全国人民代表大会的反制关系，具体表现为四个方面：一是全国人民代表大会是国家最高权力机关，也是最高立法机关；国务院是国家权力机关的最高执行机关，也是最高政府组织，二者在宪法地位和职权范围上均具有独立性。二是国务院有权提出全国人民代表大会职权范围内的立法议案，对于国务院的立法案全国人民代表大会应当优先"考虑"，正是这种"优先性"表明了国务院对于全国人民代表大会立法权的现实性羁束。三是为执行法律之需要，国务院有权向全国人民代表大会常务委员会提出法律解释要求，这项权力可以称之为国务院对全国人民代表大会立法的异议权，它是一种抵抗性的权力，其行使后果是立法解释的出台。四是为执行法律之需要，国务院有权制定行政法规，这项权力可以称之为细则权，它是一种解释性权力，其运行过程实际上就是对法律的解释和具体化的过程。

2. 国务院与全国人民代表大会常务委员会之关系

就国务院与全国人民代表大会常务委员会而言，二者之间既有职权上的制约关系，又有人事上的决定关系。具体包括两个方面：一是就其人事关系而

①　议会制国家的议会对政府（内阁）表示不信任的议案，又称不信任决议案，是议会监督政府的一种具体形式，通常是在议会不同意政府（内阁）的政策和施政方针时提出。议会如果通过不信任案，政府（内阁）必须总辞职，或者依法提请国家元首解散议会，重新改选，由新的议会决定政府（内阁）的去留。［英国］比尔·考克瑟、林顿·罗宾斯、罗伯特·里奇著：《当代英国政治》，孔新峰、蒋鲲译，北京大学出版社2009年版，第313页。

②　江国华：《中国宪法中的权力秩序》，载《东方法学》2010年第4期。

言，根据《宪法》第 67 条之规定，在全国人民代表大会闭会期间，根据国务院总理的提名，全国人民代表大会常务委员会有权决定国务院各部部长、各委员会主任、审计长和秘书长的人选。当然，这些人选最终也必须经由国家主席任命才能产生法律效果。二是就其职权关系而言，主要体现在如下几个方面：全国人民代表大会常务委员会有权制定应当由全国人民代表大会制定的基本法以外的法律，国务院是最高的法律执行机关；全国人民代表大会常务委员会对全国人民代表大会创制的基本法享有解释补充和修改权，但此类权力均是消极性权力，法定主体的提议乃其启动的必要条件，而国务院就是其中排序第一位的法律解释提议主体；为执行法律之需要，国务院制定行政法规，行政法规应报全国人民代表大会常务委员会备案；全国人民代表大会常务委员会有权撤销国务院制定的同宪法和法律相抵触的行政法规；全国人民代表大会常务委员会对地方性法规、自治条例和单行条例行使合法性审查权，但这项审查权是不能主动行使的被动权力，它必须经由法定主体提议之后才可能启动，而国务院则是法定排序第一的提议主体。根据《立法法》第 99 条之规定，国务院有权就地方性法规、自治条例和单行条例的合法性向全国人民代表大会常务委员会提出书面审查要求。①

（三）中央与地方关系

国家权力在纵向上的分配主要表现为中央和地方的权限划分，是国家结构形式问题，其实质在于明确中央与地方的权限划分以及剩余权力的分配。② 一般来说，无论是哪种国家结构形式，"对于每一个强大而有力的东西来说，总有一种超出它自己的范围而发展的本能倾向和一种特殊的诱惑"③，因而中央总是要求集权，地方则总是要求分权，二者一直处于博弈状态。

1. 中华人民共和国成立以来中央与地方关系的演进

---

① 江国华：《中国宪法中的权力秩序》，载《东方法学》2010 年第 4 期。

② 李寿初著：《中国政府制度》，中央党校出版社 2005 年版，第 94 页。

③ ［法］马里旦著：《人和国家》，霍宗彦译，商务印书馆 1964 年版，第 16 页。

中华人民共和国成立至十一届三中全会前，基于高度集中计划经济体制的制约，"中央高度集权，地方缺乏自主性"是当时我国中央与地方关系的主要特征。① 虽然这一时期国家对于高度集中的管理体制也有过调整，如 1956 年 4 月 25 日，毛泽东在中共中央政治局扩大会议上发表了《论十大关系》的讲话，对此专门做了论述。但因为当时的历史现状与国情，未能从实质上改变中央高度集权的中央与地方的关系。

1978 年十一届三中全会后我国进入改革开放时代，中央与地方关系也开始进行实质上的变化。邓小平指出，传统政治体制最大的问题就是权力集中，它是造成一切弊端的总根源②，"放权让利"成为这一时期中央与地方关系改革的核心内容。权力下放主要从财政权力开始入手，主要措施有 1980 年开始的"分灶吃饭"与 1988 年的"财政大包干"，后者是前者的继续与发展，是在"分灶吃饭"的基础上将全国所有的省、市、自治区及"计划单列市"都纳入包干体系③。但权力下放的同时带来了弊端，主要体现在中央对财政权力控制的严重弱化，"'七五'期间，中央政府的财政收入约占全部财政收入的 40% 左右，而地方政府占 60%"④；中央权力与权威不断流失，地方权力扩张；地方保护、恶性竞争严重等。

进入 20 世纪 90 年代，"分灶吃饭"与"财政大包干"的财政体制所引发的弊端催生了我国中央与地方关系的新一轮改革。按照合理的中央与地方关系的基本原则，宏观决策由中央独有而微观决策可由地方自主，实现中央集权与地方分权的有机结合，发挥中央与地方两个积极性。其中 1994 年实行的分税制即是一项"成功的制度创新，是中央与地方关系走向规范化、制度化与程序化的重要基础与里程碑"⑤；此外在事权的调整上，将许多国有企业下放到地

① 刘华：《国家治理现代化视野下的中央与地方关系》，载《江苏社会科学》2017 年第 2 期。

② 《邓小平文选》第 2 卷，人民出版社 1994 年版，第 327~333 页。

③ 吴敬琏著：《当代中国经济改革》，远东出版社 2004 年版，第 252 页。

④ 王绍光、胡鞍钢著：《中国国家能力报告》，辽宁人民出版社 1993 年版，第 3 页。

⑤ 胡鞍钢等著：《中国国家治理现代化》，中国人民大学出版社 2014 年版，第 182 页。

方政府的管辖之中，并增加了地方投资跨区域性的基础性项目的权限，进入21世纪后，行政审批权改革与简政放权也成为中国多届政府的主要任务。① 虽然这时期的中央与地方关系仍有前进的空间，许多新制度的运行也并不尽如人意，但总体来说我国中央与地方关系的改革步入了正轨。

十八大以来我国进入习近平新时代中国特色社会主义时期，习近平总书记指出"推进国家治理体系和治理能力现代化，就是要使各方面制度更加科学、更加完善，实现党、国家、社会各项事务治理制度化、规范化、程序化，善于运用制度和法律治理国家"②。自20世纪90年代以来，国家事权开始下放，财政权则开始回收，进入21世纪后逐渐出现地方政府事权与财政权不相匹配的现象。十八届三中全会通过的《中共中央关于全面深化改革若干重要问题的决定》明确指出"部分社会保障、跨区域重要项目建设维护等作为中央和地方的共同事权"，打破了分税制以来中央只上收财权的局面，形成财权上收、事权也上收的局面。③ 此外立法权也呈下放趋势，2015年修改的《立法法》赋予了设区的市政府制定规章的权力，有权制定政府规定的政府由"省人民政府所在地的市与经国务院批准的较大的市"扩大至"设区的市"。总的来看，中华人民共和国成立以来中央与地方关系的主要发展趋势为，坚持中央集权为基础，以合理配置为指引，保持财权与事权稳定与协调，逐渐下放国家权力，既保证中央统一领导集中处理国家事务，同时又充分发挥地方的主动性和积极性。为适应经济社会发展和全面深化改革的需要，进一步改革与完善现行中央与地方关系的制度体系，构建现代化的中央与地方关系是推进国家治理体系与治理能力现代化的必然要求④，根据我国国情与实际情况继续完善中央与地方的权力配置问题则成为重中之重。

---

① 朱旭峰、吴冠生：《中国特色的央地关系：演变和特点》，载《治理研究》2018年第2期。

② 《习近平总书记系列重要讲话读本》，学习出版社、人民出版社2016年版，第74页。

③ 聂辉华：《中央与地方的新变化》，载《理论学习》2014年第1期。

④ 刘华：《国家治理现代化视野下的中央与地方关系》，载《江苏社会科学》2017年第2期。

2. 中央政府与地方政府的纵向权力关系

中央与地方权力配置一直是国家形式构建和实质运转的关键问题。我国自成立以来的中央与地方的关系和分权制度也在不断地经历波折起伏，但"坚持中央统一领导，发挥中央与地方的积极性"一直是中央与地方关系改革中所遵循的主要原则。这一原则首见于毛泽东的《论十大关系》，其中认为"为了建设一个强大的社会主义国家，必须有中央的强有力的统一领导，必须有全国的统一计划和统一纪律，破坏这种必要的统一，是不允许的。同时，又必须充分发挥地方的积极性，各地都要有适合当地情况的特殊"。① 后又常见于领导人的讲话文稿和中央政策文件甚至法规之中，如十八届三中全会公报中即将"发挥中央与地方两个积极性"写入深化财税体制改革总体要求中②，又如我国《宪法》第 3 条规定，"中央和地方的国家机构职权的划分，遵循在中央统一领导下，充分发挥地方的主动性、积极性的原则"。因而，中央政府与地方政府之间的关系存在正向与反向两个方面，其中正向关系是指中央政府对地方政府的领导权，而反向关系是中央政府分配给各地方政府的、各地方政府能够自行行使的权限。

其一，就正向关系而言，"坚持中央统一领导"是必要且无可抛弃的原则。（1）在国务院的法律地位方面体现的中央统一领导。我国中央政府即国务院，根据我国《宪法》第 85 条规定，"中华人民共和国国务院，即中央人民政府，是最高国家权力机关的执行机关，是最高国家行政机关"。这明确界定了国务院在国家机关中的法律地位：国务院是最高国家权力机构的执行机关，在与最高国家权力机关的关系上，国务院处于从属于被监督的地位；国务院是国家最高执行机关，在与地方各级国家行政机关的关系上，国务院处于国家行政系统的最高地位。③（2）在国务院职权方面体现的中央统一领导。就国务院职权而言，《宪法》第 89 条第 6~11 项对于国务院所管理的事项范围进行

---

①　《毛泽东文集》第 7 卷，人民出版社 1999 年版，第 32 页。

②　黄家强：《两个积极性：全面营改增中央地收入划分的法学视角》，载《财政监督》2016 年第 18 期。

③　张成福主编：《行政组织学》，中央广播电视大学出版社 2008 年版，第 83 页。

了明确而细致的列举，具体包括经济、城乡建设、教育、科学、文化、卫生、体育、计划生育、民政、公安、司法行政、民族事务、对外事务、国防建设。此外还应当包括财政与环境和资源保护，虽然此权力未在《宪法》中被明确规定为国务院的权力，但属于全国人民代表大会及其常委会和国务院所管辖者必然是中央事权，而中央事权是无所不包的，因而它们可被视为国务院的默示权力。① 而根据我国《宪法》与《地方政府组织法》的规定，我国地方政府主要行使以下权力：经济、城乡建设、教育、科学、文化、卫生、体育、计划生育、民政、公安、司法行政、民族事务、财政以及环境和资源保护。可以看出地方政府的职权与宪法、法律以及国务院职权的高度对应。同时在与同级人大的职权比较下可以发现人民代表大会职权有许多空白，究其原因只能是地方政府所管辖的地方人民代表大会空白的事项是在国务院领导下承担中央委托事权。② （3）中央政府对各级地方政府的其他领导关系。中央政府对各级地方政府的其他领导关系具体包括三方面内容：首先，全国地方各级人民政府都是国务院统一领导下的国家政府组织，都服从国务院；其次，国务院统一领导全国地方各级国家政府组织的工作，规定中央和省、自治区、直辖市的国家政府组织的职权的具体划分；最后，国务院有权改变或者撤销地方各级国家政府组织的不适当的决定和命令；批准省、自治区、直辖市的区域划分，批准自治州、县、自治县、市的建置和区域划分；依照法律规定决定省、自治区、直辖市的范围内部分地区进入紧急状态。

其二，就反向关系而言，为"发挥地方自主性"以及基于我国实际国情，中央政府无法事事兼顾，赋予地方政府相应的权限是不可以避免的。同时，我国存在着省、自治区、直辖市、特别行政区等四种不同形式的地方体制，这些地方体制存在着一定的差别，这些体制最根本的差别则体现在其与中央政府的权限分配上。其中，特别行政区的权限最大，民族区域自治地方次之，直辖市

---

① 王建学：《中央的统一领导：现状与问题》，载《中国法律评论》2018 年第 1 期。
② 王建学：《论地方政府事权的法理基础与宪法结构》，载《中国法学》2017 年第 4 期。

位居第三，省位居第四。具体而言：（1）省的地方性权力。省作为设置最多的一级行政区划，它既要保证中央政治权威在地方的下沉和渗透，同时又要勾连所辖的地方各级人民政府。在规范意义上，省的权力主要表现在以下方面：对上负责执行本级人民代表大会及其常务委员会的决议，以及上级国家行政机关的决定和命令，规定行政措施，发布决定和命令；对所辖区域则需发挥积极性和能动性，执行国民经济和社会发展计划、预算，管理本行政区域内的各项事务，从而维护中央在地方的权威，并实现地方善治。① （2）直辖市的地方性权力。"八二宪法"中关于直辖市的规定主要集中在"地方各级人民代表大会和地方各级人民政府"一节，其宪法地位偏于模糊。就其与中央政府的权力配置关系而言，直辖市是有别于省、自治区、特别行政区的具有独立价值的地方制度形式。② （3）自治区的自治权。③ 民族自治权的享有以主权统一为前提，在国家主权之下，自治区除享有制定和变动自治条例与单行条例的立法权外，还拥有对上级国家机关的决议、命令和指示的变通执行或停止执行权，以及管理地方财政、组织本地方维护社会治安的公安部队等自治权。与此同时，《宪法》和《民族区域自治法》还规定中央和上级国家机关的职责和义务，以保障和帮助自治区充分行使自治权。（4）特别行政区的自治权。特别行政区直辖于中央人民政府，受中央统一领导，但同时又享有高度自治权。特别行政区

---

① 在现实意义上，省作为所辖领域最为广泛的一级行政区划，并不享有类似特别行政区的政治差别待遇，也不具备直辖市的经济倚重优势，更不像民族自治地方那样享有政策制定和自主发展的一定程度的变通权，因而在权力分配上略显弱势；相应的，其所受到中央权力的影响和制约也更为明显和强势。

② 事实上，中央对直辖市的设置变更，恰恰体现了纵向权力秩序的张弛关系。1954年，中央为保证对地方的集中领导，各大行政区所辖的 14 个直辖市仅保留北京、天津、上海三个中央直辖市，直到 1997 年，设立重庆直辖市。这既体现了中央与地方关系的紧密程度不同，也反映出中央以设立直辖市的形式将权力下放地方的趋势。长远看，增设直辖市并非偶然，它作为一级地方行政区域，无论是从区域政治学的角度，抑或从区域经济圈的发展来看无疑具有特殊意义。参见江国华、李鹰：《直辖市体制及其立法规制——兼论制定直辖市法的必要性》，载《政治与法律》2009 年第 2 期。

③ "七五宪法"在总纲中删除了"五四宪法"中民族区域自治的总原则及民族自治地方享有的政治、经济、文化等方面的广泛权利，只保留了自治机关"可以依照法律规定的权限行使自治权"的内容。

享有广泛的行政管理权和立法权，凡属于其自治范围内的事项均有权管理，唯一的限制是要以基本法为依据，不得同其抵触；机关体系独立，以司法制度为例，其法院自成体系，与内地法院没有组织上的从属关系，享有独立的司法权和终审权；保持财税独立，原有货币继续发行、流通，所得税款全部用于自身建设而不必上缴中央。最后，它还享有一定的对外事务的管理权。同时，基本法还规定，中央所属各部门、各省、自治区、直辖市均不得干预其自行管理的事务。

第五章　机关·主体·组织结构

法谚有云:"徒法不足以自行。"国家权力不仅需要政府组织法来规范,也需要具体的行政机关采取必要的行政措施来行使权力。我国的行政机关分为中央政府机关和地方政府机关。行政机关的构成要件有三:一是行政职权;二是行政编制;三是名称、法定代表人和办公处所。在我国,行政主体是指依法取得行政职权、能以自己名义独立进行行政管理活动,作出影响相对人权利、义务的行政行为,并承担由此产生的法律后果的社会组织,其仅限于两类:一是机关类行政主体(行政机关);二是授权类行政主体(法律、法规、规章授权组织)。随着公共行政改革的不断推进,尤其是一些非政府组织在社会治理舞台上的活跃,现行"行政主体理论"在其概念表述、类型划分以及价值定位三个层面皆显现出不足之处。鉴于共同治理过程中诸多私法因素的渗入,让行政主体理论摆脱权力因素之束缚,并附带创设社会行政主体,进而确立"谁主体、谁责任"之模式,或更契合于中国实际。研究行政主体,不仅要将其当作一个整体审视它和外部的关系,也要深入其中,认识行政主体内部的组织结构。各级人民政府是国家行政管理的主体,从纵向结构看,国家行政机关从上到下分为国务院、省、市、县、乡镇五级政府,具有从上至下的复杂结构,从横向结构看,各级政府还分设各种机构,分工明确各司其职,又在统一领导下互相作用。本章将主要讨论中央、直辖市、地方政府、民族区域自治政府、特别行政区政府的组织结构,明确其政府的组织结构尤为重要。

第一节 政府机关

政府机关也即通常所说的行政机关，是按照国家宪法和有关组织法的规定设立的，代表国家依法行使行政权，组织和管理国家行政事务的国家机关，是国家权力机关的执行机关，也是国家机构的重要组成部分。本书对政府机关的介绍主要是按照行政机关的知识体系展开的。①

一、政府机关的意涵

（一）概念

行政机关在其最一般的意义上即"政府"之简称，意指依法成立的行使国家行政职权的行政组织，包括政府以及有关功能部门（官僚机构），是国家机构的有机组成部分。行政机关之学理界说基于不同的观察侧面，学术界对于行政机关这样一个行政法学的基本概念存在着不同的解说。② 将这些基于不同观察侧面所形成的解说汇聚起来，便构成了行政机关的基本意涵。

1. 国家机关说

该种学说认为，行政机关是依法设立的国家机关，它是整个国家机关体系的有机组成部分，其具体要义有三：（1）行政机关是一种国家机关，它代表国家行使行政职权，具有国家性。（2）行政机关必须依照宪法和法律才能设立，具有法定性。行政机关作为国家公权力机关的重要形式是由主权者通过制定宪法和法律，按照一定的层次和结构而创设的，离开法律，行政机关便不复存在。正是在这个意义上说，"行政机关是法律的产儿"。（3）行政机关的职责在于对社会公共事务进行组织和管理——所谓公共事务，即是与一定范围之

---

① 曾祥华：《中国行政主体理论再评析》，载《甘肃政法学院学报》2019 年第 1 期。
② 江国华著：《中国行政法（总论）》，武汉大学出版社 2017 年版，第 75 页。

内特定的或不特定的相对人的利益相关的社会事务，如社会秩序、环境保护、经济发展等事务。行政机关的职责即在于对这些事务的管理。

2. 执行机关说

该种学说认为，行政机关是专门的法律执行机关，其具体要义有三：（1）执行法律乃行政机关的基本职能，"法律执行"在整个行政活动中居于核心地位——法律执行本质上即指国家行政机关依照法定职权和法定程序，行使行政管理职权、履行职责、贯彻和实施法律的活动。①（2）基于法律的效力位阶和效力范围之不同，作为执法机关的行政机关也存在着层级划分和部门划分。在我国，国务院执行全国性法律，履行全国范围内的行政服务职能。地方各级人民政府在本行政区域内执行法律，履行本地方的行政服务职能。行政职能部门则在本部门执行、实施相应的法律，履行某一方面的行政服务职能。（3）在内阁制国家，作为执行机关，行政机关一般要对议会负责，受议会监督。在我国，行政机关对权力机关即人大及其常委会负责。②

3. 职能组织说

该种学说认为，行政机关是履行公共服务职能的组织体，其具体要义有三：（1）行政机关是专门的公共职能组织体，但不是唯一的公共服务供给者。（2）公共服务职能并非行政组织所独享。相反，在现代社会，由于行政事务的大量增多及其专业性的增强，行政机关已经无力承担所有的公共服务职能。越来越多的公共管理职能通过各种形式被转移给这些非行政机关的社会公共组织，即"第三部门"。（3）在公共服务职能组织体系中，行政机关居于主导地位。③

（二）构成要件

就其性质而言，行政机关属于社会组织的范畴，但并非所有的社会组织都

---

① 参见张正钊、胡锦光主编：《比较行政法》，中国人民大学出版社1998年版，第39页。

② 罗豪才主编：《行政法学》，光明日报出版社1998年版。

③ 参见周佑勇著：《行政法原论》，中国方正出版社2005年版，第113页。

可以称为行政机关。一种社会组织欲成为行政机关，必须满足某些必要性条件。具体而言，主要有三：

1. 行政职权

行政职权是构成行政机关资质的第一要素，其具体要义有三：（1）行政职权是行政机关作出行政决定、形成行政法律关系的基本前提——行政职权是行政机关参与社会治理的必要条件，无职权即无行政。① （2）行政职权必须满足合法要件，任何行政机关都不能行使法外职权——行政机关的行政职权或由宪法、法律、法规设定，或由有权机关依法授予，除此而外，都不具有合法性。（3）在我国，行政职权的"合法性依据"仅指宪法、法律和行政法规，不包括地方法规、规章和其他规范性法律文件。根据《立法法》第 8 条、第 9 条之规定，有关各级人民政府的组织和职权的事项，只能制定法律；尚未制定法律的，全国人民代表大会及其常务委员会有权作出决定，授权国务院可以根据实际需要，对其中的部分事项先制定行政法规。②

2. 行政编制

行政编制系行政机关资质的第二大基本要素。在法律上，只有被列入行政编制的机关才能被称为行政机关。所谓"行政编制"，实际上就是对行政机关内部的机构设置、人员配备以及经费核算等问题的总称，其具体要义有三：（1）机构设置——行政机关所承担的由宪法、法律赋予的行政职权，最终需要其内部各机构分解负担，因而，机构设置是行政编制必不可少的要件。例如公安局在其内部设置了各种科、室等机构，这些机构是分担公安局职能的载体，是公安局必不可少的部分。③ （2）人员配备——行政职能须由公务人员具体实施，故人员配备构成行政编制的基本要素。④ （3）经费核

① 叶必丰：《论行政机关间行政管辖权的委托》，载《中外法学》2019 年第 1 期。
② 卢护锋：《新时代我国行政法的主题变奏与体系建构》，载《吉林大学社会科学学报》2018 年第 4 期。
③ 王欢：《论党政合署在行政法中的融入》，载《吉林大学社会科学学报》2019 年第 3 期。
④ 翁岳生编：《行政法》，中国法制出版社 2000 年版，第 34 页。

算——行政机关履行职责须有行政经费保障，故此经费核算亦为行政编制的基本组成部分。

3. 机关名称、法定代表人和办公处所

机关名称、法定代表人和办公处所等构成了行政机关的第三大基本要素，其具体要义有三：（1）机关名称。固定的名称是行政机关行使职权并承担责任的必要条件。一般而言，综合性行政机关的名称应当由"地域名称"＋"表示其地位的名称"＋"人民政府"所组成；专门性行政机关的名称则应当由"地域名称"＋"反映其管辖事务性质的名词"＋"部"或"委员会"或"厅"或"局"等所构成。（2）法定代表人。行政机关属于公务法人之范畴，但凡法人均须有其固定的法定代表人。一般而言，行政机关的法定代表人由其正职行政首长担任。[①]（3）办公处所。固定的办公处所是行政机关职能实现的最基本的物质条件，没有固定办公处所的"流动机关"不成其为行政机关。行政机关的办公处所一般设置在其所管辖的行政区域内。

（三）理论分类

基于不同的标准，作为国家机构组成分子的行政机关，被划分为不同的类别。这些作为行政机关据以类型化之标准，大致包括行政职权范围、行政事务性质以及职权行使方式等。

1. 行政职权范围标准

基于其职权效力范围之差异性，行政机关可以划分为中央行政机关与地方行政机关两类。其中：（1）但凡职权范围与活动领域遍于全国的行政机关即为中央行政机关。在我国，国务院即为中央人民政府，它是最高国家行政机关，统一领导各部和各委员会的工作，领导不属于各部和各委员会的全国性的行政工作，统一领导全国地方各级国家行政机关的工作。故此，国务院可划归中央行政机关之类。国务院组成部门、直属机关和国务院部委管理的国家局的

---

① 　金国坤：《党政机构统筹改革与行政法理论的发展》，载《行政法学研究》2018 年第 5 期。

职权范围也是遍及全国所有区域的，所以这些机关也属于中央行政机关之范畴。（2）但凡职权范围仅限于某一特定区域的行政机关即为地方行政机关。在我国，县级以上的地方各级人民政府管理本行政区域内的行政工作，帮助本行政区域内各少数民族聚居的地方依照宪法和法律实行区域自治，帮助各少数民族发展政治、经济和文化的建设事业。除此之外，乡、民族乡、镇的人民政府管理本行政区域内的行政工作。故此，地方各级人民政府属于地方行政机关之范畴。

2. 行政事务性质标准

基于其所处理行政事务性质之差异性，行政机关可以划分为综合行政机关和专门行政机关两类。其中：（1）但凡其所处理之行政事务涵盖特定范围内的所有事项，那么该行政机关即可划归综合行政机关之类。综合行政机关一般为一级政府。在我国，国务院和地方各级人民政府均属于综合行政机关之范畴。（2）但凡其所处理之行政事务仅限于特定领域或者特定事项，而没有涵盖所有事项，那么该行政机关即可划归专门行政机关之类。专门行政机关一般为政府的职能部门。在我国，国务院的各部以及地方各级政府的职能部门均属于专门行政机关之范畴。

3. 行政职权行使方式标准

基于其行使职权方式之差异性，行政机关可以划分为独任制行政机关、合议制行政机关与混合制行政机关三类。其中：（1）独任制行政机关是指行政组织的法定最高决策权由行政首长一人执掌的行政组织体制，其基本特征是行政首长对行政机关各种事务拥有最终决定权，一人决定一切行政措施，其他成员均为行政首长的幕僚，只有建议权而无决定权。比如，美国式的总统制即典型的独任制行政体制。（2）合议制行政机关是指机关组织为委员会制，由委员会委员采用少数服从多数的原则决定机关权力行使的行政机关。比如，瑞士的最高行政机关即瑞士联邦委员会就是典型的委员会体制，该委员会由联邦议会选举产生的七名委员组成，依多数委员的意见行使行政职权。（3）混合制行政机关是指行政组织的特征折中于首长制和委员会制，又称委员会和首长并立制，其基本特征是行政组织中既设有合议制的委员会，又设有专门的行政首长，重大问题的决策权由委员会集体讨论行使，具体问题的决策权由行政首长个人行使。比如，我国国务院和各级地方政府大致可以划归混合制的范畴——尽管宪法规定国务院实行总理负责制，地方各级人民政府实行行政首长负责制，但受制于"民主集中制"原则之羁束，行政首长对所管辖事务并无独断之专权。我国的国务院和地方各级人民政府不宜列入独任制行政机关之类。

二、中央政府机关

作为最高国家权力机关的执行机关，国务院是我国最高行政机关，其性质、地位、工作机制以及基本构造在"八二宪法"和1982年《国务院组织法》中都已经有着非常明确的规定。

（一）国务院的法律地位

根据《宪法》第85条之规定，国务院是最高国家行政机关。据此，国务院与其他行政机关是领导与被领导的关系，具体表现在如下两个方面：（1）国务院对各部、委的领导关系。具体而言，国务院规定各部和各委员会的任务和职责，统一领导各部和各委员会的工作，并且领导不属于各部和各委员会的全国性的行政工作；国务院有权改变或者撤销各部、各委员会发布的不适当的命令、指示和规章；各部、各委员会工作中的方针、政策、计划和重大行政措施，应向国务院请示报告，由国务院决定；根据法律和国务院的决定，主管部、委员会可以在本部门的权限内发布命令、指示和规章；国务院有权设立若干直属机构主管各项专门业务，设立若干办事机构协助总理办理专门事项；各部、委，审计机关的负责人由总理提名，经全国人民代表大会或其常务委员会决定予以任命，对总理负责，接受总理的领导。（2）国务院对地方各级人民政府的领导关系。具体而言，全国地方各级人民政府都是国务院统一领导下的国家行政机关，都服从国务院；国务院统一领导全国地方各级国家行政机关的工作，规定中央和省、自治区、直辖市的国家行政机关的职权的具体划分；国务院有权改变或者撤销地方各级国家行政机关的不适当的决定和命令；批准省、自治区、直辖市的区域划分，批准自治州、县、自治县、市的建置和区域划分；依照法律规定决定省、自治区、直辖市范围内的部分地区进入紧急状态。①

（二）国务院的工作制度

国务院工作制度是指国务院各组成人员、各机构在处理行政事务过程中所应当遵循的工作规则、原则和方法的总称。这些制度是国务院在长期实践中形成的既有利于发扬民主又能简化流程、提高工作效率的习惯之总结，主要包括双向负责制、总理责任制和会议制度等。②

1. 双向负责制

双向负责制是指国务院总理既要向全国人民代表大会及其常务委员会负责，又要向国家主席负责，其具体要义有二：（1）国务院总理向全国人民代表大会及其常务委员会的负责关系主要表现为：①全国人民代表大会有权根据国家主席的提名决定国务院总理的人选，国务院总理提名的国务院副总理、国务委员、各部部长、各委员会主任、审计长、秘书长须由全国人民代表大会或其常务委员会决定；②全国人民代表大会有权罢免国务院总理、副总理、国务委员、各部部长、各委员会主任、审计长、秘书长等人员；③国务院总理代表国务院对全国人民代表大会负责并报告工作，在全国人民代表大会闭会期间，对全国人民代表大会常务委员会负责并报告工作，包括国民经济和社会发展计划、预算执行情况等；④全国人民代表大会常务委员会会议审议议案和有关报告时，一定数量的全国人民代表大会代表可以向作报告的国务院总理提出质询案。（2）国务院总理向国家主席负责的关系主要体现在：①国务院总理由国家主席提名，经全国人民代表大会任免后再由国家主席任免；②国务院总理提名的国务院副总理、国务委员、各部部长、各委员会主任、审计长、秘书长人选，由全国人民代表大会决定后，再由国家主席任命。

---

① 刘君德：《中国直辖市制度辨析与思考》，载《江汉论坛》2006 年第 5 期。
② 华林甫：《中国"直辖市"通名改革研究》，载《中国人民大学学报》2003 年第 5 期。

2. 总理责任制

总理责任制是指国务院总理领导国务院全体工作人员和机构开展工作，国务院全体工作人员和机构向总理负责，总理代表国务院向全国人民代表大会负责，其具体要义有四：（1）在人员产生上，国务院副总理、国务委员、各部部长、各委员会主任、审计长、秘书长产生由国务院总理提名，经全国人民代表大会决定并由国家主席任命。（2）国务院总理领导国务院工作，副总理、国务委员协助总理工作；国务委员经总理委托方可负责某些方面的工作或者专项任务，或者代表国务院进行外事活动。（3）国务院发布的决定、命令和行政法规，向全国人民代表大会或者全国人民代表大会常务委员会提出的议案，任免人员，需要由总理签署；以国务院名义发文，经国务院分管领导同志审核后，由总理签发。（4）国务院总理召集和主持国务院全体会议和国务院常务会议。国务院工作中的重大问题，必须经国务院常务会议或者国务院全体会议讨论决定。在讨论决定之时并不实行少数服从多数制度，而是由国务院总理作出最后决定。

3. 会议制度

国务院的会议制度包括国务院全体会议和国务院常务会议以及 2004 年之前存在的总理办公会议。其中：（1）国务院全体会议由全体成员组成，即由总理、副总理、国务委员、各部部长、各委员会主任、审计长、秘书长组成；一般每半年召开一次，主要任务是：讨论决定国务院工作中的重大事项和部署国务院的重要工作；会议召开时，根据需要可安排有关部门、单位负责人列席会议；国务院全体会议纪要，由总理签发。（2）国务院常务会议由总理、副总理、国务委员、秘书长组成；一般每周召开一次，其主要任务是：讨论决定国务院工作中的重要事项；讨论法律草案、审议行政法规草案；通报和讨论其他重要事项；国务院常务会议纪要，由总理签发。（3）总理办公会议由总理（有时也会委托副总理）主持召开，研究、处理国务院日常工作中的重要问题。该项制度由于不符合"八二宪法"与《国务院组织法》的规定，2004 年年初被取消。

（三）国务院的人员组成

根据"八二宪法"与《国务院组织法》之规定，国务院的人员组成情况如下：（1）国务院由总理、副总理若干人、国务委员若干人、各部部长、各委员会主任、审计长和秘书长组成；（2）国务院实行总理负责制，各部、各委员会实行部长、主任负责制；（3）总理领导国务院的工作，副总理、国务委员协助总理工作；（4）国务院全体会议由国务院全体成员组成，国务院常务会议由总理、副总理、国务委员、秘书长组成；总理召集和主持国务院常务会议和全体会议。

（四）国务院的组织结构

国务院的组织结构在经 2018 年"党和国家机构改革"之后发生了很大的变化。目前，国务院的组织机构主要是由国务院的组成部门、国务院直属特设机构、国务院直属机构、国务院办事机构、国务院直属事业单位以及部委管理的国家局和国务院议事协调机构等构成。①

1. 国务院组成部门

国务院的组成部门是指国务院的职能机关。国务院组成部门的职权划分由国务院统一规定，各个组成部门对某一方面的全国性行政事务享有管理职权。这些组成部门除了办公厅外，是由 26 个部委组成，具体包括：（1）宏观调控部门，包括国家发展改革委员会、财政部和中国人民银行。其主要职责是：保持经济总量平衡，抑制通货膨胀，优化经济结构，实现经济持续快速健康发展，健全宏观调控体系，完善经济、法律手段，改善宏观调控机制。（2）专业经济、社会管理部门，包括交通运输部、住房和城乡建设部、农业农村部、水利部、商务部以及工业和信息化部。其主要职责是：制定行业规划和行业政策，进行行业管理，引导本行业产品结构的调整，维护行业平等竞争秩序。

---

① 何文盛、王焱：《合并或合署：绩效驱动的新时代深化机构改革探析》，载《兰州大学学报（社会科学版）》2018 年第 2 期。

（3）教育科技文化卫生、社会保障和资源管理部门，包括教育部、科学技术部、文化和旅游部、国家卫生健康委员会、人力资源和社会保障部、自然资源部等。（4）国家政务部门，包括外交部、国防部、司法部、公安部、国家安全部、国家民族事务委员会、民政部、生态环境部和审计署。（5）国务院办公厅主要负责协调各部门、机构的工作。

2. 国务院直属机构

国务院直属机构是指主管国务院的某项专门业务，具有独立的行政管理职能的行政机构。这些直属机构具体包括国家海关总署、国家税务总局、国家市场监督管理总局、国家广播电视总局、国家体育总局、国家统计局、国家国际发展合作署、国家医疗保障局、国务院参事室、国务院机关事务管理局 10 个机构。

3. 国务院办事机构

国务院办事机构是指国务院设立的，主要负责协助国务院总理办理专门事项的一种辅助性机构。① 国务院办事机构的设立、撤销或者合并由国务院机构编制管理机关提出方案，报国务院决定。国务院办事机构的职责主要在于协助国务院总理办理具体事务，一般不享有对外实施管理的权能。现阶段，国务院办事机构具体包括国务院港澳事务办公室、国务院研究室、国务院侨务办公室在中央统战部加挂牌子，由中央统战部承担相关职责；国务院台湾事务办公室与中共中央台湾工作办公室、国家互联网信息办公室与中央网络安全和信息化委员会办公室，一个机构两块牌子，列入中共中央直属机构序列；国务院新闻办公室在中央宣传部加挂牌子。②

4. 国务院特设机构

根据 2018 年《国务院机构改革方案》，国务院设立国有资产监督管理委员会（国资委）。国务院特设机构为正部级特设机构，将原国家经贸委员会指导国有企业改革和管理的职能、中央企业工委的职能、财政部有关国有资产管

---

① 刘东辉：《论行政辅助人的行政法规制》，载《江汉论坛》2015 年第 7 期。
② 参见薛刚凌：《我国行政主体理论之检讨》，载《政法论坛》1998 年第 6 期。

理的部分职能整合起来，代表国家履行出资人职责。

5. 国务院直属事业单位

国务院直属事业单位是指以增进社会福利，满足社会文化、教育、科学以及卫生等方面需要，提供各种社会服务为直接目的由国务院直接领导的社会组织。国务院直属事业单位不是国家行政机关，其具体包括新华通讯社、中国科学院、中国社会科学院、中国工程院、国务院发展研究中心、中央广播电视总台、中国气象局、中国证券监督管理委员会、中国科学院、中国工程院、中央广播电视总台、中国银行保险监督管理委员会、中国证券监督管理委员会；国家行政学院与中央党校，一个机构两块牌子，作为党中央直属事业单位。①

6. 国务院部委管理的国家局

国务院部委管理的国家局是指国务院设置的主管专门业务，由部委归口管理又具有相对独立性的行政机关。国家局的业务受所在部委领导，但重要事项如政策的制定，行政规范的起草、修改以及重大业务问题要经部长、委员会主任批准才能上报国务院。国家局的人事、编制和行政事业经费等由国家局自己负责。国家局具体包括国家信访局、国家粮食局、国家能源局等。

三、地方政府机关

在我国，地方各级人民政府的组织由法律规定。《宪法》《地方政府组织法》《民族区域自治法》《香港特别行政区基本法》《澳门特别行政区基本法》等法律对地方各级人民政府的组织做了详细规定。

（一）省级政府机关

从行政级别看，省级地方政府包括 4 个直辖市，23 个省，5 个自治区以及 2 个特别行政区。省作为地方政府具有非常悠久的历史。在中国现有的 23 个省中，有山东、山西、云南等 10 个省的设置已超过了 600 年的历史。自治区

---

① 陈新民著：《公法学札记》，中国政法大学出版社 2011 年版，第 36 页。

作为民族区域自治地区，享有广泛的民族自治权。直辖市作为中华人民共和国成立后设立的省级地方政府具有更为重要的行政地位。① 省、自治区、直辖市人民政府实行首长负责制，即直辖市市长、省长、自治区主席对本行政区域内的行政工作负全部责任。省级人民政府由直辖市市长、副市长，省长、副省长，自治区主席、副主席，秘书长、厅长等组成。② 其中，直辖市市长、副市长，省长、副省长，自治区主席、副主席由本级人民代表大会主席团或者代表依法联合提名，并由本级人民代表大会选举产生；秘书长、厅长、委员会主任则分别由本级人民代表大会常务委员会根据直辖市市长、省长、自治区主席提名决定和任免，任期 5 年。香港特别行政区政府和澳门特别行政区政府作为中华人民共和国的一级地方政权，享有比直辖市、省和自治区更大的高度自治权。特别行政区行政长官是特别行政区的首长，代表特别行政区，由选举或协商产生，中央政府任命，任期为 5 年。

（二）设区的市政府机关

地市级地方政府包括设区的市、自治州、地区和盟。它们也是我国非常重要的一级地方政府。设区的市、自治州设有地市级人民代表大会及其常务委员会，为本级地方政府的权力机关；地市级人民代表大会及其常务委员会选举产生地市级人民政府、地市级人民法院和地市级人民检察院。除此之外，地市级地方政府还设有中国共产党地市级代表大会及其委员会、地市级政治协商委员会等机构。地区、盟地方政府略有不同，从理论上讲，它们还不能成为规范意义上的一级地方政府，因为它们属于省级地方政府的派出机构。其中，盟（地区）工作委员会属于省级人民代表大会常务委员会的派出机构、人民政府也为省级地方政府的派出机构，司法机关和党的机构也同样为上级机关的派出机

---

① 杨胜平：《行政法第三形态视角下行政主体研究》，载《北京交通大学学报（社会科学版）》2013 年第 4 期。

② 应松年主编：《行政法与行政诉讼法》，中国政法大学出版社 2008 年版，第 49 页。

构。但实际上，盟、地区常常被视为一级完整的地方政府。① 设区的市、自治州的政府由市长、副市长、州长、副州长和秘书长、局长、委员会主任等组成。市长、副市长、州长、副州长分别由本级人民代表大会选举产生；秘书长、局长、委员会主任分别由本级人民代表大会常务委员会根据市长、州长的提名决定和任免。地市级人民政府行政部门的设置则由本级人民政府根据实际情况报请上一级政府批准，并报本级人民代表大会常务委员会备案。不同地区人民政府的机构设置会有所差别。地市级人民政府一般根据需要设有财政局、发展与改革委员会、民政局、水利局、国土局等机构。盟、地区的行政公署专员、副专员则由省级人民政府任命，并不由省级人民代表大会常委会派出的工作委员会选举。②

（三）县级政府机关

县级地方政府包括县、自治县、不设区的市、市辖区、旗。它们设有人民代表大会及其常委会为其权力机关，人民法院和人民检察院为其司法机关。县、自治县、不设区的市、市辖区、旗的人民政府为行政机关，是本级人民代表大会的执行机关，对本级代表人民大会负责并报告工作。本级人民政府分别由本级人民代表大会选举产生的县长、副县长、市长、副市长、区长、副区长、旗长、副旗长和由县长、市长、区长和旗长提名并报经本级人大常委会任命的局长、科长组成。人民政府由县长、市长、区长、旗长主持工作并承担责任。在人民政府之下一般设有财政局、发展与改革委员会、民政局、司法局、公安局、国土资源管理局等行政机构。③

（四）乡镇政府机关

乡镇级地方政府主要包括乡、民族乡、镇、苏木、民族苏木以及区公所和

---

① 薛刚凌：《我国行政主体理论之检讨——兼论全面研究行政组织法的必要性》，载《政法论坛》1998 年第 6 期。
② 俞可平著：《论国家治理现代化》，社会科学文献出版社 2014 年版，第 79~80 页。
③ 吴庚著：《行政法之理论与实用》，中国人民大学出版社 2005 年版，第 151 页。

街道，是我国最基层的人民政府。乡、民族乡、镇、苏木、民族苏木设有人民代表大会和人民政府，是一级完整的地方政府。区公所和街道则是上级人民政府（县、不设区的市、市辖区）的派出机构，并不是完整意义上的一级地方政府，不设人民代表大会和人民政府，但其同样具有地方政府的管理职能。除此之外，乡、民族乡、镇、苏木、民族苏木设有中国共产党代表大会及其委员会，区公所和街道则由上级党委派出工作委员会。① 乡、民族乡、镇、苏木和民族苏木的人民代表大会由直接选举产生的代表组成，代表的人数则根据《选举法》的规定设定，乡、民族乡、镇的人民代表大会设有主席 1 人、副主席 1~2 人。主席、副主席由本级人民代表大会从代表中选出。乡、民族乡的人民政府设有乡长、副乡长。民族乡的乡长由建立民族乡的少数民族公民担任。镇人民政府设有镇长、副镇长。苏木人民政府设有苏木达、副苏木达。区公所和街道办事处设有主任、副主任。在行政首长之下设有若干办公室，具体负责各自的行政事务。

第二节　行 政 主 体

在我国，行政主体概念是一个舶来品，于 20 世纪 80 年代引自于法国、日本、德国等国家的研究。自 1989 年始，"行政主体"赫然成为国内各类行政法学教材的重要概念，以此为基础所形成的行政主体理论亦迅速成为我国行政法学研究之主流。行政主体的重要性在于，它不仅是行政组织法的重要内容，而且对关联领域如行政行为、行政程序、行政复议、行政诉讼等产生了不可忽视的重要影响。行政主体意指依法取得行政职权，能以自己名义独立进行行政管理活动，作出影响相对人权利、义务的行政行为，并承担由此产生的法律后果的社会组织。②

---

① 张树义著：《行政法与行政诉讼法学》，高等教育出版社 2003 年版，第 35 页。

② 参见叶必丰著：《行政法学》，武汉大学出版社 2003 年版，第 128 页。

一、行政主体的意涵

行政主体资格是指某种社会组织成为行政主体的法定条件。一般而言，只有社会组织才有可能成为行政主体，个人在任何条件下都不可能获取行政主体资格。社会组织也并非都是行政主体，只有在满足权、名、责等方面的法定条件的前提下，才有可能获得行政主体资格。

（一）行政主体的资格

其一，行政职权要素。行政职权作为行政权力的具体配置①，是社会组织获得行政主体资格的首要条件。其要义有三：（1）并不是所有的社会组织都能成为行政主体，只有享有行政职权的社会组织才有可能成为行政主体。（2）行政职权不限于国家行政职权，它还内在地包含了非国家行政职权。故此，享有"国家行政职权"并非行政主体资格的必要条件。（3）国家行政职权通常由宪法和组织法明确规定，享有国家行政职权的组织只能是国家行政机关。非国家公共行政职权通常有法律、法规以及规章的特别授权，行使非国家公共行政职权的组织通常包括企事业组织、社会团体和其他公共组织——非经法律、法规以及规章的特别授权，它们不能行使公共行政职权和实施行政行为，因而不能取得行政主体资格。

其二，法律人格要素。独立的法律人格是社会组织获得行政主体资格的第二要件。其要义有三：（1）只有那些能够独立地表达自己意志，并按照自己意志独立实施一定行为的社会组织才有资格成为行政主体。（2）只有那些能够以自己名义享有行政职权的社会组织才有可能成为行政主体。（3）只有那些能够以自己名义行使行政职权的社会组织才有资格成为行政主体。相反，被委托的组织虽然在委托范围内也可以行使行政职权，但它们并不是以自己的名义实施的，而是以委托它的行政机关的名义实施的，因而被委托的组织并不属于行政主体的范畴。

---

① 参见周佑勇著：《行政法原论》，中国方正出版社2000年版，第120页。

其三，责任能力要素。责任能力要素是社会组织获得行政主体资格的第三要件。其要义有三：（1）行政主体必须是能够以自己名义独立承担行政活动的法律后果之组织——判断社会组织是否具备行政主体资格的一个重要标准，即看其是否以自己名义独立承担行政活动所产生的法律后果。如若仅仅实施了行政行为，却不负担由此而产生的法律后果，那么这个社会组织就不具备行政主体资格。如若行政机关的行政职权由公务员来行使，但公务员的职务行为，并不由其本身对外承担行政法律责任，在行政诉讼中不是由公务员而是由其所在机关作为被告应诉。（2）作为独立承担其行政活动所引起的法律后果的外部表现，行政主体必须能够充当适格的行政复议的被申请人、行政诉讼的被告人以及国家赔偿的义务机关，并独立承担行政复议、行政诉讼以及国家赔偿之法律后果。（3）就国家行政机关而言，由于其所行使的国家行政职权属于国家权力的范畴，故此，国家行政机关的行政活动通常带有国家性，由其所引发的法律后果也因此不可避免地带有国家性——正是这种国家性，决定了国家行政所引发的法律后果最终归属于国家，它意味着行政主体只能是形式意义上的法律后果的负担者，国家行政的法律后果最终是由国家负担的。换言之，我国的行政主体是管理主体，是形式上的责任主体，而非实质上的责任主体。① 以行政赔偿为例，作出侵权行为的行政机关仅仅是形式意义上的赔偿义务机关，国家才是赔偿义务的实质负担者——行政赔偿一概由国家拨付专项资金来赔付。

（二）行政主体与相关概念

作为行政法学的基本范畴，行政主体的概念与行政机关、行政法律关系主体以及行政行为主体等都存在着密切的关联性，但同时它们之间也存在显著的区别，需要加以厘清。

其一，行政主体与行政机关。主体是社会关系的参与者，行政主体则是行政关系中行使行政权的参与者。行政主体与行政机关的关系主要体现在两个方

---

① 参见应松年主编：《行政法与行政诉讼法学》，法律出版社2009年版，第57页。

面：（1）联系：①行政机关乃最基本、最主要的行政主体；②在非行政机关的行政主体中，大多数与行政机关存在着直接或者间接的关联性，它们中有些是行政机关的内设机构，有些是基于行政机关的授权而存在。（2）区别：①行政机关并非唯一的行政主体，除了行政机关之外，还有其他形式的行政主体；②行政机关并非天然的行政主体，易言之，并非所有的行政机关都能成为行政主体。只有在满足法定条件的情况下，行政机关才能成为行政主体。比如，政府内部的办事机构、协调性机构，它们仅负责管理、协调内部事务，并不对外行使职权，亦无须对外承担责任，故不具有行政主体资格；③行政机关并非总是行政主体，易言之，行政机关并非在所有场合都能成为行政主体——行政机关在法律上兼具民事主体与行政主体双重身份，当其从事办公用房租赁、办公实施建设或者办公用品采购时，其身份是民事主体，须遵循民事活动的一般法则。当其以行政职权享有者身份从事行政活动和公共治理事务时，其身份是行政主体，须遵循行政活动的一般法则。

其二，行政主体与行政法律关系主体。行政法律关系主体意指受行政法规范的调整，享有行政法上的权利并承担相应义务的组织或者个人，有学者亦将其称为行政法主体。在其一般意义上，行政法律关系主体与行政主体存在着包含关系。其要义有三：（1）行政法律关系主体并不限于社会组织，还包括个人。（2）行政主体是当然的行政法律关系主体，并且是行政法律关系主体中最重要的一种，其具体表现在如下两个方面：①行政主体在行政政法律关系中占有主导地位；②行政主体在各种行政法律关系中均可构成一方主体，而其他行政法律关系主体则只可能在一种或两种行政法律关系中出现，而不可能在所有行政法律关系中出现。（3）行政法律关系主体不仅仅是行政主体，它还包括行政相对人。行政相对人是指行政法律关系中与行政主体相对应的另一方当事人，即行政主体的行政行为所可能影响的个人或者组织。

其三，行政主体与行为主体。行政主体通常是以社会组织形式而存在的，但凡社会组织大多并不是直接作出行为、具体履行职责的主体，只有组成社会组织的个人才是真正的、直接的行为者。如此，行政主体与行为主体二元界分实属必然。在其现实性上，二者关系主要有三：（1）行为主体与行政主体或存在法律上的隶属关系。比如，国家公务员正是基于其与行政机关之间的法律上的隶属关系，才成为其所属之行政机关的行为主体。或存在法律上的委托关系。比如，受委托个人或者社会组织之成员正是基于其与行政机关的法律上的委托关系，才成为委托单位的行为主体。（2）行为主体一般不能以自己的名义作出行政行为，它只能以其所隶属的行政主体之名义，或者以其委托单位的名义履行职责。（3）行为主体一般并不对外承担其所作出的行政行为之法律后果。基于行为主体之职务行为所产生的一切法律后果均有其所隶属之行政主体或者委托单位负担，但这并不排除行为主体对内承担一定责任的机会。

其四，被授权组织与受委托组织。在其法律意义上，被授权组织与受委托组织之间的区别主要体现在三个方面：（1）法律地位不同，其中被授权组织具有行政主体资格，而受委托组织则不具有行政主体资格。（2）职权来源不同，其中被授权组织所享有的职权直接源自于法律、法规以及规章的明确授予。其要义有三：①行政授权原则上属于法律、法规以及规章保留之范畴；②行政授权程序本质上属于立法程序，被授权组织享有行政职权的依据是法律、法规以及规章；③被授权组织对于法律、法规以及规章所授予的职权具有完整的支配权和占有权。而受委托组织所行使的职权源自于行政机关的委托。其要义有三：①行政委托主体只能是国家行政机关，其他非行政机关的委托不能被称为行政委托；②行政委托程序本质上属于行政程序，受委托组织享有行政职权的依据是行政机关与受委托人达成的行政委托协议；③行政委托并不意味着行政职权和职责的转移，受委托的组织并不能基于行政委托而取得行政职权。（3）行为后果不同，其中，被授权组织能够以自己名义作出行政行为，并以自己名义独自承担行为的法律后果；而受委托组织则只能以委托机关的名义行使职权，并由委托单位负担其行为之法律后果。

二、行政主体的范围

行政主体的范围意指行政主体所涵盖的对象及其基本类型。故此，行政主体的范围实际上是一个与行政主体的分类密切关联的概念，其中最主要的是职权行政主体和授权行政主体。

（一）行政主体之基本分类

在我国行政法学理论中，根据不同标准，行政主体可被划分为不同类型。具体而言，主要有如下几种：（1）基于职权范围的不同，行政主体被划分为中央行政主体和地方行政主体；（2）基于所处理事务的性质不同，行政主体被划分为综合性行政主体和专门性行政主体；（3）基于产生方式的差异，行政主体被划分为原生性行政主体和派出性行政主体；（4）基于所享有的行政职权之范围不同，行政主体被划分为内部行政主体和外部行政主体；（5）基于行政职权获取方式的不同，行政主体被划分为职权行政主体和授权行政主体——这是行政主体最为基本的分类，有关行政主体范围的讨论实际上主要是围绕职权行政主体与授权行政主体分类而展开的。

（二）职权行政主体之范围

但凡自成立之日起即从宪法和相关组织法中取得行政职权而无须其他组织授权的行政主体，即为职权行政主体。在我国，职权行政主体主要包括各级人民政府及其职能部门和派出机关等。这其中：（1）在中央层级，主要包括国务院、国务院组成部门、直属机构、办事机构、直属事业单位、部委管理的国家局。（2）在地方层级，主要包括地方各级人民政府、县级以上地方各级人民政府的职能部门、县级以上地方人民政府的派出机关（具体包括行政公署、区公所、街道办事处、县级以上地方各级人民政府在经济技术开发区所设立的管理委员会）。职权行政主体的范围详见图5-1。

（三）授权行政主体之范围

但凡行政职权不是源自于宪法和相关组织法的规定，而是源自于其他有权机关依照法律、法规以及规章的规定授予的行政主体，即可划归授权行政主体之范畴。在我国，授权行政主体包括：（1）行政机构，即设置于行政机关内部的、通过授权方式取得行政主体资格的行政组织机构；（2）公务组织，经法律、法规以及规章授权专门从事某种公共职能事务活动的组织；（3）社会

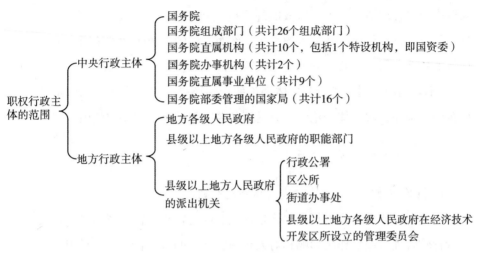

图 5-1 职权行政主体的范围

组织，即通过授权取得的行政主体资格的企业、事业单位和社会团体等。授权行政主体的范围如图 5-2 所示。

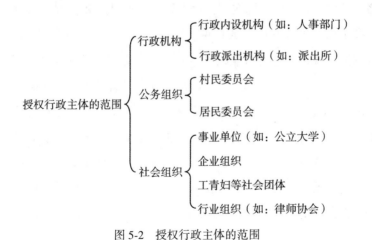

图 5-2 授权行政主体的范围

三、行政主体理论

诚然，"行政主体理论"的引入，避免了以"行政机关"或"行政组织"

来指称行政管理活动主体所造成的外延范围狭窄以及法律地位不明确的弊病，顺应了我国行政诉讼实践发展的需要。然而，我国行政主体理论明显带有功利性与工具性色彩，忽视了该理论在域外所赖以建构的实证基础。正如学者所言："不知是由于对国外行政主体理论的误解还是为了适应我国的国情，学者们在借鉴国外行政主体理论时，只是用其名，而抛弃了其特定的内涵。"①

（一）行政主体理论之反思

1. 行政主体之概念：内涵模糊与外延不确定

在我国，依据通说，行政主体是指依法取得行政职权、能以自己名义独立进行行政管理活动，作出影响相对人权利、义务的行政行为，并承担由此产生的法律后果的社会组织。② 由此可看出，我国行政主体概念明显存在着界定不准的问题，表现有二。

其一，内涵模糊。关于行政主体的具体内涵，我国行政法学者虽表述不一，但实质上大同小异，主要体现在对行政主体资格的确定上——行政职权、独立人格、独立责任。③ 问题在于，对于如何准确界定和把握这些具体资格要件，则尚存争议，难以形成一致意见。譬如，对于"行政职权"的理解，究竟是仅依据法律规定，还是可兼顾事实因素，学者们对此争论不已，"就如何判断一个组织是否享有行政职权，行政法学界并没有给出一个明确且令人信服的客观标准，这就决定了行政主体概念本身的模糊性"；④ 另外，对于"独立责任"的识别，也存在一定的模糊性。比如，学者们大多主张，行政主体必须能够独立承担行政责任，即对自己的行为负责，但实践中却并非如此。在行政赔偿案件中，行政机关往往只是赔偿义务机关，而国家才是最终的赔偿责任主体。另外，在公安部2014年最新发布的《公安机关办理国家赔偿案件程序规

---

① 薛刚凌：《我国行政主体理论之检讨》，载《政法论坛》1988年第6期。
② 叶必丰著：《行政法学》，武汉大学出版社2003年版，第12页。
③ 应松年著：《当代中国行政法》，中国方正出版社2005年版，第177~181页。
④ 薛刚凌著：《行政主体的理论与实践——以公共行政改革为视角》，中国方正出版社2009年版，第8页。

定》中指出："公安派出所，具有独立执法主体资格的公安机关内设机构及其工作人员有前款规定情形的，所属公安机关为赔偿义务机关。"此时，作为独立的行政主体，公安派出所却无须对自己的行为承担法律责任，这显然与行政主体内涵不相符。

其二，外延不确定。从行政主体的概念来看，我国行政主体门槛设置较低，不仅包括众多机关类行政主体，还包括一些授权类行政主体，行政主体多且杂。暂且不说"法律、法规授权组织"本身外延已极不确定，缺乏法律的明确限定，仅就最高人民法院2000年发布的《最高人民法院关于执行〈中华人民共和国行政诉讼法〉若干问题的解释》第20条"法律、法规或者规章授权行使行政职权的行政机关内设机构，派出机构或者其他组织，超出法定授权范围实施行政行为，当事人不服提起诉讼的，应当以实施该行为的机构或者组织为被告"这一规定而言，其将"规章授权主体"也纳入行政诉讼被告范畴，就明显与"诉讼主体模式"的行政主体理论相悖。总之，行政主体外延的不确定，给我国司法实践造成了极大阻碍，相对人在寻求救济时，不得不于泛滥的行政主体中确定适格被告，其难度无异于大海捞针。究竟何为行政主体？识别标准何在？外延如何？这些问题都是我国行政主体理论现今所面临的直接挑战。[1]

2. 行政主体之类型：行政法治实践与理论相脱节

行政主体类型在各国有所不同，在我国则仅限于两类，即机关类行政主体（行政机关）和授权类行政主体（法律、法规授权组织），即便是授权类行政主体，也大多依附于政府，具有强烈的行政色彩[2]，换言之，其仍可归属于广义上的机关类行政主体范畴。伴随着共同治理模式在中国的日渐兴盛，行政法治实践发生诸多变革，"中国政府的权力已经开始从单中心的政府走向多中心

---

[1] 章志远：《当代中国行政主体理论的生成与变迁》，载《贵州警官职业学报》2007年第1期。

[2] 杨沛龙：《代替行政：事业单位、社会组织与政府职能转变》，载《桂海论丛》2010年第6期。

的自主治理"。① 各种非政府组织、企业开始活跃在社会治理的舞台上，这势必会突破行政主体的预设类型，对我国的行政主体理论产生冲击。主要有二。

其一，公私合作治理模式的显现。所谓合作治理，主要是指在公共事务治理的过程中，引入私人参与机制，行政机关和私人相互分工、密切配合而共同完成任务的一种新型治理模式——以行政目标为导向，以公私合作为内容，以责任性及正当性为依归。此种模式，在西方，尤其是美国早已运行多年，如协商制定规则、杰出领袖工程、非政府组织设定标准，等等。② 而在中国，其仍不失为一种新的现象，只是在最近这些年才有所显现，进而引起社会的关注。传统上，中国公共行政和行政法建立在严格的公私分立、公私对立的理念基础之上，政府所代表的是公共利益，行政相对人追求的则是私人利益。故此，公共职权通常只为政府所保有，私人绝不能染指，即使是邮政、水电、通信等公用事业，其在行使职权时亦不得与私人进行单方接触，更不得讨价还价，私相交易。然而，近年来，随着行政事务的日渐增多且日趋专业化，外加上人民民主意识的提升，此种现状明显有所改观，私人参与行政，私人与政府机关合作治理的现象正逐渐成为政治生活之常态。这其中，最典型的形式莫过于行政任务外包了，其频繁地被行政机关在诸多领域予以采用。行政任务外包是指行政主体通过签订合同的方式将某项行政任务转让给相关私主体行使，并给予一定费用的行为。在行政任务外包中，行政主体通过行政合同所转移的往往只是行政任务的"使用权"，而不是"所有权"；改变的也仅是行政任务的行使方式，而非行政任务的属性；政府也并非完全从事务中脱身，只是将工作重心由事中转向事后，由台前转向幕后，其仍要承担相应的监管责任和担保责任。③ 当然，此种合作治理模式的例证还有很多，诸如行政助手、行政咨询等都在行政

---

① ［美］埃莉诺·奥斯特罗姆著：《公共事务的治理之道》，余逊达译，上海三联书店 2000 年版，第 3 页。

② ［美］朱迪·弗里曼著：《合作治理与新行政法》，毕洪海、陈标冲译，商务印书馆 2010 年版，第 51 页。

③ 江玉桥、梅扬：《行政任务外包的正当性及相关纠纷解决》，载《中州学刊》2014年第 4 期。

法治实践中得到大量运用。

其二，私人单独治理模式的凸显。私人单独治理是指在一些公共事务治理的过程中，由符合特定条件的非政府组织、企业予以单独进行，而排除行政机关的插手与干预。其实现路径主要有如下两种：一则通过民营化将某些公用事业的经营所有权转移至企业手中。一般说来，民营化可以追溯到 1979 年英国撒切尔政府推行的一系列激进的非国有化运动，这场改革波及英国的电信、石油等多个服务领域。在美国，自里根政府上台后，历届政府都野心勃勃地推行民营化战略，其涉及的范围则更加广泛，甚至将其推进监狱、戒毒所等传统秩序行政领域。① 我国的民营化则肇始于改革开放中期，采取的主要方式即为国有或集体企业释股于民间。尽管这项举措不断遭受部分国人的怀疑甚至责难，但它依旧在中国体制转轨的征途中艰难行进。② 传统上，我国一些关乎国计民生的公用事业由政府所垄断，民间资本鲜有涉足，这不仅造成了公用事业经营效率之低下，也严重挫伤了民间资本经营公用事业的潜能和活力。民营化后，面貌则焕然一新，私人性质的组织或企业成为经营一些公用事业的主体，市场活力被极大地激活。二则通过政府放权将某些公共职能的履行权转移到非政府组织手中。众所周知，非政府组织的发展往往是与政府放权相伴而行的，缺乏政府放权的支撑，它们也将难以为继。传统上，我国主要是一元经济，全国只有国家利益，这就易造成政府集权。随着社会主义市场经济的飞速发展，我国经济形式日益多元化，利益主体也随之增多，在国家利益之外，又产生了社会利益以及个人利益。伴随着经济上独立而逐渐衍生出政治上的需求，为维护各自利益，非政府组织需要分享相应的行政资源，进而倒逼着政府向社会放权。可见，在未来中国，随着改革的不断深入，非政府组织履行公共职能将成为十分普遍的现象（如图5-3）。③

① ［英］卡罗尔·哈洛、理查德·罗林斯著：《法律与行政》，杨伟东、李凌波等译，商务印书馆 2004 年版，第 56 页。

② 章志远：《行政法学视野中的民营化》，载《江苏社会科学》2005 年第 4 期。

③ 江国华、张倩：《权力的分解、位移与下沉——写在 1982 年〈宪法〉实施三十周年之际》，载《法学杂志》2012 年第 2 期。

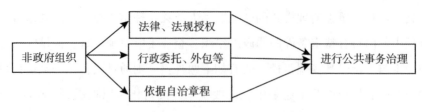

图 5-3　非政府组织参与履行公共行政职能的路径

3. 行政主体之价值：行政诉讼面临诘难

在我国，行政主体是确认行政诉讼适格被告的基本标准，即"谁主体，谁被告"模式，这也正是行政主体诉讼价值之所在。囿于行政诉讼法学研究框架，当下行政主体理论无论是在法理或是实务上，都可在逻辑上获得较为圆满的自洽。然而，行政主体理论应当是贯通行政实体法、行政程序法和行政诉讼法三大领域的基本理论，显然，我国行政主体理论并没有这样的功能。① 现代行政理念变革，使行政主体理论的诉讼价值面临诘难。主要有二。

其一，行政诉讼被告范围的局限。行政主体与行政诉讼被告纯属两个不同领域范畴：行政主体主要归属于行政实体领域，其核心目的在于行政组织的管理和法律责任主体的确立；行政诉讼被告则隶属于行政诉讼领域，其主要目的是为了便于公民诉权的行使和司法审查的进行。行政主体并不一定是行政诉讼被告，而行政诉讼被告也不一定是行政责任的最终承担者。我国将行政主体与行政诉讼被告相等同的这种方式，必定极大地限制行政诉讼被告的范围。如前所述，随着公共行政改革的不断推进，共同治理模式在中国得以形成，一些社会组织，如律协、足协、高校等非政府主体提供公共服务和管理公共事务逐渐成为常态。行政诉讼实践中"谁主体，谁被告"的模式，必将造成这些组织的公务管理活动常常游离于行政诉讼之外，继而难以实现对这些社会公权力的有效监督与制约。

---

① 章剑生：《反思与超越：中国行政主体理论的批判》，载《北方法学》2008 年第 6 期。

其二,相对人诉权实现的限制。就常理而言,民事诉讼中"谁行为,谁被告"模式更符合人们的一贯思维,也便于准确识别和定位被告。而我国在行政主体理论之上确定行政诉讼中"谁主体,谁被告"模式,即行为者不一定是被告,非行为者却可能成为被告。如此一来,相对人在起诉时,须首先判断"Who(谁)"是法律上的适格被告,而非行为者"How(如何)"履行公共职能。对于这项极具专业性和技巧性的活动,法律工作者都不一定能够准确把握和胜任,毋论普通百姓。因此可见,现行行政主体理论所构筑的行政诉讼模式存在逻辑弊病,较大程度上限制了相对人诉权的行使与实现,显然有失偏颇。

(二) 行政主体理论之变革

自薛刚凌教授于 1998 年开始反思我国行政主体理论之后,行政法学界众多学者都对此有所提及。然而,反思之后,如何改进?这才是问题之殇。纵观学者所论,可归纳为"修补说"与"变革说",前者只从形式上作出修补,以暂时解决行政诉讼被告不周延问题,例如通过司法解释将规章授权组织纳入其中,后者则将行政主体作为推进地方分权与行政分权的符号与工具,期望由此引发实质性变革。① 为适应国家行政理念的变迁,满足行政法治实践的需求,行政主体理论理应采取"变革说",基于这种变革,我国新行政主体理论或不期而遇。

1. 行政主体概念之重构:摒弃职权要件,突出责任要件

探索其渊源,我国行政主体理论的"三要素说"直接取自于王名扬老师《法国行政法》一书——依法享有行政职权;以自己的名义从事行政活动;能够独立承担法律责任。② 简而言之,"三要素说"可直接归结为一个标准——依法享有行政职权,后面两个要素则是行政职权运行的过程和结果。如前所述,这也正是行政主体内涵模糊的主要原因之所在。为此,行政主体概念的重

① 余凌云:《行政主体理论之变革》,载《法学杂志》2010 年第 8 期。
② 王名扬著:《法国行政法》,中国政法大学出版社 1988 年版,第 40 页。

构应摒弃这一职权要素而回归于责任要素之本质，可将其界定为：履行公共职能，并独立承担因履行该职能而产生的权利义务关系及法律责任的组织体。其内涵有二。

其一，摒弃职权要件，拓展行政主体外延。在新行政主体概念的视域下，"依法享有行政职权"不再是判断行政主体资格的唯一要件，相应地，是否实质上"履行公共职能"则将成为判断行政主体的核心标准。公共职能的来源具有多元性，其不仅可源自于法律的明确授予，亦可依自治章程而形成，换言之，达成行政目标不再仅仅是"政府的事情"，而是"政府和社会共同的事业"。如此，既可避免"一个组织是否享有行政职权"判断上的模糊性，又可将虽法律上不享有行政职权，却事实上履行公共职能的非政府组织、企业纳入其中，从而满足行政法治实践变革之需求和矫正行政法学理论研究之目的。

其二，突出责任要件，推进行政法治建设。新的行政主体概念在原有基础上突出其责任要件，以此强调行政主体乃责任之最终承担者。行政主体理论的核心内容之一"谁主体，谁被告"即随之演变为"谁主体，谁责任"，而行政诉讼被告的确定标准也转化成为"谁行为，谁被告"。责任是公共治理的生命，公法如果只有授权而疏于规制与监督，那么再完美的"善治"也难逃权力"阴影"，进而导致"善而不治"或"治而不善"现状之发生。可见，此种将行政主体与责任要件紧密相连的概念界定，有利于突出行政主体的责任色彩，方便相对人合法权利的救济，也无疑会极大地推动行政法治之建设。

2. 行政主体类型之调整：取消部门行政主体，创设社会行政主体

在现行行政主体理论的视域下，行政主体类型较为单一，仅限于两种，亦即机关类行政主体（行政机关）和授权类行政主体（法律、法规授权组织）。此种狭隘界定严重限制了行政法学的研究范围，亦难跟上行政法治实践变革之步伐，造成理论与实践的脱节。故此，需在共同治理模式的视角下，对中国的行政主体类型进行适当调整，以确立中央行政主体、地方行政主体以及社会行政主体三分体制。其内涵有二。

其一，取消部门行政主体。如上所述，新的行政主体概念突出了行政主体的责任要素，而判断其责任要件，是否为独立的利益主体则为首要参考指标。众所周知，自中华人民共和国成立以来，我国建立了中央集权型政治经济体制。政治上，奉行中央政府统一领导之理念；财权上，实行中央统一税收之体制，直至 1994 年的分税制改革，中央在财权上仍具有支配性地位。因而，就理论意义上而言，全国有且仅有一个行政主体，即中央人民政府，地方各级政府只是中央人民政府的利益代表者，其自身并无独立的利益需求。1994 年的分税制改革，使地方具有了独立的财政收入来源，宪法、组织法等法律也授予地方政府一定的规章制定权，这些都成就了地方政府的独立主体地位。"虽然行政机关不能自行设立也不具有独立地位，但地方政府都有自身利益，基于利益争夺而产生的地方保护和'跑部钱进'现象比比皆是。"① 至于各级政府职能部门，其只是一级政府的组成部分，人、财、物等各方面都受制于所属政府，因而缺乏独立的利益诉求，也就难以成为独立的行政利益主体。故此，原则上唯有中央人民政府和地方各级人民政府才具有行政主体资格，即中央行政主体与地方行政主体，而各级政府职能部门，由于并不是独立的利益主体，也就不应赋予其行政主体资格。

其二，创设社会行政主体。一方面，伴随着社会经济的飞速发展，社会分工越来越细，行政事务变得日趋复杂，原有的"全能政府"体制显然已在诸多方面无法满足社会发展之需要。因此，完成特定目标和承担特定功能的非政府组织、企业大发展就成为现代行政法治建设之必然趋势。另一方面，随着共同治理理念的确立，一些非政府组织、企业进入公务领域成为普遍，但并无相关法律、法规授权，从而形成有实无名之态，不利于法律责任之追究和公民权利之保障。② 故此，可借鉴国外经验，引进"公务法人"概念，在我国则可称之为"社会行政主体"，把它作为与中央行政主体、地方行政主体相并列的第

---

① 蔡英辉、刘晶：《后现代语境的行政主体间性》，载《学习与实践》2008 年第 12 期。

② 马怀德主编：《行政法学》，中国政法大学出版社 2009 年版，第 71 页。

三类行政主体（如图5-4），以缓当前行政法治实践和行政法学研究之急。就其范围而言，主要涵盖如下三类：一则经法律、法规授权而履行公共职能的非政府组织；二则依据自治章程而履行公共职能的非政府组织；三则通过民营化途径而取得公用事业经营所有权的企业。至于那些通过行政委托、行政外包等方式而取得公共职能履行权的社会组织、企业或个人，由于其职权并非直接源自于人民通过法律或自治章程的授予，所以其在实质上并没有取得该"公共职能"的所有权，相反，其取得的仅是一种使用权。故此，不应当将它们纳入行政主体之范畴。对于它们的行为，则可依据市场准入、合同条款、政府监督以及媒体披露等多元监管路径予以规制。①

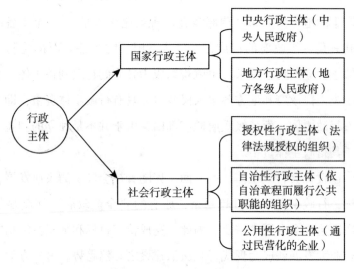

图 5-4 新行政主体理论下的行政主体类型

3. 行政主体价值之转变：废"谁主体，谁被告"模式，立"谁主体，谁责任"模式

现行行政主体理论的诉讼价值，主要在于实现行政主体和行政诉讼被告之

---

① 章志远著：《个案变迁中的行政法》，法律出版社 2011 年版，第 115~126 页。

紧密捆绑，亦即确立"谁主体，谁被告"诉讼模式，而这一模式也随着行政法治实践的发展与变革而相形见绌。就司法实践而言，行政诉讼被告与行政主体之间并不必然等同，也没有必然联系。故此，可依据较为通行的司法理念来确定行政诉讼被告，即"谁行为，谁被告"诉讼模式，而行政主体价值则随之转变为"谁主体，谁责任"。其内涵有二。

其一，废除"谁主体，谁被告"模式。基于现行行政主体理论，"谁主体，谁被告"诉讼模式在行政诉讼实践中居于主导地位，是否具有行政主体资格即成为确定被告的决定性因素。而我国行政主体泛滥，且无规律可循，法律工作者尚且无法一一辨别，普通民众更是望而却步，此举显然不利于公民诉权的行使和行政诉讼实践的发展。相反，唯有以"谁行为，谁被告"诉讼模式代之，方可解燃眉之急。如此一来，行为主体即取代行政主体成为确定被告的决定性因素，非行政主体亦可因其行政违法而成为适格被告。易言之，其优点有二：一则事实性因素（行为主体）取代法律性因素（主体资格）成为行政诉讼被告确定的核心指标，这有利于行政诉讼被告范围的扩充，加大对各级机关权力行使之规控；二则较之于行政主体资格的法律认定，行为主体的事实判断显然更通俗易懂，趋于"平民化"，便于相对人诉权的行使，对其合法权益的维护亦大有裨益。

其二，确立"谁主体，谁责任"模式。新行政主体理论的价值之一，即在于确定行政诉讼领域"主体与被告的相分离"。其基本意味有二：一则"谁行为，谁被告"；二则"谁主体，谁责任"。换言之，行政主体并非一定为被告，被告亦非一定为最终责任之承担者，而最终责任的承担者则必为行政主体，这也是各司法领域的普遍观点和做法。比如，在民事诉讼中，未成年人可以充当被告，法律责任则由其监护人承担。同样，在行政诉讼领域，各级政府的职能部门可以充当被告，但由于其并非独立的利益主体，最终法律责任则转移给其所属一级政府。当然，该职能部门仍需承担相应的行政内部责任，并按照有关内部程序予以处理。可见，新的行政主体理论将行政主体与行政诉讼被告分别归位于原属领域，发挥其应有的职能，行政诉讼实践之逻辑也逐渐趋于清晰。

第三节　政府组织结构

各级行政机关即各级人民政府，是国家行政管理的主体，从行政体制和机构编制管理来说，国家行政机关也是各类机关中职能最复杂、机构设置最多、工作人员最多、规模最大的机关。国家行政机关从上到下分为国务院、省、市、县、乡镇五级政府，各级政府还设置了各种机构。

一、中央政府组织结构

现行国务院的基本组织结构乃 2008 年"大部制"改革之后的产物，经由 2018 年《国务院机构改革方案》调整后，主要由国务院办公厅、国务院的组成部门、国务院直属特设机构、国务院直属机构、国务院办事机构、国务院直属事业单位以及部委管理的国家局等构成。

（一）国务院办公厅

国务院办公厅是国务院日常工作的执行机构。国务院办公厅的工作职责主要是发挥参谋助手和运转枢纽的作用，指导、监督全国政府信息公开①，主持并负责国务院日常工作。具体而言，国务院办公厅的工作职责包括如下四个方面：（1）负责国务院会议的准备工作，协助国务院领导同志组织实施会议决定事项。（2）协助国务院领导同志组织起草或审核以国务院、国务院办公厅名义发布的公文。（3）研究国务院各部门和各省、自治区、直辖市人民政府请示国务院的事项，提出审核意见，报国务院领导同志审批。（4）督促检查国务院各部门和地方人民政府对国务院决定事项及国务院领导同志指示的贯彻

---

① 王留一：《论行政执法决定公开：功能、问题与对策》，载《学术论坛》2019 年第 4 期。

落实情况，及时向国务院领导同志报告。①

（二）国务院组成部门

国务院的组成部门即国务院的职能机关，其职权划分由国务院统一规定，各个部门对某一方面的全国性行政事务享有管理职权，依法分别履行国务院基本的行政管理职能。这些部门除办公厅外，由 26 个部委组成，具体包括：（1）宏观调控部门，包括国家发展和改革委员会、财政部和中国人民银行。其主要职责是：保持经济总量平衡，抑制通货膨胀，优化经济结构，实现经济持续快速健康发展；健全宏观调控体系，完善经济、法律手段，改善宏观调控机制。（2）专业经济、社会管理部门，包括交通运输部、住房和城乡建设部、农业农村部、水利部、商务部、工业和信息化部及应急管理部。其主要职责是：制定行业规划和行业政策，进行行业管理和安全监督；引导本行业产品结构的调整，维护行业平等竞争秩序。（3）教育科技文化卫生、社会保障和资源管理部门，包括教育部、科学技术部、文化和旅游部、卫生健康委员会、人力资源和社会保障部、退役军人事务部、自然资源部等。（4）国家政务部门，包括外交部、国防部、司法部、公安部、国家安全部、国家民族事务委员会、民政部、生态环境部和审计署。

（三）国务院直属特设机构

国务院直属特设机构是指政府为了管理某类特殊事项或履行特殊职能而单独设立的一类机构。目前，国务院直属特设机构仅指国务院国有资产监督管理委员会（国资委）②，为正部级特设机构。其根据国务院授权，依照《公司法》等法律法规履行出资人职责，指导推进国有企业改革和重组；对所监管企业国有资产的保值增值进行监督，加强国有资产的管理工作；推进国有企业的

---

① 后向东著：《信息公开法基础理论》，中国法制出版社 2017 年版，第 101 页。

② 2018 年 3 月，根据第十三届全国人民代表大会第一次会议批准的国务院机构改革方案，将国务院国有资产监督管理委员会的国有企业领导干部经济责任审计和国有重点大型企业监事会的职责划入中华人民共和国审计署。

现代企业制度建设，完善公司治理结构；推动国有经济结构和布局的战略性调整。

（四）国务院直属机构

国务院直属机构是指国务院根据工作需要设立的、由国务院直接领导的机构，具有独立的行政管理职能。其主管国务院的某项专门业务，不具有综合性；其机构的设立、撤销或合并由国务院常务委员会自行决定，无须国家权力机关的批准。目前，国务院直属机构主要包括中国海关总署、国家税务总局、国家市场监督管理总局、国家广播电视总局、国家体育总局、国家统计局、国家国际发展合作署、国家医疗保障局、国务院参事室、国家机关事务管理局等。①

（五）国务院直属事业单位

国务院直属事业单位不是国家行政机关，但国务院授权其中一些单位行使一定的行政职能，主要包括新华通讯社、中国科学院、中国社会科学院、中国工程院、国务院发展研究中心、中央广播电视总台、中国气象局、中国银行保险监督管理委员会、中国证券监督管理委员会9个正部级建制单位。②

（六）国务院部委管理的国家局

国务院部委管理的国家局是指国务院设置的主管专门业务，有部委归口管理又具有相对独立性的行政机关。国务院部委管理的国家局的业务受所在部委领导，凡重要的事项，如政策的制定，行政规范的起草、修改以及重大业务问题要经部长、委员会主任批准才能上报国务院。国务院部委管理的国家局的人士、编制和行政事业经费等由国家局自己负责。现阶段，国务院部委管理的国

---

① 国家市场监督管理总局对外保留国家认证认可监督管理委员会、国家标准化管理委员会牌子。国家新闻出版署（国家版权局）在中央宣传部加挂牌子，由中央宣传部承担相关职责。国家宗教事务局在中央统战部加挂牌子，由中央统战部承担相关职责。
② 国家行政学院与中央党校，一个机构两块牌子，作为党中央直属事业单位。

家局包括国家信访局（由国务院办公厅管理）、国家粮食和物资储备局（由国家发展和改革委员会管理）、国家能源局（由国家发展和改革委员会管理）、国家国防科技工业局（由工业和信息化部管理）、国家烟草专卖局（由工业和信息化部管理）、国家移民管理局（由公安部管理）、国家林业和草原局（由自然资源部管理）、国家铁路局（由交通运输部管理）、中国民用航空局（由交通运输部管理）、国家邮政局（由交通运输部管理）、国家文物局（由文化和旅游部管理）、国家中医药管理局（由国家卫生健康委员会管理）、国家矿山安全监察局（由应急管理部管理）、国家外汇管理局（由中国人民银行管理）、国家药品监督管理局（由国家市场监督管理总局管理）、国家知识产权局（由国家市场监督管理总局管理）16 个局。①

（七）国务院办事机构

国务院办事机构是指国务院设立的协助总理办理专门事项、不具有独立行政管理职能的辅助性机构。国务院办事机构的设立、撤销或者合并由国务院机构编制管理机关提出方案，报国务院决定。国务院办事机构的职责主要在于协助总理办理具体事务，一般不享有对外实施管理的权能。现阶段，国务院办事机构主要包括国务院港澳事务办公室和国务院研究室 2 个。②

（八）议事协调机构

国务院议事协调机构是指为了完成某项特殊性或临时性任务而设立的跨部门的协调机构。议事协调机构承担跨国务院行政机构的重要业务工作的组织协

---

① 国家移民管理局加挂中华人民共和国出入境管理局牌子。国家林业和草原局加挂国家公园管理局牌子。国家公务员局在中央组织部加挂牌子，由中央组织部承担相关职责。国家档案局与中央档案馆、国家保密局与中央保密委员会办公室、国家密码管理局与中央密码工作领导小组办公室，一个机构两块牌子，列入中共中央直属机关的下属机构序列。

② 国务院侨务办公室在中央统战部加挂牌子，由中央统战部承担相关职责。国务院台湾事务办公室与中共中央台湾工作办公室、国家互联网信息办公室与中央网络安全和信息化委员会办公室，一个机构两块牌子，列入中共中央直属机构序列；国务院新闻办公室在中央宣传部加挂牌子。

调任务，其设立、撤销或者合并由国务院机构编制管理机关提出方案，报国务院决定。议事协调机构议定的事项，经国务院同意，由有关的行政机构按照各自的职责负责办理。在特殊或者紧急的情况下，经国务院同意，议事协调机构可以规定临时性的行政管理措施。国务院议事协调机构的设立应当严格控制，一般不设实体性办事机构，不单独确定编制，所需要的编制由承担具体工作的行政机构解决；可以交由现有机构承担职能的或者由现有机构进行协调可以解决问题的，不另设议事协调机构。为办理一定时期内某项特定工作设立的议事协调机构，应当明确其撤销的条件和期限。

二、地方政府组织结构

（一）省政府

省政府组织结构主要包括：（1）省人民政府办公厅；（2）省政府组成部门，包括省发展和改革委员会、省教育厅、省科学技术厅、省国家安全厅、省司法厅、省自然资源厅、省财政厅、省住房和城乡建设厅、省农业厅、省文化和旅游厅、省审计厅、省公安厅、省民政厅、省人力资源和社会保障厅、省交通运输厅、省生态环境厅、省水利厅、省应急管理厅、省卫生和健康委员会、省经济和信息化委员会、省退役军人事务厅等；（3）省政府特设机构，即省人民政府国有资产监督管理委员会；（4）省政府直属机构，包括省林业局、市场监督管理局、广播电视局、体育局、统计局、医疗保障局、地方金融监督管理局、机关事务管理局、信访局、粮食和物资储备局、人民政府研究室、人民防空办公室等；（5）省政府部门管理机构，包括参事室（文史研究馆）由政府办公厅管理；粮食和物资储备局由发展和改革委员会管理；监狱管理局由司法局管理；戒毒管理局由司法局管理；城市公用事业管理局由城市管理委员会管理；道路运输管理局由交通运输委员会管理；港航管理局由交通运输委员会管理；药品监督管理局由市场监督管理委员会管理；知识产权局由市场监督管理委员会管理等；（6）事业单位，包括省档案局、省供销社、省水库移民开发管理局、省人民政府发展研究中心、省经济协作办公室、省地方志编委、省农科院、省核工业地质局、省社科院、省黄金管理局、省畜牧水产局、省乡镇企业局、省海事局、省公路管理局、省高速公路局等。

（二）设区的市政府组织结构

设区的市政府组织结构包括：（1）市政府办公厅；（2）组成部门，包括市发展和改革委员会、市经济和信息化委员会、市教育局、市科学技术局、市民族宗教委员会、市公安局、市监察局、市民政局、市司法局、市财政局、市人力资源和社会保障局、市国土资源和规划局、市城乡建设委员会、市交通运输委员会、市信息产业局、市水务局、市农业局、市文化局、市卫生局、市人口和计划生育委员会、市审计局等；（3）直辖市政府特设机构，即市国有资产监督管理委员会；（4）直辖市政府直属机构，包括市知识产权局、市外事侨务办公室、市质量技术监督局、市粮食局、市机构编制委员会、市城市管理局、市生态环境局（原市环境保护局）、市住房保障和房屋管理局、市林业局、市旅游局、市新闻出版局、市体育局、市统计局、市物价局、市食品药品监督管理局、市人民政府法制办公室、市人民防空办公室。

（三）区县政府组织结构

区县政府组织结构包括：（1）区县政府办公室；（2）区县政府组成部门，包括区发展和改革局、区财政局、区人力资源局、区商务局、区审计局、区应急管理局、区统计局、区建设局、区住房保障和房屋管理局、区教育局、区民政局、区司法局、区文化和旅游局、区卫生健康局、区医疗保障局、区民族宗教事务局、区退役军人事务局等；（3）直属事业单位，包括区机关事务服务中心、区社会福利事业发展中心、区企业服务中心、区大数据中心等。

（四）乡镇政府

乡镇政府负责重大活动的组织协调等工作；承办人大、政协交办的事项；负责机关效能建设、基层党建和精神文明建设等工作；负责组织人事、纪检监察、宣传、统战、民族宗教、老干部、关心下一代和工会、共青团、妇联、科协等群众团体组织工作。贯彻执行国家财政税收的有关法律法规和政策；负责编制财政预（决）算草案，管理预算内外资金；负责管理机关事业单位的资产和财务活动；承办镇党委、政府交办的其他事项。贯彻执行民政、教育、文化、体育、卫生、广播电视等方面的法律法规和政策；负责教育、文化、体育和广播电视事业的建设、发展与管理；负责卫生防疫、妇幼保健、新型合作医疗实施及开展爱国卫生活动；负责社会保障工作；负责拥军优属、优抚安置、救灾救济和救助管理、社会捐赠、殡葬管理、社团和民间组织管理、老龄等民政工作和残疾人管理与服务工作；承办镇党委、政府交办的其他事项。贯彻执行工业、商贸、旅游、安全生产、科技、劳动、统计、食品安全等方面的法律法规和政策；负责编报和执行辖区内经济发展计划；负责辖区内重大经济建设项目开发的协调工作；检查监督所属经济组织经营状况，保护各种经济组织的合法权益；指导企业生产经营管理等工作。

三、直辖市政府组织结构

直辖市是中国行政区划之一，是中华人民共和国省级行政区，是直接由中央人民政府所管辖的建制城市。直辖市通常在全国的政治、经济和文化等方面上具有重要地位。我国现有北京、上海、天津、重庆四个直辖市。我国直辖市制度具有如下几个特点：一是直辖市是城市型政区。直辖市政区体制是按照《宪法》《地方政府组织法》及相关规定设置的。它与省、自治区相比，是设置特大城市地区的地方行政单位。二是直辖市的法律地位为省级。与一般的设市城市相比，其是最高一级的城市型政区单位。直辖市政府有权统一领导辖区的区、市、县、乡、镇等各级政府的工作，统一管理辖区内的经济、社会、文化等行政事务。三是直辖市的管理层次较省、自治区要少，一般为直辖市—区—街道三级。四是中国的直辖市与国外大多数国家的直辖市、特别区、特别市、首都区等相比，具有辖区范围和农村比重较大，即兼有地域型政区的特点。

（一）直辖市政府组织结构

直辖市政府组织结构包括：（1）直辖市政府办公厅；（2）直辖市政府组成部门，包括市发展和改革委员会、教育委员会、科学技术局、工业和信息化局、民族和宗教事务委员会、公安局、民政局、司法局、财政局、人力资源和社会保障局、规划和自然资源局、生态环境局、住房和城乡建设委员会、城市管理委员会、交通运输委员会、水务局、农业农村委员会、商务局、文化和旅游局、卫生健康委员会、退役军人事务局、应急管理局、审计局、人民政府外事办公室、市场监督管理委员会等；①（3）直辖市政府特设机构，即市国有资产监督管理委员会；（4）直辖市政府直属机构，包括市体育局、统计局、医疗保障局、地方金融监督管理局、机关事务管理局、人民政府研究室、人民政府信访办公室、人民政府人民防空办公室、人民政府合作交流办公室、人民政府政务服务办公室；②（5）直辖市政府部门管理机构，包括市政府参事室（文史研究馆）由政府办公厅管理，粮食和物资储备局由发展和改革委员会管理，监狱管理局由司法局管理，戒毒管理局由司法局管理，城市公用事业管理局由城市管理委员会管理，道路运输管理局由交通运输委员会管理，港航管理局由交通运输委员会管理，药品监督管理局由市场监督管理委员会管理，知识产权局由市场监督管理委员会管理等。

（二）直辖市下辖区政府组织结构

区人民政府办公室、区发改委（统计局、物价局）、区经信委（安全监管局、海洋局、航运办）、区商务委（旅游局、粮食局）、区教育局（体育局）、

---

① 教育委员会挂人民政府教育督导室牌子。科学技术局挂外国专家局牌子。工业和信息化局挂无线电管理局牌子。民政局挂社会组织管理局牌子。规划和自然资源局挂海洋局牌子。商务局挂人民政府口岸服务办公室牌子。文化和旅游局挂广播电视局、文物局牌子。卫生健康委员会挂中医药管理局、爱国卫生运动委员会办公室牌子。人民政府外事办公室挂人民政府港澳工作办公室牌子。
② 地方金融监督管理局挂金融工作局牌子。人民防空办公室挂民防办公室牌子。政务服务办公室挂营商环境办公室牌子。

区科委（知识产权局）、区民政局（社团局）、区司法局、区财政局、区人保局（公务员局、医保办）、区建交委（住房保障和房屋管理局、民防办）、区农委（农办）、区环保市容局（水务局、城管执法局）、区卫生计生委、区审计局、区国资委、区规土局、区金融服务局、区监察局、区文广影视局（新闻办）、区台办、区民宗委、区侨办、区市民中心（投资办）、区档案局、区公安分局、区税务局区市场监管局、区气象局等。①

（三）街道办事处

街道办事处是区人民政府的派出机关，受区人民政府领导，依据法律、法规、规章的规定或受本区人民政府的委托，对本辖区内的城市管理、社区服务、经济发展、社会治安以及两个文明建设等方面工作行使组织领导、综合协调、监督检查的职能。街道办事处对辖区内社会性、地区性、公益性、群众性工作负总责。依据我国相关法律规定，街道办事处的具体职责主要包括如下六个方面：（1）贯彻执行法律、法规和规章以及市、区人民政府的行政措施、决定和命令，完成市、区人民政府部署的各项任务；（2）负责辖区内城市管理工作；（3）做好社会管理工作；（4）开展社区建设工作；（5）搞好居民工作；（6）为区域经济提供全方位服务，为其发展创造良好的社会环境。

四、民族区域自治政府组织结构

根据《民族区域自治法》第15条之规定，民族区域自治政府组织具有自治性、民族性、国家性等特点。自治性主要体现为：（1）民族自治地方人民政府依法享有不受中央政府和其他组织干涉的自治权。（2）民族自治地方人民政府的组织和工作，由民族自治机关通过制定自治条例或者单行条例予以规定，而非由中央政府统一规定。民族性主要体现为：（1）民族自治地方人民政府的建立以少数民族聚居地为基础，在各少数民族聚居的地方实行区域自治。（2）民族自治地方人民政府建立的目的在于继承和发扬民族文化的优良

---

① 阎铁毅：《论中国海监的行政主体地位》，载《法学杂志》2011年第10期。

传统，建设具有民族特点的社会主义精神文明，不断提高各民族人民的社会主义觉悟和科学文化水平。（3）在人事任免方面，自治区主席、自治州州长、自治县县长由实行区域自治的民族的公民担任；自治区、自治州、自治县的人民政府的其他组成人员，应当合理配备实行区域自治的民族和其他少数民族的人员。国家性主要体现为：（1）各民族自治地方都是中华人民共和国不可分离的部分，民族自治地方的自治机关必须维护国家的统一，保证宪法和法律在本地方的遵守和执行。（2）民族自治地方设立的自治机关是国家的一级地方政权机关，其政府组织首先是地方国家政府组织，行使同级人民政府的地方国家行政权。（3）民族自治地方的财政是一级财政，是国家财政的组成部分。

（一）自治区政府组织结构

自治区政府组织结构包括：（1）自治区人民政府办公厅；（2）自治区政府组成部门，包括自治区发展和改革委员会、教育厅、科学技术厅、国家安全厅、司法厅、国土资源厅、财政厅、建设厅、审计厅、公安厅、民政厅、交通运输厅、生态环境厅、水利厅、应急管理厅、卫生厅、招商引资局等；（3）自治区政府直属机构，包括自治区质量技术监督局、食品药品监督管理局、出入境检疫局、市场监督管理局、广播电视局、体育局、统计局、医疗保障局、环境保护局等；（4）自治区政府部门管理机构，包括粮食局由自治区发展和改革委员会管理。

（二）自治州政府组织结构

自治州政府组织结构包括：（1）州政府办公室；（2）组成部门，包括州发展和改革局、财政局、人力资源局、商务局、审计局、应急管理局、统计局、建设局、住房保障和房屋管理局、教育局、民政局、司法局、文化和旅游局、卫生健康局、医疗保障局、民族宗教事务局、退役军人事务局等；（3）直属事业单位，包括州投资促进局、地震局、公积金管理中心等。

（三）自治县政府组织结构

自治县政府组织结构包括：（1）自治县人民政府办公室；（2）政府组成部门，包括自治县医疗保障局、营商环境建设局、发展和改革局、教育局、统计局、审计局、退役军人事务局、卫生健康局、市场监督管理局、工业和信息化局、文化旅游和广播电视局、水务局、公安局、农业农村局、交通运输局、司法局、财政局、住房和城乡建设局、人力资源和社会保障局、自然资源局。

（四）民族乡政府

民族乡是中国行政区划之一，其行政区划级别与街道、镇、乡、苏木、民族苏木、县辖区相同，属乡级行政区，由县级行政区所管辖。民族乡是在中国少数民族聚居地建立的乡级行政区。少数民族人口占全乡总人口 30% 以上的乡，可以按照规定申请设立民族乡。特殊情况的，也可以略低于这个比例。民族乡政府的主要职责包括如下几个方面：民族乡人民政府配备工作人员，应当尽量配备建乡的民族和其他少数民族人员；在执行职务的时候，使用当地通用的语言文字；依照法律、法规和国家有关规定，结合本乡的具体情况和民族特点，因地制宜地发展经济、教育、科技、文化、卫生等项事业；在本行政区域各族人民中进行爱国主义、社会主义和民族政策、民族团结的教育，不断巩固和发展平等、团结、互助的社会主义民族关系。

五、特别行政区政府组织结构

（一）香港特别行政区政府

除行政长官外，香港特别行政区政府由司长、决策局和部门三层架构组成。

其一，行政长官系首长，统辖香港特别行政区整个行政系统，其条件包括如下三个方面：（1）香港特别行政区行政长官由年满 40 周岁，在香港通常居住连续满 20 年并在外国无居留权的香港特别行政区永久性居民中的中国公民担任。（2）行政长官在当地通过选举或协商产生，由中央人民政府任命；任期为五年，可连任一次。（3）行政长官在具有以下情况之一时必须辞职：因严重疾病或其他原因无力履行职务；因两次拒绝签署立法会通过的法案而解散立法会，重选的立法会仍以全体议员三分之二多数通过所争议的原案，而行政长官仍拒绝签署；因立法会拒绝通过财政预算案或其他重要法案而解散立法会，重选的立法会继续拒绝通过所争议的原案。

其二，司长包括政务司司长、财政司司长和律政司司长，他们均由行政长官委任，主要负责制定香港政府最主要、最重要的政策，并直接向香港特别行政区行政长官负责；决策局又可称为政策局，其职能比较类似于英国政府的部长，主要负责制定、统筹以及检察政策的制定情况，以及监督属下执行部门的工作。所有的决策局又共同组成政府总部。在2002年以前，所有的决策局均只需要向政务司司长或财政司司长负责；2002年7月1日实行问责制后，改为直接向行政长官负责①；2005年10月12日新任行政长官曾荫权在其首份施政报告中又改为决策局先向政务司司长和财政司司长汇报，而后两司司长再向行政长官汇报；执行部门，即政府政策的执行部门，例如卫生署、警务处等，它们的首长皆为香港公务员。

其三，直属部门、行政会议和公营机构。其中，直属部门即直属于行政长官的政府部门，包括廉政公署和审计署。行政会议即协助行政长官决策的机构，其成员由行政长官从政府组织的主要官员、立法会议员和社会人士中委任。这些人员必须为在外国无居留权的香港特别行政区永久性居民中的中国居民。行政会议成员的任免也由行政长官决定。除人事任免、纪律制裁和紧急情况下采取的措施外，行政长官在作出重要决策、向立法会提交法案、制定附属法规和解散立法会前，须征询行政会议的意见，行政长官如不采纳行政会议多数成员的意见，应将具体理由记录在案。因此，行政会议既不是决策机构，也不是特别行政区的其他政权机构，它本身并不享有决策权和行政管理权，其唯

---

① 参见李永清：《高官问责制：香港行政体制的重大改革》，载《特区理论与实践》2002年第9期。

一的任务就是协助行政长官决策。香港特区除了有政府部门执行政策外，还有为数不少的公营机构，负责政府认为需要社会人士参与的工作。这些机构由政府出资成立，但不属于政府体制，较之政府部门有较多的自主权，比如管理全香港所有公立医院的医院管理局、协助香港工业发展的生产力促进局等。[1]

（二）澳门特别行政区政府

除行政长官外，澳门特别行政区政府下设司、局、厅、处等机构。

其一，行政长官系澳门特别行政区首长，统辖澳门特别行政区整个行政系统。担任澳门特别行政区行政长官必须符合一定条件，具体包括：（1）澳门特别行政区行政长官由年满40周岁，在澳门通常居住连续满20年的澳门特别行政区永久性居民中的中国公民担任。（2）澳门特别行政区行政长官在当地通过选举或协商产生，由中央人民政府任命，任期五年，可连任一次。（3）澳门特别行政区行政长官如有下列情况之一者必须辞职：因严重疾病或其他原因无力履行职务；因两次拒绝签署立法会通过的法案而解散立法会，重选的立法会仍以全体议员三分之二多数通过所争议的原案，而行政长官在30日内拒绝签署；因立法会拒绝通过财政预算案或关系到澳门特别行政区整体利益的法案而解散立法会，重选的立法会仍拒绝通过所争议的原案。

其二，关于政府组织，其规定主要包括两个方面：（1）澳门特别行政区政府是澳门特别行政区的政府组织；以特别行政区行政长官为首长的澳门特别行政区政府下设司、局、厅、处等部门，其中"司"包括行政法务司、经济财政司、保安司、社会文化司、运输工务司等五司；"五司"下设的局涉及五个领域，其中"行"即行政管理职能部门，如行政暨公职局与法务局等；"经"即经济管理部门，如经济局与财政局等；"保"即治安保卫部门，如警察总局与治安警察局等；"社"即社会生活管理部门，如卫生局、教育暨青年局和文化局等；"运"即交通运输管理部门，如土地工务运输局和港务局等。

---

① 参见蔡乐渭：《香港行政会议制度对内地行政决策模式改革的意义》，载《江苏警官学院学报》2003年第6期。

（2）澳门特别行政区政府的主要官员由在澳门通常居住连续满 15 年的澳门特别行政区永久性居民中的中国公民担任；澳门特别行政区政府的主要官员由行政长官提名并报请中央人民政府任免；澳门特别行政区主要官员就任时应向澳门特别行政区终审法院院长申报财产，记录在案；澳门特别行政区政府组织可根据需要设立咨询组织。

其三，关于市政机构，其规定主要包括三个方面：（1）澳门市政机构（"市政厅"）是由澳门议事会发展而来的，它是负责地方行政的相对自治的管理机关。按照《澳门特别行政区基本法》第 95 条的规定，澳门特别行政区可设立非政权性的市政机构。市政机构受政府委任为居民提供文化、康乐、环境卫生等方面的服务，并就有关上述事务向澳门特别行政区政府提供咨询意见。（2）现行市政机构由市政议会和市政执行委员会组成。分属于澳门市政区和海岛市政区的两个市政厅分别负责管治城内的民政、消防、环境卫生、城市规划、供水供电、交通等直接关系居民生活的事务，其制定的市政管理规则成为规范居民日常生活的重要准则。（3）市政警察由市政厅管辖，行政长官对市政机构的运作进行行政监督，并可依法解散市政机关。①

---

① 宁岭晏：《澳门市政制度的演变与前瞻》，载《华南师范大学学报（社会科学版）》1999 年第 4 期。

第六章　职员·行为·政府责任

　　人是万物的尺度，任何政府的制度、权力、组织，都无法离开人单独作用，政府行使权力最终落地于其职员的具体行为活动。政府职员构成复杂，既有具有行政编制的公务员，也有正在试行的政府雇员、事业编制人员以及合同人员。但其中的核心是数量最多、法定授权的公务员，因此本章主要讨论的是国家公务员制度。公务员制度也要在法律规范内运行，我国在 2005 年通过了首部干部人事管理的综合性法律《公务员法》，并于 2018 年 12 月 29 日修订，其内容包括总则，公务员的条件、义务与权利，职务、职级与级别，录用，考核，职务、职级任免，职务、职级升降，奖励，监督与惩戒，培训，交流与回避，工资、福利与保险，辞职与辞退，退休，申诉与控告，职位聘任，法律责任等。本章将讨论公务员的录用与任免、义务与权利、管理与奖惩等重点内容。政府为了实现行政目的，履行职责而开展的活动统称为政府行为。政府行为纷繁复杂，但能够对行政相对人以及内部人员产生法律效力的主要是政府行政行为。政府行政行为历来是行政法的核心问题，可按作用对象、启用标准、隶属关系、羁束程度、行为方式等不同角度做不同划分，从不同视角下分类政府行为，可以有助于我们从更多方面认识政府行为如何发挥效力，如何通过国家强制力深刻影响国民的日常生活、社会的建设发展。而一切使用公权力的政府行政行为，都最终落脚于行政责任的承担上，政府的权与责永远相伴而生，没有权，政府谈不上使用权力，就无法作为，那便不可能让政府承担责任；没有责，政府便会肆意妄为使用权力，将产生权力的滥用或消极不作为，这都将引发秩序混乱。有权必有责，权责相一致，要发展民主政治、建设法治国家和法治政府，就必须落实政府责任，让政府行使权力承担作为或不作为的后果。政府责任既是政府权力的本质，也约束着政府行为。权力离不开人的活动，政府职员行使公权力的行动汇总为政府行为，政府行为落脚于行政责任承担。

第一节 政 府 职 员

在我国政府中从事公务工作的人员身份复杂，既有具有行政编制的公务员，也有正在试行的政府雇员、事业编制人员以及合同人员。但无论是在数量上，还是在地位上，具有行政编制的公务员都占主导，因此本章主要讨论的是国家公务员制度。

一、公务员录用与任免

根据《公务员法》第2条之规定，所谓公务员，是指依法履行公职、纳入国家行政编制、由国家财政负担工资福利的工作人员。公务员录用与任免是指依法定条件、程序和方法，将符合一定条件的人员吸收到公务员队伍或退出公务员队伍，担任或解除某种职务的制度。[1]

（一）公务员录用条件

公务员录用条件意指进入公务员队伍所应当具备的各种基本的法定要件。只有符合了这些要求，才具有成为公务员的资格。根据《公务员法》第13条和第26条之规定，公务员录用的条件主要包括积极条件和消极条件两种。其

---

[1] 周佑勇著:《行政法原论》，中国方正出版社2005年版，第156页。

中，公务员的积极条件即取得公务员身份所必须具有的条件，具体包括：（1）国籍条件，即公务员必须具有中华人民共和国国籍；（2）年龄条件，即公务员必须年满18周岁；（3）公务员必须拥护中华人民共和国宪法，拥护中国共产党领导和社会主义制度；（4）品行要求，即公务员应当具有良好的政治素质和道德品行；（5）身体条件，即公务员应当具有正常履行职责的身体条件和心理素质；（6）文化程度和工作能力的要求，即公务员应当具有符合职位要求的文化程度和工作能力；（7）法律规定的其他条件。

公务员的消极条件则是指公务员所不能具有的一些情形，一旦具有了这些情形，即不能取得公务员身份或不能担任公务员职务。这些条件包括：（1）因犯罪受过刑事处罚的；（2）被开除中国共产党党籍的；（3）被开除公职的；（4）被依法列为失信联合惩戒对象的；（5）有法律规定不得录用为公务员的其他情形的。

（二）公务员录用程序

中央机关及其直属机构公务员的录用，由中央公务员主管部门负责；地方各级机关公务员的录用，则由省级公务员主管部门负责；设区的市级公务员主管部门在获得省级公务员主管部门的授权的情况下，可以负责该市的公务员录用工作。① 公务员的录用必须在规定的编制限额内，并有相应的职位空缺。其中，公务员录用的具体程序大致如下：（1）发布招考公告。招考公告应当载明招考的职位、名额、报考资格条件、报考需要提交的申请材料以及其他报考须知事项。② （2）资格审核。资格审查招录机关根据报考资格条件对报考申请进行严格审查。报考者提交的申请材料应当全面、真实、准确。（3）考试。考试包括笔试和面试两部分，考试内容根据公务员应当具备的基本能力和不同职位类别、不同层级机关分别设置。（4）报考资格复核、考察和体检。招录

---

① 胡威：《中国公务员制度研究：历程回顾、前沿问题与未来展望》，载《中国人民大学学报》2013年第5期。

② 方振邦、韩宁：《我国公务员退出机制的优化》，载《学习与实践》2017年第11期。

机关根据考试成绩确定考察人选,并对其进行报考资格复审、考察和体检。体检的项目和标准根据职位要求确定。具体办法由中央公务员主管部门会同国务院卫生行政部门规定。(5)公示。公示是指由招录机关根据考试成绩、考察情况和体检结果,提出拟录用人员名单,并进行不少于5个工作日的公示。公示期满,中央一级招录机关将拟录用人员名单报中央公务员主管部门备案,地方各级招录机关将拟录用人员名单报省级或者设区的市级公务员主管部门审批。(6)任职。新录用的公务员试用期为1年。试用期满合格的,予以任职;不合格的,取消录用。

(三) 公务员职位分类、职级与级别

根据《公务员法》第16条的规定,国家实行公务员职位分类制度;公务员职位类别按照公务员职位的性质、特点和管理需要,划分为综合管理类、专业技术类和行政执法类等类别;国务院根据公务员法的授权,对于具有职位特殊性,需要单独管理的,可以增设其他职位类别。其中,综合管理类是指机关中履行综合公共管理职责,负责机关内部日常工作的职位;专业技术类是指机关中履行专业技术职责,为实施公共管理提供专门的技术支持与保障的职位;① 行政执法类则是指政府组织中直接履行监管、处罚、稽查等现场执法职责的职位。②

根据《公务员法》第17条的规定,国家实行公务员职务与职级并行制

---

① 该职位具有三个显著特点:(1)纯技术性,即只对专业技术本身负责,不直接参与公共管理;(2)低替代性,即该职位由于需要特殊的专业技术知识水平,因而一般不能为其他职位所代替;(3)技术权威性,即该类公务员提供的技术结论不受政府组织领导的干预,而仅依据其专业知识作出判断。参见周佑勇著:《行政法原论》,中国方正出版社2005年版,第151~152页。

② 与政府机关的综合管理类、专业技术类职位相比,行政执法类职位具有下列特点:(1)纯粹的执行性,即只有对法律法规的执行权,而无解释权,不具有研究、制定法律、法规、政策的职责。这一点与综合管理类职位的区别尤为明显。(2)现场强制性,即依照法律、法规现场直接对具体的管理对象进行监管、处罚、强制和稽查。(3)主要集中在公安、海关、税务、工商、质检、药监、环保等政府部门,且只存在于这些政府部门中的基层单位。

度，根据公务员职位类别和职责设置公务员领导职务、职级序列。此规定是新《公务员法》的一个重要变化，也是十八届三中全会作出的重大改革部署，即把原先的非领导职务改造为职级，推行公务员职务与职级并行、职级与待遇挂钩制度。① 党中央作出此种改革和调整的目的主要是为了调动广大公务员的积极性、主动性和创造性，完善公务员制度机制，推进公务员分类管理，加强专业化建设，拓宽公务员尤其是基层公务员的职业发展空间，实现对公务员的正向激励和持续激励，有利于解决非领导职务设置长期以来存在的属性界定不清晰、设置不科学不合理等问题。②

在具体的制度设计上，一是明确规定领导职务层次。根据《公务员法》第18条之规定，公务员领导职务根据宪法、有关法律和机构规格设置；领导职务层次分为：国家级正职、国家级副职、省部级正职、省部级副职、厅局级正职、厅局级副职、县处级正职、县处级副职、乡科级正职、乡科级副职。二是重新设置职级序列。根据《公务员法》第19条之规定，公务员职级在厅局级以下设置。综合管理类公务员职级序列由高至低依次为一级巡视员、二级巡视员、一级调研员、二级调研员、三级调研员、四级调研员、一级主任科员、二级主任科员、三级主任科员、四级主任科员、一级科员、二级科员。与原来的非领导职务相比，增加4个层级。三是确立领导职务、职级对应的级别。根据《公务员法》第21条之规定，公务员的领导职务、职级应当对应相应的级别。根据工作需要和领导职务与职级的对应关系，公务员担任的领导职务和职级可以互相转任、兼任。符合规定资格条件的，可以晋升领导职务或者职级；公务员的级别根据所任领导职务、职级及其德才表现、工作实绩和资历确定。公务员在同一领导职务、职级上，可以按照国家规定晋升级别。公务员的领导职务、职级与级别是确定公务员工资以及其他待遇的依据。四是对职级晋升条件和程序作出原则规定，这在其后公务员管理机制部分详述之。五是明确留出

---

① 黄磊：《职务职级并行助力分类改革跨上新台阶》，载《民主与法制时报》2019年4月2日，第02版。

② 吕红娟：《推行公务员职务与职级并行制度》，载《中国党政干部论坛》2019年第5期。

专业技术类、行政执法类公务员职级设置的制度接口。根据《公务员法》第19条之规定，综合管理类以外其他职位类别公务员的职级序列，由国家另行予以规定。

（四）公务员退出机制

公务员的退出是指公务员退出公务员队伍，不再具有公务员身份或者辞去某行政职务的情形。公务员的退出主要包括公务员辞职、公务员辞退以及公务员退休三种情况。

公务员辞职是指公务员基于某种原因辞去其所任职务并经所在机关同意后解除其职务的制度，主要包括辞去公职和辞去领导职务两种类型：（1）辞去公职，即依法解除与所在机关的全部职务关系，并从公务员队伍中彻底退出。根据《公务员法》第85条之规定，公务员辞去公职，应当向任免机关提出书面申请。任免机关应当自接到申请之日起30日内予以审批。其中，对于领导成员辞去公职的申请，应当自接到申请之日起90日内予以审批。《公务员法》第86条则规定了公务员不得辞去公职的五种情形：未满国家规定的最低服务年限的；在涉及国家秘密等特殊职位任职或者离开上述职位不满国家规定的脱密期限的；重要公务尚未处理完毕，且须由本人继续处理的；正在接受审计、纪律审查，监察调查，或者涉嫌犯罪，司法程序尚未终结的；法律、行政法规规定的其他不得辞去公职的情形。（2）辞去领导职务，即不再担任所任领导职务，而不是从公务员队伍中退出。根据《公务员法》第87条之规定，公务员辞去领导职务的情形主要包括：因工作变动依照法律规定需要辞去现任职务的；因个人或者其他原因，自愿辞去领导职务；因工作严重失误、失职造成重大损失或者恶劣社会影响的，或者对重大事故负有领导责任的，应当引咎辞去领导职务；对于应当引咎辞职或者因其他原因不再适合担任现任领导职务，本人不提出辞职的，有权机关应当责令其辞去领导职务。

公务员辞退是指有权机关依法单方面解除公务员职务的行为。辞退公务员关乎公务员切身利益，影响重大，应当严格按照管理权限决定，并且辞退决定应当以书面形式通知被辞退的公务员。① 根据《公务员法》第88条之规定，公务员有下列情形之一的，予以辞退：（1）在年度考核中，连续两年被确定为不称职的；（2）不胜任现职工作，又不接受其他安排的；（3）因所在机关调整、撤销、合并或者缩减编制员额需要调整工作，本人拒绝合理安排的；（4）不履行公务员义务，不遵守法律和公务员纪律，经教育仍无转变，不适合继续在机关工作，又不宜给予开除处分的；（5）旷工或者因公外出、请假期满无正当理由逾期不归连续超过15天，或者一年内累计超过30天的。

同时，《公务员法》第89条也规定了不得辞退的四种情形：（1）因公致残，被确认丧失或者部分丧失工作能力的；（2）患病或者负伤，在规定的医疗期内的；（3）女性公务员在孕期、产假、哺乳期内的；（4）法律、行政法规规定的其他不得辞退的情形。这些规定与劳动法中的规定基本一致。之所以作出这些规定，主要是为了保护公务员个人作为中华人民共和国公民所享有的劳动权，因为公务员与其所在的机关之间的关系也是一种劳动关系。②

公务员退休是指依据法律的规定，公务员因年老或因工、因病致残完全丧失劳动能力或部分丧失劳动能力而退出工作岗位的制度。根据法律规定，公务员达到国家规定的退休年龄或者完全丧失工作能力的，应当退休。公务员工作年限满30年的，或者距国家规定的退休年龄不足5年，且工作年限满20年，或者符合国家规定的可以提前退休的其他情形，经本人自愿提出申请，由任免机关批准，可以提前退休。公务员退休后，享受国家规定的退休金和其他待遇，国家为其生活和健康提供必要的服务和帮助，鼓励发挥个人专长，参与社会发展。

二、公务员义务与权利

与我国《宪法》明确将"公民义务条款"置于"公民权利条款"之后的

---

① 方振邦、韩宁：《我国公务员退出机制的优化》，载《学习与实践》2017年第11期。

② 蒋秋桃：《完善公务员退出制度》，载《人民论坛》2014年第9期。

立法例不同，我国《公务员法》则将"公务员义务条款"置于"公民权利条款"之前，凸显出公务员的特殊性。

（一）公务员义务

根据《公务员法》第14条之规定，我国公务员应当履行的义务主要包括以下三类：（1）政治上的义务，包括公务员负有忠于国家，维护国家的安全、荣誉和利益的义务，自觉接受中国共产党领导以及忠于人民，全心全意为人民服务，接受人民监督的义务。这些义务是《宪法》规定的公民维护国家安全的义务和国家机关工作人员为人民服务义务在《公务员法》中的体现。当然，由于这些义务是否得以履行很难从法律上加以明确规定，而法律也没有规定不履行这些义务的法律后果，因而这些义务仅是一种政治上的义务，或者仅是一种政治宣告。（2）法律上的义务，包括忠于宪法，模范遵守、自觉维护宪法和法律的义务，按照规定的权限和程序认真履行职责，努力提高工作质量和效率的义务，忠于职守，勤勉尽责，服从和执行上级依法作出的决定和命令的义务，保守国家秘密和工作秘密的义务。这些义务具有明确的法律依据，法律对其履行程序和认定方法也有较为明确的规定，因而这些义务是法律上的义务。（3）道德上的义务，包括带头践行社会主义核心价值观，遵守纪律，恪守职业道德，模范遵守社会公德和家庭美德的义务以及清正廉洁、公道正派的义务。这些义务是从道德上对公务员作出的一种要求。

（二）公务员权利

根据《公务员法》第15条之规定，我国公务员享有以下几个方面的权利：

其一，职责保障权，即公务员获得履行职责应当具有的工作条件，这是公务员开展工作必不可少的权利。

其二，身份保障权，即公务员非因法定事由、非经法定程序，不被免职、降职、辞退或者处分的权利。

其三，经济保障权，即公务员有权获得工资报酬，享受福利、保险待遇；

公务员工资包括基本工资、津贴、补贴和奖金，而津贴包括地区附加津贴、艰苦边远地区津贴、岗位津贴等津贴。①

其四，其他权利，包括：（1）参加培训的权利，即公务员有权参加政治理论和业务知识的培训；（2）批评、建议权，即公务员有权对机关工作和领导人员提出批评和建议；（3）申诉、控告权，公务员在其权利受到侵犯时，有权向有关部门提出申诉和控告；（4）申请辞职的权利，这是公务员个人基于其公民身份所享有的职业选举权的体现；（5）法律规定的其他权利。

（三）公务员权利保护机制

公务员权利保护机制主要包括申诉制度和控告制度。其中，申诉制度是指公务员对涉及其自身利益的处理决定不服，按照一定程序向有关政府组织请求审核并重新作出处理的一种制度；公务员提出申诉的事由主要包括公务员对处分、辞退或者取消录用、降职、定期考核定为不称职、免职、申请辞职、提前退休未予批准以及不按照规定确定或者扣减工资、福利、保险待遇等处理决定的不服。其具体程序如下：（1）申请，即公务员可以自知道该人事处理之日起 30 日内向原处理机关申请复核；对复核结果不服的，可以自接到复核决定之日起 15 日内，按照规定向同级公务员主管部门或者作出该人事处理的机关的上一级机关提出申诉；也可以不经复核，自知道该人事处理之日起 30 日内直接提出申诉；对省级以下机关作出的申诉处理决定不服的，可以向作出处理决定的上一级机关提出再申诉。（2）受理和复核，即原处理机关应当自接到复核申请书后的 30 日内作出复核决定；受理公务员申诉的机关应当组成公务员申诉公正委员会，负责受理和审理公务员的申诉案件，并应当自受理之日起

---

① 根据《公务员法》第 80~83 条之规定：（1）公务员的工资水平与国民经济发展相协调、与社会进步相适应，且应当按时足额发放；国家实行工资调查制度，定期进行公务员和企业相当人员工资水平的调查比较，并将工资调查比较结果作为调整公务员工资水平的依据。（2）公务员的福利待遇按照国家规定享受，包括住房、医疗等补贴、补助，并可按照国家规定享受假期。如果公务员在定期考核中被确定为优秀、称职的，还可以按照国家规定享受年终奖金。（3）公务员依法参加社会保险，按照国家规定享受保险待遇；公务员因公牺牲或者病故的，其亲属享受国家规定的抚恤和优待。

60 日内作出处理决定；案情复杂的，可以适当延长，但是延长时间不得超过 30 日；复核、申诉期间不停止人事处理的执行。（3）处理，即公务员申诉的受理机关审查认定人事处理有错误的，原处理机关应当及时予以纠正。控告制度则是指公务员认为机关及其领导人员侵犯其合法权益的，可以依法向上级机关或者监察机关提出处理的请求。对此，受理控告的机关应当按照规定及时作出答复和处理。

三、公务员管理与奖惩

为提高公务员的个人素质和业务能力，保障公务员在其任职期间有效地执行职务并激发其工作的积极性和创造性，有必要建立一套行之有效的公务员管理机制。这是现代法治国家的一个普遍做法。[①] 根据我国《公务员法》之相关规定，公务员管理机制主要由公务员考核制度、职务和职级任免及升降制度、奖励制度、监督和惩戒制度、培训制度、交流与回避制度等构成。

（一）考核制度

考核制度，即由有权机关对公务员的德、能、勤、绩、廉，以及政治素质和工作实绩做全面的考察以认定公务员的工作态度和能力的制度。根据我国《公务员法》第 36 条之规定，公务员的考核分为平时考核、专项考核和定期考核等方式；定期考核以平时考核、专项考核为基础。其中，对非领导成员公务员的定期考核采取年度考核的方式，先由个人按照职位职责和有关要求进行总结，主管领导在听取群众意见后，提出考核等次建议，由本机关负责人或者授权的考核委员会确定考核等次；对领导成员的定期考核，则由主管机关按照有关规定办理；定期考核的结果分为优秀、称职、基本称职和不称职四个等次，其结果应当以书面形式通知公务员本人，并作为调整公务员职位、职务、职级、级别、工资以及公务员奖励、培训、辞退的依据。

[①]　秦菲：《我国公务员管理制度研究》，载《管理研究》2015 年第 1 期。

（二）职务和职级任免及升降制度

关于公务员职务和职级的任免，《公务员法》第40条对领导成员和非领导成员分别作出规定，即公务员领导职务实行选任制、委任制和聘任制；公务员职级实行委任制和聘任制。选任制是指公务员在选举结果生效时即任当选职务，任期届满不再连任或者任期内辞职、被罢免、被撤职的，其所任职务即终止；① 委任制则是指公务员试用期满考核合格，职务、职级发生变化，以及其他情形需要任免职务、职级的，由人事部门按照管理权限和规定的程序任免；聘任制主要适用于专业技术类的职位和辅助类职位，机关在平等自愿、协商一致的基础上与相关人员签订书面聘任合同，确定机关与所聘公务员双方的权利、义务。

关于公务员职务和职级的升降，我国《公务员法》也进行了非常详细的规定。根据《公务员法》第七章之规定，应当尊重如下条件与程序：（1）公务员晋升领导职务，应当具备拟任职务所要求的政治素质、工作能力、文化程度和任职经历等方面的条件和资格。（2）公务员领导职务应当逐级晋升，特别优秀的或者工作特殊需要的，可以按照规定破格或者越级晋升。（3）公务员晋升领导职务应遵循如下程序：动议→民主推荐→确定考察对象，组织考察→按照管理权限讨论决定→履行任职手续。（4）公务员职级应当逐级晋升，根据个人德才表现、工作实绩和任职资历，参考民主推荐或者民主测评结果确定人选，经公示后，按照管理权限审批。（5）公务员的职务、职级实行能上能下；对不适宜或者不胜任现任职务、职级的，应当进行调整；公务员在年度考核中被确定为不称职的，按照规定程序降低一个职务或者职级层次任职。

（三）奖励制度

公务员奖励是指对工作表现突出，有显著成绩和贡献，或者有其他突出事迹的公务员、公务员集体，依据《公务员法》规定给予的奖励。除了《公务

---

① 何宪：《公务员职务与职级并行制度研究》，载《中国行政管理》2016年第9期。

员法》对公务员奖励制度作出原则性规定之外，为激励公务员忠于职守，勤政廉政，提高工作效能，充分调动公务员工作的积极性，规范公务员奖励工作，中共中央组织部和国家人事部根据《公务员法》于 2008 年制定《公务员奖励规定（试行）》，针对奖励制度进一步作出具体规定。该规定分总则、奖励的条件和种类、奖励的权限和程序、奖励的实施、奖励的监督以及附则六章，计22 条，主要包括以下七个方面的内容：

其一，公务员奖励的基本原则。（1）公开、公平和公正的原则；（2）精神奖励与物质奖励相结合、以精神奖励为主的原则；（3）及时奖励与定期奖励相结合的原则；（4）按照法律规定的条件、种类、标准、权限和程序进行的原则。

其二，公务员奖励的主管部门。（1）中央公务员主管部门负责全国公务员奖励的综合管理工作；（2）县级以上地方各级公务员主管部门负责本辖区内公务员奖励的综合管理工作；（3）上级公务员主管部门指导下级公务员主管部门的公务员奖励工作；（4）各级公务员主管部门指导同级各机关的公务员奖励工作。

其二，公务员奖励的条件。公务员个人或者集体具有以下情形的，可以予以奖励：（1）忠于职守，积极工作，成绩显著的；（2）遵守纪律，廉洁奉公，作风正派，办事公道，模范作用突出的；（3）在工作中有发明创造或者提出合理化建议，取得显著经济效益或者社会效益的；（4）为增进民族团结、维护社会稳定作出突出贡献的；（5）爱护公共财产，节约国家资财有突出成绩的；（6）防止或者消除事故有功，使国家和人民群众利益免受或者减少损失的；（7）在抢险、救灾等特定环境中奋不顾身，作出贡献的；（8）同违法违纪行为作斗争有功绩的；（9）在对外交往中为国家争得荣誉和利益的；（10）有其他突出功绩的。

其三，公务员奖励的类型。对公务员、公务员集体的奖励分为嘉奖、记三等功、记二等功、记一等功、授予荣誉称号等五种：（1）对表现突出的，给予嘉奖；（2）对作出较大贡献的，记三等功；（3）对作出重大贡献的，记二等功；（4）对作出杰出贡献的，记一等功；（5）对功绩卓著的，授予"人民满意的公务员""人民满意的公务员集体"或者"模范公务员""模范公务员集体"等荣誉称号。

其四，公务员奖励的权限。给予公务员、公务员集体的奖励，经同级公务员主管部门或者市（地）级以上机关干部人事部门审核后，按照下列权限审批：（1）嘉奖、记三等功，由县级以上党委、政府或者市（地）级以上机关批准；（2）记二等功，由市（地）级以上党委、政府或者省级以上机关批准；（3）记一等功，由省级以上党委、政府或者中央机关批准；（4）授予荣誉称号，由省级以上党委、政府或者中央公务员主管部门批准；（5）由市（地）级以上机关审批的奖励，事先应当将奖励实施方案报同级公务员主管部门审核；（6）审批机关给予公务员、公务员集体奖励，必要时，应当按照干部管理权限，征得主管机关同意，并征求纪检机关（监察部门）和有关部门意见。

其五，公务员奖励的程序。给予公务员、公务员集体奖励，一般按下列程序进行：（1）公务员、公务员集体作出显著成绩和贡献需要奖励的，由所在机关（部门）在征求群众意见的基础上，提出奖励建议。（2）按照规定的奖励审批权限上报。（3）审核机关（部门）审核后，在一定范围内公示 7 个工作日。如涉及国家秘密不宜公示的，经审批机关同意可不予公示。（4）审批机关批准，并予以公布。（5）《公务员奖励审批表》存入公务员本人档案；《公务员集体奖励审批表》存入获奖集体所在机关文书档案。

其六，公务员奖励的实施。（1）对在本职工作中表现突出、有显著成绩和贡献的，应当给予奖励；其中给予嘉奖和记三等功，一般结合年度考核进行，年度考核被确定为优秀等次的，予以嘉奖，连续三年被确定为优秀等次的，记三等功；给予记二等功、记一等功和授予"人民满意的公务员""人民满意的公务员集体"荣誉称号，一般每五年评选一次；对在处理突发事件和承担专项重要工作中作出显著成绩和贡献的，应当及时给予奖励。其中，符合授予荣誉称号条件的，授予"模范公务员""模范公务员集体"等荣誉称号；对符合奖励条件的已故人员，可以追授奖励。（2）对获得奖励的公务员、公务员集体，由审批机关颁布奖励决定，颁发奖励证书；获得记三等功以上奖励的，同时对公务员颁发奖章，对公务员集体颁发奖牌；公务员、公务员集体的奖励证书、奖章和奖牌，按照规定的式样、规格、质地，由省级以上公务员主管部门统一制作或者监制。（3）对获得奖励的公务员，按照规定标准给予一次性奖金；其中对获得荣誉称号的公务员，按照有关规定享受省部级以上劳动模范和先进工作者待遇；中央公务员主管部门会同国务院财政部门，根据国家经济社会发展水平，及时调整公务员奖金标准；对受奖励的公务员集体酌情给予一次性奖金，作为工作经费由集体使用，原则上不得向公务员个人发放；公务员奖励所需经费，应当列入各部门预算，予以保障。

其七，公务员奖励的监督。（1）各地各部门不得自行设立本规定之外的其他种类的公务员奖励，不得违反本规定标准发放奖金，不得重复发放奖金。（2）公务员、公务员集体有下列情形之一的，撤销奖励：申报奖励时隐瞒严重错误或者弄虚作假，骗取奖励的；严重违反规定奖励程序的；获得荣誉称号后，公务员受到开除处分、劳动教养、刑事处罚的，公务员集体严重违法违纪、影响恶劣的；法律、法规规定应当撤销奖励的其他情形。（3）撤销奖励，由原申报机关按程序报审批机关批准，并予以公布；如涉及国家秘密不宜公布的，经审批机关同意可不予公布；必要时，审批机关可以直接撤销奖励。（4）公务员获得的奖励被撤销后，审批机关应当收回并公开注销其奖励证书、奖章，停止其享受的有关待遇；撤销奖励的决定存入公务员本人档案；公务员集体获得的奖励被撤销后，审批机关应当收回并公开注销其奖励证书和奖牌。（5）公务员主管部门和有关机关应当及时受理对公务员奖励工作的举报，并按照有关规定处理；对在公务员奖励工作中有徇私舞弊、弄虚作假、不按规定条件和程序进行奖励等违法违纪行为的人员，以及负有领导责任的人员和直接责任人员，根据情节轻重，给予批评教育或者处分；构成犯罪的，依法追究刑事责任。

（四）监督制度

公务员的监督制度是指对公务员的思想政治、履行职责以及作风表现和遵纪守法等情况进行监督检查，开展勤政廉政教育，建立日常管理的一种监督制度。根据我国《公务员法》的相关规定，公务员应当自觉接受监督，按照规定请示报告工作、报告个人的有关事项;① 对公务员监督发现问题的,应当区分不同情况,予以谈话提醒、批评教育、责令检查、诫勉、组织调整、处分;对公务员涉嫌职务违法和职务犯罪的,应当依法及时移送监察机关处理。

（五）惩戒制度

公务员的惩戒制度是指对违法违纪行为的公务员予以处分的一种制度。根据《公务员法》的规定,应予处分的违法违纪主要包括:（1）散布有损宪法权威、中国共产党和国家声誉的言论,组织或者参加旨在反对宪法、中国共产党领导和国家的集会、游行、示威等活动;（2）组织或者参加非法组织,组织或者参加罢工;（3）挑拨、破坏民族关系,参加民族分裂活动或者组织、利用宗教活动破坏民族团结和社会稳定;（4）不担当,不作为,玩忽职守,贻误工作;（5）拒绝执行上级依法作出的决定和命令;（6）对批评、申诉、控告、检举进行压制或者打击报复;（7）弄虚作假,误导、欺骗领导和公众;（8）贪污贿赂,利用职务之便为自己或者他人谋取私利;（9）违反财经纪律,浪费国家资财;（10）滥用职权,侵害公民、法人或者其他组织的合法权益;（11）泄露国家秘密或者工作秘密;（12）在对外交往中损害国家荣誉和利益;（13）参与或者支持色情、吸毒、赌博、迷信等活动;（14）违反职业道德、社会公德和家庭美德;（15）违反有关规定参与禁止的网络传播行为或者网络活动;（16）违反有关规定从事或者参与营利性活动,在企业或者其他营利性组织中兼任职务;（17）旷工或者因公外出、请假期满无正当理由逾期不归;（18）违纪违法的其他行为。另外,公务员执行明显违法的决定或者命令的,也应当依法承担相应的责任。对公务员的处分分为:警告、记过、记大过、降级、撤职、开除。公务员因违纪违法应当承担纪律责任的,依照《公务员法》给予处分或者由监察机关依法给予政务处分;违纪违法行为情节轻微,经批评教育后改正的,可以免予处分;对同一违纪违法行为,监察机关已经作出政务处分决定的,公务员所在机关不再给予处分。

---

① 黄晓溪:《中外公务员制度的比较分析》,载《财经问题研究》2014 年第 5 期。

（六）培训制度

接受培训是公务员的权利，培训的目的主要在于提高公务员履行职责的能力。根据《公务员法》第 67 条之规定，机关对新录用人员应当在试用期内进行初任培训；对晋升领导职务的公务员应当在任职前或者任职后一年内进行任职培训；对从事专项工作的公务员应当进行专门业务培训；对全体公务员应当进行提高政治素质和工作能力、更新知识的在职培训，其中对专业技术类公务员应当进行专业技术培训；国家有计划地加强对优秀年轻公务员的培训。①

（七）交流制度

公务员的交流制度是指根据工作需要或公务员本人的意愿对其工作岗位进行变换的一种制度。公务员应当服从机关的交流决定，公务员交流的方式有很多，主要包括调任、转任和挂职锻炼三种。调任是指将国有企业、高等院校和科研院所以及其他不参照《公务员法》管理的事业单位中从事公务的人员调入机关或者四级调研员以上及其他相当层次的职级。根据《公务员法》第 70 条之规定，调任人应当具备法定条件和拟任职位所要求的资格条件；调任机关应当对调任人选进行严格考察，并按照管理权限审批，必要时可以对调任人选进行考试。转任是指对省部级正职以下的领导成员实行跨地区、跨部门的平级调动，以及担任机关内设机构领导职务和其他工作性质特殊的公务员在本机关内进行平级调动。根据《公务员法》第 71 条之规定，公务员在不同职位之间转任应当具备拟任职位所要求的资格条件，在规定的编制限额和职数内进行。挂职锻炼则是基于培养锻炼公务员的需要，选派公务员到下级机关或者上级机关、其他地区机关以及国有企业事业单位承担重大工程、重大项目、重点任务或者其他专项工作。根据《公务员法》第 72 条之规定，公务员在挂职期间，不改变与原机关的人事关系。

---

① 杨汉卿、唐晓阳、代凯：《中国特色公务员培训制度建设与实践》，载《广东行政学院学报》2017 年第 5 期。

（八）回避制度

回避制度是现代正当程序的要求，其目的在于通过对公务员的任职和执行公务作出具体限制从而排除利益牵涉、个人偏见等人为因素对公务员执行公务的影响，以保证公务员公正地执行公务。① 基于不同标准，公务员回避可以分为不同类型。

其一，基于回避动因之不同，回避情形有三种：（1）自行回避，即公务员有应当回避情形的，其本人应当申请回避；（2）申请回避，即公务员有应当回避情形的，利害关系人有权申请公务员回避；其他人员可以向机关提供公务员需要回避的情况；（3）责令回避，有关机关根据公务员本人或者利害关系人的申请，经审查后作出是否回避的决定，也可以不经申请直接作出回避决定。

其二，基于回避之内容，公务员回避的类型有三种，即任职回避、地域回避和公务回避等。其中：（1）任职回避是指不允许具有特定亲属关系的人员在同一机关内担任特定的职务的制度。特定亲属关系是指公务员之间有夫妻关系、直系血亲关系、三代以内旁系血亲关系以及近姻亲关系。特定的职务则是指具有这些关系的公务员，不得在同一机关担任双方直接隶属于同一领导人员的职务或者有直接上下级领导关系的职务，不得在其中一方担任领导职务的机关从事组织、人事、纪检、监察、审计和财务工作，不得在其配偶、子女及其配偶经营的企业、营利性组织的行业监管或者主管部门担任领导成员。（2）地域回避是指公务员不得在其原籍地区担任一定层次的领导职务的制度。适用地域回避的政府组织为乡级机关、县级机关、设区的市级机关及其有关部门，适用地域回避的职位则主要是上述机关的领导职位，一般包括乡、县、市级党政正职、法院院长、检察院检察长、人事局长、公安局长等。（3）公务回避是指公务员在行使职权过程中，因其与所处理的事务有利害关系，可能影响公

① 周佑勇、余睿：《国家公务员任职回避制度初探》，载《法学评论》2014 年第 6 期。

务的正当执行，依法终止其执行该职务而由其他公务员行使的制度。公务回避的情形主要包括：涉及本人利害关系的；涉及与本人有《公务员法》第74条第1款所列亲属关系人员的利害关系的；其他可能影响公正执行公务的。

第二节 政 府 行 为

作为一个主体，政府可能采取的行为有很多，既有公法属性的行为，也有私法属性的行为，既有针对外部相对人的行为，也有针对内部工作人员的行为。对于政府行为的概念，学界目前尚无明确看法，大多是将其简单地等同于行政行为的概念。本节将围绕政府行为展开论述。

一、政府行为的意涵

行为的基本意思是举止行动，是指受思想支配而表现出来的外表活动。对于政府行为的概念，学界研究较少，更多的是关注"行政行为"的概念。在我国，行政行为的演进经历了很漫长的过程，它最早出现在大革命后的法国，随后德国的行政法学鼻祖奥托·迈耶在19世纪后半叶将此概念引入德国，并将其精密化；之后，日本的一些学者又将此概念引入其国，并为我国的一些早期行政法学者所借鉴。自从1983年我国第一本法学统编教材《行政法概要》使用了"行政行为"这个概念之后，加之受当时我国台湾地区行政法学理论的影响，行政行为逐渐成为了我国现有行政法学理论体系中的一个核心概念，甚至整个行政法学体系都是围绕其而构建的。[1]

对于行政行为的定义，在行政法学理论上一直都存有争议，主要存在以下几种学说[2]：（1）最广义说。此学说认为行政行为是指一切与国家行政管理有

---

[1] 章剑生著：《现代行政法基本理论》，法律出版社2008年版，第126页。

[2] 杨海坤、蔡翔：《行政行为概念的考证分析和科学重构》，载《山东大学学报》2013年第1期。

关的行为，涵盖行政机关之行为以及公务人员之行为。简而言之，就是一切与行政有关的行为都可被称为行政行为。这个观点诞生于行政法学研究刚起步的20世纪80年代，那时"管理论"还占据着中国行政法理论基础的主导地位。在"管理论"的指导下，行政行为做如此定义也是有其合理性的。（2）广义说。此学说认为行政行为是指行政机关行使的具有行政职权因素的行为。这里将行政行为与行政职权联系在一起，主要包括行政法律行为、行政事实行为、公益性行为（非权力性），而将行政机关私法上的活动（即私益性行为）排除在行政行为的外延范围之外。（3）狭义说。此学说认为行政行为是指行政机关行使行政权力的行为。这里将行政行为与行政权力（单方性与强制性）联系在一起，主要包括行政法律行为、行政事实行为，而将行政机关行使的非权力性行为（公益或私益行为）排除在行政行为的外延范围之外。（4）最狭义说。此学说认为行政行为是指行政机关运用行政权力针对外部相对人作出的具有法律效果的行为。这里将行政行为和法律效果、外部相对人联系起来，主要是指外部行政法律行为，而将行政事实行为以及行政机关的一些内部行政法律行为排除在外。

随着行政法学研究的深入，行政行为概念逐渐趋于统一。依据通说，其概念大致可作如下表述：享有行政权能的组织运用行政权力针对相对人作出的，具有法律效果且表现于外部的法律行为。其核心要件即为运用行政权力，单方性与强制性则构成其最为明显的两个特征。①

政府行为则不同，它是指政府为达成特定治理目标而行使职权、履行职责的活动及其过程的总称。这是一个以"治理目标"为导向的开放性概念，意在强调政府行为与治理目标之间的内在关联性，即但凡与治理目标相关联的政府职权活动均可纳入政府行为之范畴。这就意味着：（1）达成目标的途径和方式必须是多元的，可以是传统的"行政行为"，如行政处罚，也可以是新兴的"非行政行为"，如行政合同。至于究竟选择怎样的方式，则以"适恰性"

---

① 关保英著：《行政法教科书之总论行政法》，中国政法大学出版社2005年版，第316~317页。

为原则——适恰性可以涵摄科学性、民主性、便捷性等多重变量。（2）为"目标"而展开的职权活动，在性质上必然是多元的，它可以是辅助性的，也可以是决断性的；可以是劝导性的，也可以是命令性的。至于究竟如何定性，则既要考察其与"目标"的关联程度，也要考虑行为本身实际产生的效果。（3）为达成"目标"，行政主体的角色也必然是多元的——倘若将"目标"设定为"公共产品"。那么，行政主体既可能扮演"公共产品"的生产者，也可能扮演生产的监督者和购买者；既可以扮演"公共产品"的直接供给者，也可以扮演"公共产品"供给担保人。

二、政府行为的特质

相对于行政行为而言，政府行为是一个更为宽泛的概念，但其仍具有如下几个典型特征：

其一，职权性。政府行为是一种职权行为，职权性构成其内在的基本特征。正是这种职权性，使政府行为具有了公法属性，并与政府从事的一些私法行为区分开来。具体而言，政府职权的运行是一个复杂过程，以"目标"为导向，它可以涵盖所有为达成行政目标而采取的一切行动和手段；以"依据"为视角，它可以囊括依"硬法""软法"而为以及应"紧急"而为的所有活动和措施；以"对象"为依据，它可以涵摄针对"相对人""内部人""行政部门"以及政府之间（上下级政府间的指示和命令、平行政府间的协作和竞争等）所为的全部活动。

其二，公益性。政府行为是一种公益行为，公益性构成其内在的基本特征。正是这种公益性，使政府行为具有了非营利性，并与普通的市场行为区分开来。具体而言，政府行为是政府为了实现特定的公共利益目的而采取的，须以实现公共利益为最高价值，不得以赢利为目的，除非有法律的特别例外规定，政府及其工作人员在作出政府行为时不得收取任何费用，更不能摊派费用。即便政府在行为过程中耗费了一定费用，由于政府乃非市场主体，政府行为乃非市场行为，政府也只能收取成本费，相对人享受公共服务无须按市场价格承担对等交易成本。

其三，多样性。政府行为是一种"目标导向"的行为，这意味着政府行为具有多样性，凡是政府为实现公共目的的行为都可划归于政府行为之范畴。具体而言，政府行为存在双核构造，即"行政行为"和"非行政行为"。两者在逻辑上的平等地位——作为逻辑上的下位概念，二者共同构成"政府行为"。其中，行政行为是传统意义上的政府行为，包括行政处罚、行政强制、行政许可、行政征收，等等；非行政行为是新型的一些政府行为，包括行政指导、行政合同、行政协商，等等。并且，政府行为的外延处于扩充与丰富之中，并不是封闭的。

其四，过程性。政府行为之间都是有联系的，可以构成一个完整的行政过程，缺少其中任何一个环节，均意味着行政过程的断裂或者错乱，也意味着行政的失败——不管是断裂的或是错乱的行政过程，均难达成预设的行政目标。同时，不同政府行为所构成的行政过程尽管可以在理论上划分为不同性质的演进阶段或者不同类型的构成单元，但在实践中，任何意义上的行政过程都是一个整体，具有不可分割性。比如，一个行政处罚决定，在理论上可以分解为信息获取、信息处理、人员调配、下达指令、赶赴现场、调查取证、教育调解、听取申辩、作出决定、告知救济等一系列组成要素，正是这些要素构成了行政处罚过程之整体。

三、政府行为的类型

类型化分析是开展法学研究经常采用的一项方法，也是开展政府行为研究的一项基本方法。就我国而言，基于不同的标准或依据，政府行为可以划分为不同类型。兹分述如下。

（一）行政行为与非行政行为

以政府行为是否含有强制性色彩，可将政府行为划分为行政行为和非行政行为。"非行政行为"完全是为了顾全"行政行为"的概念而设定的一个"非典型"学术范畴。但其在逻辑上能够涵摄"行政行为"以外的所有政府行为。具体而言：（1）"非行政行为"是相对于"行政行为"而存在的学术概念，只有在涉及"行政行为"的学术场景中，它才具有存在的意义，并得到合理的解释。（2）在逻辑上，"非行政行为"与"行政行为"属于并列关系，并且是构成"政府行为"的两个基本板块——在政府行为分类上，要么是"行政行为"，否则就可归类于"非行政行为"。（3）在形式上，"非行政行为"尽管可以划分为惠益性、侵益性和互益性等类型，但在性质上，"非行政行为"多具有协商性、合作性、劝导性和非强制性等属性。

（二）抽象行为与具体行为

以政府行为作用对象是否明确固定为标准①，可将政府行为划分为抽象行为与具体行为。具体而言：（1）抽象行为针对的是不特定的对象，包括不特定的人和事；并且，抽象行为的对象没有固定的数量，范围可以扩张，只要是符合该范围内的人和事都要受到行为的约束。具体行为则是针对特定的对象，包括特定的人和事，其范围一般而言是固定的，行为在作出时就能确定哪些对象会受到行为的影响。（2）抽象行为的效力往往及于其以后发生的事件，只要符合条件，就可以反复地适用。具体行为则是只对以往的或者已经发生的这类特定的事件发生法律效力，而且只能够一次性地适用，不能够反复适用。（3）抽象行为通常的表现形式就是具有普遍约束力的行政规范性文件——但这也不是绝对的，不能由此推断出抽象行为一定就表现为规范性文件，或者行政规范性文件就一定是抽象行为。具体行为是实现行政法律关系的模式，其就是把规范人们行为的规则在行政实践中加以具体地运用和落实。具体行为直接导致具体行政法律关系的实际产生、变更和消灭，从而使人们的权利义务受到直接现实的影响。

（三）依职权行为与依申请行为

以政府行为是否由政府主动实施为标准，可将政府行为划分为依职权行为

---

① "明确"是指相对人是否可以被个别化为具体的组织或者个人；"固定"是指行为终结时相对人的范围已经封闭，不可能扩大或者缩小。参见应松年主编：《行政法与行政诉讼法学》，法律出版社 2005 年版，第 115 页。

和依申请行为。具体而言：（1）依职权行为是指政府作出的行为是根据自己的行政职权，不需要经过相对人的意思表示，就能主动实施，发生效力的行为。这类政府行为通常也被称为主动行为或者积极行为，如行政处罚、行政征收等。（2）依申请行为是指政府只有在相对人申请或者要求的条件下才能够作出，而不能主动作出的行为。这类政府行为通常也被称为被动行为或者消极行为，如行政许可、行政给付等。（3）对于依职权行为，只要法定事实发生，政府就应实施，否则要承担相应的法律责任；对于依申请行为，相对人是否提出了申请直接决定着政府是否需要承担相应的法律责任。（4）在我国行政诉讼实务中，在举证责任的分配上，对于依职权行为和依申请行为采用了不同的标准。根据《最高人民法院关于行政诉讼证据若干问题的规定》第4条第2款的规定，在依申请行为的情形下，原告起诉被告不作为的，须提供其在行政程序中曾经提出申请的证据材料；相反，如果原告起诉被告依职权行为的不作为的，则不必提供这类证据材料。①

（四）外部行为与内部行为

以政府行为作用对象与政府是否存在隶属关系为标准，可将政府行为划分为内部行为和外部行为。具体而言：（1）内部行为是政府基于隶属关系对其系统内部的组织、人员和财物所作出的一种内部管理行为，它包括上级机关基于层级隶属关系对下级的命令、指示所作出的行为，如任免、考核、调动等。（2）外部行为是指政府对非隶属的外部相对人所作出的行为，也是在行政法领域中一般被研究的行为，包括行政法律行为、准行为，如行政确认、行政登记以及行政事实行为②。（3）外部行为属于司法审查的范围，但内部行为一般不属于行政诉讼受案范围。

（五）羁束行为和裁量行为

以政府行为受行政法规范的拘束程度为标准，可将政府行为划分为羁束行

---

① 应松年主编：《行政法与行政诉讼法学》，法律出版社2005年版，第119页。
② 马生安著：《行政行为研究》，山东人民出版社2008年版，第190~192页。

为和裁量行为。具体而言：（1）羁束行为是指政府只能根据行政法规范严格实施而不能灵活处理的行为——如果法律规定的特定构成要件事实存在，政府就必须为具有特定法律效果的行为，政府并没有自行决定的余地。（2）裁量行为是指政府处理同一事实要件时可以根据具体情况选择不同的处理方式——特定的构成要件事实虽然确定存在，但政府有权选择作为或者不作为，或者选择作成不同法律效果的行为。在进行裁量时，政府可以决定是否采取某种法定措施，也可以在不同的法定措施中，根据具体情况选择其中的某一个。在法律规定中，通常表述为"可以""或者""幅度"等。（3）法律适用中，羁束行为所面临的是行为的合法性问题，而裁量行为不仅存在合法性问题，还存在合理性问题。因此，人民法院在进行司法审查时，对于羁束行为需要进行全部审查，而对于裁量行为，如果不是超越法定权限或者显失公正，人民法院就不予受理。

（六）作为与不作为

以政府行为的外在表现形式为标准，可将政府行为划分为作为与不作为。具体而言：（1）作为意指政府积极履行职责的行为，即政府积极有所作为的行为。只要政府及其工作人员有肯定或者否定的明确意思表示或者作出了一定的行动，就可以认定作为的形成①，如行政征收行为、行政许可行为等。（2）不作为意指政府消极或懈怠履行职权的行为，可分为放任的不作为和冷酷的不作为两类。负有法定作为义务的政府，明知其消极履行职权的行为对相对人会产生不利的法律后果，而放任这种结果的发生，或者对结果的发生持侥幸心态，而导致相对人合法权益遭受损害的结果，是为放任的不作为。负有法定作为义务的政府，明知其消极履行职权的行为对相对人会产生不利的法律后果，而拒绝相对人之请求，或者无视相对人之人身或财产所遭遇之困境或险情，而袖手旁观，导致相对人的合法权益遭受损害结果，是为冷酷的不作为。

---

① 周佑勇主编：《行政法学》，武汉大学出版社 2009 年版，第 94 页。

第三节 政 府 责 任

政府组织行使职权，作出行为，其最终落脚于行政责任的承担上。根据权责统一原则，有权必有责，权责须一致，政府组织之责任，与政府组织之职权，实为一个问题的两个方面。政府组织之责任，既是政府权力的核心，是政府属性的本质，亦是约束政府行为的必要条件。

一、政府责任的意涵

澳大利亚学者休斯认为，任何政府都需要建立一套责任机制，对于任何主张法治社会而言，政府责任机制都是基本因素。换而言之，要想成为法治社会，政府责任机制不可避免。① 何谓政府责任？卡尔·弗瑞德里奇和芬纳通过对行政责任是否能强制实现的论辩，论述了行政责任的两种形式，即主观责任和客观责任。② 美国学者哈曼则通过其行动理论提出，行政责任包含政治责任、专业责任及个人责任三种。③

在中国，"责任"一词在法律上有三重含义：（1）责任指分内应做的事，实际上是角色义务，如"岗位责任"；（2）责任指特定的人对特定事项的发生、发展、变化及其成果负有积极的助长义务，如"担保责任"；（3）责任指没有做好分内之事或没有履行义务而承担的不利后果或强制性义务，如"违约责任"。④ 正是基于"责任"的不同含义，"政府责任"被解读为多重意思。

① ［澳］欧文·E. 休斯著：《公共管理导论》，彭和平等译，中国人民大学出版社2001年版，第268页。

② Carl Joachim Frederick, *Public Policy and the Nature of Administrative Responsibility*, Cambridge：Harvard University Press, 1940, pp.3-24.

③ Harmon, Michael M. and Richard T. Mayer, *Organization Theory for Public Administration*, Boston：Little, Brown, 1986, pp.399-400.

④ 参见张文显著：《法学基本范畴研究》，中国政法大学出版社1993年版，第184页。

比如，有的学者提出政府责任主要包括政治责任、道德责任和法律责任；① 有的学者在构建现代责任政府的背景下分析政府责任的内涵，认为其建立于制度责任和伦理责任相结合的基础之上，是两者的高度统一。② 有的学者则认同美国公共伦理学家库珀的观点，将政府责任划分为主观和客观两个方面，具体应包括道德责任、政治责任、行政责任、政府的诉讼责任及侵权赔偿责任五种。③ 还有的学者提出，政府责任制度包括宪法责任、政治责任、行政法律责任和行政道德责任。④ 这些观点的共同之处在于，都将政府责任看作一个内涵丰富的系统化概念，其中涵盖多个责任类型。

在上述意义中，政府责任具有行政法律责任之特点，但不限于行政责任。（1）政府责任是一种法律责任。关于法律责任的理解，学界存在五种学说：一是处罚说，将法律责任完全归为制裁、惩罚；⑤ 二是义务说，将法律责任归为"义务"或由于违反第一性法定义务而导致的"第二性义务"，⑥ 以展现法律责任内在逻辑的递进式结构；三是后果说，将法律责任界定为某种不利后果；⑦ 四是关系说，将法律责任看作人与人之间的一种关系；⑧ 五是三位一体说，将义务说、后果说及法律地位说整合，形成三位一体的法律责任概念。由

---

① 高秦伟：《构建责任政府：现代政府管理的必然要求》，载《中共济南市委党校学报》2002 年第 1 期。

② 张定淮、涂春光：《论责任政府及其重建机制》，载《中国行政管理》2003 年第 12 期。

③ 张成福：《责任政府论》，载《中国人民大学学报》2000 年第 2 期。

④ 蔡放波：《论政府责任体系的构建》，载《中国行政管理》2004 年第 4 期。

⑤ 如美国学者哈特、凯尔森以及我国台湾学者李肇伟都将"制裁""惩罚"作为表述法律责任含义的中心词。

⑥ 如我国学者张文显将法律责任界定为"由于侵犯法定权利或违反法定义务而引起的、由专门国家机关认定并归结于法律关系的有责主体的、带有直接强制性的义务，亦即由于违反第一性法定义务而招致的第二性义务"。参见张文显著：《法学基本范畴研究》，中国政法大学出版社 1993 年版，第 185 页。

⑦ 如我国学者林任栋持后果说的观点。

⑧ 如我国学者于光远认为，"责任就是责任要求者向责任者提出某种具体内容的要求，责任者承担满足责任要求者提出的那种具体内容的要求这样一种社会关系"。参见于光远：《关于"责任学"的两篇文章》，载《学术研究》1992 年第 1 期。

此可见，在不同的场域内，法律责任的内涵具有多样性。（2）政府责任具有行政法律责任之属性，即行政主体及其公务人员因行政违法或行政不当而应承担的否定性后果，实质上是一种国家责任形式。① （3）政府责任是在政府履行职责、行使职权过程中所产生的责任，除了行政责任之外，还包括民事责任、刑事责任等。（4）政府责任是积极责任与消极责任之统一，表现在行政主体既要积极、主动地依法履行职责，又要承担违反职责所应承担的否定性后果。

二、政府责任的配置

"责任是权力的孪生物，是权力的当然结果和必要补充。凡有权力行使的地方，就有责任。"② 孟德斯鸠对于三权分立的著名论证即立基于权力可能的"恶"，认为"有权力的人使用权力一直到遇有界限的地方才休止"③，"有界限的地方"亦即责任之限制。"站在功能性的观点来看，不负责任的权力根本上的不足是存在犯不必要的错误的可能性。"④ 与责任脱节的权力，就如同脱缰之野马、决堤之洪水，极易导致权力滥用和权力腐败。反之，与权力不相匹配的责任，就如同无轨之列车，难以顺利通往法治国家、法治社会和法治政府之目标站。因此，法治政府之责任与权力之间，实质上是一种辩证统一的关系，既相互依存又相互贯通，一方的存在和发展必须以另一方的存在和发展为条件。⑤ 如同黑格尔所言，"每一方只有在它和另一方的联系中才能获得它自己的规定，此一方只有反映了另一方的，才能反映自己。另一方也是如此，所以每一方都是它自己的对方。"⑥ 有权力就有责任，无责任即无行政，权责相

---

① 青维富：《论责任政府及其构建》，载《理论导刊》2010年第10期。

② ［法］H. 法约尔著：《工业管理与一般管理》，周安华等译，中国社会科学出版社1982年版，第24页。

③ ［法］孟德斯鸠著：《论法的精神》，张雁深译，商务印书馆1961年版，第154页。

④ ［美］肯尼斯·阿罗著：《组织的极限》，万谦译，华夏出版社2006年版，第78页。

⑤ 张文显著：《法学基本范畴研究》，中国政法大学出版社1993年版，第84页。

⑥ ［德］黑格尔著：《小逻辑》，贺麟译，商务印书馆1980年版，第254~255页。

适应既是现代行政法的基本特质，也是构建法治政府的必然要求。故政府责任之配置，也必然与其权力相适应。

政府责任与权力配置上的对应性，是指每一种权力应与责任相关联，每一种责任应与权力相匹配，根据权力的不同主体、性质以及类别确定相应的责任。在责任与权力有机对应和统一时，"我们就完全可以放心地把权力交给一个人"①。也如怀特所言："政府的行政效率从根本上来说是以行政组织中责任与权力的适当分配为基础的。"② 责任与权力在配置上的对应性如同一台机器上不同零部件彼此之间的吻合性，有助于提高政府组织运作的可靠性与高效性。

之所以强调政府责任在配置上要与政府所享有的权力之间的对应性，是由于两者在实践中具有一种分离的可能性。由于权力往往在行使过程中和行使之后被予以评价和监督，故责任主要体现为一种事后的追究，而并不直接作用于权力本身及其行使的具体过程。③ 导致责任与权力之分散化的因素有很多，从组织法层面来看，主要在于政府机构设置叠床架屋，政府职能紊乱交叠，导致政府职责之模糊不明，以及不同主体之间的责任关系错综复杂。在机构设置不尽合理的情况下，行政制度和行政技术本身所导致的责任分散化成为控制行政责任的重要障碍。④ 因此，优化政府责任之配置，加强政府责任承担与政府权力配置之对应性，重点体现在国家的政治体制改革和政权结构的制度安排中，体现在政府组织结构和职能的设置体系中。

三、政府责任的构成

一般而言，为使一定法律效果发生，而将法律上所必要的事实条件的总

---

① ［英］J. S. 密尔著：《代议制政府》，汪瑄译，商务印书馆 1982 年版，第 192 页。

② ［美］伦纳德·D. 怀特著：《行政学概论》，刘世传译，商务印书馆 1947 年版，第 67 页。

③ 韩志明著：《行政责任的制度困境与制度创新》，经济科学出版社 2008 年版，第 143 页。

④ 韩志明著：《行政责任的制度困境与制度创新》，经济科学出版社 2008 年版，第 144 页。

和，称为法律上的构成要件。① 法治政府责任之构成要件，旨在确认是否追究行政法律责任以及追究什么行政法律责任的问题。对其构成要件的理解，目前学界观点不一。比如，有的学者认为，应当从四个构成要件同时考察责任构成之宗旨，包括行为人已构成行政违法、行为人具有责任能力、行为人的主观恶性程度和行政违法的情节与后果。② 有的学者则从行政法律责任的产生前提、责任主体、行为性质、责任产生依据以及行为人主观状态等五个方面分析责任之构成③。还有的学者从"行政主体"和"违法行政"两个方面来理解行政法律责任之一般构成要件，认为损害事实等要件仅为部分行政法律责任的构成要件。④ 基于作出政府行为的政府组织因违反相关行政法律法规而应承担不利法律后果之逻辑，政府责任之构成要件主要包括如下四个方面。

（一）主观上的可归责性

所谓主观上的可归责性，是指作出政府行为的政府主体具有主观上的过错，从而可将相应责任归由其承担。此种主观过错包括故意和过失，可由行为主体在政府行为中的违法事实推定出来。当然，对不同的违法主体和不同的违法行为，过错的要求是不同的。由于近现代行政法治所蕴含的控权理念要求，行使国家公权力的政府组织需承担较严格的注意义务，以制约权力的行使，由此发展出"行政违法"理论。在本质上，"行政违法"可看作政府组织对主观法律秩序中注意义务的违反，因此违法即可推定其主观过错的存在。⑤ 主观上的可归责性仅为一般构成要件，而非必备要件，其具有例外，在政府承担无过错责任（即严格责任）的情形中，则不需要考虑主体的主观可归责性。譬如，

---

① 参见［日］小野清一郎著：《法律构成要件理论》，王泰译，中国人民公安大学出版社1991年版，第6页。

② 熊文钊著：《现代行政法原理》，法律出版社2000年版，第530~531页。

③ 参见王连昌主编：《行政学》，中国政法大学出版社1994年版，第328~330页。

④ 参见姚锐敏、易凤兰著：《违法行政及其法律责任研究》，中国方正出版社2000年版，第186页。

⑤ 应松年主编：《当代中国行政法》，中国方正出版社2005年版，第1573页。

法国的赔偿责任制度兼有过错赔偿责任和无过错赔偿责任，后者被称为"风险责任"，不能不受限制地加以运用，而只能在特定情形中得以适用。①

(二) 客观上的违法性或不当性

所谓客观上的违法性或不当性，是指政府行为违反了客观法律秩序所设定的义务，或者政府作出虽然合法但不合理的行为。行政违法是行政法律责任的充分不必要条件，行政违法行为的产生必然导致政府责任的承担；反之，行政违法并非导致政府责任产生的唯一原因，行政不当亦会导致政府责任的承担。客观违法性或不当性要件是政府责任的前提，若行为尚未构成行政违法或不具有不当性，则政府责任无从发生。客观违法性或不当性的认定需考察三方面内容：(1) 是否存在实际损害后果。损害是指权利和利益受侵害所产生的不利益。易言之，损害发生前之状态，与损害发生后之情形，两相比较，被害人所受之不利益，即为损害之所在。② 政府责任中的实际损害，是指政府行为所造成的不利益状态，包括对相对人各种权利和利益的侵害所造成的后果。譬如，行政赔偿责任的承担取决于财产权利实际损失这一损害后果。(2) 是否实际损害法定利益。损害对于被侵害人而言是一种不利益，"权利就是受到法律保护的一种利益"③。据此，法律上的损害就是对法律保护的权利造成的侵害，既包括有形的损害，如对相对人的人身造成的伤害、使相对人遭受经济上的损失，又包括无形的损害，如相对人知情权的落空、听证权的丧失。(3) 是否存在违法或不当阻却事由。违法或不当阻却事由是对行为违法性或不当性的一种否定，其功效在于排除违法或不当的可能性，是判断政府行为是否具备客观违法性或不当性时必须考虑的一个因素。政府责任中的违法或不当阻却事由一般包括正当防卫、紧急避险、自主行为和其他正当事由，如政府依法扣押相对人财产所造成的财产权损害等。

---

① See J. F. Garner and L. N. Brown, *French Administrative Law*, 1983, pp. 120-125.

② 王泽鉴著：《不当得利》，北京大学出版社 2015 年版，第 59 页。

③ 张文显著：《当代西方法哲学》，吉林大学出版社 1987 年版，第 120 页。

（三）主客观之间的因果关联性

在政府责任之构成中，主客观之间的因果关联性是一个必备要件，强调行为与结果之间的紧密联系。学界最具代表性的观点为直接因果关系说，主张行为与结果之间需存在逻辑上的直接关系，行为是导致结果发生的一个较近的原因即可，并不要求是唯一或必然的原因。此种直接关系的关联程度取决于法官对具体案件情况的判断。概言之，赔偿责任中的因果关联性应当是客观、恰当、符合理性的，而不是机械、随意的①，原因与结果之间存在顺序性。该说也具有一定的局限性，其所主张的由法官自由裁量决定直接因果关系的关联程度，缺乏合理性，没有限度和基准的自由裁量权的授予易造成权力的滥用。因果关联性作为政府责任的要件。其要义有二：一是指政府行为与损害结果之间的事实因果关系，具有客观性，要求侵害行为与损害结果之间在客观上存在引起与被引起的关系；二是指法律因果关系，即由有权主体确认的明确规定在法律中或隐含地体现在法律精神之中的因果关系②，其与事实因果关系之间具有统一性。

（四）责任能力

在政府组织的责任构成中，对责任能力的考量仅对政府组织工作人员和行政相对人有意义。政府组织作为法律上具有独立人格的组织体，依法行使政府权力，其权利能力、行为能力及责任能力始终伴随该组织体，故而政府在其承担法律责任的情形中无须考虑责任能力的问题。对于政府组织工作人员和行政相对人而言，责任能力一般有两个衡量标准：一是责任年龄，二是精神状况。未达到法定责任年龄或精神状况存在缺陷者，皆不需要承担行政法律责任。

四、政府责任的形式

政府责任形式是指政府因其行政违法或不当行为造成权利的侵害所应承担

---

① 罗豪才、湛中乐主编：《行政法学》，北京大学出版社 2012 年版，第 403 页。
② 熊文钊著：《现代行政法原理》，法律出版社 2000 年版，第 1577 页。

的各种不利后果。现代法律责任是一种兼具功利性补偿和道义性惩罚的复合性质的责任。① 依据责任主体的类型，可以分为政府机关的责任形式、政府公职人员的责任形式以及国家承担的责任形式。

（一）政府机关承担的责任形式

目前尚无专门法律规定政府机关承担的责任形式，但从主体责任的价值取向来看，政府机关承担责任的目的侧重于补偿，即对权益遭受侵害的相对人进行补偿，其责任形式有如下三种。

1. 止损性责任形式

止损性责任形式起源于民事领域中的停止侵害方式②，主要是针对侵害人身权的违法行为而设立的一种责任形式。由于政府行为之损害具有持续发展的特点，且损害程度随着时间的延长而呈现扩大趋势，因此，随着行政法治的发展以及对相对人权益保护的加强，止损性责任形式逐渐被引入行政法领域，成为政府机关承担责任的一种基本类型。概言之，止损性责任形式是指政府应及时终结正在进行中的行政损害，从而将损害程度及后果控制在一定范围内。在行政违法或行政不当的情形下，通过止损性责任阻止行为的效力具有必要性。此种效力被阻止的行为既包括抽象行政行为，又包括具体行政行为。譬如，根据《立法法》第96条的规定，政府规章出现超越权限、下位法违反上位法规定、规章之间对同一事项的规定不一致、规章规定不适当以及违背法定程序的情形，应予以改变或撤销，此种对抽象行政行为的改变和撤销即为一种止损性的责任形式。又如，《行政复议法》第28条针对具体行政行为规定的限期履行法定职责决定、撤销决定、变更决定、确认违法决定等，通过对法定职责的履行以及对违法或不当行政行为的确认、撤销和变更，进行行为的纠正和损害后果的阻止，都属于止损性的责任承担形式。实践中，止损性责任形式往往与

---

① 参见孙笑侠：《公、私法责任分析——论功利性补偿与道义性惩罚》，载《法学研究》1994年第6期。

② 《民法总则》第179条规定了十一种承担民事责任的方式，其中停止侵害方式列居首位。

其他责任形式并用，因为止损性责任的承担前提为行政损害的存在与持续状态，效果仅涉及尚未发生的行政损害，使尚未发生的行政损害不再发生，而对于已经客观存在的行政损害部分，则需借助其他责任形式来为相对人提供法律救济。

2. 恢复性责任形式

恢复性责任形式是指政府通过采取一定的措施使已经发生的损害恢复到其未曾发生的状态，从而保护相对人的合法权益。无论何种形式的行政法律责任，皆以对相对人提供有效的救济和对政府施加适当的法律制约为最终目标。恢复性责任形式的承担以行政损害的客观存在为前提，并以恢复至行政损害未曾发生时的状态为宗旨，通过损害状态的恢复来实现对相对人权益的救济。在实践中，并非所有的行政损害都具有可修复性，尤其是人身性的行政损害往往无法借由恢复性责任形式的承担弥补相对人的损害。故恢复性责任形式仅针对某些具有可修复性的行政损害，尤其是财产性损害，其通过一定的行为消除行政损害的既有状态，弥补了止损性责任形式无法针对已经客观存在损害的缺憾。若没有客观存在的实际损害的，则无法产生恢复性责任，故行政损害的缺失及其不可计量性又限制了此种责任形式的发展空间。恢复性责任形式主要包括三种：一是针对财产性损害的恢复原状，既包括物质性恢复原状，譬如，市场监督管理机关对其产品质量抽查过程中造成的产品损害承担恢复原状的责任，公安机关对其作出的错误罚款行为予以撤销并退还罚款；又包括功能性恢复原状，譬如，上级政府机关责令下级政府机关纠正其违法行为；二是针对资格性损害的恢复资格，譬如，政府机关对其作出的撤销相对人某种资格的错误行政处罚行为予以纠正，撤销对相对人的处罚并恢复相对人的原始资格；三是针对名誉性损害的赔礼道歉，恢复名誉，消除影响等，属于精神上的恢复性责任。

3. 补救性责任形式

补救性责任形式是指政府对因其行政违法或行政不当而受到损害的相对人实施补救的一种责任方式，有广义与狭义之分。广义的补救性责任形式涵盖一切以填补行政损害为目标的责任形式，包括恢复性责任形式和金钱赔偿；狭义的补救性责任形式仅指金钱赔偿。较之止损性责任形式，补救性责任形式的适用更灵活，既可独立适用，又可与止损性或恢复性责任形式并存。但无论哪种适用方式，都有助于实现政府责任形式的设置目标，即对相对人的权益予以救济。譬如，相对人不服行政处理申请行政复议，复议机关不作为的，相对人有权要求该复议机关依法受理并依法作出相应处理，此亦为补救性责任的承担。关于补救性责任形式与恢复性责任形式在具体适用中的关系，不同国家存在不同做法，主要包括三种情形：一是以补救性责任形式为原则，以恢复性责任形式为例外。譬如，我国台湾地区"国家赔偿法"第 7 条规定，"国家负损害赔偿责任者，应以金钱为之。但以回复原状为适当者，得依请求，回复损害发生前原状"。在法国，行政法院原则上也只能判决行政主体承担金钱赔偿义务，但如果行政机关自愿恢复原状，则不用支付赔偿。① 二是仅确立补救性责任形式。譬如，奥地利《国家赔偿法》第 1 条规定，"损害赔偿仅以金钱之方法为之"。② 三是兼采补救性和恢复性两种责任形式，依据具体情况确定二者间的主次关系。譬如，德国《国家赔偿法》对于国家赔偿规定了恢复原状和金钱赔偿两种并用的方式，《行政法院法》也分别规定了金钱赔偿和恢复原状两种责任形式的适用条件。在我国，《国家赔偿法》第 32 条规定："国家赔偿以支付赔偿金为主要方式。能够返还财产或者恢复原状的，予以返还财产或者恢复原状。"可见，我国采纳第一种做法，以支付赔偿金的补救性责任形式为主，同时规定了恢复性责任形式作为例外，并在侵犯人身权的赔偿方式上增加规定了消除影响、恢复名誉、赔礼道歉和支付精神损害抚慰金等责任承担方式。

总而言之，在政府机关承担的上述三种法律责任中，止损性责任形式由于具有不可替代性而位居第一，恢复性责任形式和补救性责任形式都是以行政损害的客观存在为基础，且都以实现行政损害发生前的状态为目标，因此二者具

---

① 参见沈开举、王景花：《国家赔偿法比较研究》，载《郑州大学学报（哲学社会科学版）》1995 年第 4 期。

② 参见杨临萍主编：《行政损害赔偿》，人民法院出版社 1999 年版，第 262 页。

有可选择性，可以选择其中一种予以适用。

（二）政府公职人员承担的责任形式

"制度要有效能，总是隐含着某种对违规的惩罚。"① 当违法或者不当的政府行为发生后，首要问题是确定行为的后果责任，确定责任的具体承担者。尽管行政违法或行政不当行为导致的行政法律责任由政府机关承担，但仍不能免除负有过错的政府公职人员个人所应承担的法律责任。正如同哈耶克所言："为有效起见，责任必须是个人责任……如果让人们共同承担责任，而不在同时规定一个共同的义务和协调的行动，结果便经常是无人真正负责。"② 因此，责任落实的个人化成为一项具有指导性的责任承担原则。政府公职人员承担法律责任须以主观上的过错（即故意和过失）为要件。例如，《国家赔偿法》第16 条规定："赔偿义务机关赔偿损失后，应当责令有故意或者重大过失的工作人员或者受委托的组织或者个人承担部分或者全部赔偿费用。对有故意或者重大过失的责任人员，有关机关应当依法给予处分；构成犯罪的，应当依法追究刑事责任。"政府公职人员的法律责任主要包括追偿责任和行政处分两种形式。

1. 追偿责任

追偿责任是指负有赔偿义务的政府机关在赔偿相对人的损失后，依法责令在主观上存在故意或重大过失的政府机关工作人员或者受委托的组织和个人承担全部或部分赔偿费用的一种责任制度。追偿责任之目的在于对有主观过错的政府公职人员实施经济上的惩戒，以追回国家支付的赔偿款项，其调整对象是国家与政府公职人员之间基于追偿所产生的内部关系，其前提是国家赔偿制度，其性质是从属于国家赔偿制度的一个法律责任制度，具有制裁性。③

① ［德］柯武刚等著：《制度经济学——社会秩序与公共政策》，韩朝华译，商务印书馆 2002 年版，第 32 页。
② ［英］哈耶克著：《自由宪章》，杨玉生等译，中国社会科学出版社 1999 年版，第122 页。
③ 参见孟鸿志著：《中国行政组织法通论》，中国政法大学出版社 2001 年版，第 251页。

追责制度历经一个演变的过程，从国家与政府公职人员双重责任主体之赔偿制度，发展至如今的先国家赔偿责任后追偿责任之模式，体现了追偿责任发展的进步性。在原有的双重责任主体担责模式之下，往往区分政府公职人员主观上的一般过错和重大过错，而分别适用国家赔偿责任和政府公职人员个人责任，不利于受害相对人合法权益的保护。在先国家赔偿责任后追偿责任的模式之下，对于政府公职人员在执行职务过程中造成的损害，先由国家承担赔偿责任后，再根据政府公职人员的主观过错决定是否向其追偿，体现了责任的层次性，在补救相对人损失、保障其权益的同时，也对过错方政府公职人员起到了惩戒之效果。在我国，1989 年《行政诉讼法》首次在国家赔偿责任的基础上，规定了有过错的政府公职人员所应承担的追偿责任。《国家赔偿法》除了第 16 条原则性规定追偿责任的适用之外，于第 31 条中规定了赔偿义务机关向政府公职人员追偿的三种具体情形：一是公职人员刑讯逼供或者以殴打、虐待等行为或者唆使、放纵他人以殴打、虐待等行为造成公民身体伤害或者死亡的；二是公职人员违法使用武器、警械造成公民身体伤害或者死亡的；三是公职人员在处理案件中有贪污受贿，徇私舞弊，枉法裁判行为的，此时不仅行政公职人员负有担责义务，赔偿义务机关也承担追责之义务。

2. 行政处分

行政处分是政府公职人员承担法律责任的最主要形式，是依照行政隶属关系对违法失职人员施以惩戒的措施。[①] 作为一种内部责任形式，行政处分由政府公职人员所在的政府机关或上级主管部门作出，而不适用于受政府机关委托行使行政权的组织的工作人员和直接受委托行使行政职权的人员。我国行政处分的具体形式包括警告、记过、记大过、降级、撤职和开除六种。

当然，追偿和行政处分并非政府公职人员承担法律责任仅有的两种形式。政府公职人员在行使职权过程中如果存在贪污贿赂、滥用职权、玩忽职守、权力寻租、利益输送、徇私舞弊以及浪费国家资财等职务违法和职务犯罪行为

---

① 胡肖华著：《走向责任政府——行政责任问题研究》，法律出版社 2006 年版，第 38 页。

的，也要依法承担相应的监察责任，构成犯罪的，还要依法追究其刑事责任。简而言之，追偿、行政处分、监察责任和刑事责任不能相互取代。

（三）国家承担的责任形式

国家作为一个抽象的实体，其行为在传统上通过政府这一代言人来实施。政府通过雇佣公务人员的方式来行使国家权力，由此形成了"国家—政府—公务员"三元关系。随着公共行政主体的日益多元化，除了代表国家的政府之外，经授权或被委托的其他公行政主体也需要承担公行政损害的赔偿责任。由于国家政府组织的行政活动通常带有国家性，因此其引发的法律后果也不可避免地带有国家性，继而决定了国家行政所引发的法律后果最终归属于国家。其要义有二：一是政府组织仅是形式意义上的法律后果的负担者，政府组织作为赔偿义务主体只是代表国家承担赔偿责任；二是国家行政的法律后果最终是由国家负担的，国家作为行政赔偿的实质责任主体，依法承担相应的赔偿责任。在我国，关于国家承担赔偿责任之范围，根据《国家赔偿法》的规定，包括行政赔偿和司法赔偿两大类，由于在法治政府建设中，政府组织与公民之间具有最直接、最广泛和最经常的关联，因而行政赔偿是最重要的一类国家赔偿。《国家赔偿法》第3~5条分别从正反面规定了国家应承担的行政赔偿范围和除外责任范围。其中，国家行政赔偿范围既包括行政机关及其工作人员在行使行政职权时侵犯相对人人身权的情形，如违法拘留或者违法采取限制公民人身自由的行政强制措施，非法拘禁或者以其他方法非法剥夺公民人身自由，以殴打、虐待等行为或者唆使、放纵他人以殴打、虐待等行为造成公民身体伤害或者死亡，违法使用武器、警械造成公民身体伤害或者死亡等；又包括行政机关及其工作人员在行政职权行使中侵犯相对人财产权的行为，如违法实施罚款、吊销许可证和执照、责令停产停业、没收财物等行政处罚行为，违法对财产采取查封、扣押、冻结等行政强制措施，违法征收、征用财产等。国家的除外责任范围则包括行政机关工作人员与行使职权无关的个人行为，因公民、法人和其他组织自己的行为致使损害发生的情形，以及法律规定的其他情形。

至于国家通过何种方式来承担损害赔偿责任，与受害人权益的实现直接相关。根据《国家赔偿法》第 32 条的规定，国家赔偿以支付赔偿金为主要方式；能够返还财产或者恢复原状的，予以返还财产或者恢复原状。可以看出，在我国，主要采取的是以金钱赔偿为主，以返还原状和恢复原状为辅的形式。金钱赔偿之所以成为最主要的国家赔偿方式，一是出于经济补偿之考虑，以支付货币的形式迅速满足受害人的赔偿请求；二是出于简便快捷之效率考虑，以简单易行的方式补救受害人权益；三是出于灵活形式之考虑，其能够适用于多种损害后果的赔偿。

第七章　税费·预算·公共财政

国家治理离不开健全的财政制度。中国共产党于 2013 年召开的十八届三中全会通过了《中共中央关于全面深化改革若干重大问题的决定》，明确指出"财政是国家治理的基础和重要支柱，科学的财税体制是优化资源配置、维护市场统一、促进社会公平、实现国家长治久安的制度保障"。提出"要建立现代财政制度，进一步完善立法、明确事权、改革税制、稳定税负、透明预算"。次年，中共中央通过了《深化财税体制改革总体方案》，进一步明确了财政体制改革的三大重点领域，即调整中央和地方政府间财政关系、深化税收制度改革、改进预算管理制度。财政体制改革的原点是国家必须占有并分配一定的货币作为调节资金，并凭借公共权力用此资金调节国民收入的整个过程。从这个意义上说，财政体制运行也可以理解为一个分配过程，该过程是财政运行的各个环节的相加，并形成特定的分配关系或利益关系。马斯格雷夫在《公共财政理论：公共经济研究》一书中构建了一个财政模型，将政府的财政行为划为资源配置、收入分配和稳定经济三大板块，从而将整个财政学体系整合在统一的框架之下。根据他的理论，税收是组织财政收入的主要工具，也是调剂经济的重要杠杆，预算是矫正社会收入分配最重要的手段，两者构成财政体制的主体板块并统筹于财政体制发展之中。在新时代背景下，我国财税体制改革开始深入到现代财政制度的目标框架下进行，在中国共产党的领导下，坚持党的财政方针政策及内在的财税法治逻辑，走出了一条中国特色社会主义财税体制改革法治路径。本章将介绍我国的政府税费体制、政府预算体制、公共财政体制。其中，公共财政体制是一个更广义的概念，税费管理体制与预算管理体制是财政系统最重要的两个子系统。我国财税体制改革始终作为整体改革的一个重要组成部分，始终与整体改革捆绑在一起并服从、服务于整体改革的需要。政府税费体制和政府预算体制都逐渐走向规范。

第一节　政府税费体制

税费制度是国家财政制度中最为重要的组成部分之一，是国家取得财政收入的主要手段，负担着筹集社会发展和经济发展所需资金的重要任务，是国家履行职能，实现目标的物质保证。在改革不断深入、社会主义市场经济模式已经确立的新形势下，应推进税费部门主动适应当前常态，通过税费制度的持续完善和改革，为保障经济的稳步、可持续增长奠定基础。政府税费由政府税收和政府收费构成。政府税收是指政府为了向社会提供公共产品、满足社会共同需要、按照法律的规定，参与社会产品的分配、强制、无偿取得财政收入的一种规范形式。政府收费是指政府因履行职责而向一部分单位和公民提供直接服务而得到的政府收入。

一、政府税收制度

一个国家的税收制度不仅会影响经济发展方式和社会结构调整，而且还会影响公共利益分配、社会的和谐稳定以及与自然环境的关系处理等诸多方面。税收制度之所以有如此大的影响力，也是源于税收制度构成的复杂性和基础性。税收制度由一个庞大的内容体系构成。①

---

① 朱志刚著：《我国税制结构：影响因素分析与优化路径选择》，中国税务出版社 2004 年版，第 44 页。

（一）基本要素

税收制度历史悠久，形式复杂。随着社会经济的发展，人们对税收制度的认识也在不断深化，并产生了诸多分歧。由于基本概念的科学是正确分析和解决问题的基础，故有必要选择几个具有代表性的税收制度要素进行简单介绍，包括税制结构、税收体系以及税种结构。

其一，税制结构。税制结构是指一国税收体系的整体布局和总体结构，是国家为了实现特定的经济财政目标而由若干个不同性质和作用的税种所组成的，相互协调和相互补充的整体税收系统。[1] 税制结构决定了发挥税收职能作用的范围和深度。只有税制结构科学合理，才能从总体上做到税制的整体合理，才能充分发挥税收的作用。税制结构具体包括如下两项内容：一是税种的组合方式，即各税种在取得收入与调节经济中的分工与协作关系，具体表现为各类、各具体税种在经济活动的各领域和各环节的分布；二是税种的相对地位，即各税种在取得收入与调节经济中的相对重要性，具体表现为各类、各具体税种占 GDP 或税收总额的比重。[2]

其二，税收体系。税收体系是构成税收制度的具体税收种类，它是税收总量与税收水平的落脚点，也是经济发展水平决定税收水平的必经之路。[3] 税收体系和税制结构既有联系又有区别，税收体系的概念要小于税制结构的概念，税制结构的内容除了税收体系所指的税种、税类外，还包括征税对象、纳税人、税率等税制要素及相关制度。以税收种类的多少为准，可将税收体系划分为如下两种：一是单一税收体系，是指只由某一类税种来组成税收体系。17世纪英国重商主义学派的霍布斯（Hobs）率先主张实行单一的消费税。[4] 由于

---

[1] 李品芳编著：《中国税制理论与实务》，上海财经大学出版社 2013 年版，第 26 页。

[2] 马国强：《税制结构基础理论研究》，载《税务研究》2015 年第 1 期。

[3] 马国强主编：《中国税收》，东北财经大学出版社 2016 年版，第 30 页。

[4] 冯兴元著：《大国之道：中国私人与公共选择的宪则分析》，福建教育出版社 2013 年版，第 124 页。

"其所能及之范围，较所得单一税为狭"①，难以保障充足的财政收入，易使税源枯竭，因而在实践中几乎从未被推行过，只是一种理论上的主张。二是复合税收体系，是由一系列的税种组合而成的。复合税收体系重在对各税系之间的组合、各个税种之间、每一税种内部各税制要素相互间进行协调。在复合税制的条件下，各税类税种相互配合，共同发挥作用，但主体税种往往具有优先或突出的作用。② 我国税收体系由繁到简，又由简到繁，但一直是实行复合税系。

其三，税种结构。税种结构是指实行复合税制体系的国家将不同功能的税种进行组合配置，形成主体税种明确、辅助税种各具特点和作用、功能互补的税种体系。③ 它是税制结构体系中的一个中观层次。在不同的国家以及在同一国家的不同时期，税种多少及名称都是不相同的。

（二）发展历程

我国税收制度经历了一个较为曲折的历程，呈现出明显的"周期性"特征，每次调整均在不同程度上修正了中华人民共和国成立以来税制设计上的道德偏颇。④ 从总体上看，我国税制的发展大致经历了四个时期：第一个时期是从中华人民共和国成立到中国共产党第十一届三中全会召开之前，这一阶段建立起了适应计划经济的税收制度。第二个时期是从十一届三中全会到1993年，在这一阶段我国主要进行了原有税制的不断调整。第三个时期是1993年后全面改革税制的阶段。第四个时期主要是党的十八届三中全会提出"逐步提高直接税比重"的要求后，税制改革的不断深化。

其一，中国税制之建立阶段。1950年，政务院颁行《关于统一全国税政的决定》《契税暂行条例》《新解放区农业税暂行条例》《全国税政实施要则》

---

① 何廉、李锐著：《财政学》，商务印书馆2010年版，第159页。

② 马冰主编：《财政学》，天津大学出版2014年版，第94页。

③ 邓于基著：《税种结构研究》，中国税务出版社2000年版，第136页。

④ 陈晴：《我国新一轮税制改革的理念变迁与制度回应——以税收正义为视角》，载《法商研究》2015年第3期。

等一批文件。《全国税政实施要则》规定税种的开征与停征，税目税率的增减调整，征税范围的确定，一定数额以上的减免税，以及属于全国性和政策性较强的税收问题等，其管理权限都在中央。① 这种高度集中的税收管理体制对当时我国国民经济的迅速恢复起到了十分重要的作用。在这一时期，还规定了全国统一征收的 14 个税种，各项税法的制定、颁布以及解释和实施细则的制定使得全国的税收种类逐渐得到标准化，标志着中国社会主义税收制度的初步建立。1956 年年底，我国基本完成了"三大改造"，公有制经济成为社会中的主体经济。为了适应经济体制转变带来的经济成分变化，1958 年中央政府开始将工商业税统一，具体就是将原来的流通税、货物税、营业税和印花税统一为工商业税②，同时将部分税收管理权限下放，如印花税、车船税等下放给省掌握。1958 年之后的 20 多年时间由于"左"的思想以及"文化大革命"的影响，税收制度的发展也受到了巨大挫折。

其二，中国税制之过渡阶段。1977 年，财政部对外发布《关于税收管理体制的规定》，划分了中央与地方各自的税收管理权限。1981 年，财政部又就税收管理权限作了专门的规定，凡是属于财政部和税务局的税收管理权限，无论最终收入是归于地方还是中央，各地都无权再作出修改税率和减免税收的决定；省、自治区、直辖市的管理权限也不能再下放。在这期间，《中外合资经营企业所得税法》《个人所得税法》《外国企业所得税法》也先后诞生。1984年开始第二步利改税，把工商税划分为产品税、增值税、营业税以及盐税等四种税。③ 1988 年，国务院决定将财政部税务总局改为国家税务局，归口财政部，由国家税务局主管全国税收工作。1991 年，《中外合资经营企业所得税法》与《外国企业所得税法》合并为《外商投资企业和外国企业所得税法》。我国建成了一套内外有别、以流转税为主体、其他税收相配合的新税制体系。

---

① 毛道根主编：《税收管理》，中国海关出版社 2013 年版，第 28 页。
② 郑永海：《我国地方税制的历史沿革与发展探析》，载《当代中国史研究》2002 年第 3 期。
③ 张敬群：《对新中国工商税制几次大的变革的回顾与展望》，载《税务研究》1998 年第 5 期。

其三，中国税制之分税阶段。1993 年，国务院发布《国务院关于实行分税制财政管理体制的决定》，从 1994 年 1 月 1 日起，实行分税制财政管理体制。分税制在税收管理权限方面的主要规定是：全国人民代表大会享有全国统一实行的税种立法权。国务院享有全国统一立法的税种的实施细则制定权；税收行政法规的制定权，以及税收的开征、停征权；全国统一立法的税种的减免权、开征停征权。财政部享有税收行政法规定解释权和实施细则制定权；全国统一立法的税种的实施细则解释权。国家税务总局享有全国统一立法的税种及行政法规实施细则的解释权。省级人民代表大会和政府享有本行政区域内屠宰税的开征、停征权；土地使用税、车船税、房产税实施细则的制定权与解释权；城市维护建设税的起征点，减免税以及在规定的税率幅度内具体适用税率的确定权。分税制改革在税收收入划分方面的主要内容是中央与地方收入的划分。根据事权与财权相结合的原则，按税种划分中央与地方的收入，将维护国家权益、实施宏观调控所必需的税种划为中央税；将同经济发展直接相关的主要税种划为中央与地方共享税；将适合地方征管的税种划为地方税。此后，在保持分税制基本制度内容的前提下又对税收制度进行了许多具体改革，主要包括农业税改革、完善所得税、细化财产税、修订增值税等内容。

其四，中国税制之完善阶段。1994 年分税制改革奠定了与社会主义市场经济相适应的财政体制框架，总体是成功的，分税制调动了中央与地方两个积极性，实现了国民经济的长期持续增长。[①] 但是分税制经过 20 年的实践似乎也遇到了瓶颈，分税制并没有有效地均衡地区间因经济发展不平衡而带来的区域差异[②]，也在一定程度上加剧了地方政府性债务的扩张。[③] 这样的背景下，党的十八届三中全会作出"逐步提高直接税比重"的决定，2014 年 7 月审议通过的《深化财税体制改革总体方案》确立了完善税收制度的任务。我国新一轮税制改革的大幕已经拉开，并在指导思想、形式内容以及实现路径等方面

---

①　刘尚希：《分税制的是与非》，载《经济研究参考》2012 年第 7 期。

②　周飞舟：《分税制十年：制度及其影响》，载《中国社会科学》2006 年第 6 期。

③　韩彬、吴俊培、李淼焱：《我国税制结构经济增长效应研究》，载《上海经济研究》2019 年第 1 期。

都有别于以往任何一次变革。① 此后几年间货物劳务税收入持续大幅下降和个人所得税、社保费收入持续大幅上升。这都是我国推行营改增、实施消费税改革、深化国税地税征管体制改革等一系列税收体制改革后产生的良性后果。

（三）管理体系

其一，税种。每个国家税种的设立都有所不同，设置方法会根据经济形势和社会特征而定。土地和财产税是工业化以前就存在的古老的税种②，演变到现代社会各国最常见的税种有增值税、消费税、营业税、所得税以及房产税。这些税种的重要程度会在不同时期的财政收入比重中体现出来。当前，我国共有增值税、消费税、营业税、企业所得税、个人所得税、资源税、城镇土地使用税、房产税、城市维护建设税、耕地占用税、土地增值税、车辆购置税、车船税、印花税、契税、烟叶税、关税、船舶吨税 18 种。消费税、关税、车辆购置税和船舶吨税属于中央收入，增值税、营业税、资源税、印花税、企业所得税和个人所得税属于中央和地方共享收入，其余为地方收入。

其二，税务机构。2018 年 3 月，中央印发的《深化党和国家机构改革方案》明确要求改革国税地税征管体制，将省级和省级以下国税、地税的机构合并，合并后的部门实行以国家税务总局为主与省政府双重领导管理体制。所以，我国现行的税务系统包括省、自治区、直辖市国家税务局，地区、地级市（自治州）国家税务局，县、县级市国家税务局以及征收分局和税务所。

其三，征管权限。税务机关在执法过程中，必须严格按照税收实体法和税收程序法的规定行使职权，履行职责。③ 根据《深化国税、地税征管体制改革方案》《国务院关于实行分税制财政管理体制的决定》以及相关的法律法规的

---

① 陈晴：《我国新一轮税制改革的理念变迁与制度回应——以税收正义为视角》，载《法商研究》2015 年第 3 期。

② 郭庆旺、鲁昕、赵志耕主编：《公共经济学大辞典》，经济科学出版社 1999 年版，第 446 页。

③ 任晓兰、彭瑞：《我国税收执法权力规范化问题探析》，载《财政监督》2017 年第 10 期。

规定，对我国现行税收征管权限大致可做如下划分：（1）按税种划分中央和地方的收入：将维护国家权益、宏观调控所必需的税种划为中央税；将同国民经济发展直接相关的主要税种划分为中央与地方共享税；将适合地方征管的税种划分为地方税，并充实地方税种，增加地方税收收入。（2）税收实行分级征管，中央税和共享税由中央税务机构负责征收，共享税中地方分享的部分，由中央税务机构直接划入地方金库，地方税由地方税务机构负责征收。（3）地方自行立法的地区性税种，其管理权由省级人民政府及其税务主管部门掌握；属于地方税收管理权限，在省级及其以下的地区如何划分，由省级人民代表大会或省级人民政府决定。（4）除少数民族自治地区和经济特区外，各地均不得擅自停征全国性的地方税种。（5）经全国人民代表大会及其常务委员会和国务院的批准，民族自治地方可以拥有某些特殊的税收管理权。（6）经全国人民代表大会及其常务委员会和国务院的批准，经济特区也可以在享有一般地方税收管理权之外，拥有一些特殊的税收管理权。（7）涉外税收必须执行国家统一税法，涉外税收政策的调整权集中在全国人民代表大会常务委员会和国务院，各地一律不得自行制定涉外税收的优惠措施。由于国税、地税的机构合并会带来税收征管权限的较大变动，税收征管权限、税收征管方式都亟待调整。《税收征收管理法修订草案》已经列入《国务院 2018 年立法工作计划》。①

二、政府收费制度

政府收费，也称行政事业性收费、行政收费。政府收费一直是社会颇为关注的问题。政府公共收入除税收收入、政府性基金等形式的收入，政府收费也是政府公共收入的有机组成部分。1997 年《价格法》时将国家机关收费纳入了价格管理范畴，但当时由于考虑到政府收费现状的复杂性，决定对其暂不作

---

① 国务院办公厅《关于印发〈国务院 2018 年立法工作计划〉的通知》（国办发〔2018〕14 号），通知中明确提出，提请全国人民代表大会常务委员会审议税收征收管理法修订草案（税务总局、财政部起草）。

具体规定，而是授权国务院制定具体的管理规定，进而导致了至今没有出台具体法律，后果就是产生了收费政出多门、体制失衡、法治缺位等一系列的问题。

（一）基本意涵

政府收费本身就是一个比较难以界定的概念，正如圣·奥古斯丁所说："什么是时间？若无人问我，我便知道；若要我向询问者解释，我便不知道。"① 英文中常表示收费的词汇有"rate""charge""fee"等。有些学者从产权角度将政府收费界定为："政府收费本质上是行政主体依法对特定受益者财产权利的强制性剥夺，是行政主体基于公共利益而对特定受益者财产权的合法侵犯。"② 也有些学者以列举的方式将我国政府收费界定为："包括由法律法规设定的各种收费、基金、附加、保证金、有偿使用金、集资、赞助等，名目繁多。"《行政事业性收费标准管理办法》（以下简称《办法》）对政府收费做了更加详尽的规定，《办法》指出政府收费是指国家机关、事业单位、代行政府职能的社会团体及其他组织根据法律法规等有关规定，依照国务院规定程序批准，在实施社会公共管理，以及在向公民、法人和其他组织提供特定公共服务过程中，向特定对象收取的费用。这一概念较为清晰、全面地反映了政府收费的本质和外部表现，它既说明了政府收费的目的，也理清了政府收费的范围。前文已经提到政府收费和税收是政府财政收入的主要来源，两者都是依据法律授予的强制性剥夺了公民、法人、其他组织的特定财产权。但两者也有明显的差异，税收会由国家统征，没有行政委托，并用于财政支出，满足公共需要；纳税人不会从自己缴纳的税额里直接受益。政府收费则用于特定的用途，征收主体多样，具有对应的服务性质，缴费人能够直接从自身缴纳的费用获取利益。

---

① ［英］哈特著：《法律的概念》，张文显等译，中国社会大百科全书 1996 年版，第 15 页。

② 江利红：《论行政收费权与公民财产权之界限——行政收费范围研究》，载《财产权与行政法保护——中国法学会行政法学研究会 2007 年年会论文集》，2007 年 9 月。

（二）法律属性

国家在收税之外，为什么还可以向公民、法人和其他组织收费？这实际上涉及的就是政府收费的法理基础问题。① 亦即政府收费的性质到底是什么？"政府收费其本质是对相对人合法财产所有权的剥夺，具有国家强制性、单向性和临时性。"② 政府收费的性质集中体现在政府收费权与公民财产权两者之间的关系上。政府收费作为履行行政管理权的一种具体方式是行政机关干预市场的方式，行政机关通过干预市场来实现市场自身调节资源配置与政府协助调节资源配置的平衡。这就意味着政府收费如税收一样也是一种利益分配的手段，即缴费人能够直接从自身缴纳的费用中获取利益，同时也是他为占有或享有相应的资源服务而付出的代价。

（三）类型

政府收费名目繁多，大致有七大类③：（1）以筹集建设资金为目的的各类建设费、附加费和基金；（2）以保护自然资源为目的的收费；（3）以保护环境为目的的收费；（4）以发展教育为目的收取的各类附加费、基金；（5）以价格干预为目的的附加在价格上的各类收费；（6）以发展社会保障事业为目的的各种收费；（7）以弥补机关经费不足为目的而收取的各类管理费。

（四）收费的设定与执行

长期以来，超越职权设立收费项目、随意扩大收费范围、任意提高收费标准、收费收支不公示等政府收费乱象一直是社会难以根治的顽疾。④ 导致"收费乱"的前提原因是政府收费设定权的混乱，导致"收费乱"的过程原因是

---

① 章剑生：《行政收费的理由、依据和监督》，载《行政法学研究》2014 年第 2 期。
② 江国华著：《中国行政法（总论）》，武汉大学出版社 2017 年版，第 213 页。
③ 江国华著：《中国行政法（总论）》，武汉大学出版社 2017 年版，第 213 页。
④ 江利红：《如何祛除行政乱收费"病根"》，载《中国纪检监察报》2014 年 5 月 23 日，第 8 版。

政府收费的实施与适用混乱。政府收费的设定是政府收费最为核心的问题，是一切政府收费的起点，也是实施收费、进行收费监督以及解决收费争议的依据。① 不论是对政府收费的设定进行研究，还是要对其进行立法规范，首先应当对现有的政府收费项目的设定现状有一个清楚的认识。否则，这样的研究或者立法就失去了方向。② 目前，法律行政法规进行行政设定事业性收费的比例小，而规章和行政规范性文件则占了大半。

其一，法律。从理论上来说，所有法律对政府收费均可作出原则性规定③，在立法实践中由法律直接设定的收费项目却极其有限，也有一些学者主张，政府收费属于我国《立法法》第 8 条第 7 项规定的"对非国有财产的征收"的法律保留事项。④ 现行由法律设定的收费事项主要有《物权法》的"不动产登记费"，《水污染防治法》的"污水排污费"和"污水处理费"，《公路法》的"车辆通行费"和《商标法》的"商标注册收费"等。

其二，行政法规。国务院可以根据实际需要制定或批准制定的行政法规可以设定不同法律相抵触的政府收费项目。如《城市道路管理条例》中设定的"城市道路占用、挖掘修复费"；《无线电管理条例》设定的"无线电频率占用费"；《城市市容和环境卫生管理条例》设定的"城镇垃圾处理费"等。

其三，地方性法规。省人民代表大会及其常务委员会以及设区的市的人民代表大会及其常委会可根据本区域的具体情况和实际需要，在不同宪法、法律、行政法规和其他上位法相抵触的前提下设定政府收费。

其四，国务院部门规章。并不是所有的国务院部门规章都能设定政府收费。中央国家机关、事业单位、代行政府职能的社会团体及其他组织申请设立收费项目，应当向财政部、国家发展改革委提出书面申请，由财政部、国家发

---

① 应松年主编：《行政法与行政诉讼法（上）》，中国法制出版社 2009 年版，第 358 页。

② 申海平：《谁在设定行政收费项目？——基于 318 项行政收费设定依据和主体的实证研究》，载《华东理工大学学报（社会科学版）》2016 年第 4 期。

③ 姜晓萍主编：《行政法学》，四川大学出版社 2009 年版，第 102 页。

④ 应松年：《〈立法法〉关于法律保留原则的规定》，载《行政法学研究》2000 年第 3 期。

展改革委审批。①

其五，地方政府规章。在地方政府规章中，也只有省人民政府根据法律、行政法规和省人民代表大会及其常务委员会制定的地方性法规所制定的规章才能设定政府收费。

其六，行政规范性文件。大多数政府收费项目都是依据规章以下的行政规范性文件征收的，② 其原因主要是源于《行政事业性收费项目审批管理暂行办法》第8条和第9条的规定。③ 目前通过行政规范性文件设定的政府收费正在被大范围撤销，自2013年以来，国务院及部门围绕简政放权出台了一系列取消、清理政府收费政策文件。2017年对全国性及中央部门的收费项目进行了全面清理，取消或停征了共41项收费项目。④

各种政府收费设定之后均要付诸实施，但不是所有的行政主体有权征收政府收费项目，它必须由法律直接规定的享有收费权的行政主体或者是被授权的主体实施。根据《价格法》《行政事业性收费标准管理办法》《政府非税收入管理办法》的相关规定，政府收费由中央和省级价格、财政部门进行主管，其

---

① 胡建淼著：《中国现行行政法律制度》，中国法制出版社2011年版，第160页。

② 申海平：《谁在设定行政收费项目？——基于318项行政收费设定依据和主体的实证研究》，载《华东理工大学学报（社会科学版）》2016年第4期。

③ 《行政事业性收费项目审批管理暂行办法》（以下简称《办法》）第8条规定："中央国家机关、事业单位、代行政府职能的社会团体及其他组织（包括中央驻地方单位，以下简称中央单位）申请设立收费项目，应当向财政部、国家发展改革委提出书面申请。"第9条规定"省级国家机关、事业单位、代行政府职能的社会团体及其他组织（以下简称省级单位），省以下国家机关、事业单位、代行政府职能的社会团体及其他组织（以下简称省以下单位），申请设立一般收费项目，应当向省、自治区、直辖市财政、价格主管部门（以下简称省级财政、价格主管部门）提出书面申请……省以下单位申请设立重要收费项目，应当向省级财政、价格主管部门提出书面申请，由省级财政、价格主管部门审核后报省级政府批准。"由于这部《办法》赋予了过多单位的行政事业性收费设定权，这就直接导致了行政事业性收费方面的规范性文件井喷。该《办法》的规定后被2018年颁布的《行政事业性收费标准管理办法》第4条所吸收。

④ 数据来源财政部官网：《财政部、国家发展改革委关于清理规范一批行政事业性收费有关政策的通知》，载中华人民共和国财政部：http://www.mof.gov.cn/mofhome/shuizhengsi/bgtZaiXianFuWu_1_1_11/mlqd/201703/t20170323_2563261.html，最后访问时间：2019年7月28日。

中财政部门负责收费项目的管理，价格部门负责收费价格的管理。根据行政主体收费权的来源不同，可以将政府收费的主体分为职权收费主体和授权收费主体。前者是指依法具有政府收费职权的行政机关，后者是指经法律、法规、规章授权而行使收费职权的企事业单位、社会团体等其他组织。① 在我国，享有政府收费职权的主体非常广泛，几乎所有的行政机关和履行公共管理职能的组织都拥有一定的政府收费权。

三、政府税收制度改革

政府税收制度改革是通过税制设计和税制结构边际改变来增进社会福利的过程。我国财税体制改革的一大特点，就是它始终作为整个国家体制机制改革的一个重要组成部分，始终与国家体制机制改革捆绑在一起，并服从、服务于国家体制机制改革的需要。② 中华人民共和国成立以来，随着我国对社会主义经济体制的不断探索，我们也在不断推进税收制度改革以适应中国特色社会主义经济建设的需要。③ 十九大报告明确提出，要加快建立现代财政制度，深化税收制度改革，健全地方税体系。这是建立现代化经济体系对政府税收制度领域提出的总体要求。

（一）基本原则

《中共中央关于全面深化改革若干重大问题的决定》明确提出要"落实税收法定原则"，这体现出税费改革的法治化方向；同时，平等与公正是社会主义法治的最重要的价值，是人民获得感、幸福感、安全感的重要依托，这体现出税制改革的公平化方向；当前征收体制主体由税制组成④，提高征收效率可

---

①　应松年主编：《当代中国行政法》（第二卷），人民出版社 2018 年版，第 1646 页。

②　高培勇：《中国财税改革 40 年：基本轨迹、基本经验和基本规律》，载《经济研究》2018 年第 3 期。

③　马海涛、肖鹏：《中国税制改革 30 年回顾与展望》，载《税务研究》2008 年第 7 期。

④　姜明安主编：《行政法与行政诉讼法》，北京大学出版社、高等教育出版社 2019 年版，第 262 页。

以增加收集资金的速度，这体现出税制改革的效率化方向。

其一，税收法定原则。税收与其他财政收入的一个最大不同，就是它的征收依据不是国有经济的所有权，而是国民授权的法律。① 税收法定主义是税法至为重要的基本原则，它是民主原则和法治原则等现代宪法原则在税法上的具体体现，对于保障人权、维护社会公益可谓举足轻重，不可或缺。② 税收法定原则可以理解为国家征税只有通过立法机关的法案。③ 按照税收法定原则的要求，当前税制改革最迫切的任务就是要加快税收统一立法的步伐。

其二，税收公平原则。税收公平原则是指国家在征收税收过程中，需要促使不同纳税人的税负与其纳税能力相符合。同时，国家也要促使纳税人之间的负担水平始终维持在一个平衡状态下。④ 公平税负是市场经济对税收制度的一个基本要求。⑤ 税收公平原则主要体现在两方面：第一方面强调纳税能力相同的人，缴纳税费的数额也应基本相同；第二方面强调使用不同的课税标准对待收入不同的人。以个人所得税中的生计扣除为例，在对个人生计费用进行扣除的过程中不仅需要对纳税人的日常花销进行衡量，还需要考虑个人为家庭日常支出所做的花销。如：子女在不同成长阶段的教育费用、用于老人残疾家属的赡养费用等多方面费用。在扣除计生费用过程中有关部门可以参考美国相关规定的要求，对纳税人的范围进行动态的调整修改。

其三，税收效率原则。税收效率原则是当代三大税收基本原则之一。税收效率原则的含义为通过提高资源的利用效率，通过降低运行成本的方式来提高

---

① 曹钦白：《从"以法治税"到"依法治税"》，载《中国财经报》2018 年 12 月 4 日，第 6 版。

② 张守文：《论税收法定主义》，载《法学研究》1996 年第 6 期。

③ Alekaw Assefa Dargie, "Legality Principle of Taxation in Ethiopia: At the State of Porosity or its Non~Existent from Inception", *Social Science Electronic Publishing*, 2016, p. 1.

④ 龚慧：《从税收公平原则解析个人所得税改革》，载《财经界》2019 年第 8 期。

⑤ 邵明、赵守贵：《论社会主义法与利益分配正义》，载《法商研究》1995 年第 5 期。

税收的效率，并通过税收分配促使资源合理有效的配置。[1] 税收效率原则在经济学界的核心意思主要有二：一是要求税收的管理成本和纳税遵从成本最小化；二是超额负担最小化。[2] 也就是强调尽量使税收对资源的配置和使用中所造成的福利损失和效率损失最小化，同时发挥税收对提高资源配置效率的作用。

（二）要素优化

在税收法定原则的约束下，成文的税法通过由谁征税、向谁征税、征多少税、怎样征税等规则来制定政府征税与个人纳税之间的权利义务关系。可见，税制要素是征税制度最基本的构成单位，也是征税制度合法性的来源。为进一步发挥税制对经济发展的杠杆作用，要慎重抉择税种、税率及纳税人等税制要素，以实现各种税收内部构成要素及不同种税收构成要素的优化。

其一，税种选定。任何税种的立法都应首先明确税种的开征或存续是否必要。这个话题虽然较为沉重，但确实不容回避。[3] 按照现行税收制度，中国共有 18 个税种，而以美国印第安纳州为例，该州开征税种数目多达 60 个，日本的全国性征税也有 50 多种。一个国家的税种到底多少才合适呢？由于历史文化不同和政治经济体制的差异，各国并没有完全统一的税种选择标准。中国目前的税种从结构优化的角度看仍有改革空间，例如在现有税种中以房地产为征税对象的税种多达 6 种，包括土地增值税、城镇土地使用税、耕地占用税、房产税、城市房地产税、契税，如此重叠的税种设计存在重复课征和税负不公的现象。因此，在改革税收制度时对税种自身的结构优化也应被包括在其中。总之，对某个税种的存在或某个税种立法是否具有必要性的判断，直接关乎整个

---

① 朱易：《税收效率原则在企业所得税中的体现及其思考》，载《财经界》2013 年第 6 期。

② 孙玉霞：《论以税收公平和效率为旨归的税制改革与优化路径》，载《经济参考研究》2014 年第 9 期。

③ 张守文：《税制改革与税收立法的完善——以烟叶税为例》，载《法学杂志》2018 年第 3 期。

税收体系或税法体系的内部结构，所以应该特别慎重。

其二，税率设计。税率是应纳税额与征税对象数额（量）之间的比例，它是计算应纳税额和衡量税负轻重的标准和尺度，是税收的一个核心要素。每个税的税率高低变化，必然引起纳税人税负水平的变动，从而使税负由平衡到不平衡或由不平衡到平衡。通过合理设计税率结构能够起到调节征税客体平衡的作用。以养护森林生态为例，对消耗森林生态资源的企业必须课以森林生态环境维护税，以减少其利润。其消耗越大，课税越重，迫使其合理补偿生态效益。这是符合谁收益、谁补偿的公正原则的。在设计税率时，需注意以下两点：首先是税率高低问题。税率过高，会抑制社会生产活动；税率过低，又不能筹到足够的资金，或不能有效地抑制资源消耗活动。其次是税率期限问题。税率通常是依靠参考物计量求得，而参考物常随着社会环境的变化而变化，因此需要及时加以调整，这也是确保税收保持良好调节效应的重要条件。

其三，纳税环节。税收所要考察的是"取之于民、用之于民"的财产在国家共同体内的流转过程。[1] 国家无论课征何种税收，都必须明确规定具体的纳税人。[2] 作为纳税人的单位是指机关、团体、事业单位、企业等非自然人的实体组织或其下属部门；作为纳税人的个人必须是自然人，自然人是能以自己的名义独立享有财产不同的税种的纳税人。由于纳税人的负税能力都有差别，就会形成纳税人地位有别的纳税主体结构。比如，在确定了一定的税率之后到底是以自然人为纳税主体还是以企业为纳税主体会对税制产生很大影响。以自然人为主要征税对象会形成以所得税为主体的征税结构；以企业为主要征税对象则会形成以流转税为主体的征税结构。征税的主体来源不同，税收制度进一步优化的基础和方向也就会不同。

总而言之，除以上税收要素以外，还应有税源、征税价格、征税计价、纳税期限等多种要素的考虑，但由于每种税收造成的不同而导致这些要素差异巨

---

① ［美］史蒂芬·霍尔姆斯、凯斯·R. 桑斯坦著：《权利的代价：为什么自由依赖于税》，毕竞悦译，北京大学出版社 2004 年版，第 95 页。

② 马海涛著：《中国税制》，中国人民大学出版社 2015 年版，第 5 页。

大，故不再单独介绍。

（三）结构优化

我国是单一制国家，因此不能像联邦制国家一样将税权整体下放到地方政府，否则会导致中央政府事权和财权的流失。我国税制改革的重点是建立一种适应国情，同时吸收有益经验的税制。这种税制改革应兼顾以下几点：一是要遵循税收法治原则，尊重税法的权威；二是要慎重抉择税种、税率及纳税人等税制要素；三是要促进政府事权与财权的匹配。因此，其形式既有税种的出台、废弃及其搭配组合的变化，又有征税对象、税目税率和税收优惠等要素的调整等。①

其一，税权结构优化。税权划分是一个直接影响税收治理能力现代化的关键性问题，合理优化税权划分，有利于切实保障我国财税体制改革的顺利实施。② 在税收立法权划分上，从保护公民财产权，推进税收法治的立场出发，明确规定国家在没有法律依据或者是在未获纳税人事先同意的情况下不得征收赋税，是有其必要性的。③ 故需要将税收的立法权集中在立法机关手中，凡新设税种必须通过全国人民代表大会及其常务委员会来制定税法，并尽快将现有的税收暂行条例全部通过人大立法的形式上升为税收法律。以房地产税为例，根据目前房地产市场运行的实际情况，房地产税的推行只能先行试点。但是，房地产税作为一种基本税种同样要遵守法律规定和正当法律程序，严格依据《立法法》第8条的规定，不能简单以"试点"原因而违反《立法法》的法律保留原则。房地产税涉及的税收征管对象有几亿人，牵动亿万民众之心，赋税种类的增加更是直接关系每个国民的利益，所以房地产税的立法工作一定要广泛听取民意，吸收各方意见，进行科学论证，而不

① 王曙光著：《财政税收理论与政策研究》，经济科学出版社2015年版，第266页。
② 杨晓萌：《提升税收治理能力视角下的税权划分优化》，载《税务研究》2018年第4期。
③ 袁明圣：《税收法定原则在中国：收回税收立法权没有时间表》，载《江西财经大学学报》2014年第4期。

是在各个地方直接出台地方性法规推广新税种。从税收执法权划分协调配合视角上看，要明确财政机关、税务机关、海关的税收执法权限范围。财政机关税收主要职责是拟定、执行税收的发展战略、中长期规划、改革方案和其他有关政策，故它不能直接干预税收征管。海关总署的主要职责之一是组织实施进出口关税和其他税费的征收管理，所以要注意两者在商品进出口环节税收征管的协调。同时要创建税收执法机构之间的纳税信息数据交流平台，实现纳税执法信息的共享。从税收司法权的角度来看，要加强税收司法权行使的专业性，建立专门的税收司法组织，强调法院在税收司法审查、司法解释中的权力，使其在税收法治建设中发挥应有的作用。① 另外，还可以考虑在人民法院内部单独设立税务法庭。

其二，税种配置优化。在税种收入的配置上，既要达到增强中央财力的目的，又要达到增强地方政府履行职能所需财力的目的。政府间税收收入划分应达到效率和公平标准的均衡。② 所谓"效率原则"，主要是指根据征税效率的高低划分中央政府与地方政府的税收。比如，个人所得税具有很强的收入再分配性质，只有划归中央政府，才能在全国范围内发挥其对收入分配公平的调节作用。另外，自然资源在各地区分布不均衡，资源税的管理权也应该归属中央政府，否则税负的地区间转移会造成不公平。所谓"公平原则"，主要是指将有些税种留存以增强地方政府履行职能的财力。比如，房产具有固定性、地区价格差异大的特点，故可将房产税作为地方税的主体税种。同时基于环境的治理责任的收益差别可以将环境保护税作为地方性税种。同样，也可以将遗产税划归给地方政府管理。

其三，税收征管体制改革。2018 年 3 月，中央印发的《深化党和国家机构改革方案》要求改革国税地税征管体制，将省级和省级以下国税地税的

① 张言民、鲁红云：《税收司法权的困境及其选择路径》，载《云南社会主义学院学报》2012 年第 1 期。

② 霍军：《中央与地方税收收入划分的中外比较研究》，载《经济研究参考》2015 年第 8 期。

机构合并，合并后的税务部门实行以国家税务总局为主与省政府双重领导管理体制。① 分税制改革税收征管以后一直是实行的两套税务机制。从多年实践来看，其积极效果并不理想，甚至产生了很多负面作用，集中表现在以下几个方面：一是税收执法不统一、不规范，地方政府对地税干预过多，管得过死，地方政府对国税无法管，导致两方反差巨大；二是国税、地税分税在征收管理方式方法上有很大差异，加上以前立法工作对于国税、地税之间在征管范围的划分上本来就不够清晰，这进一步削弱了税收征管的力度和效果；三是机构庞大、结构复杂、人员冗余，如 1994 年分税制改革后全国税务机构增加了近一倍，税务公务人员也迅速上升。因此，此次国税地税机构合并不仅有利于降低征纳成本、理顺职责关系、提高征管效率，更有利于为纳税人提供更加优质高效的服务。② 当然，此次合并也可能产生一些新的问题：一是可能破坏多年来中央与地方形成的税收权责范围的稳定局面，中央与地方事权的划分可能面临挑战；二是中央与地方的税收收支如何进一步调整也成了一个亟待解决的问题，由于各地区的财政收支差异大，因此很难统一划定全国通行的收支标准。

四、政府收费制度改革

政府收费制度产生了许多问题，这些问题实质上是行政权力的过度使用和制度建设落后产生的鸿沟所导致的。由于立即撤销或停止全部政府收费是不现实的，政府收费有存在的必要，故现存的收费需要更加严格的约束。这就需要加快政府收费统一立法进度③，实现对政府收费的范围、权限、程序的全方位监督。目前，政府收费改革当务之急是要重点完成以下任务。

---

① 《国税地税机构合并是进一步税制改革的开始》，载《21 世纪经济报道》2018 年 3 月 15 日，第 1 版。

② 张斌：《国税地税机构合并为契机推进税务组织体系现代化》，载《税务研究》2018 年第 5 期。

③ 应松年主编：《中国当代行政法》，人民出版社 2018 年版，第 1648 页。

（一）统一立法

任何一项规范化的行政行为皆建立在完善的法律体系之上，对政府收费的管理也不例外。健全的政府收费法律制度是保障合法收费、减少收费乱象的前提，也是约束收费行为的保障。

其一，立法原则。通过立法要明确政府收费遵循的几个原则：一是收费法定原则。政府收费的设定需要法律的明确规定。目前，我国政府收费的设定呈现较为混乱的状态，根据行政收费法定的理念，法律和地方性法规均可以创设行政收费，因为其制定主体是人民代表大会或其常务委员会；行政法规也可以创设行政收费，这是由行政法规在我国法律体系中的地位作用决定的，同时也是由"税""费"的本质区别决定的。至于规章以下的规范性文件则不宜创设行政收费。① 二是收费公平原则。政府收费的公平原则是"谁缴费谁受益"理念的具体化，政府提供公共服务的受益人应当承担该服务的成本，同时，承受能力较强的人要担负起使用大量资源与服务的使用费。政府收费的总成本应当与提供服务的成本、收取费用的成本、执行该服务的成本基本持平。三是收费效率原则。政府收费也要遵循效率原则，政府收费能弥补政府付出产出要素的成本，政府通过对特定受益人征收相应的服务成本来限制整体社会对于政府服务的需求量，从而保证政府服务能够用于相对高产的地方，也为受益人使用资源效率最大化指明方向。

其二，立法体系。与政府收费的乱象形成强烈反差的是税收的统一有序征管。由于每个税种都有全国人民代表大会（常务委员会）制定的法律进行统摄，在征税过程中税务机关被赋予了强制执行力，税收法律也规定了税务机关的法律责任，赋予了纳税人权力和获取救济的途径，从而保障了税收的高效有序征管。然而，政府收费一方面缺乏强制执行权，面对被征收人的不配合行为，只能束手无策；另一方面由于没有统一的法律来规定征费机关的法律责任，被征收人的合法权益难以获得有效救济。为了更有效地规范政府收费的管

① . 江国华著：《中国行政法（总论）》，武汉大学出版社 2017 年版，第 213 页。

理行为，建议尽快制定《政府收费管理法》，提高政府收费管理的法律层级和权威性。各省市再依据《立法法》并结合本地实际制定出地方性法规及规章，清理废止关于收费的规范性文件，最终形成层次分明的政府收费管理法律法规体系。

其三，立法听证。政府收费涉及公众切身利益，其立法应引入听证制度。《立法法》《行政法规制定程序条例》《规章制定程序条例》皆明文规定将听证制度作为法律法规制定的必要程序之一。由于收费事项直接关系到公民的财产权，因此是否应当使用行政收费去满足行政机关的特别支出以及在哪些领域可以设定行政收费、收费的标准、对象范围等关系着公民切身利益的问题，在设定行政收费时，立法机关以及相关行政机关需要听取利害关系人的意见，并给予相对人发表自己意见和建议的机会以及权利，使公民能够参与到国家的立法活动，设定公民能够接受的行政收费制度。

（二）项目规控

我国现行政府收费总额过大，名目繁多，应当采取措施整顿现有政府收费项目，严格执行收费项目目录制度，完善政府收费的专项审批制度，制定科学的政府收费项目收费标准。

其一，项目清理。政府收费项目的选择直接决定了后续的执行活动，应当将一批没有法律依据，设置不合理，影响经济社会发展及妨碍社会公平公正的政府收费项目进行清理。实践中，我国基本上具有行政管理职权和公共服务职能的部门都设有收费项目，有些甚至不提供直接的服务也进行收费。在理论上，政府只有行政收费的执行权而没有设定权。① 在美国，代表民意的州议会在收费立法的制定和出台中严密监督政府的每项工作，并对所见的一切进行议论，实现了代议机构以权力制约权力的天职。② 因此，政府现有的一些收费项目必须加以清理，尤其是基层政府以行政规范性文件设定的一些收费项目，以

---

① 马志毅著：《中国行政收费法律制度研究》，中国金融出版社 2014 年版，第 67 页。
② ［美］威尔逊著：《国会政体》，熊希龄译，商务印书馆 1986 年版，第 167 页。

体现政府收费服务性与相对人的受益性相符的特征。

其二，专项审批。在设置行政收费时，对于具体的收费项目需要同时设定收费的审批部门，通过专项审批而明确收费主体、收费依据、收费名称、收费项目、收费范围、收费标准等。以资源环境类收费为例，资源环境类收费规则十分不完善，资源被大量无偿或廉价使用，生产生活对环境的污染破坏无法得到治理和补偿。污染物排放收费标准过低，垃圾处理费在大部分城市更是无法回本，污水处理费征收标准也偏低。所以在设置政府收费时要设定政府收费专项审批部门，通过专项审批部门将《政府收费标准管理办法》等规范的内容进行细化，明确收费范围、收费依据、收费标准，并以此作为行政收费主体实施行政收费的权限依据和凭证。

其三，项目许可。政府收费项目许可是指政府收费经财政、价格主管部门进行立项审批后，收费主体以收费批准文件向价格主管部门申领项目许可证，实施政府收费。该项目许可证具有一种公示功能，它是政府机关进行合法收费的依据，也是对政府收费主体进行控制和监督的一种制度。对无许可证却进行收费的政府主体，任何组织或者个人均有权拒绝缴纳相关费用。

（三）征收管理

政府收费管理机制一直是政府收费制度改革中比较薄弱的领域，建立健全一个良性的政府收费管理机制是当前急需解决的问题之一。政府收费的管理与使用同政府收费主体的潜在收益密切相关。如果对政府收费实行收费单位自收自配的话，那么它无疑会增加政府收费单位扩大收费项目、提高收费水平的欲望。因此，有必要进一步完善政府收费征收管理机制。

其一，纳入预算。政府收费占财政收入比例较小，但仍要纳入财政预算，这是加强预算外资金管理的有效方式。2014年新修订的《预算法》规定了政府的全部收入和支出都应当纳入预算，即"全口径预算管理"。这意味着包括政府收费在内的所有政府收入都要纳入预算管理。贯彻落实政府收费"全口径预算管理"将有利于消解随意设立收费项目，扩大收费范围，违反收费标准等难题。

其二，税收替代。我国政府收费项目复杂，许多时候收费项目还不能够真正地实现行政收费的目的，必须要加快"费改税"的步伐，选择那些收费规模较大、收入来源稳定、涉及面较广、受益面较宽、具有连续性和持久性的收费，将其大部分并入现行税制结构中，或对现行税种进行重组、扩充，尽可能简化税制结构，避免税种过多，增加纳税人负担；将少部分不能合并，且具有独立性质的收费，设置为新税种，以规范其征收行为。同时，应当将经营性收费与行政收费区分开，按照各自不同情况采取相应的管理方式。对竞争充分的领域应该放开，由市场形成价格。①

其三，信息公开。行政事务公开透明是法治政府的基本特征，收费目录清单将现行收费管理存在的问题公之于众，体现了政府推进收费体制改革的决心与担当，也为深化政府收费改革指明了方向。我国《政府信息公开条例》规定，县级以上各级人民政府及其部门在各自职责范围内确定主动公开政府信息，内容包括"政府收费的项目、依据、标准"②。要实现以上目标首先应将行政收费的项目列入一个向社会公开的目录中③，未列入该目录的行政机关不得收取费用④，并结合当前大数据"互联网+"的社会背景，加强政府网站的互动性，建立收费目录清单定期发布机制。⑤ 收费目录除了要在报刊公布以外，还应在行政机关备份以供公众查阅。⑥ 在目录清单公开的内容基础上进一步增加公开公众普遍关注的信息，包括每项收费的年收费总金额、管理服务支

---

① 江利红著：《行政收费法治化研究》，法律出版社 2017 年版，第 164 页。

② 潘铎印：《治理行政乱收费应加强信息公开》，载《中国审计报》2005 年 10 月 21 日，第 1 版。

③ 许多省份已经开始实施行政事业性收费目录清单制度。以湖北省为例，湖北省财政厅公布的收费目录包含部门、收费项目、资金管理方式、政策依据等要素，但是它对每笔收费项目的去向只做了简单介绍。因此，我们认为这是不够的，行政事业性收费的主管部门应将每笔收费项目按照收费名称、收费机关、许可证编号、收费事项、收费负责人等要素进一步建立目录并向社会公开。

④ 章剑生：《行政收费的理由、依据和监督》，载《行政法学研究》2014 年第 2 期。

⑤ 王敬波、李帅：《我国政府信息公开的问题、对策与前瞻》，载《行政法学研究》2017 年第 2 期。

⑥ 江利红著：《行政收费法治化研究》，法律出版社 2017 年版，第 168 页。

出金额、财政拨付给收费部门的专项资金总额。还要保证新闻媒体的依法介入，各种新闻媒体在遵守法律的前提下，依据客观事实对行政收费行为的各项活动进行全程地报道、介绍和评论等。①

第二节 政府预算体制

政府预算是指经法定程序审核批准的国家年度集中性财政收支计划，是国家有计划地集中和分配资金，调节社会经济生活的主要财政手段。② 政府预算规定了国家财政收入的来源和数量、财政支出的各项用途和数量，反映着整个国家政策、政府活动的范围和方向。因此，政府预算是从宏观上对国民经济和社会发展计划的实现发挥作用，成为财力上保证国家职能实现的重要分配工具和经济杠杆，是国家的基本财政计划。③ 政府预算包括预算收入和预算支出两部分。调整政府预算法律关系的基本法是《预算法》，但整体的预算法源还包括国家权力机关和政府有关部门发布的各种有关预算的法律、行政法规、规章和规范性文件等。我国政府预算体系是与我国政权结构和行政区域的划分相适应的（如图7-1所示）。《预算法》规定，国家实行一级政府一级预算。由此，我国政府预算体系由中央预算和地方预算两个环节，中央、省、市、县、乡五个级次所构成。在这个体系中，预算在中央的统一领导下，实行中央和地方预算的分级管理。

一、政府预算的意涵

预算是财政体制发展到一定阶段的产物，世界上许多国家都制定了专门的

---

① 邵焕：《地方行政收费的法律控制——从法律控制论的视角出发》，载《湖北警官学院报》2013年第7期。

② 李昌麒主编：《经济法学》，法律出版社2008年版，第438页。

③ 刘邦驰、王国清主编：《财政与金融》，西南财经大学出版社2016年版，第165页。

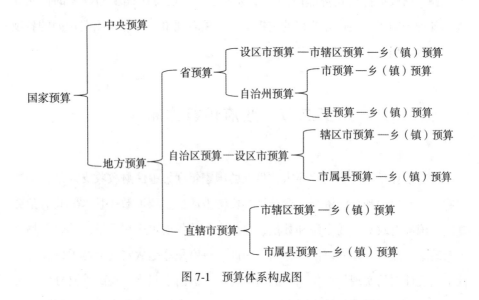

图 7-1 预算体系构成图

预算法或具有普遍约束力的预算法律。我国十分重视预算领域的立法，中华人民共和国成立时规制预算的法规就已经诞生。《中国人民政治协商会议共同纲领》明确规定了要建立国家预算、决算制度。经过多年的预算改革，中国新的预算制度已经初具格局，预算行为的规范性逐渐增强。①

（一）政府预算之特征

在一般意义上，政府预算之特征主要包括：（1）年度性，即任何国家所制定预算的效力一般仅限于某个时段内，如1年、5年等，各国通常将1年规定为政府预算的时间跨度单位。我国的财政年度与公历年度是一致的，各级人民代表大会召开的时间一般在每年的3月份，这样在预算批准与预算执行之间其实存在一个时间差。② （2）法定性，即预算是国家依照《预算法》的规定

---

① 马骏、牛美丽：《重构中国公共预算体制：权力与关系——基于地方预算的调研》，载《中国发展观察》2007年第2期。

② 张廷松：《关于提高预算时效性问题的探讨》，载《地方财政研究》2005年第2期。

进行规范性法律文件创制的结果，若需要进行调整或变更必须根据《预算法》及其实施条例进行，任何单位和个人都无权更改。一个基于现代法治的公共预算体系需要在国家制度和法律规范的框架下运作，其核心是政府编制预算的过程必须符合国家现行的法律制度。① (3) 阶段性，即任何预算的制定都要按照一定阶段进行，各国制定预算工作的具体过程一般包括编制、执行、决算三个步骤。(4) 公开性，我国《政府信息公开条例》第 10 条规定，国家预算的收支情况应向全体公民公布；预算的公开性是政府预算的基本属性，政府预算向公众公开是世界各国的普遍实践。政府预算公开、透明，就是为了让公众了解政府资金的来源、去向，效益等。② (5) 预见性，即国家财政计划的制订和实施一般依据往年的经济信息作出下一年度的财政收支规划，因此国家财政计划是否平衡在很大程度上取决于对预期财政收支情况把握得是否准确。③

（二）政府预算之分类

基于不同的标准或根据，政府预算可以分为不同类型。

其一，以预算收支对象的不同为标准，政府预算可分为一般公共预算、政府性基金预算、国有资本经营预算、社会保险基金预算。其中：(1) 一般公共预算收入以政府依法取得的税收收入为主体，主要安排用于保障和改善民生、推动经济社会发展、维护国家安全、维持国家机构正常运转等方面的收支预算。④ (2) 政府性基金预算是对依照法律、行政法规的规定在一定期限内向特定对象征收、收取或者以其他方式筹集的资金，专项用于特定公共事业发展的收支预算，其应当根据基金项目收入情况和实际支出需要，按基金项目编制，做到以收定支。(3) 国有资本经营预算是对国有资本收益作出支出安排的收支预算，国有资本经营预算应当按照收支平衡的原则编制，不列赤字，并

---

① 韩福国、桑玉成：《从政府内部预算走向公共预算——筑牢法治，参与和技术的"三角基石"》，载《中共中央党校学报》2017 年第 5 期。

② 王国清、马骁、程谦主编：《财政学》，高等教育出版社 2010 年版，第 282 页。

③ 李昌麒主编：《经济法学》，法律出版社 2008 年版，第 439 页。

④ 叶姗：《一般公共预算收入预期之实现》，载《税务研究》2015 年第 1 期。

安排资金调入一般公共预算。目前，竞争性、商业性领域的国有企业依旧存在并进行着投资经营活动，与非国有经济进行着同样的市场竞争。基于这类国有企业的商事本质，在进行经营预算时就应以经济效益为指导……基本目标是国有资本总体上的保值和增值。① （4）社会保险基金预算则是对社会保险缴款、一般公共预算安排和其他方式筹集的资金，专项用于社会保险的收支预算，应当按照统筹层次和社会保险项目分别编制，做到收支平衡。

其二，以预算制定和实施主体的不同为标准，政府预算可分为中央预算和地方预算。其中：（1）中央预算是经法定程序批准的中央政府的财政收支计划。它由中央各部门的预算组成，并包括地方向中央上解的收入数额和中央对地方返还或者给予补助的数额。中央预算所组织的收入主要用于保证国家安全、外交和中央国家机关运转所需经费，调整国民经济结构，协调地区发展，实施宏观调控所必需的支出以及中央直接管理的事业发展支出。（2）地方预算是各级地方政府财政收支计划的统称。从省、自治区、直辖市级到乡、民族乡、镇级所建立起的预算都属地方预算，地方各级政府预算由本级各部门（含直属单位）的预算组成。"一级政府一级预算"的确立，地方获得了独立的预算权。但是，能够编制、审批和执行预算，仅仅只是一种形式上的独立性，并不意味着地方对于收支有独立的决定权。②

其三，以过去财政收支状况是否纳入新预算计划之内为标准，政府预算可分为增量预算和零基预算。其中：（1）增量预算是指财政收支计划指标在以前财政年度的基础上，依照新的财政年度发展情况加以调整之后确定的。它以先前的财政收支状况为标杆，基于经验的理性对未来财政收支进行预期判断，在一定程度上简化了预算的工程量，从预算效率的价值角度来看是值得推崇的；但面对预算制定程序和操作的精确化要求，其适用空间大为受限。（2）

---

① 柳华平著：《中国政府与国有企业关系的重构》，西南财经大学出版社 2005 年版，第 254 页。

② 熊伟：《财政分税制与地方预算自主权》，载《武汉大学学报（哲学社会科学版）》2015 年第 3 期。

零基预算是从 20 世纪 60 年代末期开始，是由美国的私人企业预算发展而来的。① 零基预算是指财政预算计划指标的确定仅以社会经济发展规划为依据，其优点表现在没有固定单一的模式限制，也不受现行预算执行情况的约束，各级编制预算机构都被赋予了一定的权力。② 零基预算根据合理性、重要性与效益性等原则对费用项目进行决策分析和动态优化，建立一种投入与产出联动的柔性化费用管理和资源配置。③ 随着网络技术的发展，这一差别也在逐步缩小。在条件具备的前提下，管理人员较高的素质和广泛的计算机技术管理模式也能够弥补这一不足，对于将来而言，零基预算无疑是更优的选择。

（三）政府预算之原则

根据《预算法》总则的相关规定，我国政府预算需要遵循如下几个基本原则。

其一，逐级预算原则。如前所述，国家实行一级政府一级预算，因此也相应地设立了中央，省、自治区、直辖市，设区的市、自治州，县、自治县、不设区的市、市辖区，乡、民族乡、镇五级预算体系。

其二，收支平衡原则。根据《预算法》第 12 条之规定，各级预算应当遵循统筹兼顾、勤俭节约、量力而行、讲求绩效和收支平衡的原则，各级政府应当建立跨年度预算平衡机制。

其三，各负其责、定期报告之原则。政府各部门编制本部门预算、决算草案。组织和监督本部门预算的执行。定期向本级政府财政部门报告预算的执行情况。各单位编制本单位预算、决算草案。按照国家规定上缴预算收入，安排预算支出，并接受国家有关部门的监督。

其四，正当法律程序原则。根据《预算法》第 13 条之规定，经人民代表大会批准的预算，非经法定程序，不得调整。

---

① 洪银兴著：《公共财政学》，南京大学出版社 2018 年版，第 236 页。
② 刘剑文、熊伟著：《财政税收法》，法律出版社 2009 年版，第 123 页。
③ 彭家钧：《零基预算：洞察本质特征与提升应用效果》，载《财务与会计》2018 年第 16 期。

二、政府预算的程序

根据《预算法》第四章至第九章之规定，我国政府预算需要遵循一个严格的程序法则，其大致包括预算编制、预算审查和批准、预算执行以及预算调整和预算决算等五个步骤。

（一）预算编制

编制政府预算是整个预算管理工作的起点，政府预算的编制涉及预算收入的来源和预算支出的去向，能展示国民收入中各种比例关系的确定以及国家各项建设的规模和各项事业的重心。

其一，预算编制基本原则。预算编制是指各级政府、各部门、各预算单位制定筹集和分配预算资金年度计划的预算活动。根据《预算法》的相关规定，政府预算的编制需要遵循如下三个基本原则：（1）合法原则，即预算编制应当遵守国家编制的基本原则，按照编制办法和程序以及国务院的相关规定进行。① （2）预算平衡原则，其是指当年度政府预算收入和支出的平衡。即各级预算应当根据年度经济社会发展目标、国家宏观调控总体要求和跨年度预算平衡的需要，参考上一年预算执行情况、有关支出绩效评价结果和本年度收支预测，按照规定程序征求各方面意见后，进行编制。同时，预算支出安排应该留有一定的余地，建立必要的后备库，以应付各种不时之需。② （3）适宜原则，即各级预算收入的编制，应当与经济社会发展水平相适应，与财政政策相衔接，各级政府、各部门、各单位应当依照规定，将所有政府收入全部列入预算，不得隐瞒、少列。

其二，预算编制组成。如何科学编制中央与地方的预算是预算执行和决算的前提。前文已经提到，国家预算是由中央预算和地方各级预算组成。中央预算由中央各部门及直属单位组成，并由财政部负责具体编制。地方预算的编制

---

① 刘剑文、熊伟著：《财政税收法》，法律出版社 2009 年版，第 126 页。
② 洪银兴著：《公共财政学》，南京大学出版社 2018 年版，第 236 页。

由地方各级政府编制，然后从下到上汇总各级的总预算。各级总预算都由本级政府预算下一级政府预算的汇总组成，地方各级政府预算由本级政府各部门预算组成，本级政府各部门预算又由所属的各单位预算组成，环环相扣。部门预算的编制是指部门预算政府部门依据国家有关政策规定及其行使职能的需要，由基层预算单位编制，逐级上报、审核、汇总，经政府财政部门审核后提交立法机关依法批准的涵盖部门各项收支的综合财政计划。① 在实施中由财政部预算司一个口子对外，统一接收和批复部门预算，中央每一个部门所有的收入和支出都在一本预算中得到反映。在部门预算中，既要反映财政部门直接安排的预算拨款又要反映国家有预算分配权的部门安排的资金。因此，实行部门预算有利于预算编制的统一性。

（二）预算审查和批准

根据《预算法》第五章"预算审查和批准"相关条款之规定，政府预算审查和批准的程序大致可以分为政府预算的初步审查、预算审批、预算备案和预算批复四个步骤。

其一，预算的初步审查。预算的初步审查②要求政府财政部门在法定时间内，将本级预算草案的初步方案提交本级人民代表大会有关专门委员会，新《预算法》从初步审查机构、初步审查的范围、初步审查的时间、提交初步审查义务主体四个方面对初步审查进行了修改。③ 根据《预算法》第 44 条之规定，初步审查包括四个方面：（1）国务院财政部门应当在每年全国人民代表大会会议举行的 45 日前，将中央预算草案的初步方案提交全国人民代表大会财政经济委员会进行初步审查；（2）省、自治区、直辖市政府财政部门应当

① 杨光焰著：《政府预算管理》，立信会计出版社 2016 年版，第 149 页。

② 尽管《预算法》规定了初步审查的程序，但是对于初步审查的法律效力问题，该法并未给予一个明确的答案，因此初步审查只是对中央和地方的预算草案进行程序性的评估。若草案存在不适当或者不合理的地方，审查机构无权以初步审查的结果对草案进行法律评价，其职能仅局限在履行通知和作出报告。因此，对于初步审查方面的立法有待完善。

③ 朱大旗主编：《中华人民共和国预算法释义》，中国法制出版社 2015 年版，第 170 页。

在本级人民代表大会会议举行的 30 日前，将本级预算草案的初步方案提交本级人民代表大会有关专门委员会进行初步审查；（3）设区的市、自治州政府财政部门应当在本级人民代表大会会议举行的 30 日前，将本级预算草案的初步方案提交本级人民代表大会有关专门委员会进行初步审查，或者送交本级人民代表大会常务委员会有关工作机构征求意见；（4）县、自治县、不设区的市、市辖区政府应当在本级人民代表大会会议举行的 30 日前，将本级预算草案的初步方案提交本级人民代表大会常务委员会进行初步审查。初步审查对于预算最终的决策具有重要影响，它影响到每个部门的预算案是获得执行还是被削减，所以参加初步审查的人员应该具有较高的预算业务专业能力和职业道德素质。①

其二，预算审批。预算审批是指全国人民代表大会常务委员会和地方各级人民代表大会常务委员会对国务院及各级地方政府预算草案进行一个初步的审查后，经过集体研究决定是否批准该政府预算草案的预算程序。根据《预算法》第 43 条的规定，全国人民代表大会只负责中央预算的审查和批准，地方各级预算则由地方各级人民代表大会负责审查和批准。根据《预算法》第 47 条的规定，国务院在全国人民代表大会举行会议时，向大会作关于中央和地方预算草案以及中央和地方预算执行情况的报告。地方各级政府在本级人民代表大会举行会议时，向大会作关于总预算草案和总预算执行情况的报告。根据《预算法》第 48 条的规定，全国人民代表大会和地方各级人民代表大会对预算草案及其报告、预算执行情况的报告应当重点审查八项内容。②

其三，预算备案。预算备案是人大批准政府预算之后，各级政府应当切实履行的一项法定义务。预算备案制度是与预算审批制度密切相关的一种制度，是指各级政府预算被人大批准后，必须依法向相应的国家机关备案以加强预算监督的制度。③ 预算备案与预算审批紧密相连，集中反映了人民代表大会监督

---

① 周小林编著：《公共财政管理》，西南财经大学出版社 2018 年版，第 109 页。

② 8 项具体内容的分析可参见朱青等编著：《财政金融学教程》，中国人民大学出版社 2016 年版，第 110 页。

③ 刘剑文主编：《财政法学》，北京大学出版社 2009 年版，第 114 页。

权的作用。在《预算法》中与备案制度有关、比较详细的规定主要有：（1）乡、民族乡、镇政府应当及时将经本级人民代表大会批准的本级预算报上一级政府备案；县级以上地方各级政府应当及时将经本级人民代表大会批准的本级预算及下一级政府报送备案的预算汇总，报上一级政府备案。（2）县级以上地方各级政府将下一级政府依照上述规定报送备案的预算汇总后，报本级人民代表大会常务委员会备案；国务院将省、自治区、直辖市政府依照上述规定报送备案的预算汇总后，报全国人民代表大会常务委员会备案。（3）国务院和县级以上地方各级政府对下一级政府依照规定报送备案的预算，认为有同法律、行政法规相抵触或者有其他不适当之处，需要撤销批准预算的决议的，应当提请本级人民代表大会常务委员会审议决定。

（三）预算执行

预算执行是指经过法定程序批准的政府预算由具体执行机构来组织实施的一个过程。预算执行是政府预算管理的中心环节和关键环节。政府预算执行的过程也是一个实现政府预算管理目标、完成政府预算收支任务以及贯彻政府预算政策的过程。[1] 预算执行的主要内容有：

其一，预算收入执行。政府预算收入执行就是按照政府预算确定的收入任务组织预算收入，这是政府预算执行的首要任务。《预算法》规定，各级财政、税务、海关等预算收入征收部门和单位，必须依照法律、行政法规的规定，及时、足额征收应征的预算收入，不得违反法律、行政法规规定。[2]

其二，预算支出执行。支出执行环节就是预算资金分配和使用的过程。[3]预算支出的拨款方式有划拨资金和限额拨款两种，政府预算支出的执行涉及财政部门、国库部门、主管部门、预算单位等多个执法者。[4] 预算执行单位必须根据年度支出预算和季度用款计划，及时、足额地拨付预算支出资金，保证各

---

① 张小军著：《财政学原理及应用》，华南理工大学出版社 2016 年版，第 208 页。
② 杨光焰著：《政府预算管理》，立信会计出版社 2016 年版，第 184 页。
③ 廖少纲著：《政府预算管理》，对外经济贸易大学出版社 2012 年版，第 122 页。
④ 李燕著：《政府预算管理》，北京大学出版社 2016 年版，第 173 页。

部门生产建设和事业发展的资金供给。在拨付资金的过程中，既要按支出计划及政府预算核定的支出用途进行拨付，又要监督用款单位对预算资金的管理，充分发挥资金的使用效果。

其三，预算调整。预算执行过程中根据实际情况可能进行执行调整。各级政府对于必须进行的预算调整，应当编制预算调整方案，说明预算调整的理由、项目和数额。中央预算的调整方案应当提请全国人民代表大会常务委员会审查和批准，县级以上地方各级预算的调整方案应当提请本级人民代表大会常务委员会审查和批准；乡、民族乡、镇预算的调整方案应当提请本级人民代表大会审查和批准；未经批准，不得调整预算。

（四）决算

决算是指各级政府、各部门和各单位依照法定程序审查和批准的预算收支的年度执行结果，涉及决算草案编制、决算草案初步审查、决算草案批准、决算批复、备案与撤销等环节。

其一，决算草案编制。决算草案由各级政府、各部门、各单位，在每一预算年度终了后按照国务院规定的时间编制。政府决算草案一般先由执行预算的基层行政事业单位编制，采用层层编制的方法，最后由各级财政部门汇成本级决算草案。编制决算草案的具体事项，由国务院财政部门部署。①

其二，决算草案初步审查。审查法则具体包括以下内容：（1）国务院财政部门应当在全国人民代表大会常务委员会举行会议审查和批准中央决算草案的 30 日前，将上一年度中央决算草案提交全国人民代表大会财政经济委员会进行初步审查。（2）县级以上的地方政府财政部门应当在本级人民代表大会常务委员会举行会议审查和批准本级决算草案的 30 日前，将上一年度本级决

---

① 编制决算草案的具体事项，由国务院财政部门部署，并须遵循如下法则：（1）编制决算草案要符合法律、行政法规的规定和要求，要做到收支真实、数额准确、内容完整、报送及时；（2）各部门对所属各单位的决算草案，应当审核并汇总编制本部门的决算草案，在规定的期限内报本级政府财政部门审核；（3）各级政府财政部门对本级各部门决算草案审核后发现有不符合法律、行政法规规定的，有权予以纠正。

算草案提交本级人民代表大会有关专门委员会进行初步审查。（3）县、自治县、不设区的市、市辖区政府财政部门应当在本级人民代表大会常务委员会举行会议审查和批准本级决算草案的 30 日前，将上一年度本级决算草案送交本级人民代表大会常务委员会有关工作机构征求意见；全国人民代表大会财政经济委员会和省、自治区、直辖市、设区的市、自治州人民代表大会有关专门委员会，向本级人民代表大会常务委员会提出关于本级决算草案的审查结果报告。

其三，决算报送审批。国务院财政部门编制中央决算草案报国务院审计部门审计后，报国务院审定，由国务院提请全国人民代表大会常务委员会审查和批准。县级以上地方各级政府财政部门编制本级决算草案，报本级政府审计部门审计后，报本级政府审定，由本级政府提请本级人民代表大会常务委员会审查和批准。乡、民族乡、镇政府编制本级决算草案，提请本级人民代表大会审查和批准。

其四，决算批复。各级政府决算经有关部门批准后，财政部门应当在 20 日内向本级各部门批复决算；各部门应当在接到本级政府财政部门批复的本部门决算后 15 日内向所属单位批复决算。

其五，决算备案。各级政府应当将经批准的决算及下一级政府上报备案的决算汇总，报上一级政府备案；县级以上各级政府应当将下一级政府报送备案的决算汇总后，报本级人民代表大会常务委员会备案。

三、政府预算的监督

预算监督是指各级人民政府及其所属专门机构对预算全过程的监察和督导。① 强化预算监督主要是为了控制政府部门和财政资金使用部门的逆向选择和规避道德风险行为。德国经济学家海因茨指出："监督本身不是目的，而是一个规章体制必不可少的组成部分，它应及时揭露财政行为的偏离准则和违背

---

① 朱大旗主编：《中华人民共和国预算法释义》，中国法制出版社 2015 版，第 316 页。

合法性、经济效益性、目的性以及节约的原则，以便在具体情况下采取具体措施，使有关责任机关承担责任，赔偿损失或采取措施，避免今后重犯。"①

（一）预算监督之方式

我国的预算监督有人民代表大会监督、政府监督、审计监督和社会监督四种方式。

其一，人民代表大会监督。《预算法》第 83～86 条对人大监督的权限、方式、机构设置等作了规定：（1）监督权限。全国人民代表大会及其常务委员会对中央和地方预算、决算进行监督；县级以上地方各级人民代表大会及其常务委员会对本级和下级预算、决算进行监督；乡、民族乡、镇人民代表大会对本级预算、决算进行监督。（2）监督方式。各级人民代表大会和县级以上各级人民代表大会常务委员会有权就预算、决算中的重大事项或者特定问题组织调查，有关的政府、部门、单位和个人应当如实反映情况和提供必要的材料。各级人民代表大会和县级以上各级人民代表大会常务委员会举行会议时，人民代表大会代表或者常务委员会组成人员，依照法律规定程序就预算、决算中的有关问题提出询问或者质询，受询问或者受质询的有关政府或者财政部门必须及时给予答复。国务院和县级以上地方各级政府应当在每年 6～9 月期间向本级人民代表大会常务委员会报告预算执行情况。《预算法》规定全国人民代表大会及其常务委员会对中央和地方预算、决算进行监督，县级以上地方各级人民代表大会及其常务委员会对本级和下级政府预算、决算进行监督，乡镇人民代表大会对本级预算、决算进行监督。（3）监督机构。人民代表大会设置财政经济委员会作为其专门委员会之一，各级人民代表大会财政经济委员会对预算草案进行审查。它负责审查预算草案及其调整方案以及执行情况的报告、审查决算草案和关于决算草案的说明等服务工作。负责健全完善预算审查监督网络系统。

---

① ［德］海因茨·君特·扎维尔伯格著：《国家财政监督——历史与现状》，刘京城译，中国审计出版社 1992 年版，第 64 页。

其二，政府监督。《预算法》规定了各级政府对下级政府预算执行的监督责任，各级政府财政部门对本级政府各部门及其所属各单位预算编制和执行的审查责任以及政府各部门对所属各单位预算执行的监督责任：（1）各级政府监督下级政府的预算执行。下级政府应定期向上一级政府报告预算执行情况。（2）各级政府财政部门负责监督检查本级各部门及其所属各单位预算的编制、执行，并向本级政府和上一级政府财政部门报告预算执行情况。（3）政府各部门负责监督检查所属各单位的预算执行，向本级政府财政部门反映本部门预算执行情况，依法纠正违反《预算法》的行为。

其三，审计监督。《预算法》设专条规定了审计监督，其第89条规定，县级以上政府审计部门依法对预算执行、决算实行审计监督；对预算执行和其他财政收支的审计工作报告应当向社会公开。

其四，社会监督。《预算法》第91条规定，社会公众发现有违反本法的行为，可以向有关国家机关检举、控告；接受检举、控告的国家机关应当依法进行处理，并为检举人、控告人保密；任何单位或者个人不得压制和打击报复检举人、控告人。

（二）预算监督之缺陷

著名公共预算学者克里夫兰就指出，没有预算的政府是看不见的政府。只有将"看不见的政府"变为"看得见的政府"，人民以及人民的代表才有可能对它进行监督。[1]目前，我国预算监督系统虽然已经比较完善、监督实效的发挥也取得了一些成效，但仍然存在不少缺陷。

其一，预算监督体系缺乏互动。预算监督的信息化程度低，资源不能共享，检查结论不能相互利用，继而加大了预算监督的成本，降低了预算监督的效率。[2]预算监督包括人大监督、政府监督、审计监督以及社会监督等，但现

---

[1]　王绍光著：《美国进步时代的启示》，中国财政经济出版社2002年版，第4页。

[2]　安秀梅、徐颖：《完善我国政府预算监督体系的政策建议》，载《中央财经大学学报》2005年第5期。

在的预算监督主要是以政府财政部门为主，各种不同的因素在一定程度上限制了立法机关的预算作用，行政机关会用诸多策略来寻求批准它们的预算。① 这些导致预算监督主要是靠上级对下级的监督，所以存在极大的监督寻租空间，从而导致预算执行监督的失效。

其二，预算监督方式落后。目前，政府预算编制的主动权和控制权仍然完全掌握在行政部门手中，在政府预算执行中，行政部门仍然掌握着很大的自由裁量权。② 现行预算监督工作多是按部就班进行，监督部门获取预算信息有限，监督意见缺乏实质内容，被监督部门普遍重视不够，这样就使预算监督工作成了隔靴搔痒，不敢不愿触及深层次的问题，导致监督苍白无力。（1）我国的审计模式在性质上属于行政主导型，审计部门隶属于各级政府，下级审计机关同时受上级审计机关和本级政府的领导。以人民代表大会为例，审计部门在经费和人事安排上受到政府的制约，这在很大程度上影响了审计的独立性。③（2）实践中由于预算草案的编制没有细化到项，使得人民代表大会代表往往面对看不懂的预算报告；预算审议期限也很短、预算审议与整个预算年度未全面对应，妨碍了人民代表大会对预算分配的实质性干预；在人民代表大会对预算行使审批权的过程中，缺乏预算修正权，人民代表大会只能在全部通过或全面否决之间择一而行，这极大地削弱了人民代表大会预算监督的权威性。④（3）公众参与预算的意识不强，除了个别热衷于推动预算公开的专业人士外，普通公民对预算参与的热情普遍不高。

其三，预算监督理念落后。预算监督不力的一个重要原因是政府预算监督制度基本理念的滞后。长期以来，无论是在理论研究层面，还是在实际操作层

---

① ［美］小罗伯特·D. 李、罗纳德·W. 约翰逊著：《公共预算制度》，上海财经大学出版社 2010 年版，第 181 页。

② 魏陆著：《完善我国人大预算监督制度研究——把政府关进公共预算"笼子里"》，经济科学出版社 2014 年版，第 198 页。

③ 田圣斌、石海坤、陈家武：《关于完善我国预算监督机制的思考》，载《湖南省社会主义学院学报》2010 年第 3 期。

④ 张怡著：《推进国家治理现代化背景下财政法治热点问题研究》，厦门大学出版社 2015 年版，第 22 页。

面，我国的预算监督都是合法性监督多，绩效关注少。① 预算监督目标单纯以财务收支为主要监督因素，很少突出预算执行监督的效率。今后，要想改变这种被动的局面，就需要以新的监督理念来取代旧的监督理念。新修订的《预算法》将预算绩效管理首次以法律的形式呈现在我国公共财政预算收支要求当中，并提升至预算管理的基本原则之一。这是对传统预算理念的一次重大突破。但是，目前预算绩效管理仍存在很多问题，苟燕楠教授指出了我国推行预算效绩理念中的几大代表性难点：（1）组织难。政府部门内部的绩效评价力量和专业水准均比较薄弱。（2）第三方评价组织专业化程度不足，业务不够规范。（3）评价结果应用程度不均衡，部分部门领导对绩效评价的重视程度不够。（4）个人激励不足，罚劣不奖优，影响工作积极性。（5）财政资金来源多元化，资金用途和评价标准不匹配。②

（三）预算监督之完善

政府预算是多方主体的关注焦点，如果只靠某一个监督主体进行预算监督是难以实现监督目标的，而且也不利于权力的制衡。任何国家都需要权力制约，否则国家机器就难以运转。这对完善国家机构的改革有参考价值。③ 预算监督客体呈现出多层次、分布散的特点，只有多个监督主体交叉互动才能有效遏制违规违法行为的发生。所以需重点关注以下的问题。

其一，预算信息公开。政府预算公开，实现人民对预算的参与和监督，有利于推进依法行政、建设法治政府。④ 预算监督需要获取全面、准确、及时的信息。这就需要政府部门必须及时地向社会公布预算信息，如公开预算资金使用情况、公开预算资金投入的初期效果等。2016 年发布的中国财政透明报告

---

① 刘明慧、崔丹：《全口径预算绩效监督问题思考》，载《财政监督》2013 年第 3 期。

② 李利华：《如何推动高效实施预算绩效评价及其结果应用——"加快推进全面实施预算绩效管理"沙龙综述》，载《财政科学》2018 年第 11 期。

③ 李龙著：《宪法基础理论》，武汉大学出版社 1999 年版，第 195 页。

④ 邹小钢著：《新时期财税工作创新》，经济日报出版社 2014 年版，第 404 页。

显示 341 个单位的透明度得分仅为 35.5 分，不足 40 分，没有达到及格的水平。① 由于人民代表大会、审计、社会公众等监督主体一般只能采取事后监督的方式，如果政府部门不提高预算信息公开程度，它们将难以及时获取预算的全部信息，更别谈提出建设性的监督建议。预算公开所强调信息的公布，不能只是静态的数值，而是规范化的预算资金全过程的使用信息，预算审查、预算执行、预算调整、决算与审计等相关内容应全程公开。财政公开源于政府和社会两个力量的共同作用②，人民代表大会和社会公众希望政府公开什么政府就应该公开什么。如对于政府的招待费用支出，仅公开一个总数是远远不够的，应公开每一笔支出的详细情况，何时、何地、招待对象都应被详细列出，只有这样，才能进一步加强并保障公民预算参与权的实现。

其二，预算监督主体分工协作。构建公共预算监督的全覆盖体系，只有内部监督显然是乏力的，还需要与强大的外部机制进行合作。具体而言，要建立经常性磋商机制，实现政府内部监督与人民代表大会、社会公众等外部监督相结合，事前监督、事中监督和事后监督相结合，形成完整的监督体系。人民代表大会、审计、财政部门是整个监督过程的主体，无论是预算编制还是财政资金的划拨支出，这些监督机关都应该细分其工作范围，在此基础上加强合作，使财政监督的各个环节不出现纰漏，保证财政资金的安全性，各部门都能够充分发挥各自的作用。③ 要进一步完善预算绩效评价体系，合理设计反映社会效益、环境效益等的绩效评价指标。④ 运用科学的评价分析方法——成本效益分析法、因素分析法等丰富评价方法，推进获取评价信息的技术手段的进步和创新。要将预算编制、预算执行、决算全部纳入绩效的监督范围，构建"全口径

---

① 上海财经大学公共政策研究中心：《2016 中国财政透明报告》，上海财经大学出版社 2016 年版，第 124 页。
② 郭艳娇：《不断推进的财政公开需更重实效》，载《地方财政研究》2018 年第 2 期。
③ 张小军著：《财政学原理及应用》，华南理工大学出版社 2016 年版，第 267 页。
④ 马蔡琛、朱旭阳：《从传统绩效预算走向新绩效预算的路径选择》，载《经济与管理研究》2019 年第 1 期。

预算"绩效监督机制。

其三，完善人大预算监督制度。人民代表大会对预算进行审查监督是宪法和法律赋予的重要职责。"监督政府的每项工作，并对所见到的一切进行议论，乃是代议机构的天职。"① 人民代表大会预算审查监督是我国公共预算法治化的根本制度，人民代表大会预算监督制度及建设是我国公共预算法治化的主要内容。完善人民代表大会预算监督制度主要是要增强人民代表大会对预算的监督管理权限。受制于代表大会的会期限制，人民代表大会预算监督主要依靠财政经济委员会或者预算工作委员会来开展日常工作。故应加快提高人民代表大会代表特别是财经委委员的专业化、职业化水平，促进专业化分工；进一步整合上级财政部门和本级人民代表大会常务委员会在财政决算上的审批权限和程序。增加部分审查监督程序，将审查监督关口前移到政府编制预算前，人民代表大会就预算编制提出意见；增加预算编制和审查时间，保证预算的科学性和准确性。

第三节　公共财政体制

"财政"一词在我国近代才得以流行起来。清朝光绪二十四年颁布的《定国是诏》中提出"改革财政，实行国家预算"。财政体制是指国家管理、规范财政分配关系，划分各财政主体之间财政管理权限及确立预算组织原则的基本制度。② 在我国，财政体制有广义财政体制和狭义财政体制之分。广义财政体制主要包括政府预算体制、税收体制、行政事业单位财务体制等。③ 政府预算体制作为这几种体制的核心部分又被称为狭义的财政体制。各类税收收入是财政预算收入的主体部分，从逻辑关系来看，政府税收体制与政府预算体制不仅被包含于广义的财政体制之中，也被包含于狭义的财政体制之中。

---

① ［美］威尔逊著：《国会政体：美国政治研究》，熊希龄、吕德本译，商务印书馆1986 年版，第 167 页。

② 吴理财主编：《中国政府与政治》，华中师范大学出版社 2016 年版，第 118 页。

③ 霍军著：《当代中国税收管理体制研究》，中国税务出版社 2014 年版，第 6 页。

一、公共财政的意涵

财政能力始终是国家能力体系中总体国家能力的基础。[①] 1992 年以后，我国市场经济得到了迅速发育并纵深发展的机会，市场经济体制改革突飞猛进，财政体制改革由此也逐渐被提上了日程。1998 年，我国政府提出了深化财政改革的目标是逐步建立完整的公共财政体系。[②] 这一目标的提出预示着我国的财政体制将走向与市场经济体制进行融合的道路。党的十九大报告则进一步重申要加快建立现代财政制度。未来现代财政制度的建立可能是原生的也可能会是移植的，但现代财政制度的民主化和法治化的基本要求不会改变。

（一）公共财政之经济前提

公共财政制度是伴随市场经济成长起来的，其逻辑前提仍是公共产品和市场调节机制失灵。

其一，公共产品。私人产品与公共产品是一组重要的经济学概念[③]，在经济学学术研究上有许多不同的理解，但大多将它们做如下的归纳：私人产品是指那些具有消费上的竞争性和受益上的排他性的产品，是通过市场调节可以实现有效供给的社会产品；公共产品是指那些在消费过程中具有非竞争性、非排他性的社会产品，是需要政府参与才能实现有效供给的社会产品。[④] 公共产品反映了公众的公共需要，正是社会公众对于公共产品所具有的欲望，决定了公共财政存在的依据。

其二，公共欲望。人类的诸多欲望，大略可以分为两类：一类是私人欲望

---

① 付敏杰：《国家能力视角下改革开放四十年财政制度改革逻辑之演进》，载《财政研究》2018 年第 11 期。

② 李莎主编：《公共财政基础》，北京理工大学出版社 2016 年版，第 13 页。

③ 现代公共产品理论始于萨缪尔森（Samuelson），他曾对公共产品给出了一个十分经典的定义："任何一个人对这类产品的消费都不会影响到其他人对这类产品的消费。"

④ 迟福林主编：《民富优先：二次转型与改革走向》，经济出版社 2011 年版，第 15 页。

（private wants），另一类是公共欲望（public wants）。① 私人欲望或称个体欲望，是指个体能够独自满足的需求；公共欲望也称集体欲望，是指从社会生活事实中而来并在集团之中产生的欲望。② 例如，对维持治安和国防的欲望的需求。这种需求是个人市场无法提供的，只有公共部门才能担当此任，公共欲望只有通过生产公共产品才能满足，唯有公共经济部门，才能提供普遍的公共产品，使社会公众无论是否付费，均能等量地、不可分割地享受到该产品所带来的利益。

其三，市场失灵。市场经济无疑是一种比较高效的资源配置机制，我国经济体制改革就是要使市场在资源配置中发挥决定性的作用。但市场不是万能的，它也存在一些缺陷，市场配置资源存在不可避免的自发性和盲目性，从而形成市场失灵的问题。市场失灵是指在不完全竞争的情况下，市场无法有效率地分配商品和劳务的情况，表现为垄断性、外部性、公共物品短缺、信息不对称等。③ 公共物品是每个市场的主体都有需求，但每个主体都不愿单独提供，因为公共物品规模大、成本高，社会效益高于经济效益。因此，在公共物品领域，市场是不能自发有效调节的。

总之，国家职能的范围已扩大到了政治、经济和文化在内的人类基本生活领域，英国学者约翰斯顿总结了当代的各种国家的职能，其中之一就是国家是社会经济基础设施的提供者。④ 国家要向公众提供充足的公共产品来为社会服务，就必须要拥有足够的资金储备，但是国家本身又不是一种营利组织，那么它的唯一出路就是诉诸其本身拥有的政治权力来获取经济收入，这种经济收入就叫做财政收入。同时，在向社会提供各种服务活动的时候要花费它筹集起来

---

① 张守文主编：《财税法》，中国政法大学出版社 2018 年版，第 9 页。

② ［日］井手文雄著：《日本现代财政学》，中国财政经济出版社 1990 年版，第 27 页。

③ 唐珺著：《市场竞争法与创新战略》，知识产权出版社 2017 年版，第 37 页。

④ ［英］R. J. 约翰斯顿著：《地理学与地理学家》，麦克米伦出版公司 1982 年版，第 69 页。

的资金，这被称为财政支出，财政收入与财政支出最终形成了系统性的财政活动和财政体制。正如哈耶克所指出的那样，政府职能有二：一方面，政府必须承担法律实施和抵御敌人入侵的职能；另一方面，政府必须向公民提供市场无法提供或无法充分提供的服务，同时，必须将这两方面的职能和任务明确地界分开来；"当政府承担起服务性职能的时候，我们不得把我们在政府实施法律和抵御外敌时赋予它的权能也赋予它。"① 无论是哪一职能都要求政府尽可能减少直接参与市场竞争，并利用财政职能尽量为全体公民提供公平的发展机会和各项生存发展的权利。可见，满足公共欲望，提供公共物品，既是财政的目的与任务，也是财政得以存在的缘由。②

（二）公共财政之宪政前提

从经济视角解读宪法为宪法研究打开了一扇新的窗户，它对宪法的解释力是任何传统意义上的宪法学都无法替代的。③ 著名经济学家布坎南甚至直接将自己的经济学称为宪法经济学。布坎南认为，不同的制度具有不同的效率，宪法作为一种元制度，体现了更大的效率。

其一，公共财政之背景。现代宪法一切命题的基本出发点在于有效地解决公民权利与国家权力的冲突与协调问题。在财政领域，公民权利与国家权力的冲突与协调则表现为私有财产权与国家财政权的冲突与协调。④ 财产权是公民最根本的基本权利之一；财政权是国家最根本的权力之一。政府的财政权必须有合法的来源，并受到相应约束。在法治国家，基于自由主义考量，个体选择得到极大尊重，个人的"主体性"被作为判断政策正当性的尺度，故而财政

---

① ［英］弗里德利希·冯·哈耶克著：《法律、立法与自由》，邓正来译，中国大百科全书出版社 2000 年版，第 333 页。

② 张守文主编：《财税法》，中国政法大学出版社 2018 年版，第 10 页。

③ 王世涛著：《财政宪法学研究》，法律出版社 2012 年版，第 27 页。

④ 刘剑文：《宪政下的公共财政与预算》，载《河南省政法管理干部学院学报》2007 年第 3 期。

权的产生必然源于人民向国家表达的"一致同意"，而非国家向人民诉诸的强制。① 换言之，政府财政权力源于宪法授权。

其二，公共财政之性质。公共财政是指国家集中一部分社会资源，用于为市场提供公共物品和服务，满足社会公共需要的分配活动或经济行为。② 公共财政是"有限政府"下的财政，宪法保障着公民的财产权利，它用一种宽政、分权等方式限制政府的经济权限。这是与市场经济发展相适应的一种有限政府体制。古代思想家早就注意到了征与用之间的辩证关系，老子就曾告诫道："将欲取天下而为之，吾见其不得已。天下神器，不可为也，不可执也。为者败之，执者失之。"封建王朝的兴盛往往由于财政征收上的"休养生息"；封建王朝的衰落往往由于财政征收上的"横征暴敛"③。对现代国家的规训是不能依靠国家的自身"反躬自省"，法律才是防止其肆意的囚笼。

其三，公共财政之原则。公共财政的原则是在宪法原则的基础上，超越具体法律规范，但通过法律规范体现出来的具有一般指导意义和普遍约束力的基础性规范，是宪法原则在财政领域的具体化。公共财政之原则要求所有财政资金的安排，都必须在宪法规定的限度内进行，而且必须随时准备接受违宪审查。因为只要一项原则能够维系自由社会，这项原则就需要严格阻止一切强制性权力的运用，除非实施平等适用于每个人的普遍性的抽象原则。④ 公共财政的原则至少包含以下几个方面：

一是政府角色法定。确定政府在公共财政中的角色扮演和职能边界是建立公共财政制度的关键和核心。具体而言，首先要保证适度的集中财权。财政体

---

① 靳澜涛：《财政立宪：公共财政与国家宪政的双向互动》，载《公共财政研究》2018 年第 12 期。

② 李国正主编：《公共管理学》，广西师范大学出版社 2016 年版，第 249 页。

③ 陈少英：《财税法的法律属性——以财税法调控功能的演进为视角》，载《法学》2016 年第 7 期。

④ ［澳］布伦南、［美］布坎南著：《宪政经济学》，冯克利等译，中国社会科学出版社 2004 年版，第 1 页。

制的核心之一是财力与财权的集中程度。财权相对集中、中央政府具有明显的主导权，这是国际上进行政府间财权分配的通行做法，是维护国家大局、维持经济社会正常运转、有效实施政府管理的需要。① 随着市场经济体制的不断发展，产生了国家经济周期性波动、增长不平衡、收入差距扩大等问题。为此，要提高中央财政收入占全口径财政收入的比重，为中央政府实施宏观调控提供坚实的物质基础。② 其次是规范财产权利。财政体制的又一核心是私人与政府之间的产权关系。财产权利包括共有的财产权利、公有的财产权以及私人的财产权利。公共财政制度尤其要强调对于私人财产权利的保护，因为这样可以激励人们创造财富。但是，私人财产权利与公共财政制度有时会发生矛盾，为此需要一个公正的机构（司法机关）来规范政府的经济权力，对政府过度使用私人财产权予以限制，并需给予财产所有人全额补偿。

二是财政职能法定。在全面依法治国的框架下，政府的财政权能既不能随意扩张，也不能随意缩小。因此，厘清了政府财政权能边界之后，最重要的是用立法活动将其加以规范。政府的各项财政收入、财政支出都需要依法规范。没有法律依据的财政收入就是对市场主体经济权利的非法侵犯，超出法定公共事务范围的财政支出就是滥用财政权;③ 政府的财政自由使用权只能在法定的职能和允许限度内行使：（1）法律应该对政府年度财政计划进行规定，它使政府的收支与经济展望联系在一起。④（2）实现财政职能法定的前提就是要建设与社会主义市场经济体制相匹配的财政法律体系。它由财政法起统帅作用，

---

① 唐在富:《我国财权集中度的理论分析与现状评鉴》，载《财政研究》2010 年第 4 期。

② 唐在富:《我国财权集中度的理论分析与现状评鉴》，载《财政研究》2010 年第 4 期。

③ 冯秀华、齐守印主编:《构建现代财政制度若干问题研究》，中国财政经济出版社 2017 年版，第 28 页。

④ 马骏、於莉著:《公共预算改革——发达国家之外的经验与教训》，重庆大学出版社 2010 年版，第 67 页。

作为规范财政工作的基本法。① 财政法之下是财政工作各个专门领域的立法，如票据管理、税法、预算法等。财政法律的末端是具有法定权限的政府及工作部门制定的行政法规、规章和其他规范性文件。简而言之，健全的财政立法体系是政府合理履行财政职能的前提，也是各级财政部门依法行政的依据。通过加强税收立法、预算外资金管理立法、财政资金专门监督法，对各有关主体的行为进行规范，如收入的征收、入库和支出的分配、管理、使用，预算外资金的立项、收取、管理和使用等。

三是谨慎干预市场。市场制度的发展与政府作用的有效发挥密不可分。"没有政府规制，市场制度将深陷市场机会主义的困扰而无法发展，社会生活在公共物品的缺失中无法进步，甚至市场交易和社会生活都无法进行。"② 但政府不是万能的，为充分发挥政府规制的作用，必须厘清政府规制的限度问题。"政府规制的限度标准是看其能否提供一个存在相互依赖关系的社会中社会发展的正常秩序、规范和服务，并提供持续发展的可能性和未来生活的合理预期。"③ 所以建立现代财政的当务之急是清理并确定财政事务的责权清单，外部性越大的资源越适合由政府负责配置。建立政府公共事务责权的负面清单，促使资源配置主要权力归于市场。具体可包括以下几个方面：一是对主要行业领域的竞争强度进行评估，确保垄断行业领域（天然气、水资源、电力资源等）由政府主导发展，并禁止政府进入竞争性强、自由度高的行业；二是尽

---

① 乔新生教授认为我国财政体制已经发生了显著变化。各级地方政府的财政资金分为预算外资金和预算内资金，而预算外资金比重相对较大，许多地方政府对预算内资金实行专项管理，接受地方人民代表大会及其常务委员会的监督，但是，预算外资金却不受地方人民代表大会及其常务委员会的监督，这就导致地方政府的财政资金使用很容易出现腐败现象，因此，制定财政法具有非常重要的现实意义。参见乔新生：《为何要制定财政法》，载《人大研究》2019 年第 3 期。

② ［美］马克·艾伦·艾斯纳著：《规制政治的转轨》，尹灿译，中国人民大学出版社 2015 年版，第 132 页。

③ ［新西兰］穆雷·霍恩著：《公共管理的政治经济学——公共部门的制度选择》，汤大华等译，中国青年出版社 2004 年版，第 4 页。

量减少产业建设中的行政干预因素，弱化自然资源、发改委等部门对一些产业的过度扶持；三是建立统一开放的市场，禁止各地的行业保护主义和地方保护主义对行业和地区的分割；四是推动国有企业进一步改革，将处于竞争领域的国有企业置于与其他市场主体同等的竞争地位。

（三）公共财政之系统构成

公共财政是为公共部门生产公共物品的经济活动，包括筹集、分配、核算、管理、监督经济资源等一系列理财活动的统称，是政府向社会提供公共物品和公共服务、满足公众不可分割的公共需要的财力保障系统。[1] 公共财政的体系构成是各项财政活动所构成的一个整体，公共财政系统具体由公共财政收入体系、公共财政支出体系、公共财政预算体系三个子体系构成。

其一，公共财政预算体系。预算是财政收支的总体计划，从理论上来说，一个国家的全部收入与支出都应该被纳入预算管理之中，包括税收收入、社会保险基金收入、非税收入、贷款转贷回收本金收入、债务收入和转移性收入等政府收入及相应安排的支出。[2] 我国的预算管理仍存在着预算内容不够完整、监督机制不够健全、审核重点转移困难、预算公开低于公众预期以及预算编制与执行部门的不适应等问题[3]，尤其是政府财政收支没有完全被纳入预算，多项公共预算收入未被纳入公共预算收入。比如，国有资源（资产）有偿使用收入征收不到位甚至隐瞒收入的情况较为普遍。[4]

其二，公共财政收入体系。公共财政收入是指政府提供公共产品和公共服

---

① 齐守印、李杰刚、成军：《构建现代公共财政体系的基本构架、主要任务与实现路径》，载《经济研究参考》2013 年第 8 期。

② 浙江省财政学会编：《财政改革热点问题探索：2006 年浙江省财政课题研究成果汇编》，中国财政经济出版社 2007 年版，第 2 页。

③ 徐全红：《我国全口径预算管理的问题与改革路径选择》，载《经济研究参考》2018 年第 28 期。

④ 华国庆：《全口径预算：政府财政收支行为的立法控制》，载《法学论坛》2014 年第 3 期。

务所动员的资源和资金。① 一个国家公共财政收入体系由多种收入成分组成，通常包括税收收入、收费收入、公债收入、国有资产收益等：（1）税收收入。税收是国家或政府为满足公共需要，凭借政治权利，按照法律预先规定的标准，向个人和经济组织强制地、无偿地取得的财政收入，② 它具有强制性、无偿性和固定性的特点。税收收入一般占到全部财政收入的 90% 以上。（2）收费收入。前文已经指出，收费是指国家机关、事业单位、代行政府职能的社会团体及其他组织根据法律法规等有关规定，依照国务院规定程序批准，在实施社会公共管理，以及在向公民、法人和其他组织提供特定公共服务过程中，向特定对象收取的费用。由于收费具有有偿性、不确定性的特征，故一般不会单独作为财政收入的主要来源。（3）公债收入。公债是指国家以其信用为基础，按照债的一般原则，通过向社会筹集资金所形成的债权债务关系。一般情况下，公债要比私债可靠得多，通常称之为"金边债券"。公债收入与政府其他财政收入形式相比，具有有偿性、自愿性和灵活性的特点。③（4）国有资产收益。国有资产收益是国有资产产生的各种收益的总和，是国家通过财产所有权而取得的财政收入。不同国家的国有资产占社会总资产的比重不同，故国有资产收益规模也会不一样。一般国有资产收益包括利润、股息、股利、产权转让、清算收入等。

其三，公共财政支出体系。公共财政支出体系是指政府为公众提供公共产品和服务、满足社会共同需要而进行支付而形成的资金体系，是国家调控经济的重要手段。④ 公共财政支出体系根据不同的分类标准可以做不同的分类，以下对我国经常使用的财政支出形式加以介绍：（1）无偿拨款。无偿拨款是指财政部门将其掌握的资金根据年度预算，适时、准确地将财政资金无偿拨付给用款单位使用。财政拨款是政府实现其职能的前提和物质保障，也是政府支出

---

① 梁鹏主编：《公共财政学》，首都经济贸易大学出版社 2016 年版，第 111 页。
② 李延均、杨光焰编著：《公共财政学》，立信会计出版社 2018 年版，第 175 页。
③ 陈昌龙主编：《财政与税收》，北京交通大学出版社 2016 年版，第 98 页。
④ 王曙光主编：《财政学》，科学出版社 2018 年版，第 55 页。

的最主要形式。它主要包括各种类型的公共支出、特殊的经济建设支出、扶持落后地区和农业支出、社会保障支出、财政补贴、捐赠支出等形式。（2）有偿贷款和投资。政府贷款和有偿投资是有偿性财政支出的主要形式，它们主要用于对有重要的社会效益或对国家有重要战略意义的国民经济建设，如公用基础设施建设和高新技术产业建设。公用设施建设通常需要大量的投资，但投资回收期长，收益并不如其他经济部门理想，市场投资主体轻易不愿介入。高新技术产业创建通常需要大量的资金投入，而且有较大的风险，效益难以估计，这时候就有必要通过政府贷款或投资来扶持。

二、公共财政的纵向分配

财政体制是纵横交错的庞大系统，包括一个基础环节和横向、纵向两大系列。① 财政体制的基础就是整个公共财政的边界，这在前文已经论及。财政体制改革的首要环节是纵向财政体制的调整，即财政体制在不同行政层级之间的匹配和规范问题，其实质是各级政府之间财权和事权的匹配问题。② 但是通常人们提及财政体制几乎直接忽略了财政体制的权力边界与横向财政体制，并且只将纵向财政体制仅仅理解为财政收支划分，由此往往形成了只见树木不见森林的误解。财政纵向权限分立是中央和地方财政关系的体现，也是观察财政体制的一个重要视角。

（一）中央与地方政府财政之收入归属

国家财政收入由中央财政收入和地方财政收入两部分共同组成，在中央的统一领导下，实行中央和地方的分级管理。中央财政是中央政府的一级财政。中央政府为实现中央职能的需要，与地方政府共同参与社会产品和国民

---

① 齐守印著：《公共财政体系的河北探索与实践》，河北人民出版社 2010 年版，第 455 页。

② 朝阳区财政局编：《朝阳区财政改革探索与实践》，中国财政经济出版社 2008 年版，第 29 页。

收入分配所形成的分配关系，在国家财政体系中居于主导地位。中央财政主要由中央预算、中央各部门单位的财务以及中央各部门单位的预算外资金所组成。地方财政是指地方财政年度收入，其主要包括地方本级收入、中央税收返还以及转移支付。表 7-1 是近 2014—2018 年中央与地方财政收入的情况。自 1994 年以来，我国中央政府相继推行了分税制税收改革、所得税收入分享及出口退税负担机制等收入体制改革，逐步建立了基本符合市场经济的政府间财政收入关系框架。

表 7-1　　**2014—2018 年中央与地方财政收入具体数据（单位：亿元）**①

指标	2018 年	2017 年	2016 年	2015 年	2014 年
全国财政收入	183351.84	172592.77	159604.97	152269.23	140370.03
中央财政收入	85447.34	81123.36	72365.62	69267.19	64493.45
地方财政收入	97904.50	91469.41	87239.35	83002.04	75876.58

其一，中央财政收入。中央财政收入是指按现行分税制财政体制规定，划归中央财政的税收收入和非税收入，② 主要包括消费税、增值税、企业所得税、关税、个人所得税等共享收入部分以及中央部门的行政事业性收费、罚没收入、专项收入等非税收入。确保中央财政收入的合理份额，是保证中央政府有效行使职能的需要，也是保证中央政府宏观调控，促进国民经济协调稳定发展的需要。

其二，地方财政收入。地方财政收入是按财政体制的规定，由各级地方政府组织、支配或使用的财政资金，是各级地方政府履行职能的重要保障。③ 地方财政收入是地方财政税收收入和非税收入的总和，税收收入包括地方税和共

---

① 数据来源：中华人民共和国国家统计局官网（http：//www.stats.gov.cn/tjsj/）。

② 孟庆瑜、张永志、谢兰军编著：《人大代表审查预算教程》，中国民主法制出版社2015 年版，第 83 页。

③ 杨宇霞著：《地方政府管理》，西南师范大学出版社 2015 年版，第 121 页。

享税中划归地方政府的税收收入。非税收入包括专项收入、行政事业性收费、罚没收入、地方财政国有资本经营收入、地方财政国有资源（资产）有偿使用收入等。

表7-2是中央与地方财政收入的项目划分情况。

表7-2 现行中央与地方财政收入项目划分一览表①

中央财政收入项目	中央国内增值税，中央国内消费税，中央进口货物增值税、消费税，中央营业税，中央企业所得税，中央个人所得税，中央城市维护建设税，中央印花税，中央证券交易印花税，中央船舶吨税，中央车辆购置税，中央关税，中央其他税收收入，中央专项收入，中央行政事业性收费，中央罚没收入，中央其他收入。
地方财政收入项目	地方财政国内增值税、地方财政营业税、地方财政企业所得税、地方财政个人所得税、地方财政资源税、地方财政城市维护建设税、地方财政房产税、地方财政印花税、地方财政城镇土地使用税、地方财政土地增值税、地方财政车船税、地方财政耕地占用税、地方财政契税、地方财政烟叶税、地方财政其他税收收入、地方财政专项收入、地方财政行政事业性收费收入、地方财政罚没收入、地方财政国有资本经营收入、地方财政国有资源（资产）有偿使用收入、地方财政其他非税收入。

（二）中央与地方政府财政之支出责任

国务院于1993年12月15日发布了《关于实行分税制财政管理体制的决定》，规定，"中央财政主要承担国家安全、外交和中央国家机关运转所需经费，调整国民经济结构、协调地区发展、实施宏观调控所必需的支出以及由中央直接管理的事业发展支出。……地方财政主要承担本地区政权机关运转所需支出以及本地区经济、事业发展所需支出。"（详见表7-3）2016年国务院印发

---

① 数据来源：中华人民共和国国家统计局官网（http：//www.stats.gov.cn/tjsj/）。

《关于推进中央与地方财政事权和支出责任划分改革的指导意见》（以下简称
《指导意见》），对推进中央与地方财政事权改革作出新一步的部署，并积极
探索新的责任支出方式。① 此后，国务院办公厅又对医疗卫生、教育、交通、
科研等领域的财政事权和支出责任进行了具体的划分和改革，但中央与地方以
及地方政府之间支出责任划分格局没有实质性改变。②

表 7-3　　　　　　　现行中央与地方财政支出责任项目一览表

中央财政支出项目	国防费、武警经费、外交和援外支出、中央级行政管理费、中央统管的基本建设投资、中央直属企业的技术改造和新产品试制费、地质勘探费、由中央财政安排的支农支出、由中央负担的国内外债务的还本付息支出、以及中央本级负担的公检法支出和文化、教育、卫生、科学等各项事业费支出。
地方财政支出项目	地方行政管理费，公检法支出，部分武警经费，民兵事业费，地方统筹的基本建设投资，地方企业的技术改造和新产品试制经费，支农支出，城市维护和建设经费，地方文化、教育、卫生等各项事业费，价格补贴支出以及其他支出。

（三）中央与地方财政之转移支付

财政转移支付是指公共部门无偿地将一部分资金的使用权转让给其他部门
或者他人所形成的支出。③ 财政转移支付是平衡各级政府间财力的一种制度安
排，通过补助落后地区财力缺口，可以缩小区际公共服务差距，促进区域协调

① 《指导意见》中提道："对受益范围较广、信息相对复杂的财政事权，如跨省
（区、市）重大基础设施项目建设、环境保护与治理、公共文化等，根据财政事权外溢程
度，由中央和地方按比例或中央给予适当补助方式承担支出责任。"
② 聂常虹、冀朝旭：《中央与地方科技事权与支出责任划分问题研究》，载《财政研
究》2017 年第 11 期。
③ 李春根、廖清成主编：《公共经济学》，华中科技大学出版社 2015 年版，第 309
页。

发展，成为国家财政体制必不可少的一个重要内容。① 转移支付制度是一种纯粹的纵向财政支付体系，其主要由以下三种具体方式组成。

其一，税收返还。税收返还是地方财政收入的一个重要来源。② 以 2016 年《国务院关于做好全面推开营改增试点工作的通知》为例，它涉及的内容主要包括：以 2014 年为基数核定中央返还和地方上缴基数；所有行业企业缴纳的增值税均纳入中央和地方共享范围；中央分享增值税的 50%；地方按税收缴纳地分享增值税的 50%；中央上划收入通过税收返还方式给地方，确保地方既有财力不变。

其二，一般性转移支付。一般性转移支付主要有均衡性转移支付、民族地区转移支付、调整工资转移支付等 10 余个项目③，具体包括：革命老区、民族和边境地区转移支付；调整工资转移支付；农村税费改革转移支付；资源枯竭城市转移支付；成品油税费改革转移支付；体制结算补助；工商部门停征两费等转移支付；基层公检法转移支付；义务教育等转移支付；基本养老金和最低保障等转移支付；新型农村合作医疗等转移支付。近年来，还新增了村级公益事业"一事一议"奖励资金支出、一般公共服务转移支付支出、公共安全转移支付支出、社会保障和就业转移支付支出。

其三，专项转移支付。专项转移支付通常限定了具体的资金用途，上级政府对资金使用的干预要强于一般性转移支付。④ 专项转移支付重点用于教育、文化、医疗卫生、社会保障和就业、农林水事务等项目。

表 7-4 是我国现行政府间转移支付税收返回体系。

---

① 吴强、李楠：《我国财政转移支付及税收返还变动对区际财力均等化影响的实证分析》，载《财政研究》2016 年第 3 期。

② 杨光焰著：《政府预算管理》，立信会计出版社 2016 年版，第 350 页。

③ 吴理财著：《中国政府与政治》，华中师范大学出版社 2016 年版，第 127 页。

④ 马光荣、郭庆旺、刘畅：《财政转移支付结构与地区经济增长》，载《中国社会科学》2016 年第 9 期。

表 7-4   我国现行政府间转移支付和税收返还体系

政府间财政 转移支付	一般性 转移支付	均衡性转移支付，农村税费改革转移支付，成品油税费改革转移支付，工商部门停征两费等转移支付，新型农村合作医疗等转移支付，调整工资转移支付，资源枯竭城市转移支付，义务教育等转移支付，基层公检法司转移支付，革命老区、民族和边境地区转移支付，体制结算补助，村级公益事业奖补等转移支付，基本养老金和低保等转移支付。
政府间财政 转移支付	专项转移 支付	一般公共事务，公共安全，节能环保，农林水事务，商业服务业等事务，金融监管等事务支付，地震灾后恢复重建支出，国防，教育，文化体育与传媒，社会保障和就业，城乡社区事务，住房保障支出，粮油物资储备事务，科学技术，医疗卫生，交通运输，资源勘探电力信息等事务，国土资源气象等事务，其他支出。
税收返还		增值税和消费税返还，成品油税费改革税收返还，所得税返还，地方上解。

（四）纵向财政分配的现代化

与发达国家相比，我国现行公共财政体制仍不完善，存在诸多负面效应，其中首要的表现即是城乡、区域、群体基本公共服务非均等化问题①，其次就是中央财政集中程度问题。简而言之，建立现代财政制度就是要在中央合理行使财政权能的基础上，逐步缩小地区间的财政差距。

其一，提高中央地方共享财政收入比例。随着税收制度的改革和完善，可以适度调整税种，并将其纳入中央地方共享范围。这样可以在保证中央财政收入的前提下，兼顾各级财政利益，并能充分发挥税收的经济杠杆作用。例如，个人所得税的进一步调整就可以使其成为一种与纳税人收入直接挂钩的共享税

①　谢贞发：《基本公共服务均等化建设中的财政体制改革研究：综述与展望》，载《南京社会科学》2019 年第 5 期。

种。

其二，提高中央财政事权和支出责任。在财政事权能够较为清楚划分的前提下，支出责任体系的重构就显得格外重要。① 以教育领域为例，在国务院办公厅印发的《教育领域中央与地方财政事权和支出责任划分改革方案》中就进一步适度加强了中央财政事权和支出责任。对于"义务教育"中的公用经费保障、家庭经济困难学生生活补助以及校舍安全保障等事项中央分担比例有所提高。这样将使地方财政的支出责任有所降低，也使得中央财政与地方财政事权和支出责任的分配更加科学合理。

其三，规范中央财政的转移支付制度。税收返还在改革初期起到了重要调节作用，但现在地区间财力差距加大了，因此中央应逐步取消补助和税收返还。② 在专项转移支付中，有一部分项目需要地方政府进行资金配套，这不仅没能达到增加地方政府可支配财力的目的，反而使地方财力更加紧张。③ 我国各地经济发展差异极大，扩大一般性转移支付会赋予地方相对多的自由度。专项转移支付只是作为一般性转移支付的补充，配合国家政策调整而设置的相应项目，不能将其常规化，规模不宜过大。④

三、公共财政的横向分权

公共财政体制作为国家经济生产关系的一个侧面，是规范经济体内部各主体间经济关系的一项具体制度安排。其所涉及的公共经济活动主体不仅包括行政机关，而且还包括作为公共经济终极主体的社会成员及其结成的各种经济社

---

① 李永友：《转移支付与地方政府间财政竞争》，载《中国社会科学》2015 年第 10 期。

② 李佳明、李佳：《进一步发挥转移支付制度的财力均等化效应》，载《财政研究》2007 年第 9 期。

③ 王鹏、杜婕：《我国政府间财政转移支付制度存在的问题及对策》，载《经济纵横》2011 年第 2 期。

④ 李松森、盛锐：《完善财政转移支付制度的思考》，载《经济纵横》2014 年第 3 期。

会组织和立法机关、司法机关等。① 财政资金在这些部门间流动，按照财权与事权相匹配的原则，将财政资金与相应的管理权限配比给这些部门，就诞生了横向财政体制。横向财政体制可分为两个层面：第一层面是财政管理权限在同级政权机构的立法、行政、司法、监察等部门之间的划分；第二层面则主要是财政管理权限行政机关各个职能部门之间的划分。② 横向财政体制是整个财政体制的重要组成部分，横向财政体制的发展是为了进一步在纵向财政体制基础上实现基本公共服务的体系化与均等化。

（一）横向财政体制的发展进路

中华人民共和国成立以来，我国横向财政体制经历了曲折复杂的发展过程。时至今日，我国已形成一个相对科学的横向财政体制。横向财政体制的发展历程大致可以分为以下三个阶段。

其一，1982 年以前的横向财政体制。1954 年，第一届全国人民代表大会一次会议通过了中华人民共和国第一部《宪法》，它规定由全国人民代表大会审查和批准国家的预决算，国务院负责具体执行。这意味着财政监督权完全掌握在立法机关手中。之后《宪法》几经修改，但这一规定没有改变。从现实的运行情况来看，财政事务的具体执行和监督都归于行政机关。中央政府享有制定和解释法律以及颁布法令的权力，各级政府预算则由财政部门汇编后由各级政府审核批准，政府无须立法机关同意便可开征各种税收和收取费用。"文化大革命"时期，人民代表大会对财政事务的监督更是被废除，政府掌控财政权，一家独大，人民代表大会的监督权基本落空。1982 年，第五届全国人民代表大会四次会议召开并通过了新修改的《宪法》，其第 91 条明确规定设立审计署，其职责是在国务院总理的领导下，开展财政监督工作。这标志着同级财政监督机构的正式诞生。财政部门对财政事务的管理权限的主要依据还是

---

① 齐守印：《推进我国横向财政体制科学化研究》，载《财政科学》2017 年第 3 期。
② 全国预算与会计研究会总课题组编：《推进我国财政体制科学化系统研究（七）实现横向财政体制的科学化》，载《预算管理与会计》2017 年第 7 期。

1951 年的《预算决算暂行条例》，同级财政职能及其权责划分并没有发生根本性的变化，其他行政部门很少有专司财政资金的职能部门。

其二，1983—2012 年的横向财政体制。自 1983 年审计署成立起，即着手审计立法工作。经过广大审计工作者的努力，在短短的数年时间里，1985 年的《关于审计工作的暂行规定》，1988 年的《审计条例》以及 1995 年的《审计法》相继颁布，我国审计立法初见成果。[1] 1994 年，第八届全国人民代表大会二次会议通过了《预算法》，它以法律的形式全面加强权力机关对预决算的监督权。《预算法》规定的各级人民代表大会的介入权限还是限于收支大账的粗略审查，对财政收支具体项目和内容缺少了实质性关注。1999 年以后，全国人民代表大会成立了预算工作委员会，从此人民代表大会审批预算有了专门机构，监督力量得到很大提升，人民代表大会获得预算监督信息的能力也在一定程度上得到提升。

其三，2013 年至今的横向财政体制。中共十八届三中全会发布的《中共中央关于全面深化改革若干重大问题的决定》将财政的地位和作用提到前所未有的高度。其指出财政是国家治理的基础和重要支柱，并指出"建立现代财政制度"之目标。这是对财政目标定位的一个重大调整，也是我国财政理论的一个重大突破。[2] 2014 年第十二届全国人民代表大会常务委员会第十次会议对《预算法》的第一次修正对上述各项财政支出改革成果进行了确认，将其法律化，并在多个方面回应了新常态对财政支出管理的要求。比如，在一定条件下可以允许地方政府发行债券等。[3] 这一系列举措使得横向财政管理体制的构建更加有法可依。

（二）横向财政体制的管理权责

横向财政体制建构的目标是要通过对同级政权机关财政资金的来龙去脉进

---

[1] 方宝璋著：《中国审计史稿》，福建人民出版社 2006 年版，第 22 页。

[2] 吕冰洋：《现代财政制度与国家治理》，载《中国人民大学学报》2014 年第 5 期。

[3] 马骁、周克清：《国家治理、政府角色与现代财政制度建设》，载《财政研究》2016 年第 1 期。

行管理，以实现相互监督的同级财政管理系统。我国横向财政管理基本制度的构建应以人民代表大会制度下"一府两院一委"的政权结构形式为基准，并逐步形成以下的同级财政体制基本框架。

其一，人民代表大会决定财政事务。在同级的权力机关、行政机关、司法机关及监察机关等四大机关之间，要以权力机关为领导机关，全国人民代表大会及其常务委员会拥有财政基本制度、基本政策、收支预算的最终决定权和监督权。其他各级人民代表大会拥有财政事务（含预算执行、财政收入组织、财政资金使用、财政可持续性）的监督权。当前的问题是《预算法》对于人民代表大会监督权的规定过于粗线条，人民代表大会缺乏对本级财政收入法定方式的严格控制，对本级财政开支限定力度不够，对本级预算案缺少监督质询。

其二，政府主导财政。各级政府拥有本级财政事务的主导权和对辖区内的财政事务的领导权，包括财政预算决算草案的编制、财政预算组织执行、具体财政制度规范的制定与执行、保障财政可持续发展、国际财经关系日常处理以及向立法机关报告政府财务状况和可持续发展情况等责权，继而形成以财政部门为主导、其他部门各负其责、各有其权、责任清晰、权限匹配的财政管理责权配置框架。各级财政部门在公共财政事务管理中处于核心地位，它主要负责如下几项：（1）管理各项财政收支；编制年度预决算草案并组织执行；组织制定经费开支标准、定额，审核批复部门（单位）年度预决算；负责预决算公开。（2）按分工负责政府非税收入管理；负责政府性基金管理，按规定管理行政事业性收费；管理财政票据。（3）制定政府财务报告编制办法并组织实施；负责制定政府采购制度并监督管理。（4）负责国有金融资本管理。（5）负责审核并汇总编制国有资本经营预决算草案。作为同级政府收入管理的税务部门，专司税收和非税收入管理责权，负责拟定同级政府收入计划、管理税收收入以外的其他政府收入、努力保障除债务等任务。

其三，司法机关、监察机关辅助财政事务。要使财政事务权限形成分工负责、相互配合的财政管理权限配置框架。作为司法机关的法院、检察院及监察委自身就拥有依法追究公私主体财政违法犯罪行为人法律责任乃至刑事责任的权力，在此基础上要进一步形成法律责任全覆盖的局面，并负责调处裁判政府上下左右之间财政涉法争议纠纷。当前司法机关、监察机关辅助监督财政事务最主要的问题是它们呈现出"被动参与"的特征,很多司法机关的人、财、物受制于地方,对地方政府存在客观依附性。

(三) 横向财政体制的科学化

其一,横向财政体制之法治保障。公共财政是以公共权力为基础进行资源配置的制度,它不仅是维系国家运转的经济基础,更是推进国家与公民关系和谐发展的政治基础。[①] "控权与保权的统一是现代宪政国家的必然要求与发展趋势。"[②] 所以,要优先改进宪法层面的横向财政体制,《宪法》应当就各机关的财政责任分工作出原则性规定,通过财政权力主体的正确定位、财政权力内容的合理分工以及财政权力运行程序的理性设置,确保政府在财政上向立法机关负责,接受其监督。[③] 其次就是要制定《财政法》和进一步修订《预算法》,就财政责权配置和政府内部财政管理责权配置作出具体界定,并且贯穿于税制立法、非税收入管理立法、国有资产管理等相关法律法规之中。

其二,横向财政体制之人员保障。横向财政体制科学化需要进一步加强立法机关、行政机关内设机构的调整和人员队伍的建设,按照财政部的财政职能可考虑进一步设置预算支出监督系统、非税收支管理系统、国有资产管理系统等机构。在设置财政机构时还有要注意层次的差异性。[④] 对专司财政的人员队伍要加强思想政治建设,在增加人才储备招录、遴选和培训以及职业保障等方面健全配套制度,形成符合财政人员职业特点和发展规律的管理机制。同时,也要完善人民代表大会财政审议批准决策制度。

其三,横向财政体制之评估保障。(1) 要进一步推进政府会计制度改革。

---

① 李元起、王飞:《论公共财政制度的宪政基础》,载《税务研究》2009年第5期。

② 李龙著:《宪法基础理论》,武汉大学出版社1999年版,第291页。

③ 文炳勋:《公共财政的宪政基础:财政人大财政监督制度的改进与完善》,载《财政研究》2006年第4期。

④ 熊隆寿、许召主:《科学设置财政机构的模式初探》,载《财政研究》1993年第9期。

随着国库集中收付、政府采购等财政资金管理制度的实行，财政资金收入、分配和使用的流程也都发生了较大变化，可以按照财政资金的征、收、支、用等四个环节来完善现行预算会计制度体系，从而有利于对预算执行过程进行全方位反映，有利于信息的收集与汇总，更好地满足财政管理功能。[1]（2）要完善政府报告制度和各监督机构联动制度，建立财政信息共享机制，消除横向财政监督的盲区，加快财政管理信息系统建设，建设多监督机构共享数据库及联网系统。（3）要重点监控财政支出和资金去向，可以尝度对整体横向财政支出建立一系列的评估制度，预算系统和税务系统都建立起相对完善的评估制度，整体横向财政评估也可以加以借鉴。例如，公共支出占总支出的比重、财政供养人员的动态变化、财政资金流通效率、财政支出效果、教育水平改善度等评价指标。

　　总之，同级公共部门财政体制的科学构建要依靠宪法、组织法、预算法及财政法等法律法规加以保障。只有符合法治的财政体制才具有权威性，也才能保证财政系统的高效运转。

---

① 刘玲利：《我国政府会计改革的背景、现状与路径》，载《企业经济》2011 年第 4 期。

第八章　公物·采购·国有资产

　　根据法国的行政法理论，行政活动必须具备法律手段、人员手段、物质手段和财政手段。法律手段是指行政行为，人员手段是指行政人员，物质手段就是指行政主体的财产制度。行政主体的财产分两种，即行政主体的私产和公产。作为行政主体履行职务的三大手段之一，公产起到连接其余两大手段——公务员与行政行为的纽带作用。国家为了达到其所负之行政目的，除了可由"人"之行为达致之外，亦不可避免地会以"物"作为实现行政目的之途径。公物法则是以探讨公物及其相关制度为对象的法律规范的总称。在现代行政上，公物法与社会法（社会保障、社会救助、社会福利）、资助法（补贴）共同构成了给付行政的三驾马车，其重要性不言而喻。然而，在我国，公物法领域却是比较法研究较为滞后的一个方面，这是一件较为遗憾的事情。尤其是在奉行社会主义公有制的中国，对公物及公物法的重视与深入研究尤其必要。政府采购作为建设现代财政制度的重要内容，是构建国家治理的重要工具之一，是提升国家治理能力现代化的重要一环。我国于1996年开始政府采购制度改革试点，经过二十多年的发展，从无到有，建立了一套相对完整的政府采购制度和管理体制。近年来，随着"国家治理"概念的提出，政府采购逐步迈向现代治理，向具有中国特色的政府采购治理转变。但由于观念上没有转变，配套措施尚不健全，我国政府采购制度在实践中还存在着政府采购法律体系不健全、采购效率低、招投标和信息系统不完备、监管不到位等诸多问题。因此，要借鉴西方发达国家的先进经验，坚持从我国实际出发，进一步完善政府采购法律法规制度，优化政府采购制度的组织管理，完善政府采购制度监管机制，建立符合我国国情的政府采购制度，提高政府财政资金的使用效率，延伸财政支出监督职能、规范政府消费行为，减少各种腐败现象。本章将讨论我国政府的公产管理制度、公物管理制度和采购制度。

第一节　公物管理制度

在理论发展较为显著的行政法学上，公物法领域乃是比较法研究较为滞后的一个方面。当我们考虑到公物法具有的实务上的重要性和其在现代给付行政中所占据的地位时，我们就不得不说，它的滞后确实是一件较为遗憾的事情。在现代行政上，公物法与社会法（社会保障、社会救助、社会福利）、资助法（补贴）共同构成了给付行政的三驾马车，其重要性不言而喻。①

一、政府公物的意涵

公物是公领域财产的核心，尤其是对我国而言，对公物的研究和保护不仅应当是行政法学研究的重点，更是实现公共利益、巩固公有制经济基础的前提，"它与行政行为、行政主体一起构成我国实现公共服务的行政手段系统"。② 可以说，在几乎所有的公共行政领域，离开了公物，行政目的都将无从实现。因此，作为主要的行政手段之一，公物具有其独立存在的价值。

公物的概念是公物理论的起始性问题。由于该概念本身内涵和外延上的模糊性，加上中外不同的观察视角，公物的概念便有了一张斯芬克斯的面孔。比如，法国的公物（也称公产）仅限于公有公物，并且强调公物只能是所有权的客体；德国的公物着重从公物存在状态的层面强调公物是一种"物"，但这

---

① ［日］大桥洋一著：《行政法学的结构性变革》，中国人民大学出版社 2008 年版，第 192 页。

② 薛华勇：《公产之概念探析》，载《云南行政学院学报》2008 年第 1 期。

种公物不包括间接使用的财政公产，并且，德国的公物既包括了公有公物，又包括了他有公物；日本的公物与德国基本相同，只是它更强调公物的存在形式必须是有体物。

（一）公物的概念

公物的概念源于罗马法。在罗马法上，物可以分为私有物与非私有物。① 私有物是可融通之物，可以成为个人私权之客体；非私有物是不可融通之物，不可以成为个人私权之客体。非私有物又可以进一步分为万民共用物、国家公用物与市府公用物。万民共用物是指依其性质与自然法之原则，应归人类共同使用之物，如空气、光线、海洋、海岸等。国家公用物是指为国家所有，而供全国人民共同使用之物，如河川、公路、城堡、公共戏院、法院、公共体育场等。市府公用物是指为市府所有，而供全市人民共同使用之物，如市立公园、公共浴池、公共体育场、公共戏院等。② 在现代，国家为了达到其所负之行政目的，除了可由"人"之行为达致之外，亦不可避免地会以"物"作为实现行政目的之途径。这些"物"即所为"公物"，常冠以"公共设施"之名，系以达成社会、文化及经济方面之目的而设置。本章所谓之"公物"，意指供公众使用或受益的公共用财产。以此定义为基础，可以作出如下几点解释和说明。

其一，政府需要对公物具有某种权利根据，并不一定要求是所有权，也可以是支配权③，其核心是政府必须对公物保有"公法上的支配权"。换言之，公物必须是政府所有权或支配权（通常表现为管理权）的客体。就前者而言，在我国即国家所有制和集体所有制，权力主体一般仅限于国家（政府）而不包括法律法规授权或委托的组织；就后者而言，由于政府经常基于执法需要而依据法律法规将自身权力对外授权或委托，因此权力主体较前者而言范围大有

---

① 冉克平：《论公物的概念、权利属性及其适用》，载《重庆大学学报》2009 年第 9 期。

② 陈朝璧著：《罗马法原论》，商务印书馆 2006 年版，第 79~80 页。

③ ［日］盐野宏著：《行政法》，杨建顺译，法律出版社 1999 年版，第 751 页。

扩张。从政府对公物之所有权或管理权的取得途径而言，主要是法律法规等成文法的明确规定，但实践中也大量存在通过行政行为、行政契约、民事合同等方式来获取权利的情况。

其二，即使政府对物具有某种权利根据，只要该物没有提供于公共之用，那就不是公物。换而言之，就是要求保证公民对公物享有用益权，即使用公物或因公物而受益的权利。将公众的用益权列为公物的构成要素之一，具有两个意义：（1）以此来说明公民分享公物的公法权利来源，从而将公物的理论源泉奠定于大陆法系的公法权利理论之上。公物的供给在过去常被作为国家给予人民的恩赐。随着人民主权理念的深入人心，获取公物所带来的利益已成为人民行使公权利、分享公共利益之必然。（2）以此作为评判公物价值是否得以实现的重要标准。公物的设置要么作为公共用公物为公众所直接使用，要么作为公务用公物为公众所间接受益。尤其是对公务用公物而言，这种评价标准相比"公务需要"标准更为实际。

其三，提供于公共之用的主体，在公物的概念规定上，一般仅限定于政府。所以，某资产家将自己的庭园等财产广泛地开放，提供于市民利用，该私产也并不因此而成为公物。如果财产系私人提供，除非经过国家认可，否则不成其为公物。例如私人所有的博物馆、私人庭院，即便其向社会广泛开放，也只是"事实上的公物"，而非"法律上的公物"，因为在该物的设置中并未蕴含公共行政的意志。相反，如果该物虽为私人所有、私人设置，但如果经由政府认可，例如通过行政征收、行政征用、行政合同等形式确定其在特定条件下由公众使用，此时该物便具有了公物属性。

其四，公物原则上应当是有体物，即具有独立的财产形态，既可以是动产，如公立图书馆的书籍类，也可以是不动产，如道路。关于公物是否仅限于有形物，在学界存在争议，传统理论认为，既然公物的判定必须同时满足基于公共目的并受公法支配，则必须是有体物。但是随着现代科技的发展，否定论的呼声越来越高，否定论主张信息、电波甚至是环境，都应当被纳入公物的范围，单纯坚持肯定论无疑是罔顾时代发展规律的错误做法。

（二）公物的分类

对公物进行分类，有助于我们把握每一种公物所具有的不同特征，继而更好地加以研究和管理。依据不同标准，可对公物作出多种不同的分类，它们彼此之间也可能存在交叉。

其一，自然公物与人造公物。这是根据公物形成的不同途径所作的区分。自然公物系以公物乃以自然形状作成公用，如河川、湖泊、海岸。人造公物乃纯粹由人工建造产生，如道路、桥梁、公园。自然公物可因人力的介入而丧失或部分丧失其自然公物的身份。例如，在土地上修建公路，则土地的自然形态被公路所覆盖。又如，在江河上设置各种水利工程或航道设施，这时的水源的一部分就转变为人造公物。两者并不截然隔离，前者常需人工补充其用途。

其二，绝对公物与相对公物。这是根据公物的法定公用的范围所作的区分。绝对公物系指供"不特定多数人"一般使用之公物，如道路、桥梁、公园；相对公物系指供"特定多数人"一般使用之公物，例如，学校设施基本上仅供校内师生使用。又如，"原住民保留地开发管理办法"第18条规定，经指定为原住民保留地者，除利用用途有特别限制外，其所有人亦有身份限制。作出该种分类的意义主要在于相对公物之主管机关在公物的利用人方面拥有一定决定权。①

其三，营造用物、特别用物与一般公共用公物。这是根据公物的功能所作的区分。营造用物乃构成营造物中的公物部分。例如，中小学中所建造的各种教室与游戏设施；特别用物系指得以特许方式为人民创造出权利之公物。例如，就水源地可特许人民享有水权，该水源地即属于特别用物。其他不经许可即可利用或虽经许可始可利用之公物，即为一般公共用公物。例如，道路虽然主要用于供人车通行，但非经许可不得用以摆设宴席或者举办马拉松赛跑。

---

① 翁岳生编：《行政法（上）》，中国法制出版社2009年版，第425页。

（三）公物的特性

此处所言公物之特性，主要指的是公物在使用与处置等方面所面临的诸多限制。

1. 权利融通之限制

公物必须直接供公众使用，故公物如属公有，其所有或管理机关不得将之私有化，故公物融通性受有限制。但私有公物虽得移转所有权，惟就公物既存之权利，于妨碍公物固有目的范围内，仍不得行使之。在法国，公物融通性之限制表现为公物不能转让原则，是指公物在公共使用目的废除以前，所有权不能转让，不论这种转让出于行政主体自愿行为或非自愿行为，都不发生效力。公物不能转让的目的，在于保护公物的公共使用使命。公物在公共使用的使命废除以后，不再受不能转让原则支配。至于该原则的法律效果，主要表现在如下三个方面。[1]

其一，公物不能转让的第一个法律效果是公物的转让行为无效，不发生所有权转移的效果，不论转让的方式是出于政府主动，还是出于法律规定。例如，公用征收、强制执行以及民法中为私人不动产所有者利益而规定的共有分界墙等都不适用于公物。公物转让行为无效究竟是相对性质还是绝对性质？主张相对无效的人认为公物不能转让不是由于公物本身的性质，而是出于保护行政主体的目的，所以只有行政主体能够主张无效，相对人不能主张无效。主张公物转让行为绝对无效的人认为，公物不能转让既是为了保护行政主体，也是为了保护公共利益，所以一切人都可主张公物转让行为无效。法院的判例似乎采取相对无效的见解。学理上有人认为即使采取相对无效的主张，对于善意的相对人在转让行为无效时，也应当给予补偿。[2]

其二，公物不能转让的第二个法律效果是禁止在公物为私人利益设立民法

---

[1] 参见王名扬著：《法国行政法》，北京大学出版社 2016 年版，第 261~263 页。

[2] 参见［日］室井力著：《日本现代行政法》，吴微译，中国政法大学出版社 1995 年版，第 399 页。

上的物权关系，如用益权、抵押权等。至于公物成立以前所设立的物权是否可以继续存在？从理论上说，公物不能转让原则在公物成立以前不适用。私人在公物成立以前所取得的权利应当继续有效。公物成立以前的权利只在不妨碍公共使用目的的范围内继续存在，对于不能存在的部分，可由行政主体给予补偿。关于这类案件的诉讼，分别由普通法院和行政法院管辖。物权的设定是否有效成立，由普通法院管辖；物权的继续存在是否与公共使用目的相抵触，以及补偿金额的争端，由行政法院管辖。公物上不能设立的物权关系，只限于民法上的物权关系，至于行政主体允许私人利用公物的一部分，是行政法上的关系，不适用公物不能转让原则。

其三，公物不能转让的第三个法律效果是公物不能作为取得时效标的。私人不能由于继续占有公物而取得公物的所有权，也不能由于继续占有公物而在公物上取得所有权以外的其他物权。因为其他物权是对所有权的分割，为保护公物的所有权，当然也禁止私人由于时效而取得所有权以外的物权。取得时效对公物的危害，是政府在不知不觉的情况下丧失所有权。

2. 强制执行之限制

曾经存在一种观点认为，公物不适用民事上的强制执行。但是，从公物中的私所有权并没有被绝对排除来看，笔者认为，不能断然认为强制执行当然不可能。不过，即使承认强制执行，也并不丧失作为公物的法律地位。换言之，债务人管有之公物，如果属推行公务所必需或其移转违反公共利益者，债权人不得为强制执行。但公物依其所有权之归属有"国有"与私有之区别，对国有公物之执行，因属"国家"对自己之执行，故属执行不能；惟私有公物，例如"既成巷道"，则不妨对之执行，惟拍定人取得公物所有权后，除有特殊情况，仍应作为公物使用。

3. 公用征收之限制

公用征收系对私有物因公益特别牺牲以补偿为代价而剥夺私人所有权之制度。这是因为私有财产权负有一定的社会义务。可是，公物本身既属于公用之目的，那么从财产权的社会义务性出发探讨此问题并没有余地。公物之征收应当从用途之更改来着手。在我国台湾地区，对行政财产是否可被征收系采"限制说"。此一问题特别是台湾地区实施地方自治后，因乡镇县以上皆具有法人地位，会更显示出其意义。公有之财政财产与行政财产如需征用，只要经由财产主管机关"拨用"即可，无须"征用"。但若拨用非本来之用途或财产权主体不同，因所涉及财产数额甚为庞大时，此种征收在法人与上级政府间之财政上即具有意义。在日本，关于公物是否成为《土地收用法》的对象，也是有争议的问题。有的学说认为，由于公物的收用违反公物的目的，所以，在无论如何也需要取得该物的情况下，程序上需要采取公用废止。在一个公共团体内部变更物的用途的情况下，适用内部的调整程序，但是，在团体不同的情况下（有必要作为国道而取得地方公共团体的都市公园的一部分的情况，也有相反的情形），公用废止的程序在法律上不存在强制的手段。此外，能否收用需加以讨论的，可以设想存在国家和地方公共团体的意思不一致的情形。在这种情况下，依据法的手段处理问题，有学者主张只能依据《土地收用法》①；也有学者认为，《土地收用法》中也包含预定了公物收用的意思。

二、公物的成立

公物之成立主要包括两个基本要件，即形体要件和意思要件，两者缺一不可。

（一）形体要件

形体要件因人工公物与自然公物而不同：（1）人工公物。人工公物因人为的设置而成立，如道路、公园等。唯在现代自治行政制度下，基于人民主权原理所产生的行政控制，人工公物形体的设置不能完全委之于行政机关的行政裁量。换言之，某一人工公物的建与不建，建于何处，建筑工事如何进行等问题，并非单纯的行政裁量，必要时应举行居民之听证。（2）自然公物。自然公物以其自然形态即足以供一般利用，不必再为形体设置，只要行政机关合法

---

① ［日］盐野宏著：《行政法》，杨建顺译，法律出版社 1999 年版，第 758 页。

地保持其合于一般之利用状态即可。但是，自然界现存状态并非可供一般人使用之状态不能视为公物，盖此公物属于"财政公物"，并非供一般人利用者。山林湖泊要想成为公物，仍须符合后述之意思要件始为"自然公物"。例如，未开放一般人利用之山区（山地管制区）即不属公物。

（二）意思要件

意思要件是指开始公用之意思表示，开始公用之意思有"依法规"为之，亦有依行政法上意思表示之"一般处分"为之。前者如博物馆、体育馆、公用设施等公共工程的验收投用，后者如道路、桥梁的落成通车典礼之剪彩。除此之外，还存在"依法律事实"而为之的情况，如博物馆的面向社会的实际开放等。前述三种开始公用之表示的判断关键，在于所涉公物是否已处于"供公用"的状态。

三、公物的管理

政府公物的管理是指政府为了充分实现公物的公益价值而采取的一切行为。公物管理既是政府的职责所在，又是确保公物充分利用、促进公共利益最大化的必经之路。政府管理公物的各项权力可统称为公物管理权，该权力的实现依托于行政许可、行政合同等积极的用权方式，也包括行政强制、行政处罚等为阻止破坏公物行为而作出的消极方式。一般而言，政府的公物管理权主要包括：公物的新设与改建；公物的维护、修建与灾后重建；公物底册的制作与保管等。而公物管理涉及的制度则主要有三。

（一）公物养护制度

公物养护是指公物管理人从物质形态方面保障公物的存在，而使其处于能够满足公共使用的状态。它主要是为避免公物管理机关可能存在的疏忽而进行的保护。公物被设置后，通常处于两种状态，一种为消耗性的状态，如国家拨付之扶贫经费或专项助学资金。对这种公物的养护，通常以不作为的方式实现。另一种为持续性的状态，如自然公物、公共设施。对这种状态下公物的养护，强调的是保持其正常之使用状态，故而通常以作为的方式进行养护，如对破损路灯的维修和更新。

（二）公物家主权制度

它主要是指公物主管机关为维护公物之正常利用，对不符合资格的使用者拒绝之权能。家主权作为公物管理人所特有的权力之一，可以用来排除可能对公物本身造成损害或者对公物管理权带来不利影响的使用人。[1]

（三）公物治安权制度

公物治安权又称公物警察权，是针对合乎利用资格的人，但不合乎利用方法的使用所进行的干预权能。与一般的治安警察权相比，公物治安权的目的是保持公物的物质形态的完整性，因此它和公物不可分离，具有财产权的性质。[2]

四、公物的使用

公物只有借助"使用"这一活动方能发挥自身价值。在通常意义上，公众在公物上享有的权利可以被统称为公物使用权，该权利束的目的在于赋予公众依公物之性能或用途而享受其效用的权利。关于公物的使用，最重要的是全面把握公物使用的原则与方式，因为二者是确保公物使用权得以顺利实现的关键所在。

（一）公物使用的原则

无论是一般使用、许可使用，或是特许使用，公物的使用原则不因使用方式不同而有太大区别。公物的使用原则见仁见智，并不统一，但是每一原则的

---

[1] ［日］室井力著：《日本现代行政法》，吴徽译，中国政法大学出版社 1995 年版，第 400 页。

[2] 参见 ［德］汉斯·J. 沃尔夫著：《行政法》，高家伟译，商务印书馆 2002 年版，第 325 页。

核心宗旨都在于防止权力或权利的滥用，从而将公物的使用效益最大化，确保公益目的的实现。总体而言，公物的使用原则主要有三①。

其一，不违背公共使用使命和公物的管理规则。公物的使用者和管理者都必须遵守这个原则，使用者必须遵守公物的公共使用目的，同时服从公物的管理，以最大程度保障和增进公共福利。这要求管理机构行使权力，不能妨碍使用者符合公物目的的使用，不得利用公物谋私利；对于普通使用不能任意拒绝；对于特别使用是否允许，以及使用的条件具有自由裁量权力。

其二，公物使用权利不稳定性原则。公物的使用不妨碍行政主体取消和改变公共使用使命的权利。共同使用的公物，由一般性的规则规定使用的条件，行政主体可以修改这些规则。独占使用的使用者，即使取得某种法律上的资格，行政主体仍然可以取消或改变已经设立的使用。但使用者受到特别的损害时，可以要求补偿。例如，我国《行政许可法》第 8 条规定了行政许可的撤回制度——在法律依据修改或废止，或者据以作出行政许可的客观情况发生重大变化时，行政机关基于公共利益考虑，有权撤回行政许可。这一制度无疑也会影响公物的使用：倘若行政许可的标的为政府公物，例如许可某一单位承建某项公共设施，则就存在日后因法律修改或情势变更而引发许可撤回的可能。

其三，最佳使用原则。公物是一种集体财富，行政主体对公物不仅行使警察权力，同时也行使经营管理权力。行政主体必须为了公共利益尽量发挥公物的经济效益。在满足公物的公共使用使命的同时，以及在不妨碍公共使用使命的范围内，也可以利用公物取得正当的经济效益。需要注意的是，最佳使用的前提是依法使用，使用者必须在法律的范围内探索公物的最佳使用，必须服从公物管理机构制定的各项规章制度与管理规则，不得违法使用公物；同时，对于公物管理机构而言，也必须依法行权，确保受管理的公物使用者合法合规实现公物的最佳使用。

---

① 王名扬著：《法国行政法》，北京大学出版社 2016 年版，第 266 页。

（二）公物使用的方式

公物的使用，即公众行使其对公物所享有的公物利用与受益的权利活动。上述公物的设置与管理制度，都是从公物组织的角度而言的，而公物的使用制度则是从作为最终获取公物利用价值的相对人角度而言的。公物的使用制度无疑处于整个公物制度的核心，它体现了公物之所以存在的最终价值。根据公物法的一般理论，公物的使用通常以一般使用（自由使用）为基本使用，但同时也有一些公物需要获得许可才能使用，也被称为特别使用。① 无论是何种类型的公物使用方式，我们需要把握的总体方向是：要实现当今中国所要求的"现代行政一方面不能背离秩序行政追求的目标和价值，确保公共利益的实现，另一方面又要最大限度地服务于行政相对人的权利和利益，使行政相对人的满意程度最大化"②，就必须"认真对待公物利用"③。

1. 一般使用

一般使用是指不需要任何意思表示，而对公众承认公物利用的情形（道路交通、河川的航行、海岸的海水浴、散步等）。这被作为公共用物的基本存在方式来定位。本来，这并不意味着完全自由，有时要服从法律或者公物管理者所规定的限制。关于一般使用的法律性质，涉及公众能否在此种利用受到阻碍时寻求法定救济的问题。学界存在两种相对立的看法：一种为反射利益说。该说认为公物一般使用只是公物设立的反射利益，并非是赋予使用人的一种权利，使用人只是在不相妨碍的情况下可以平等地一般使用公物以增进其生活便利而已，因而一般使用不能对抗公产管理机关或第三人。另一种为权利说。此说认为使用人不只是行政的客体，而是行政的参与者，应当将一般使用设定为使用人的法律权利，在其受到侵害时应当获得救济。

2. 许可使用

---

① ［日］盐野宏著：《行政法》，杨建顺译，法律出版社 1994 年版，第 772 页。

② 杨解君：《"双服务"理念下现代行政之变革——服务行政的解读和提升》，载《行政法学研究》2004 年第 3 期。

③ 梁君瑜：《作为复合型主观公权利的公物利用》，载《时代法学》2015 年第 2 期。

公物本质系公众得自由利用，但为调和利用人之间的可能冲突，有时必须加以限制或经许可始得为公物之利用，其形态有二①：（1）限制利用。为防止公物受不当的利用或增进公物利用之效能，主管机关基于公物管理权得限制特定人为公物之利用。前者如规定"货车载重不得超过核定之总重量或超过所行驶桥梁规定之载重限制"。后者如将双向道之道路改为单行道或将某地区划为"行人徒步区"或将某路段在特定时段设为"调拨车道"等。此种管理职权之行使间接地亦会造成限制利用之效果。（2）特别利用，可分为基于公物警察权与基于公物管理权两种。公物警察许可利用如兴修房屋或其他工程，经许可者，始得使用道路，但仍不得超出限制。公物管理许可利用如进入公园之门票、进入展览会场之入场券，旨在设定一定限制，以调和利用人之间可能发生之冲突。公物之许可利用通常为一时的利用，时间或长或短，许可之机关通常保留撤回许可之权产故其为非继续、独占地排除他人利用，否则即属公物之特许利用。

3. 特许使用

特许使用是指从公物管理者那里获得特别使用权的设定而使用公物的情形。公物管理者在特定的公物上，通过特别许可，为使用人单独设立得以排除他人使用的特殊使用权。特别许可使用可以分为以下两种形式：（1）单方行为特别许可使用。特别使用许可权的来源是行政主体单方面作出的许可行为。这种特别许可的单方面性决定了许可主体可以根据公共利益的考虑随时废除这种许可。并且，除非在许可文书中载明或者法律明文规定，许可机关的废除许可决定不需要事先通知。但如果这种对许可的废除作为一种制裁行为时，必须给予使用权人辩护的权利。（2）通过行政合同方式形成的特别许可使用。② 一种是公务特许合同，一种是作为公物特许合同补充的独占特许合同。其中，公务特许一词来源于法国行政法，是指行政主体和其他私法主体签订合同，由后者以自己的经费和责任来管理某种公务并自负盈亏。值得注意的是，公务特许

---

① 参见翁岳生编：《行政法（上）》，中国法制出版社2009年版，第440~441页。
② 杨临宏著：《行政法：原理与制度》，云南大学出版社2010年版，第201页。

行为尽管采取合同形式，实质上是一种半合同半法规性质的混合行为，是一种性质特殊的行政合同。这是由于通过公务特许合同，行政机关将自己所管理的公物托付给私法组织管理，既是对后者使用公物的特别许可，同时又将公物所负载的公共给付职责转由后者承担。因此，需要通过合同规范使用人的公物职责。在我国，也存在着相类似情况。比如，《公路法》第61条就规定了国道收费权的转让制度，并需要签订第65条所规定的转让收费权合同。公物的独占特许合同，是行政主体与私人签订的，由私人例外地单独占用公共公物一部分的合同。这种合同经常作为公务特许合同的补充，但也可以独立存在。订立独占特许合同的当事人一般是作为公物使用人的自然人，所强调的合同目的是对公物的排他独占使用，而非实现公务目的。在我国，这种特许使用权的取得方式主要体现为公民有偿获得商品房土地使用权等情形。

五、公物的流转

公物的流转即公物设置的转换或变更，是指在公物被设立之后的存续期间内，对公物的管理权主体、公物的使用目的以及公物的使用人范围进行变更的法律制度。公物在经设定之后，可否随意转换为其他之公物？例如将公路转换成公园，行人步行区转换成公路？这在原则上是许可的。由于在公物设置时上述内容通常已经被明确宣告。因此，出于对公物公信力的维护以及对公众用益权的保护，一般不允许对上述内容进行变更。但是也存在特别例外，例如当县级公路已经不能满足公路运输的需要时，则有必要将其升级为国道或者高速公路。公物的流转一般需满足以下条件：其一，公物的流转需有严格的法律依据，如将公民私人所有的不可移动文物建筑变更为国有文物保护单位就需要有文物保护法作为依据。其二，公物的流转应当合理权衡流转前后公共利益与公众用益权之间的关系，不得因为追求公物的公共目的而过度损害公众的使用权，尤其是在将公用公产变更为公务公产时，需慎重考量公众可能丧失的使用权益。例如为建设市政府大楼而拆毁公众经常使用的公共体育馆和广场。其三，公物的流转应当严格遵循法定的程序。公物流转尽管属于行政给付方式的内容变更，但由于涉及对公民信赖利益的影响，因此需要广泛听取公众的意见，并且应当采取严谨的专家论证机制，强调公物流转程序的透明性。

六、公物的废止

公物的废止是指公物丧失其公用的性质，其主要有两种方式，即自然废止和法定废止。

其一，自然废止。自然废止是指以具备一定形体要件供一般公众使用的公物，因自然力或人为原因而灭失，回复到通常观念认为不可能继续提供公用或提供公用有显著困难的情形。其时，公物的功能已经丧失或不能满足公产设定目的，无须法律上任何程序即可废止。此种公用功能丧失必须为永久性，非暂时性者。比如，某市广场虽经洪水过流，但退洪之后仍未破坏广场形体要素，仅仅是暂时性不能提供公用，此种情形不能判断为公物自然废止。自然废止的公物既可能是自然公物，又可能是人造公物。前者如海边农地被海水湮没；后者则如公共建筑物（如桥梁）因天灾地震而毁灭等。因此种废止是从事实层面而非法律层面进行的考察。

其二，法定废止。法定废止亦称公用废止行为，是指行政主体以废止该公物直接供公共目的使用的意思行为而消灭其公用目的的行为。法定废止的公物一般都经过了法定的设定程序，所以也必须经过同样的废止程序。如果公物是以法律、法规、规章的形式设定的，仍应以法律、法规、规章的形式废止；如果公物是以公布等宣示行为设立的，仍亦以宣示行为废止公用。

第二节 政府采购制度

作为建设现代财政制度的重要途径，政府采购是构建国家治理的重要工具之一，有利于促进国家治理体系和治理能力现代化。我国于1996年开始政府采购制度改革试点，经过二十多年的发展，从无到有，建立了一套相对完整的政府采购制度和管理体制，推动了政府采购事业的长足发展。其中具有标志性的成就是2003年正式施行的《政府采购法》，这是我国首部政府采购领域的综合性法律；2014 年 8 月 31 日，十二届全国人民代表大会第十次会议又审时度势对《政府采购法》进行了修正。不宁唯是，为进一步细化《政府采购法》，国务院于 2014 年 12 月 31 日在第 75 次常务会议上审议通过了《政府采购法实施条例》，这就进一步增强了上位法的可操作性，促进了政府采购行为的法治化和透明化。

一、政府采购的意涵

政府采购肇始于近代西方发达国家的市场经济，通常又被称为公共采购。我国的政府采购起步于 20 世纪末，不久便根植于我国的社会、经济和政治生活当中。① 政府采购虽是一个专业的法律术语，国际上却缺乏对其内涵的统一解释。在我国，由于对政府采购理论研究不够，法学界主要是从法律规范的角度来对其进行定义，形成了较为一致的解释。

（一）政府采购的概念

根据《政府采购法》第 2 条之规定，所谓政府采购，是指各级国家机关、事业单位和团体组织，使用财政性资金采购依法制定的集中采购目录以内的或采购标准限额以上的货物、工程和服务的行为。正确理解政府采购的概念，还需要从如下几个方面作出理解：

其一，采购目的的公益性。政府采购有别于普通的私人采购和商业采购，它不是以营利为目的，相反，其必须以实现社会职能和政治职能等公益目标为最优旨归。原因有二：一是由于财政性资金和借贷资金等国家财政是政府采购的主要资金来源；二是由于政府采购中的采购方主要是国家机关、事业单位等公共部门。

其二，采购主体的法定性。政府采购的目的一般具有很强的公益性，这就要求政府采购的主体必须具有法定性。我国的法定采购主体主要包括国家机

---

① 参见邹昊主编：《政府采购体系建设研究》，清华大学出版社 2011 年版，第 1~3 页。

关、事业单位及团体组织。判定是否属于法定采购主体，有两项标准：（1）政府采购的采购方必须依法设立，具有主体资格，享有法律法规等赋予的采购权限；（2）政府采购的主体的运作经费主要依靠国家财政。

其三，采购客体的广泛性。政府采购的客体包罗万象，具有广泛性的特点，但必须局限于政府制定的集中采购目录以内或采购标准限额以上。通常来说，主要包括货物、工程与服务三类。货物如原材料、设备、产品；工程如有关新建、修缮、拆除建筑物、构筑物等建设工程；服务则指除货物和工程以外的其他采购对象。

其四，采购活动的规范性。政府采购目的的公益性和主体的法定性，决定了政府采购的活动并不是简单地一手交钱、一手交货①。其必须依据既有的法律规范来展开，主要体现在三个方面：（1）遵循特定的原则，如公平原则、公开原则、廉洁原则等；（2）采取特定的方式，如公开招标、邀请招标、竞争性谈判等；（3）接受特定的监督，如政府采购监督管理部门、采购主体内部监督机构等。

（二）政府采购的作用

制度说到底其实就是一系列规则的整合，作用不外乎是要指导和规范人们的行为，政府采购也不例外。具体来讲，政府采购制度的作用主要包括②：

其一，节约财政支出，降低行政成本，提高财政资金的使用效益，这是市场化政府采购的基本功能。由于政府支出具有自然的扩张性，每个国家都面临着公共支出膨胀的问题。一切有权力的人都容易滥用权力，如果不对政府采购进行制度性的约束，政府的支出膨胀和人员膨胀将呈不可抑制趋势。政府采购制度中的财政预算、集中采购、竞争机制、监督采购等制度恰恰可以达到将纳税的钱花到"刀刃上"，减少浪费的目的。可以说，政府采购是提高财政支出效率的核心制度安排。收支平衡是财政的基本要求，在政府征收（主要是税收

---

① 参见施锦明著：《政府采购》，经济科学出版社 2010 年版，第 7 页。
② 姜明安、余凌云著：《行政法学》，科学出版社 2010 年版，第 428～429 页。

征收）受社会容忍度制约、发行债券与增发货币有难以控制的风险等客观现实约束下，财政支出必须以最小的投入实现最佳的社会经济效益和政府绩效的最大化，实现高效率。不断探索完善财政支出措施，提高效率是现代财政制度的应有之义。政府采购法制作为规范公共资金使用的法制，其内容包括政府采购计划编制、政府采购目标的设定、采购程序的构造、采购契约的授予等。这些规范一方面有助于将公共资金使用置于竞争环境下，防止"寻租"现象的滋生，使政府采购合同的授予建立于投标人履行合同的能力和资格上，价格、产品、质量以外的其他标准，在合同授予中不起决定作用，进而提高公共资金的使用效率，发挥公共资金使用"节流"作用；另一方面，通过产业导向和支持原则促进产业协调发展，进而促进经济增长从而扩展公共资金的总量，发挥"开源"功能。"开源"与"节流"的有机结合，有效提高财政支出效率。

其二，增加行政透明度，防止腐败的发生。财政预算是各级政府依据法律和制度规定编制并经法定程序批准后而实施的以财政收支为主的政府年度配置计划，具体包括预算编制、预算执行和决算三大环节，现代财政制度对预算提出了完整性、透明度和公众参与要求。在不成熟、不完善的市场经济社会中，法制不健全、交易过程不透明就会引起大量的"寻租"行为。就预算的完整性来看，凡以政府名义发生的收支包括债务性收支都应列入政府预算中。政府采购制度在财政性资金规定上明确规定"以财政性资金作为还款来源的借贷资金，视同财政性资金"，有助于通过政府采购预算安排将政府债务性支出一体纳入政府预算。同时，建立政府采购制度，由专门的政府采购机构负责，使用单位不再直接拥有采购的权力，只负责最后的验收，而采购资金由财政部门统一负责向供应商直接拨付，再加上采购程序的规范和采购活动的透明，这就在很大程度上避免了徇私舞弊行为的发生。①

其三，提高国家对社会经济的宏观调控能力。对经济实现宏观调控是发展经济的主要手段和方法。由于政府采购的规模巨大，通过规范政府采购制度可

---

① 肖北庚：《现代财政制度体系构建下的政府采购管理机制创新》，载《中国政府采购》2018 年第 12 期。

以加大对公共商品和公共投资品的采购力度，扩大内需，规范固定资产投资。同时，通过政策性的调整又可以在稳定物价、保护民族工业以及改善投资环境方面发挥积极的作用。例如，当经济过热时，可以适当地压缩和推迟政府采购，减少社会的总需求；对需要给予扶持的新兴产业或技术项目，考虑在政府采购的招标方案中适当地多包含一些；政府在统一的采购中以招标竞争方式压低供应价格，对稳定同类商品价格所起到的抑制作用等都是政府采购对社会经济进行宏观调控的表现。

二、政府采购的原则

政府采购原则意指政府采购从动议到验收全程所必须遵循的基本准则，它贯穿于整个政府采购活动的全过程，对政府采购具有重要的指导意义。在我国，根据《政府采购法》之规定，政府采购必须遵循如下几个原则：

（一）公开透明原则

公开透明原则是指政府采购的整个流程以及与政府采购的相关信息，除涉及国家秘密或商业秘密以外，必须向社会公众或相关供应商公开，以增加政府采购的透明度，是政府信息公开原则在政府采购领域的具体体现。因此，政府采购行为又被称为"阳光下的交易"。公开透明原则是政府采购最基本的原则，只有信息公开，才能为政府公正采购、供应商公平竞争创造透明的环境。具体来说，政府采购公开透明主要有以下几个方面意义[1]：

其一，公开透明是政府采购的生命线。公共财政是政府采购的主要资金来源，而公共财政建立于税收制度之上，公共财政的资金来源于纳税人缴纳的税款，因此，公开透明的政府采购制度，是确保纳税人知情权得以贯彻的重要途径。换句话说，政府采购只有遵循公开透明原则，才能确保无论是采购主体还是供货商，其间交易公开透明，从而为纳税人监督政府采购行为提供保障。

---

[1] 参见姜爱华、滕怀凯：《政府采购公开透明：现实意义与未来挑战》，载《中国政府采购》2015 年第 4 期。

其二，公开透明是预算文本公开向执行公开的延伸。我国预算公开改革取得长足进展，预算公开范围进一步扩大，预算公开信息进一步完备，预算公开内容进一步细化。但目前的预算公开主要是预算文本公开，而政府采购是财政预算的执行环节，政府采购公开透明实际上是将预算文本公开进一步向前延伸到预算执行公开，从而使公众能够看清预算执行过程，深入推进预算公开——政府采购公开透明是财政国家治理的必然要求。随着财政作为"国家治理的基础和重要支柱"定位的提出，随着社会民主建设的推进，预算公开乃至财政透明改革贯穿于公共财政改革之中，政府采购作为财政支出管理改革的重要内容之一，必然与这一改革趋势相吻合。财政国家治理，必然要以包括政府采购在内的财政透明度改革为保障。

其三，公开透明是国际政府采购的普遍规则。透明度一直是国际政府采购协议（GPA）倡导的基本原则，最近几次的GPA修订都对信息公开做了大幅度的调整，对政府采购公开透明提出了更高的要求。如增加了电子化手段在采购信息公开与透明化中的广泛应用；新增了发布计划采购公告的要求，不仅要求信息对供应商公开，也要对公众公开。据此可见公开透明原则之于政府采购的重要性。政府采购的公开透明可以发挥双重作用，一则便于供应商计算其参加投标的成本和风险，进而提出最具竞争力的投标价格；二则可以强化公众和相关部门对政府采购的监督，防止欺诈、腐败等不正当行为的发生。[1]

（二）公平竞争原则

公平竞争原则是指政府采购合同的签订要通过招投标等公平竞争的方式进行，所有有意参与投标的人在机会、待遇平等的条件下依靠自己的实力获取中标。有竞争才会有压力，有压力才会有动力。一方面，市场经济本质就是在公平有序的环境中实现竞争，以此推动社会向前发展。可以说，竞争性的政府采购对于高新技术产业的发育起到非常大的激励和促进作用。另一方面，"政府

---

[1]　参见张家瑾著：《我国政府采购市场开放研究》，对外经济贸易大学出版社2008年版，第11页。

采购的一个重要假设是竞争价格是一种合理价格，其采购利益要通过供应商间最大限度的竞争来实现"。① 通过竞争，政府采购可以形成买方市场，促使供应商提供优质、高效、廉价的商品和服务，形成对采购方有利的竞争局面。

这一原则也具有双重作用，其不仅可以提升社会企业参与竞争的欲望和信心，亦可以使政府通过优中选优的方式获得物美价廉的货物、工程或服务，进而提高我国财政性资金的使用效益。

(三) 公正原则

公正原则是指在采购过程中，政府与供应商之间应当处于平等的地位，具体采购活动要按照双方事先的约定进行，禁止政府采购主体擅自设置不合理的条件歧视部分供应商，或实行差别待遇，增加供应商的负担。

另外，在政府采购活动进行中，任何单位和个人，都无权对政府采购活动指手画脚，随便进行干预。尤其是在评标过程中，评标标准必须科学合理，评标委员会的评委对投标人要一视同仁，严格按制定的标准统一对待所有投标人，公正选定中标人或成交供应商，不得存在任何主观倾向。《招标投标法》规定了评标委员会的组成人员必须有相应数量的要求，并且要有各方面的代表，其中包括技术、经济等方面的专家不得少于成员总数的2/3而且成员人数必须为5人以上单数。对相关人员的回避也有相应的规定。② 设立这一原则主要是为了迎合行政理念由"管理"向"治理"的转变。在传统行政法律关系

---

① 王亚星著：《政府采购制度创新》，中国时代经济出版社2002年版，第25页。

② 一般情况下，有下列情形之一的，不得担任评标委员会成员。已经被选任的，应当主动回避：(1) 投标人主要负责人的近亲属；(2) 项目主管部门或者行政监督部门的人员；(3) 与投标人有经济利益关系，可能影响投标公正评审的；(4) 曾因在招标、评标以及其他与招标投标有关活动中从事违法行为而受过行政处罚的；(5) 其他可能影响公正的情形。同样，我国《政府采购法》也有类似规定，该法第12条规定："在政府采购活动中，采购人员及相关人员与供应商有利害关系的，必须回避。供应商认为采购人员及相关人员与与其他供应商有利害关系的，可以申请其回避。"第22条规定："采购人可以根据采购项目的特殊要求，规定供应商的特定条件，但不得以不合理的条件对供应商实行差别待遇或者歧视待遇。"

中，政府组织一方往往居于支配地位，这不利于政府采购目的的实现。对此，立法必须加以限制和改正。

公正性还要求政府采购必须建立公开、透明的救济程序。公开、透明的救济程序，尤其是司法救济程序，不仅可以保证采购纠纷审理及时、有序地进行，还可以减少质疑、投诉审理机构的自由裁量权，限制行政救济机关滥用权力，由司法部门公开、公正地审理政府采购纠纷案件，可以公正地解决当事人之间的采购纠纷。

（四）诚实信用原则

所谓"诚实信用原则"，是指政府采购各方当事人在整个政府采购过程中，都要遵循真实、可靠、守信的原则，要讲究信誉、维护形象，以善意的方式行使权利、履行义务，不得背信弃义、相互串通，蓄意损害他人合法利益、社会公共利益以及国家利益。为实现这一原则，我国《政府采购法》第 28 条规定："采购人不得将应当以公开招标方式采购的货物或者服务化整为零或者以其他任何方式规避公开招标采购。"第 50 条规定："政府采购合同的双方当事人不得擅自变更、中止或者终止合同。"总之，社会主义市场经济既是法制经济又是信用经济，需要以当事人的诚实信用形成良好的社会风气，保障市场经济秩序的有序运行。在政府采购中坚持诚实信用原则，从政府的角度来看，可以提升其公信力，减少交易成本；从供应商的角度来看，则可以给其必要的约束，弥补市场弊端。[1]

三、政府采购的组织体制

政府采购的组织体制是政府采购得以有效运行的载体，也是政府采购研究的重点内容。不同的政治体制下会有不同的政府采购组织体制，在当今世界范围内，主要有集中型、分散型以及混合型三种政府采购模式。于我国而言，则主要采用的是混合型模式，即以集中采购为主，分散采购为辅的政府采购模式。

---

[1]　参见马海涛、姜爱华主编：《政府采购管理》，北京大学出版社 2016 年版，第 48 页。

（一）采购主体

在政府采购中，采购人与供应商在博弈中处于强势主体地位，采购人的强势行为容易使供应商的权利受到损害。现代法律以保护弱者利益为价值追求目标，重视对弱势主体的保护。反映在法律上，便是在立法中对强势主体的行为进行规范，使之承担较重的义务。从这个角度来讲，在政府采购法律关系中，采购人被称为义务主体。世界上的任何事物都是矛盾的统一体。矛盾是既对立又统一的关系，用于分析权利与义务的关系，则权利与义务永远是相对的。在政府采购法律关系中，权利人权利的实现，有赖于义务人如实履行义务。因此，采购人义务的规范，对供应商来说，具有极为现实的意义。

根据我国《政府采购法》第15条的规定，我国政府采购的采购主体主要包括权力机关、政府组织、司法机关、政党组织、社团组织以及财政拨款的事业单位。这些主体所进行的政府采购行为均应纳入《政府采购法》的调整范围。

（二）执行主体

执行主体是指具体负责政府采购执行的机构或组织。在我国，依据政府采购具体执行主体的不同，可以将政府采购划分为两种类型，即集中采购模式和分散采购模式。我国政府采购的执行主体主要有如下三类。

其一，集中采购机构。所谓集中采购机构，是指设区的市级以上人民政府根据本级政府采购项目组织集中采购的需要，依法设立的非营利事业法人，是主要代理集中采购项目的执行机构。一般情况下，采购人采购纳入集中采购目录的政府采购项目，必须委托集中采购机构代理采购。如果采购人采购未纳入集中采购目录的政府采购项目，则可以根据需要委托集中采购机构在委托的范围内代理采购，但接受委托的集中采购机构不得转委托。

其二，社会中介机构。所谓社会中介机构，是指由国家相关部门审批成立的，专门从事采购代理活动的组织。该类组织不是由国家直接投资设立，其以营利为目的。这种社会中介机构与集中采购机构一起共同组成了我国的采购代理机构。①

其三，采购主体自身。此类情况主要是指由采购主体自身来具体负责采购事宜。主要存在三种情形：（1）采购主体采购纳入集中采购目录的采购项目属于本部门、本系统有特殊要求的项目，应当由该部门自行集中采购。（2）采购主体采购纳入集中采购目录的采购项目属于本单位有特殊要求的项目，经省级以上人民政府批准，可以自行采购。（3）采购主体采购未纳入集中采购目录的政府采购项目，可以自行采购。这种采购模式有利于发挥各主体的灵活性和专业性，从而更好地满足采购主体的需求，其缺陷则主要是不利于监管，容易造成腐败。

四、政府采购的运行框架

政府采购的运行框架是政府采购工作得以顺利完成的制度保障，对我国政府采购体系的科学研究工作极为重要。其主要由政府采购的基本流程、政府采购的主要方式以及政府采购的程序三个方面所构成。

（一）政府采购的基本流程

所谓政府采购的基本流程，是指所有类型的政府采购必须遵循的一种基本操作程序。按照国际惯例，并依据《政府采购法》和《政府采购法实施条例》的规定，我国的政府采购基本流程大致可以划分为如下几个阶段：

其一，政府采购的预算。政府采购预算是指采购主体制定或批准的年度政府采购计划，其依据主要是本级政府的发展计划和行政任务编制，其是政府财政预算的重要组成部分。政府采购预算一般是在进行年度政府预算或部门预算编制时同时编制。作为整个政府采购流程的第一个环节，政府采购预算对政府采购的顺利开展至关重要，其旨在细化政府财政的支出管理，提高政府采购资

---

① 我国《政府采购法》第 19 条规定："采购人可以委托集中采购机构以外的采购代理机构，在委托的范围内办理政府采购事宜。采购人有权自行选择采购代理机构，任何单位和个人不得以任何方式为采购人指定采购代理机构。"这意味着这类机构作为补充力量为我国政府采购市场增添了活力。

金的使用效益，以消除分散采购的固有弊端。政府采购预算的内容应当包括采购需求的确定、采购项目的编制、采购客体的估价、数量与型号、采购资金的来源以及投入使用或开工的时间等。①

其二，政府采购的立项。政府采购立项是指在制定政府采购预算，明确政府采购需求后，采购主体按照相关的规定填写《政府采购立项申请表》，并将相关联的文件一起递交政府相关部门（一般是政府财政部门）进行审核。属于高科技和信息化的项目，还应由相应的技术部门出具意见或技术论证报告。最后，经审核，政府相关部门如果认为符合立项要求的，应当在《政府采购立项申请表》上签署意见。至此，政府采购开始正式进行采购执行程序。

其三，政府采购的执行。政府采购的预算和政府采购的立项仅仅是政府采购工作的开始，其最终还需要政府采购执行来完成。如果说"政府采购预算"和"政府采购立项"解决的是"买什么"和"是否买"的问题，那么"政府采购执行"则主要是解决"如何买"的问题。采购主体通常会根据政府采购预算和政府采购计划，编制日常政府采购工作计划，并做好一系列的前期准备工作。比如，进行采购资金的归集、支付等管理工作，分析采购客体的类型并据此选择不同的采购方式，物色潜在的供应商并与之进行前期沟通交流，等等。

其四，采购合同的签订与履行。不管是何种政府采购类型以及采用何种政府采购方式，最终都要通过合同的形式来落实。政府采购合同应当采用书面形式，合同的内容应当由双方当事人根据《合同法》和《政府采购法》的相关规定平等、自由协商。在合同签订后，采购主体应当在7个工作日内将合同的副本报同级政府采购监督管理部门和有关部门备案。合同双方的当事人要按照法律规定和合同约定积极履行合同内容。

其五，政府采购履行的验收。在供应商履行完毕后，采购主体或者其委托的采购代理机构应当按照政府采购合同规定的技术、服务以及安全标准组织对供应商履约情况进行验收，并出具验收书。大型的政府采购项目，应邀请国家

---

① 参见邹昊主编：《政府采购体系建设研究》，清华大学出版社2011年版，第156～158页。

认可的质量检测机构参加验收工作。

（二）政府采购的主要方式

政府采购方式是指在政府采购活动中，采购主体为了从供应商手中获取货物、工程或其他服务而采用的一种路径。政府采购是一种政府行为，为了规范采购主体的采购行为，维护社会公共利益和供应商的合法权益，必须对政府采购方式加以明确规定。目前，我国《政府采购法》和《政府采购法实施条例》主要规定了公开招标、邀请招标、竞争性谈判、单一来源采购、询价和国务院政府采购监督管理部门认定的其他采购方式六种。

其一，公开招标，是指招标人以招标公告的方式在公开媒介上邀请不特定的法人或其他组织参与投标，并在符合条件的投标人中择优选择中标人的一种招标方式，其优点主要是可以给予所有潜在的投标人均等的机会，从而更好地实现招标人的经济目的。我国《政府采购法》第26条规定，"公开招标应作为政府采购的主要采购方式"，而确定政府采购最终是否采用公开招标方式的重要标准之一，即为采购金额。① 另外，根据我国《政府采购法实施条例》的规定，采购主体采购公开招标数额标准以上的货物或服务，同时又符合邀请招标、竞争性谈判、单一来源采购以及询价适用的情形或者有需要执行政府采购政策等特殊情况的，经设区的市级以上人民政府财政部门批准，也可以采用公开招标的采购方式。

其二，邀请招标，也称选择性招标，是指招标人根据可能参与者的资信和业绩，选择一定数目的法人或其他组织（一般不能少于三家），向它们发出招标邀请书，邀请其参与投标竞争，进而从中选定中标者。② 其优点主要在于可以弥补公开招标成本过于高昂的缺陷。在投标者数量不足的情况下，邀请招标还可以相对充分地发挥其招标优势。当然，邀请招标也有些许的不足，主要体现为其不能实现充分的竞争，尤其是对那些新产生或新发展起来的潜在投标人

---

① 胡家诗、杨志安著：《政府采购研究》，辽宁大学出版社2002年版，第50页。
② 参见何红锋主编：《政府采购法详解》，知识产权出版社2002年版，第70页。

较为不公。因此，邀请招标通常只有在招标项目符合一定的条件时才可以采用。根据《政府采购法》第29条之规定，我国采购主体只能在如下两种情形下方可采用邀请招标的方式：一是具有特殊性，只能从有限范围的供应商处采购的；二是采用公开招标方式的费用占政府采购项目总价值的比例过大的。

其三，竞争性谈判，是指采购主体同多家供应商进行协商谈判，并从中确定中标商的采购方式。[1] 其优点在于比较灵活，采购主体可以同参加谈判的供应商进行面对面地沟通和交流，使双方在谈判的过程中达到共赢。另外，这种竞争性的谈判省去了诸如准备招标书、投标、等标以及竞标等繁琐的环节，大大简化了采购程序，有利于缩短采购周期，进而提高政府采购的效率。但该方式也存在不少缺点，比如，具有较强的主观性，谈判过程也难以控制，容易导致不公正交易甚至腐败，等等。因此，必须对这种采购方式的适用条件加以严格限制。[2]

其四，单一来源采购，也称直接采购，是指采购人直接向某一家供应商进行采购的方式。很明显，这种采购方式非常简便，完全排斥了政府采购的竞争性，也缺乏一定的透明度，因此，只能在比较特殊的情况下才能使用。[3][4]

---

[1] 参见宗煜编著：《政府采购概论》，电子科技大学出版社2007年版，第28页。

[2] 根据《政府采购法》第30条和《政府采购法实施条例》第26条之规定，我国采购主体只能在如下四种情形下才能采用竞争性谈判的方式：（1）招标后没有供应商投标或者没有合格标的或者重新招标未能成立的；（2）技术复杂或者性质特殊，不能确定详细规格或者具体要求的；（3）采用招标所需时间不能满足用户紧急需要的（应当是采购人不可预见的或者非因采购人拖延导致的）；（4）不能事先计算出价格总额的（是指因采购艺术品或者因专利、专有技术或者因服务的时间、数量事先不能确定等导致不能事先计算出价格总额）。

[3] 参见肖北庚著：《国际组织政府采购规则比较研究》，中国方正出版社2003年版，第287页。

[4] 根据《政府采购法》第31条和《政府采购法实施条例》第27条之规定，我国采购主体只能在如下三种情形下才能采用单一来源采购的方式：（1）只能从唯一供应商处采购的（是指因货物或者服务使用不可替代的专利、专有技术，或者公共服务项目具有特殊要求，导致只能从某一特定供应商处采购）；（2）发生了不可预见的紧急情况不能从其他供应商处采购的；（3）必须保证原有采购项目一致性或者服务配套的要求，需要继续从原供应商处添购，且添购资金总额不超过原合同采购金额10%的。

其五，询价，俗称"货比三家"，是指采购主体就采购项目向符合条件的供应商发出询价通知书，通过对它们各自报价进行比较，最终确定成交供应商的一种采购方式。这种采购方式的优点主要是在保持一定竞争的前提下，节约采购时间，从而使采购主体获得较好的价格和服务。其缺点主要是在实际操作过程中，采购供货周期容易受到多方面因素的影响，进而使采购效率大大降低，难以实现规模效益。因此，根据我国《政府采购法》第 32 条之规定，只有采购的货物规格、标准统一、现货货源充足且价格变化幅度小的政府采购项目，才可以采用询价的方式来采购。

其六，国务院政府采购监督管理部门认定的其他采购方式。这是我国《政府采购法》在上述五种常用的采购方式以外所规定的一个兜底条款，其主要目的是为了适应社会飞速发展和各地方特殊情况的需要。根据国际实践和经验，还有很多采购方式可供采用，比如定点采购方式、协议供货方式以及电子采购方式，等等。当然，这些方式的采用必须遵循如下两个基本原则：一则上述五种方式都不适合，且采用此种方式效益会更高；二则必须得到国务院政府采购监督管理部门的认定。

（三）政府采购的程序

政府采购程序有广义和狭义之分，广义的政府采购程序是指政府采购项目从一开始预算立项直至采购活动全部结束的完整运作过程，也即前文中所说的政府采购流程；狭义的政府采购程序则指为实现政府采购的目标，根据所选择的采购方式特点，法律规定执行该政府采购方式所应遵循的步骤。此处所讲述的主要是狭义上的政府采购程序，主要涉及如下三个方面的程序：

其一，签订合同的意向形成阶段。政府采购的第一步是首先由采购主体提出采购需求，报财政部门审核，得到批准后到才能采购。财政部门在审核时既要考虑采购预算的限额，又要考虑各采购主体采购要求的合理性。从政府采购工作看，开展采购工作的前提是预算中要有安排，并且项目要具体、资金预算要明确。只有这样，才能为政府采购监督管理部门有的放矢地制订政府采购计划，实施有效监督管理提供依据，便于采购人和集中采购机构有计划地开展采购活动，为供应商了解年度政府采购市场的规模和结构，并客观地作出经营策略提供依据。我国《政府采购法》规定，"负有编制部门预算职责的部门在编制下一财政年度部门预算时，应当将该财政年度政府采购的项目及资金预算列出，报本级财政部门汇总。部门预算的审批，按预算管理权限和程序进行"。按照该条规定，各部门在编制部门预算时，凡是属于本法规定的政府采购项目，都要在部门预算的相关科目中详细列明，包括项目具体名称和预算等事项。全国人民代表大会批准了部门预算，也就批准了其中的政府采购预算。只有经全国人民代表大会批准的采购项目，才能开展采购活动。①

其二，合同签订阶段。按照我国现行的法律，采购人对于采取什么样的采购方式拥有较大的自主权。一般来说，选择采购方式应结合每个项目的具体情况予以确定。适宜的采购方式可以节约采购时间和采购成本，实现社会资源的最大公益化。要约和承诺是合同成立的必经阶段，政府采购合同也不例外。不过，政府采购方式的多样性使得每一种不同的采购方式所反映的要约与承诺的表现形式也就不同。以政府采购中最常用的公开招标方式为例，其签订合同的程序大体包括：（1）发布招标公告。在发布招标公告的时候，应当尽量发布内容翔实、程序严明的预审公告，不具备资格的企业不能使之参加，以免产生不必要的浪费。（2）投标。由有意参与此次政府采购活动的供应商根据自己的实力进行投标。（3）开标。采购人必须按招标文件规定的时间、地点和规则进行，采取公开的方式，做好唱标工作并记录下开标的全过程。（4）评价和决标。由专门委员会对所有有效的投标进行评价，按照"最低投标报价"与"综合投标报价"等方法进行评比，选择对于此次采购最有利的投标。中标、成交通知书对采购人和中标、成交供应商均具有法律效力，中标、成交通知书发出后，采购人改变中标、成交结果的，或者中标、成交供应商放弃中标、成交项目的，应当依法承担法律责任。采购人与中标、成交供应商应当在中标、成交通知书发出之日起 30 日内，按照采购文件确定的事项签订政府采购合同。国务院政府采购监督管理部门应当会同国务院有关部门，规定政府采

---

① 姜明安、余凌云著：《行政法学》，科学出版社 2010 年版，第 434 页。

购合同必须具备的条款。

其三，合同履行与管理。（1）履行采购合同。在该阶段，供应商必须按照合同的各项规定，向采购人提供货物、工程或服务并有权获得相应价款。双方当事人不得擅自变更、中止或者终止合同，否则属于违约。但是，如果政府采购合同继续履行将损害国家利益和社会公共利益的，双方当事人应当变更、中止或者终止合同，有过错的一方应当承担赔偿责任，双方都有过错的，各自承担相应的责任。（2）合同的管理。政府采购项目的采购合同自签订之日起7个工作日内，采购人应当将合同副本报同级政府采购监督管理部门和有关部门备案，采购人、采购代理机构对政府采购项目每项采购活动的采购文件应当妥善保存，不得伪造、变造、隐匿或者销毁，采购文件的保存期限为从采购结束之日起至少保存15年。采购文件包括采购活动记录、采购预算、招标文件、投标文件、评标标准、评估报告、定标文件、合同文本、验收证明、质疑答复、投诉处理决定及其他有关文件、资料。在政府采购合同执行过程中或执行完毕后，采购实体要对合同执行的最终结果效益评估。采购人或者其委托的采购代理机构应当组织对供应商履约的验收。大型或者复杂的政府采购项目，应当邀请国家认可的质量检测机构参加验收工作。验收方成员应当在验收书上签字，并承担相应的法律责任，采购人在采购活动完成后，应当将采购结果予以公布；政府采购监督管理部门应当对政府采购项目的采购活动进行检查，政府采购当事人应当如实反映情况，提供有关材料，政府采购监督管理部门应当对集中采购机构的采购价格、节约资金效果、服务质量、信誉状况、有无违法行为等事项进行考核，并定期如实公布考核结果，审计机关应当对政府采购进行审计监督。政府采购监督管理部门、政府采购各当事人有关政府采购活动，应当接受审计机关的审计监督，监察机关应当加强对参与政府采购活动的国家机关、国家公务员和国家行政机关任命的其他人员实施监察。任何单位和个人对政府采购活动中的违法行为，有权控告和检举，有关部门、机关应当依照各自职责及时处理。

五、政府采购的监督机制

政府采购监督机制是指法定的政府采购监督管部门对政府采购活动及集中采购机构进行监督检查所形成的一种组织体系，主要由政府采购监督主体和政府采购监督内容两大部分构成。

（一）政府采购监督的主体

我国政府采购监督的主体范围较为广泛，根据《宪法》《预算法》《监察法》《政府采购法》《政府采购法实施条例》等相关法律法规的规定，其大致包括立法部门、财政部门、审计机关、监察机关、司法部门、社会组织和个人以及其他部门。

其一，权力机关。在我国政府采购监督体系中，各级人民代表大会的预算监督是其不可或缺的环节，扮演着政府采购源头监督的角色。众所周知，政府采购首先要编制政府采购预算，而政府采购预算必须得经过相应立法机关的批准后，方可步入实施阶段。根据《宪法》的规定，人民代表大会及其常务委员会是我国的立法机关，其职权之一即为审查和批准各级政府的预算和预算的执行情况；《预算法》第83条也规定了各级人民代表大会及其常务委员会对各级预算和决算进行监督。因此，可以说，人民代表大会是我国政府采购一个重要的外部监督机构。

其二，财政部门。我国《政府采购法》第13条规定："各级人民政府财政部门是负责政府采购监督管理的部门，依法履行对政府采购活动的监督管理职责。"之所以将各级政府的财政部门作为我国政府采购监督的主管部门，主要是考虑到财政部门具备相应的职能和监督管理的条件。1998年，国务院机构改革就赋予了财政部"拟定和执行政府采购政策"的职能；2018年的国务院机构改革仍然保留了财政部这一职能，明确表明"负责制定政府采购制度并监督管理"是其主要职能之一。因此，可以说，政府采购监督是财政部门的一种内在职能，其在整个监督体系中的作用是其他部门所无法替代的。在监督过程中，不仅财政部门自身要积极发现违法行为，其他监督管理部门如果发现采购当事人有违法行为的，也要及时向财政部门进行通报。

其三，审计机关。审计机关是指依照国家法律规定设立的、代表国家行使审计监督职权的国家机关。各级审计机关都是本级政府的重要组成部分，是各级政府用以实行财政经济管理和监督的常设机构，由其负责的审计监督是健全经济法制的一项重要手段。政府采购涉及财政资金的使用，当然需要接受审计机关的监督。我国《政府采购法》第 68 条规定："审计机关应当对政府采购进行审计监督。政府采购监督管理部门、政府采购各当事人有关政府采购活动，应当接受审计机关的审计监督。"根据 2018 年 3 月第十三届全国人民代表大会第一次会议批准的《国务院机构改革方案》，财政部的中央预算执行情况的监督检查职责被划入审计署，由此，审计署的机构职责之一体现为审计监督中央及各部门（含直属单位）、省级人民政府的预算的执行情况，自然包括了采购预算执行情况的审计监督。从性质上而言，审计监督属于事后监督的范畴，其监督的重点主要集中在采购资金使用的合法性以及有关财经纪律等问题上。

其四，监察机关。监察机关是指行使国家监察职能，对所有行使公权力的公职人员进行监察，调查职务违法和职务犯罪的专责机关。我国《政府采购法》第 69 条规定："监察机关应当加强对参与政府采购活动的国家机关、国家公务员和国家行政机关任命的其他人员实施监察。"《监察法》第 11 条规定监察机关履行监督、调查和处置职责，包括"对公职人员开展廉政教育，对其依法履职、秉公用权、廉洁从政从业以及道德操守情况进行监督检查；对涉嫌贪污贿赂、滥用职权、玩忽职守、权力寻租、利益输送、徇私舞弊以及浪费国家资财等职务违法和职务犯罪进行调查"等。这些规定对于政府采购活动中潜在的违法行为有较强的震慑作用，有利于预防和惩处政府采购中的违规行为，进而促进政府采购人员的廉洁自律。

其五，司法部门。法院和检察院是主要的两大类司法机关。根据《宪法》第 128 条之规定，法院是国家的审判机关。具体到政府采购领域，主要表现为法院对采购主体的一些违法行为展开审判，比如采购信息没有依法公开、采购程序没有依法进行、采购合同没有依约履行，等等。当然，法院作为司法机构,其在政府采购活动中的监督主要是一种被动监督,只有在当事人依法提起诉讼后,法院方才介入。根据《宪法》第 129 条之规定,检察院是国家的法律监督机关。具体到政府采购领域,主要表现为对政府采购中的国家机关工作人员的职务犯罪行为进行审查,并决定是否对相关人员提起公诉。从这个角度而言,检察院也是政府采购的监督主体之一。

其六,社会组织和个人。这类监督是一种强有力的外部监督,是对内部监督效果的进一步检验和保证,包括三类:(1)供应商的监督。供应商是政府采购的主要当事人,它对政府采购活动的监督具有强烈的利益维护动机,因此,供应商的监督是最为自觉且最为有力的。我国《政府采购法》第六章专门就供应商针对采购主体的行为进行质疑和投诉的权利进行了详细规定。(2)新闻媒体的监督。新闻媒体监督主要是通过对政府采购中的违法行为进行公开披露、追踪调查,以唤起社会民众和相关部门的关注,形成强大的舆论压力,从而迫使违法行为能够得到及时查处。(3)社会公众的监督。我国《政府采购法》第 70 条明确规定:"任何单位和个人对政府采购活动中的违法行为,有权控告和检举,有关部门、机关应当依照各自职责及时处理。"作为社会监督的途径,这种监督机制运作的社会成本受到全民的文化素质的影响,发挥作用的大小以社会参与能力的提高为前提。如果没有法律制度的保障,这种舆论监督不容易被监督者所接受,如果监督对象对社会监督充耳不闻或无动于衷,那么社会监督无异于隔靴搔痒。如果公众和舆论对于政府采购的专业性理解不足而单纯以生活常识来评判政府采购活动,则会降低政府采购的效率。如何在公平与效率之间取得平衡是政府采购活动永恒的矛盾。从长远来看,提高政府采购活动透明度与提升全民素养是一枚硬币的两面,需要同步推进。①

其七,其他部门。主要包括两类:(1)采购主体的内部机构,如我国《政府采购法》第 61 条规定:"集中采购机构应当建立健全内部监督管理制度。采购活动的决策和执行程序应当明确,并相互监督、相互制约。经办采购

---

① 赵勇、宋亦然:《委托—代理视角下提升政府采购透明度的措施分析》,载《中国政府采购》2018 年第 12 期。

的人员与负责采购合同审核、验收人员的职责权限应当明确，并相互分离。"
（2）采购主体的相关主管部门，如我国《政府采购法》第 67 条规定："依照
法律、行政法规的规定对政府采购负有行政监督职责的政府有关部门，应当按
照其职责分工，加强对政府采购活动的监督。"不同于财政部门的综合性监督，
这类主体在政府采购活动中所实施的主要是一种专业性监督。

（二）政府采购监督的内容

政府采购的监督贯穿于整个政府采购的全过程，包括政府采购的预算、立
项、执行、合同的签订与履行以及合同履行的验收，等等。至于其监督的内
容，根据我国《政府采购法》和《政府采购法实施条例》的规定，主要集中
在如下三个方面：

其一，有关政府采购的法律、行政法规和规章的执行情况的监督。截至目
前，我国有关政府采购的法律主要是《政府采购法》，其是调整和规范政府采
购行为的基本法律，对政府采购的概念、基本原则、当事人、方式、程序以及
监督检查和法律责任都进行了较为明确的规定。当然，在政府采购的公开招标
或邀请招标的过程中，还需要严格适用《招标投标法》等相关法律的规定；
在政府采购合同的签订与履行中，还需要严格适用《民法通则》《合同法》等
相关法律的规定。另外，围绕《政府采购法》的实施，国务院制定了《政府
采购法实施条例》，地方人民代表大会和地方政府也制定了一系列地方性法规、
政府规章和具体实施办法。上述这些法律、法规以及规章能否得到正确、全
面、有效的执行，将对我国政府采购活动产生十分重要的影响，因此都将成为
监督检查的重要内容。[①]

其二，采购范围、采购方式和采购程序的执行情况的监督。我国政府采购
的相关法律已对政府采购活动进行了较为详细的规定。我国《政府采购法》
第 64 条规定："采购人必须按照本法规定的采购方式和采购程序进行采购。任

---

① 参见邹昊主编：《政府采购体系建设研究》，清华大学出版社 2011 年版，第 333
页。

何单位和个人不得违反本法规定，要求采购人或者采购工作人员向其指定的供应商进行采购。"因此，依照法律规定的采购范围、采购方式和采购程序实施政府采购，是贯彻政府采购公平、公开、公正以及诚实信用原则的重要体现。为保证政府采购的公正性和严肃性，防止损害国家利益和社会公共利益以及供应商利益的违法行为发生，必须将采购范围、采购方式和采购程序的执行情况作为监督检查的重点内容。

其三，政府采购当事人的监督。政府采购当事人是政府采购过程中权利义务的具体承担者，主要包括政府采购人员、供应商以及采购代理机构等。（1）对政府采购人员的监督。政府采购人员必须具备一定的职业素质和专业技能，这是我国政府采购活动能够健康、有序运行的有效保证。（2）对供应商的监督。各级人民政府财政部门和其他有关部门应当加强对参加政府采购活动的供应商的监督管理，对其不良行为予以记录，并纳入统一的信息信用平台。（3）对采购代理机构的监督。其内容相当广泛，如我国《政府采购法》第62、66条以及《政府采购法实施条例》第60条之规定。①

第三节　国有资产管理

以公有制为主体、多种所有制经济共同发展是我国的基本经济制度，而"公有制"的主要呈现形式便是国有资产。国有资产是国家所有权的客体，概指一切属于国家所有的财产和财产权利。相应的，国有资产管理体制构成了我

---

① 我国《政府采购法》第62条规定："集中采购机构的采购人员应当具有相关职业素质和专业技能，符合政府采购监督管理部门规定的专业岗位任职要求。"第66条规定："政府采购监督管理部门应当对集中采购机构的采购价格、节约资金效果、服务质量、信誉状况、有无违法行为等事项进行考核，并定期如实公布考核结果。"《政府采购法实施条例》第60条规定："除政府采购法第66条规定的考核事项外，财政部门对集中采购机构的考核事项还包括：（一）政府采购政策的执行情况；（二）采购文件编制水平；（三）采购方式和采购程序的执行情况；（四）询问、质疑答复情况；（五）内部监督管理制度建设及执行情况；（六）省级以上人民政府财政部门规定的其他事项。"

国基本经济制度的主体框架，国有资产管理体制的完善与否直接关系到国有经济能否有效地发挥其在经济发展中的主导作用。

一、国有资产的概念与分类

国有资产，顾名思义，其所有权属于国家。由于在我国，国家所有等同于全民所有，因此国有资产的所有权本质上归属于全体人民，只不过实践中由国务院代表全体人民行使国有资产的所有权。因而，我国的国有资产实行的是国家所有制。国有资产是国家代表人民持有产权，用以在不同领域实现社会公共目标的各种经济资源，是一个国家或地区经济发展的物质基础。国有资产配置和运营的效果如何直接关系到整个经济以及国家治理的绩效，其本身则主要取决于国有资产管理体制的整体优化程度。按照通常理解，国有资产就是属于国家所有的资产，具体表现为国有企业、机关事业单位所占用的各种固定资产和流动资产、有形资产和无形资产以及国家持有产权，具有经济价值的各种自然资源。这些经济资源通常都是以总资产和净资产（所有者权益）显示于政府综合财务报告之中。[①]

国有资产涵盖范围广大，以其属性为标准，可以划分为经营性国有资产、行政事业性国有资产、资源性国有资产三大类。

其一，经营性国有资产。经营性国有资产是指"国家作为出资者在企业中依法拥有的资本及其权益"。[②] 一方面，经营性国有资产关乎政权稳定和国家经济安全，因此其广泛分布于关乎国民经济命脉的重要行业和关键领域；另一方面，经营性国有资产之"经营性"主要表现为其以营利为目的，追求资产的增值最大化，因此其天然地具有运动性，要求资产管理者采用多种经营方式、运用科学的经营战略，从而实现最大收益。

其二，行政事业性国有资产。行政事业性国有资产"主要指的是通过国家

[①]　齐守印：《以公共经济视角全要素全维度深化国有资产管理体制改革》，载《财政科学》2019 年第 4 期。

[②]　黄平：《经济全球化下中国国有资产管理制度创新研究》，武汉大学 2012 年博士学位论文，第 79 页。

允许、法律认可，用货币计量的各种经济资源。包括自主经济产生的经济利益，国家调拨的资产以及接受捐赠的资产。目前，在我国中央级事业行政单位国有资产主要的表现形式有中央级行政事业单位的固定资产、用于各种经营活动的流动资产以及事业单位的文化、广告等无形资产"。① 与经营性国有资产追求利益最大化不同，行政事业性国有资产旨在实现服务的最优化。行政事业性国有资产的占有者和使用者均为行政事业单位，因此其资源配置和资金补偿几乎都源于行政系统内部自上而下的安排，而非借助于市场机制的直接调控。但是，市场经济的快速发展也间接影响了行政事业性国有资产的管理，要求构建一套权责明确、结构优化的新型管理体制。这主要是因为传统的行政事业性国有资产管理体制过于封闭，未能及时与市场经济接轨，导致诸多规章制度未能完全满足经济社会发展需求。

其三，资源性国有资产。资源性国有资产是指"在人们现有的知识、科技水平条件下，对某种资源的开发，能带来一定经济价值的国有资源。从实物形态上看，我国的国有资源具有品种的稀缺性、数量的有限性、品种的复杂性和分布的失衡性；从价值形态上看，我国国有资源具有国有资源所有权上的垄断性、国有资源范围的相对性、国有资源的资产性和国有资源的有价性"。② 资源性国有资产主要包括海洋资源、河川湖泊资源、空中资源、地面资源等。"资源性国有资产（包括国土、矿产、森林、海洋等）作为公共经济活动的重要手段和控制对象，其具体功能主要是维护全体社会成员生存繁衍的基本条件、健康生活的生态环境和掌控国家经济命脉、实施经济可持续发展战略等。"③

---

① 李扬：《探究行政事业单位国有资产管理存在的问题及对策》，载《财务与管理》2016 年第 7 期。

② 黄平：《经济全球化下中国国有资产管理制度创新研究》，武汉大学 2012 年博士学位论文，第 79 页。

③ 齐守印：《以公共经济视角全要素全维度深化国有资产管理体制改革》，载《财政科学》2019 年第 4 期。

二、完善国有资产管理体制的现实意义

如前所述，国有资产是公有制经济的主要表现形式，国有资产管理体制是我国基本经济制度的重要组成部分，加强国有资产管理有利于巩固和发展公有制经济，同时也能深刻影响非公有制经济的发展，促进经济资源在整个国民经济中的最优配置和最充分使用。完善国有资产管理体制的现实意义主要表现在其对国有经济的影响，即有助于增强国有经济的活力和抗风险能力。

其一，有助于增强国有经济的活力。我国的基本经济制度是公有制为主体，多种所有制经济共同发展。随着改革开放的不断深入以及伴随而来的经济市场化程度的加深，如何遵循市场经济发展规律、实现公有制经济与市场经济的融合发展，成为我国经济体制改革的重点。国有经济资源是稀缺而珍贵的，市场配置资源的公开性、高效性，价格机制和竞争机制对生产、技术、福利、效用的提升功能，均有利于充分发挥有限国有经济资源的无限潜能，因此，我国近些年一直致力于通过国有资产管理体制改革使国有经济更快更好地融入市场经济之中。①

其二，有助于增强国有经济的控制力。凡事必有其两面，市场虽然具有诸多优点，且是资源配置中起决定性作用的力量，但是市场失灵依旧是不可忽略的潜在忧患。要想实现国家整体经济的平稳发展，必须依靠国有经济的平衡作用，完善的国有资产管理体制正是力量博弈中的平衡杠杆，其可以为国有经济发挥主导作用和控制功能提供顶层设计，有助于增强国有经济的控制力，更精准牢靠地把握国民经济命脉。

其三，有助于增强国有经济的抗风险能力。国有资产关乎国家安全，实现国有资产保值增值是维护国家安全的重要工作。国有资产管理体制的改革重点即是维护国有资产的完整性，尽可能防止国有资产流失。因此，完善国有资产管理体制对于增强国有经济的抗风险能力而言是大有裨益的。

---

① 参见闵乐：《中国国有资产管理体制改革研究》，辽宁大学 2016 年博士学位论文，第 18~19 页。

三、我国的国有资产管理体制

(一) 国有资产管理的基本原则

其一，坚持权责明确。实现政企分开、政资分开，依法理顺政府与国有企业的出资关系，实行所有权与经营权分离的现代企业制度。切实转变政府职能，依法确立国有企业的市场主体地位，建立健全现代企业制度。推动履行社会公共管理职能的部门与企业脱钩，实现经营性国有资产统一监管。

其二，坚持突出重点。按照市场经济规则和现代企业制度要求，以管资本为主，以资本为纽带，以产权为基础，提高资本收益、维护资本安全、管好国有资本布局、规范资本运作。注重通过公司法人治理结构依法行使国有股东权利。[1]

其三，坚持放管结合。按照权责明确、监管高效、规范透明的要求，推进国有资产监管机构职能和监管方式转变。国有经济运行市场化与国有经济管理间接化相结合，增强国有经济活力，提高国有资本的投资和运营效率，切实防止国有资产流失，保证国有资产保值增值；建立科学的企业业绩考核指标体系，不断完善分类考核制度，提高国有资产经营考核指标的导向性和针对性。[2]

其四，坚持协调发展。处理好改革、发展、稳定的关系，突出改革和完善国有资产管理体制的系统性、协调性，以重点领域为突破口，先行试点，分步实施，统筹谋划，做好相关配套改革措施。落实国有资产监管机构的各项法定职责，完善国有资产监管机构的职能。健全国有资产监管法规体系，围绕进一步规范政府、国资监管机构与国有企业之间的关系，健全国家出资企业投资管理、财务管理、产权管理、风险管理等专项管理制度。

---

[1]　窦丽蓉：《行政事业单位国有资产管理的问题及对策》，载《行政事业资产与财务》2019 年第 3 期。

[2]　张菁菁：《大数据环境下行政事业资产使用绩效评价体系构建与应用》，载《地方财政研究》2018 年第 9 期。

（二）国有资产管理的主要机构

1. 国有资产监督管理委员会

国务院国有资产监督管理委员会（简称国资委），是国务院直属特设机构。根据法律规定，国资委的主要职责如下：（1）根据国务院授权，依照《中华人民共和国公司法》等法律和行政法规履行出资人职责，监管中央所属企业（不含金融类企业）的国有资产，加强国有资产的管理工作。（2）承担监督所监管企业国有资产保值增值的责任。建立和完善国有资产保值增值指标体系，制定考核标准，通过统计、稽核对所监管企业国有资产的保值增值情况进行监管，负责所监管企业工资分配管理工作，制定所监管企业负责人收入分配政策并组织实施。（3）指导推进国有企业改革和重组，推进国有企业的现代企业制度建设，完善公司治理结构，推动国有经济布局和结构的战略性调整。（4）通过法定程序对所监管企业负责人进行任免、考核并根据其经营业绩进行奖惩，建立符合社会主义市场经济体制和现代企业制度要求的选人、用人机制，完善经营者激励和约束制度。（5）负责组织所监管企业上交国有资本收益，参与制定国有资本经营预算有关管理制度和办法，按照有关规定负责国有资本经营预决算编制和执行等工作。（6）按照出资人职责，负责督促检查所监管企业贯彻落实国家安全生产方针政策及有关法律法规、标准等工作。（7）负责企业国有资产基础管理，起草国有资产管理的法律法规草案，制定有关规章、制度，依法对地方国有资产管理工作进行指导和监督。（8）承办国务院交办的其他事项。

国资委共有24个内设机构，分别是：办公厅（党委办公厅）、综合研究局、政策法规局、规划发展局、财务监管与运行评价局、产权管理局、企业改革局、考核分配局、资本运营与收益管理局、科技创新和社会责任局、综合监督局、监督追责局、企业领导人员管理一局（董事会工作局）、企业领导人员管理二局、党建工作局（党委组织部、党委统战部）、宣传工作局（党委宣传部）、国际合作局、人事局、行业协会商会党建工作局（行业协会商会工作局）、机关服务管理局（离退休干部管理局）、机关党委、党委巡视工作办公室、国资委巡视组、国资委全面深化改革领导小组办公室。另外，国资委还下设6个直属机构，分别是干教中心、研究中心、信息中心、国企绩效评价中心、新闻中心以及中国大连高级经理学院。

2. 财政部

中华人民共和国财政部负责制定国有资本经营预算的有关制度和办法，编制、汇总和审核全国国有资本经营预决算草案，收取中央直属国有企业的国有资本收益，管理金融类企业的国有资产。财政部下设的资产管理司负责拟订和实施国有资本管理政策、规则和制度，承办除国有金融资产、国有文化资产以及烟草、邮政、铁路三个行业之外有关企业的资产管理。资产管理司还负责统计国有资产经济运行情况，负责国有资本经营预算管理和资产评估管理等工作。财政部下设的金融司负责监管金融企业的国有资产，组织并实施金融类国有资产的转让和划转处置管理以及监交国有金融企业的收益和清产核资等工作。财政部下设的中央文化企业国有资产监督管理领导小组办公室负责监督管理国有文化企业的国有资产，履行出资人职责并对所监管企业负责人进行管理，负责承办中央文化企业的资产清查、产权管理和统计评价等工作。财政部内设办公厅、政策研究室、综合司、条法司、税政司、关税司（国务院关税税则委员会办公室）。

3. 国家发展和改革委员会

国家发展和改革委员会（简称发改委）是国务院的组成部门，主要负责拟订并组织实施国民经济和社会发展战略，指导推进和综合协调经济体制改革，规划重大建设项目和生产力布局，拟定全社会固定资产投资总规模和投资结构的调控目标、政策及措施。发改委负责推进经济结构战略性调整，组织拟订高技术产业发展、产业技术进步的战略、规划和重大政策，并负责组织国家战略物资的收储、动用、轮换和管理，会同有关部门管理国家粮食、棉花和食糖等储备。

发改委下设的经济体制综合改革司负责研究经济体制改革中综合性、全局性和深层次重大问题，并参与研究和衔接国有资产管理体制这样的专项改革方案。发改委下设的国家物资储备局负责确保国家战略物资储备服务国防建设和经济社会发展，维护国家安全，会同有关部门管理国家粮食、棉花和食糖等储备，负责监督管理有关事业单位和出资企业的国有资产，组织国有资产管理、使用效益评估和考核考评。

（三）国有资产管理体制的基本内涵与核心内容

虽然关于国有资产管理体制的基本内涵存在多种界说，但从当今社会的发展现状以及我国的经济体制安排来看，"国有资产及其管理本质上属于公共经济范畴，国有资产管理体制本质上是公共经济体制的有机组成部分或重要环节；按照公共经济生产方式理论，它本质上是公共经济生产关系在国有资产管理现实过程中的外化形式"。① 国有资产不同于私主体的财产，国有资产管理也大大区别于私主体财产的管理，因为国有资产虽是国家所有，但"国家"本质上是一个抽象概念，"国家"的运转需依靠人的行为方能实现。同样的，国有资产的取得、管理、使用等一切活动都必须依赖于国有资产管理机关及其工作人员履行职责的行为。因此，国有资产管理中的一项重要内容就是明确各主体之间的权责关系，尤其是上下级国有资产管理机构之间、各级政府及其内设机构之间在资产管理范围、资产管理权限方面的权责划分。是故，"国有资产管理体制所要规范的主体对象是国有资产的终极所有者、产权代理人、各层级管理者和资产占有者、经营者。但国有资产管理体制所要规范的不是国有资产相关主体本身，而是国有资产产权运行过程中各类、各层人格化主体在国有资产管理过程中的行为，特别是他们之间围绕国有资产运营管理逐级形成的委托代理关系，核心是各主体之间的广义产权暨责、权、利关系"。②

四、现行资产管理体制的不足与完善

国有资产管理关乎一国的经济安全乃至总体国家安全，因此无疑应当成为

---

① 齐守印、何碧萍：《关于国有资产管理体制的理论辨析、逻辑结构、国外经验与总体建构目标》，载《当代经济管理》2019年第4期。

② 齐守印、何碧萍：《关于国有资产管理体制的理论辨析、逻辑结构、国外经验与总体建构目标》，载《当代经济管理》2019年第4期。

理论与实务界的关注重点。由于国有资产管理在行政法领域主要表现为对行政事业性国有资产管理的研究，因此下文主要围绕行政事业性国有资产管理展开讨论，以便更好厘清行政法学者就相关问题的态度与立场。十一届三中全会以来，我国关于行政事业性国有资产管理体制的改革从未停歇，并且随着时间推移而不断加大力度。这场改革的总目标是调动各方主体的主动性、积极性，从而提升国有资产的配置效率，实现国有资产管理的科学化、规范化和法治化。数十年的改革历程，我们收获了许多宝贵经验，但也承受过不少因体制落后、管理失当而带来的打击与教训。以行政事业性国有资产管理为例，各级财政部门按照《行政单位国有资产管理暂行办法》《事业单位国有资产管理暂行办法》的相关要求，相继成立了行政事业单位国有资产管理部门，其职责是通过制定资产购置、处置和评估等管理办法，出台各类行政事业性国有资产在不同地区、不同单位的配置标准。另外，资产清查、运行资产管理信息系统等也属于该机构的职责内容。从实践效果来看，这一机构的设立在推进行政事业性国有资产管理机制迈上新台阶方面发挥了重要作用，然而也应注意到，该机构在开展资产管理工作过程中同样存在不少问题，例如工作人员思想过于保守传统，工作方法耗时低效、创新性弱，工作机制方面存在的问题也同样束缚着机构的管理工作。

具体而言，主要表现在以下几个方面。

（一）国有资产管理的规范体系不完善——加强立法，完善国有资产管理制度保障

制度规范是国有资产管理的行动指南，制度规范的缺失将导致管理者在实践中无所适从。就当前而言，现有的最高级别的法律规范是《行政单位国有资产管理暂行办法》《事业单位国有资产管理暂行办法》这两个财政部令，毋论较高位阶的有关国有资产管理的专门规范，就连实在的法律法规也尚处缺失状态，这将导致管理者对本单位国有资产缺乏明确的管理经营权，资产使用、资产流动、资产处置等工作在实践中也难以高效开展。例如，由于贪污、腐败等痼疾的存在，资产流失一直是我国国有资产管理面临的严峻问题，防止资产流

失对于保护国有资产完整性而言也就具有了底线意义。然而，我国现行制度体系在事关国有资产完整性的资产处置问题上却缺乏统一规范，导致资产使用与处置在行政事业单位的各项有关活动中随意性很强，这也使贪污腐败有了可乘之机。具体而言，无论是哪一级别的行政事业单位，其对本单位的国有资产都只享有占有权和使用权，而所有权一律归属于国家，是故，国有资产的处置必须报经财政部门批准或备案。然而，实践中部门未经正当程序擅自处置国有资产的情形不乏少数，更有甚者，某些部门因处置资产而取得的收益并未如实上报或上缴，而是变相纳入了单位的小金库中，这种背离"收支两条线"管理规则的行为无疑在变相侵吞国有资产。又如，我国目前尚未构建起统一的预算制度，当前各行政事业单位的财政预算制度长期受权力不集中、约束性不强等不合理因素影响，导致本属各级政府统一预算的国有资产管理的构建缺乏统一的管理和配置，进而导致各部门各自为政，难以实现科学规范的预算决算，现行的财政预算决算因而也就不能准确、完整地反映该级行政事业单位国有资产的收支情况。

　　针对前述不足，完善国有资产管理制度体系极为必要。可供考虑的途径主要有：首先，应坚持市场导向的基本原则，从顶层设计、产权制度方面加强行政事业单位的立法工作，将行政事业单位国有资产管理的目标、原则、组织形式、法律责任等法律形式确立下来，明令禁止行政事业单位对国有资产的占有，并用法律提供依据和保障，同时出台一些细则、条例对国有资产的规范管理进行进一步细化。其次，"要完善会计核算制度，根据目前最新的会计制度，结合本单位实际的情况，对制定出符合单位发展的会计核算制度，以便更好地适应目前新的社会经济形势的发展需要"。[①] 对此，重点工作是努力实现账实相符，这是科学财会制度的核心和灵魂，要求详尽记录国有资产从"无"到"有"、由"进"到"出"的过程，以便最大限度地减少国有资产在采购、保

---

　　① 李扬：《探究行政事业单位国有资产管理存在的问题及对策》，载《财务与管理》2014 年第 7 期。

管、使用、消耗等环节可能出现的贪污腐败现象。① 最后，要进一步明确行政事业单位国有资产管理的标准，这有助于实现国有资产管理的精细化，从而提升管理水平，增强管理效能。

（二）国有资产管理绩效评估制度执行不力——健全国有资产管理绩效评价体系

国有资产管理绩效评估制度的讨论范围主要局限在行政事业性国有资产。随着国有资产管理各项工作的不断推进，引入绩效理念、探索评价机制势在必行。区别于企业经营性国有资产绩效评价，完善的行政事业性国有资产管理绩效评价制度是财政支出绩效评价的有效延伸，亦是政府绩效评价的重要组成部分，有利于强化单位责任意识，提高国有资产管理效率。

然而，我国现行的国有资产绩效评价制度却面临绩效观念淡薄、管理体制不顺、基础工作弱化、评价机制缺失以及专业人才匮乏等不足②，大大影响了国有资产管理效能最大化的实现。

关于国有资产管理的绩效评价体系，国外许多国家早已将其作为规范和加强国有资产管理的主要手段，在这方面也有许多可资借鉴的经验，结合我国实际，可供参考的建议主要有以下几条：首先，引入多方评价主体，提升评价的客观公正性。评价结果的公正性在很大程度上依赖于评价主体之地位与立场的中立，虽然财政部"两令"中将政府部门规定为评价主体，但是这并不足以确保绩效评价过程与结果的真实、公正，因为其毕竟属于行政系统内部的评价机制。多元主体的参与能够实现多方力量的平衡，且兼具监督效果，因此"具体承担评价的主体应当包括财政部门与机关事务管理部门、行政单位、社会公

---

① 潘孟蕾：《行政事业单位加强固定资产管理问题研究》，载《财会学习》2019 年第 7 期。

② 谭静：《行政事业性国有资产管理绩效评价研究》，财政部财政科学研究所 2012 年博士学位论文。

众和第三方独立主体"①。其次，应当明确国有资产绩效评价的总体目标。就总体评价指标而言，考虑到域外国家主要采行"经济性""效率性""有效性"三者，我国亦可对其加以改造，将总体目标规定为"保障资产的安全和有效运行、实现资产的保值增值、降低成本"②。

（三）管理者对国有资产管理的重视程度不够——建议增强管理者的资产管理意识

管理意识薄弱、重视程度不足是制约行政事业单位国有资产管理的根源性因素。受传统思想的影响，行政事业单位内部，上至领导干部，下至普通员工，普遍存在重资金管理、轻资产管理的情况。管理意识薄弱、重视程度不足会引发连锁反应，例如资产处置的随意化与个人化——仅凭个人意见对国有资产进行管理而忽略了对专业意见的考量；资产管理人员忽视专业知识学习与技能更新；资产管理人员责任心不强、管理工作低效等。管理工作要求熟知管理对象的状态，例如本单位现有多少国有资产、还需采购多少、如何采购等，不宁唯是，国有资产管理兹事体大，要求配备专人，以方便资产的日常使用与保养。然而，管理意识薄弱却导致上述的专人专职工作在实践中并未在所有行政事业单位内部落实到位，甚至存在部分行政事业单位安排长病假、临退休人员兼代资产管理的情形。这些无疑都会影响国有资产管理的效果。

行政事业性国有资产管理面广量大，单靠个别人、个别单位、个别群体努力必然无法取得协同效应。为全面落实"资产管理责任到人"的要求，必须夯实三类人员的国资管理意识。③

其一，各行政事业单位的领导人员在国有资产管理中扮演着"领头羊"

---

① 张静：《我国行政单位国有资产管理绩效评价探析》，载《中国行政管理》2017年第4期。

② 张静：《我国行政单位国有资产管理绩效评价探析》，载《中国行政管理》2017年第4期。

③ 张辉：《行政事业单位国有资产管理的瓶颈问题及对策建议》，载《行政事业资产与财务》2019年第1期。

的角色，因此，要想摒除整个单位存在的"轻轻松松、敲锣打鼓就可以管好资产"的浮躁思想，从而提高单位人员的管理意识，则必须首先转变领导者的管理观念。具体而言，相关领导人员应当端正态度，强化自身责任担当，加大国有资产管理的力度，发挥好头雁效应。

其二，行政事业单位的资产管理人员由于相较于其他人员而言，具有更丰富的专业知识储备和更高的专业素养，因此在国有资产管理过程中应当发挥好中流砥柱作用，探索更加科学高效的管理方法与技术，从而用实际行动去转变员工在国有资产管理上的错误观念。

其三，各行政事业单位的内设机构、科室兼职资产管理人员，应当尽力普及国有资产管理常识，调动员工的管理热情，营造资产管理氛围。

第九章　改革·取向·组织法典

　　中国的改革开放已经走过了四十年的光辉历程。作为探索中国特色社会主义道路的伟大举措，改革开放在不断促进生产力发展，壮大经济基础的同时，也对生产关系和上层建筑的调整与变革提出了迫切要求。与经济发展最为密切的行政体制也就成为中国体制改革中的"排头兵"和"主阵地"。截至目前，我国共开展了八次以机构改革为主线的行政体制改革，每一次都立足于具体的客观实际和发展需要，对行政管理中不适应经济发展、不符合政治要求、不顺应社会进步的体制和机制进行了改革。纵观四十年来的行政体制改革，其既顺应了经济社会发展的要求，为经济发展提供了良好的制度保障，也推动了政治体制的不断改革，为中国特色社会主义制度的完善作出了重要贡献。党的十九大报告指出，中国特色社会主义进入了新时代。站在新的历史起点上，全面回顾改革开放以来我国行政体制改革走过的历程，系统总结行政体制改革的成就与经验，深刻认识当前行政体制改革面临的挑战，将会对更好地规划行政体制的未来，更好地全面深化行政体制改革，更好地推进新时代中国特色社会主义伟大事业，大有裨益。本章将介绍中国行政体制改革、中国政府体制改革的价值取向、中国政府组织法的重构和地方政府组织法的重构。中国的行政体制改革立足于国情，形成自己特定的内涵、目标和路径。根据党的十九大精神，深刻领会习近平新时代中国特色社会主义思想，新时代行政体制改革的三个价值取向，即建设法治政府、提升党的执政能力、实现国家治理体系和治理能力现代化。虽然中央政府已经进行了多次改革，但作为国务院机构设置和人员编制的立法依据，《国务院组织法》《国务院行政机构设置和编制管理条例》等中央政府组织法自颁布施行以来，从未被修改过。目前，这些法律的内容已经严重滞后，急需进行重构。其中，中央政府组织法的重构就尤为重要。此外，在"互联网+"的新时代下，适时改革和完善中国地方政府组织法治体系也大有必要。

第一节　中国行政体制改革

行政体制改革是政治体制改革的一项重要内容，其各个层面都与政治体制改革紧密相连，都体现了政治体制所贯彻的基本价值和目标。同时，行政体制改革还是一项系统工程，与经济体制改革、社会治理体制改革相辅相成，紧密相连，有着深刻的政治、经济以及社会背景。① 如此，一项成功的行政体制改革必然会是世界性和民族性的统一体，既要借鉴国外行政体制改革的优秀经验，也要立足本国实际，遵循本国特有的政治体制以及社会环境和历史文化。"任何一个国家，最好的制度一定是在具体国情下自己生长出来的制度。"② 中国四十年来的行政体制改革也同样如此，其之所以能够取得巨大成功，为政治体制改革"披荆斩棘"，为社会经济发展"保驾护航"，就是因为形成了自己特定的内涵、目标以及路径。

一、中国行政体制改革的意涵

正确理解中国行政体制变革的一系列问题，首先必须把握行政体制的深刻内涵。何谓行政体制，可以从狭义和广义两个层面进行理解。在狭义层面上，行政体制包括行政系统的职能定位、权力配置、组织结构和控制机制等；在广

---

① 于君博：《改革开放 40 年来中国行政体制改革的基本逻辑》，载《经济社会体制比较》2018 年第 6 期。

② 杨建军：《司法的中国特色》，载《法律科学》2013 年第 1 期。

义层面上，行政体制的外延更广泛，还包括各级行政系统与外界的关系①，如行政系统与人大的关系，行政系统与法院的关系。除此之外，行政体制还可以从纵向和横向两个维度进行理解。从纵向维度来看，行政体制不仅包括行政执法体制，还包括行政决策体制与行政监督体制；从横向维度来看，行政体制不仅包括中央行政体制，还包括省级行政体制、县级行政体制等。简而言之，"行政体制"一词可以大致概括为行政体系和制度，涵盖从中央到地方政府的组织系统以及该组织系统的运作机制，具体内容主要包括政府的结构和权力划分、政府的职能、机构设置、管理幅度、政府组织的运行、中央和地方的关系以及地方之间的关系，等等。至于行政体制改革，直观上讲，就是有关行政体制的改革，它是一国政治体制改革的重要内容。从行政体制必须反映经济和社会发展需要的客观规律来看，行政体制变革的具体含义是指国家为了适应社会经济发展的需要，对政府的机构设置、隶属关系、职能划分及其运行等方面的体系和制度所作出的调整和完善。②

二、中国行政体制改革的目标

伴随着依法治国方略的提出，法治国家、法治社会和法治政府的建设逐步深入，行政体制变革之法治化逐渐成为中国行政体制变革的根本定位和基本方向。"法治化"即法治之实现过程，意味着法治所蕴含的诸如法的统治、权力制约和权利保障等层面的深刻内涵应当在法治化的过程中得以实现。行政体制变革之法治化是政府法治化进程与行政体制变革的交汇融合。行政体制之变革面临许多深层次的矛盾和困境亟待解决，有必要纳入法治化的轨道，不断提升改革的法治化程度。因此，中国行政体制变革之总体目标是实现法治化，建设法治政府。行政体制变革与法治化之间是手段和目的的关系，将行政体制变革的目标定位于实现法治化，有利于促进政府职能的转变，规范政府权力的配

---

① 王宝明著：《法治政府：中国政府法治化建设的战略选择》，研究出版社 2009 年版，第 27 页。

② 参见丁志刚、王杰：《中国行政体制改革四十年：历程、成就、经验与思考》，载《上海行政学院学报》2019 年第 1 期。

置、运行和监督。① 围绕实现法治化这一总目标，中国行政体制变革的具体目标可以分为政府职能定位科学、政府组织结构优化、政府权力配置合理及政府权力监督有效四个方面。

（一）政府职能定位科学

作为依法治国的纲领性文件，党的十八届四中全会通过的《中共中央关于全面推进依法治国若干重大问题的决定》在定义法治政府时，将首要标准界定为"职能科学"。这是党中央第一次把职能是否科学之定位从行政管理学命题提升至法治问题；② 将法治政府建设的首要任务界定为"依法全面履行政府职能"，涵摄政府组织、职能、权限、责任之法定化等关键性制度设计，并内嵌于我国行政体制之变革过程中。政府职能的模糊性，既不利于界定政府行权之范围和限度，又不利于保证政府履责之效率和效果，最终将不利于行政体制变革之法治化目标的实现。反之，切实转变政府职能，明晰政府职能之定位，将其纳入法治化轨道，是深化行政体制变革的核心和关键，是牵引行政体制变革的"牛鼻子"，是建设法治政府和服务型政府的必然要求和题中应有之义。③行政体制改革与政府职能转变事实上是一个事物的两个侧面，行政体制变革应当适应政府职能转变的需要，此乃行政体制变革之系统性的基本表现。因此，有必要明确政府的职能定位，破解政府职能转变的难点问题，促进政府职能转变到位，实现政府职能定位科学。

（二）政府组织结构优化

"职能和机构相依为命，机构为职能而设，职能为机构而生。"④ 政府组织作为政府职能的载体，其结构的合理性是政府职能有效履行的必要保障。为实

---

① 参见石佑启：《我国行政体制改革法治化研究》，载《法学评论》2014 年第 6 期。

② 参见唐明良著：《行政法治与政府自身改革的耦合性发展》，中国政法大学出版社 2017 年版，第 8 页。

③ 石佑启：《我国行政体制改革法治化研究》，载《法学评论》2014 年第 6 期。

④ 金太军等著：《政府职能梳理与重构》，广东人民出版社 2002 年版，第 282 页。

现权力的高效运行，各国都把组织结构的革新作为行政体制变革的重点。所谓组织结构，是指组织内部各构成部分及各层次要素的排列组合方式。① 政府组织结构，则是由构成政府组织的各要素按照一定的规律和方式组合形成的完整体系，包含政府组织的横向结构即管理幅度以及纵向结构即管理层次。② 政府组织结构的优化，相应地包含了横向结构和纵向结构的优化，既是深入推进的行政体制变革之必然要求，也是持续转变的政府职能之基本前提。尽管政府组织结构的优化涉及相关群体的利益和权力分配等多方面因素，是一项漫长且艰巨的任务，但仍具有现实可行性，原因在于：一是政府职能转变对政府组织结构的优化提出了客观需求。有什么样的政府职能，就需要什么样的组织结构去实现这种职能，故政府职能在权力范围、职责重心、履责方式等方面的转变需要其载体即政府组织在结构设置与优化上予以回应。二是政府权责分配对政府组织结构的优化提出了保障需求。合理的政府组织结构是政府高效行使权力和承担责任的基础，良好的政府权责配置需要政府组织结构提供基本的保障。因此，有必要将政府组织结构的优化纳入法治化的轨道，以完善的行政法治促进和保障政府组织结构的优化。

（三）政府权力配置合理

在政府职能定位科学和政府组织机构优化的背景下，政府权力的合理配置则成为一个不可回避的问题，三者共同构成行政体制变革的三层核心，如同"三驾马车"般在法治化的轨道上协调并进。所谓政府权力的配置，包含政府权力的分配和行使两层基本要义③，前者是指通过适度地分权，使各种权力处于合理状态并实现效能的最大化和彼此之间关系的协调与制衡；后者是指通过科学地行权，确定各种权力行使的范围和层面。申言之，政府权力配置既包括

① 参见董晓宇编著：《行政组织学》，北京出版社 2007 年版，第 130 页。

② 石佑启、陈咏梅著：《行政体制改革及其法治化研究——以科学发展观为指引》，广东教育出版社 2013 年版，第 86 页。

③ 参见赵海鹏、覃振停：《从完善权力配置来防治权力腐败的思考》，载《传承》2008 年第 10 期。

横向配置，即政府权力在无隶属关系的同级政府之间、同一级政府内部各部门之间以及同一个政府部门内部各个机构之间的配置，也包括纵向配置，即政府权力在中央和地方各级政府之间的配置。政府权力配置合理则是指政府权力在横向和纵向两个层面上的分配和运行都应当依法进行，相互协调和相互制约，实现政府权力结构科学化和权力运行规范化，实现政府权力的有机整合，最终实现法治化之总体目标。

（四）政府权力监督有效

对政府权力施以有效监督是权力监督中最核心的部分，它可以倒逼政府依法行政。我国对政府权力的监督已形成内部监督与外部监督相结合的具有中国特色的政府权力监督体系。这其中，内部监督是指政府组织系统内部开展的一种自我监督，包括上下级政府或部门之间的层级监督和平行部门之间的横向监督；外部监督则是指行政组织系统外部开展的一种他者监督，既包括来自执政党、权力机关、监察机关和司法机关的权力监督，又包括公众的非权力监督。无论是内部监督，或是外部监督，都应当遵循合法性要求，在法治的框架内进行，形成合法有效的监督机制，这也是实现行政体制变革之法治化总体目标的必然要求。

三、中国行政体制改革的路径

作为我国行政体制变革的突破口和重要任务，机构改革一直是我国行政体制改革的核心内容，被列入党和政府的重要日程，同时也是理顺政府各层级之间以及各部门和各机构之间关系的重要方式。改革开放以来，我国在 1982 年至 2018 年之间先后进行了八次以机构改革为主要内容的行政体制改革，内容涉及政府机构的设置调整、职能转变、职能运行、岗位设定以及人员编制配备和制度建设等方面，为改革开放事业的深入发展提供了体制机制的保障。① 总

---

① 参见王澜明：《改革开放以来我国六次集中的行政管理体制改革的回顾与思考》，载《中国行政管理》2009 年第 10 期。

体来看，历次机构改革都是经济社会发展的必然结果，可以依据历次改革的缘由、目标和重点，将其置于不同的历史阶段来进行考察，从中亦可窥见行政体制变革之路径。具体而言，从改革开放以来，我国机构改革的历程可划分为三个阶段或三种形态。

（一）第一阶段（1982—2002 年）："权力收放导向"式机构改革

1978 年，党的十一届三中全会召开并作出了实行改革开放，将工作重心转移到经济建设上来的决定。进入改革开放这一新的历史时期后，原计划经济条件下的高度集中的行政体制已经无法满足新时期经济发展之需要。在此背景下，我国于 1982 年开展了改革开放后的第一次机构改革。此次机构改革的内容有三：一是在领导体制方面，废除领导职务终身制，实行干部离退休制度，并明确规定各级各部的职数、年龄和文化结构。譬如，领导班子平均年龄有所下降，部委人员的平均年龄由 64 岁降至 60 岁，局级人员的平均年龄由 58 岁降至 54 岁。二是在机构设置方面，依据"重叠机构撤销、业务相近机构合并"之原则，实行从中央到地方层面的机构精简。譬如，国务院各部委、直属机构、办事机构从 100 个裁减至 61 个，省、自治区政府工作部门从 50~60 个缩减为 30~40 个，直辖市政府机构稍多于省政府工作部门，城市政府机构从 50~60 个减为 45 个左右，行署办事机构从 40 个左右减为 30 个左右，县政府部门则从 40 多个减为 25 个左右。三是在人员编制方面，依据"四化"标准①实行"精兵简政"方针，减少副职，提高人员素质。譬如，国务院各部门由 5.1 万人核减为 3.83 万人，精简 25%，省、自治区、直辖市党政机关人员从 18 万人精简为 12 万余人，市县机关工作人员约缩减 20%，地区机关精简幅度则更大。其中，改革之重点为对机构和编制予以精简，解决机构臃肿、层次繁多的弊端，为经济体制改革的深化创造条件。

1987 年，党的十三大在北京召开，中国经济发展步入了快车道。经过第

---

① "四化"标准是邓小平于 1980 年 12 月在中共中央工作会议上提出的干部评价标准，即革命化、年轻化、知识化和专业化。

一轮机构改革下的行政体制仍然存在诸多问题，难以满足经济社会快速发展的需求。在此背景下，第二轮机构改革于 1988 年正式拉开。此次改革以与经济体制改革关系密切的专业经济管理部门为重点，改变以直接管理为主的管理方式，减少专业部门对企业的干预，实行政企分开，精简专业部门，强化政府的宏观管理职能，调整机构设置，科学划分职责分工，并首次对各部门实行"定职能、定机构、定编制"的"三定"方案，对行政机构的职能定位、内部机构设置和编制规模都产生了较大影响。改革自上而下，先中央后地方，根据精简统一效能的原则分步实施，在解决部门间职能交叉重复问题上取得了一定的成效。譬如，经过改革，国务院部委由原有的 45 个减为 41 个，直属机构从 22 个减为 19 个，非常设机构从 75 个减至 44 个，部委内司局机构减少 20%，人员编制裁减了 9700 多人。①

1992 年，党的十四大在北京召开，此次大会在党的历史上第一次明确提出了建立社会主义市场经济体制的目标，要求把社会主义基本制度和市场经济结合起来，建立社会主义市场经济体制。这是我们党的一个伟大创举，是十多年来党进行理论探索得出的最重要的结论之一，也是社会主义认识史上一次历史性的飞跃。为此，我国于 1993 年正式开展第三轮行政体制改革。这一时期的行政体制改革主要集中在经济管理部门，强调以发展社会主义市场经济为目标，以推行政企职责分开为根本途径，撤并专业经济部门和职能交叉机构，大幅缩减政府机构，精兵简政，提高效率。譬如，国务院组成部门、直属机构从 86 个减少至 59 个，人员减少 20%，② 大量非常设机构被撤销，由 85 个减少至 26 个。

1997 年十五大报告再一次提出要"推进机构改革"，认为当时"机构庞大，人员冗余，政企不分，官僚主义严重，直接阻碍改革的深入和经济的发展，影响党和群众的关系"，在这种背景下，新一轮行政体制改革的序幕在

---

① 参见《1988 年国务院机构改革》，载中国政府网：http://www.gov.cn/test/2009-01/16/content_1206984.htm，最后访问时间为 2009 年 1 月 16 日。

② 徐光超：《政府体制改革三十年：基于政府能力的框架分析》，载《桂海论丛》2009 年第 3 期。

1998 年被拉开了。从 1998 年开始的第四轮机构改革提出机关行政编制精简 50%的要求，是历次机构改革中人员精简力度最大的一次。此次改革围绕发展社会主义市场经济的目标，强调进一步加快推进政企分开，建立办事高效、运转协调、行为规范的行政管理体系。完善国家公务员制度，逐步建立适应社会主义市场经济体制的中国特色行政管理体制。改革后，政府组织与人员得到大幅度精简。① 譬如，国务院机构由 72 个缩减为 53 个，行政编制从 3.2 万个降至 1.6 万个，精简近 50%。

纵观这一阶段进行的四次机构改革，其沿着社会经济体制改革不断深化、计划经济向社会主义市场经济逐步转型的背景主线陆续展开和持续推进，呈现以精简为主的特点，具有鲜明的权力收放导向。此阶段的革命以适应经济转型需求为基础，以精简机构为重点，集中于政府与企业的关系，因此在实现政府机构精简的同时也具有一定的局限性：其一，此阶段的精简变革本质上仍是以"权力收放"② 为导向的机构变动，缺乏机构改革的实质内涵；其二，机构的反复精简造成中央和地方政府之间在机构设置和人员配备上不相协调③，地方政府机构和人员无法取得实质裁减效果；其三，机构精简的后续工作不到位，缺乏对裁员的妥善安置和从业的合理限制。因此，第一阶段的机构改革程度不够深入，并未充分实现我国行政体制变革的根本任务。

（二）第二阶段（2003—2012 年）："职能转变导向"式机构改革

在社会主义市场经济体制初步形成、改革开放和现代化建设不断深化的大背景下，我国的行政体制依旧存在一些与社会主义市场经济体制不适应的地

---

① 参见毛寿龙：《中国政府体制改革的过去与未来》，载《江苏行政学院学报》2004 年第 2 期。

② "权力收放"即中央对权力的上收与下放，"权力收放"式的机构变动即随着权力的上收与下放而波动，由于未触及传统体制的内在弊端，故易陷入"精简—膨胀"的循环怪圈。参见黄小勇：《机构改革的历程及其内在逻辑》，载《行政管理改革》2018 年第 5 期。

③ 参见叶晓川：《从我国政府机构改革看行政组织法的完善》，载《新视野》2007 年第 4 期。

方，主要表现在职能转变不到位、部门职能交叉、效能不高等方面。因此，此阶段改革的重点已从机构和人员的精简转变为职能和机构的整合，本质上是一种以职能转变为导向的机构改革。2003年和2008年先后进行的两次机构改革即为对此阶段改革重点的呼应，围绕政府职能转变，整合职能和撤并机构，探索职能有机统一的大部制，优化与职能相适应的政府架构，呈现以整合为主的鲜明特点。①

2000年世纪之交，形势有很大变化。2001年中国加入世界贸易组织，2002年十六大召开。在这样的形势下，2003年开始的行政体制改革，以科学发展观为指导，更加注重政府职能的转变，更加注重促进经济社会和人的全面发展，更加注重为构建和谐社会和全面建设小康社会提供体制保障。根据十届全国人民代表大会一次会议通过的机构改革方案，按照"决策、执行、监督"三权相协调的要求，此次改革的目的表现为进一步转变政府职能，改进管理方式，推进电子政务，提高行政效率，降低行政成本，逐步形成行为规范、运转协调、公正透明、廉洁高效的行政管理体制。改革的具体内容为深化国有资产管理体制改革，完善宏观调控体系，健全金融监管体制，继续推进流通体制改革，加强食品安全和安全生产监管体制建设，通过对这六大重点领域的相关职能和机构进行整合，采取综合设置，组建了国务院国有资产监督管理委员会、国家发展和改革委员会、商务部、银监会等政府部门。改革的重大历史进步在于，抓住了社会经济发展阶段的突出问题，进一步转变政府职能，并在强调监管、加强宏观调控方面取得了重大突破。

经过30年改革开放和快速发展，我国已进入全面建设小康社会新的发展阶段。面对新任务，2007年召开的十七大明确提出了加快推进行政管理体制改革、抓紧制定行政管理体制改革总体方案的要求。2008年召开的十七届二中全会讨论通过了《关于深化行政管理体制改革的意见》和《国务院机构改革方案》。此次改革的主要要求是：围绕转变政府职能和理顺部门职责关系，

① 沈荣华：《我国政府机构改革40年的启示和新趋向》，载《行政管理改革》2018年第10期。

探索实行职能有机统一的大部门体制，合理配置宏观调控部门职能。此次改革的主要内容是：对政府结构进行了较大改造，加强能源环境管理机构，整合完善工业和信息化、交通运输行业管理体制，以改善民生为重点加强与整合社会管理和公共服务部门。经过改革，除国务院办公厅外，国务院组成部门有 27 个，直属特设机构有 1 个，直属机构有 16 个，办事机构有 4 个，直属事业单位有 14 个。"作为一种以结构优化并精简机构为目标的组织重组行为，大部制成为此次改革的重点。"①

（三）第三阶段（2013—2018 年）："国家治理现代化导向"式机构改革

随着中国特色社会主义进入新时代，为适应统筹推进"五位一体"总体布局和"四个全面"战略布局以及实现国家治理现代化的需要，以习近平同志为核心的党中央开始推进新时期党和国家机构改革。根据党的十九届三中全会所作的顶层设计和全面部署，改革的目标、原则和路径得以明确，改革的核心体现为以加强党的全面领导为统领，以推进国家治理现代化为导向，以推进优化协同高效为着力点，调整优化机构设置和职能配置，整体上呈现优化协同高效的特点。

2013 年机构改革依据十二届全国人民代表大会一次会议通过的《国务院机构改革和职能转变方案》展开，重点围绕转变职能和理顺职责关系，稳步推进大部制改革，实行铁路政企分开，将铁道部拟订铁路发展规划和政策的行政职责划入交通运输部，加快推进综合交通运输体系建设；整合加强卫生和计划生育、食品药品、新闻出版和广播电影电视、海洋、能源管理机构。整体上而言，此次机构改革的内涵体现了对"放管服"的强化，即简政放权，放管结合，优化服务。② 党的十八大后，我国大部制改革进入内涵式改革攻坚区③，

---

① 赵立波：《大部制改革：理性定位与战略设计》，载《行政论坛》2013 年第 3 期。

② 汪玉凯：《党和国家机构改革与国家治理现代化》，载《领导科学论坛》2018 年第 4 期。

③ 冯贵霞：《党的十九大后新一轮大部制改革的内容与特点》，载《理论与改革》2018 年第 4 期。

以实现国家治理体系和治理能力现代化为目标，加强改革顶层设计。党的十九大进一步强调"深化党和国家机构改革是推进国家治理体系和治理能力现代化的一场深刻变革"，以此为导向明确提出"构建优化协同高效的党和国家机构职能体系"的战略目标及部署。①

"国家治理体系"和"治理能力"二者相辅相成，集中体现了一个国家的制度和制度执行能力，前者是指在党的领导下管理国家的制度体系，后者则是指运用国家制度管理社会各方面事务的能力。② 国家治理体系现代化，被称为"第五"个现代化。通过明确国家治理现代化的内涵，对新时期我国行政体制改革提出了新的思路和要求，即行政体制改革的每一个层面都应放置于构建国家治理现代化体系中统筹推进。因此，2018年机构改革呈现出如下几个特点：一是以实现国家治理体系和治理能力现代化为目标，体现了行政体制改革总体布局、结构改革和流程改革、顶层设计与基层改革三个层面的统一，为推进国家治理现代化提供了组织保障。③ 二是以十九届三中全会所强调的"四个坚持"④ 的原则为指导，深化党和国家机构改革，转变单纯精简机构的思维，在机构设置、职能配置、机制运行三个方面系统地提出机构改革的方向，将机构改革放在经济监管、市场调节、社会管理、公共服务、生态环保等综合发展环境中整体推进。⑤ 三是以推进党和国家机构职能优化协同高效为着力点，在厘清党政关系的基础上，加强党的全面领导，形成总揽全局、协调各方的党的领导体系，构建系统完备、科学规范、运行高效的党和国家机构设置和职能配置

---

① 《中共中央关于深化党和国家机构改革的决定》，载《人民日报（海外版）》2018年3月23日，第05版。

② 习近平：《切实把思想统一到党的十八届三中全会精神上来》，载《求是》2014年第1期。

③ 秦浩：《新一轮政府机构改革的目标指向》，载《中国党政干部论坛》2017年第9期。

④ "四个坚持"原则即坚持党的全面领导、坚持以人民为中心、坚持优化协同高效、坚持全面依法治国。

⑤ 冯贵霞：《党的十九大后新一轮大部制改革的内容与特点》，载《理论与改革》2018年第4期。

的体系，形成改革的整体性与协同性。①

　　机构改革是一场革命，既是一场组织机构的革新，又映射了体制的变革。纵观我国行政体制变革中机构改革之历程，可见其始终沿着法治化的主线进行，已基本适应了经济社会发展的需要，完成了当时历史条件下所赋予的任务。通过改革，政府职能定位日渐科学，政府组织结构日益优化，政府权力配置日趋合理，政府权力监督取得实效。当然，需要指出的是，随着社会经济的发展以及形势的变化，影响国家发展的体制机制障碍依然存在，仍然需依法巩固改革成果，汲取改革的经验，坚持不懈地继续探索具有中国特色的法治化行政体制改革之目标。

第二节　中国行政体制改革的价值取向

　　2017 年 10 月 18 日，中国共产党第十九次全国代表大会在北京召开，习近平总书记作了《决胜全面建成小康社会　夺取新时代中国特色社会主义伟大胜利》的报告。党的十九大报告不仅指出经过长期努力，中国特色社会主义进入了新时代，而且还对新时代中国行政体制改革提出了新要求和新任务。② 站在新的历史方位，我们要认真学习贯彻党的十九大精神，深刻领会习近平新时代中国特色社会主义思想，并在此基础上准确把握新时代行政体制改革的三个价值取向，即建设法治政府、提升党的执政能力、实现国家治理体系和治理能力

---

　　① 参见左然、左源：《40 年来我国机构改革的经验和启示》，载《中国行政管理》2018 年第 9 期。

　　② 十九大报告专门对新时代深化机构和行政体制改革作了部署，指出统筹考虑各类机构设置，科学配置党政部门及内设机构权力、明确职责。统筹使用各类编制资源，形成科学合理的管理体制，完善国家机构组织法。转变政府职能，深化简政放权，创新监管方式，增强政府公信力和执行力，建设人民满意的服务型政府。赋予省级及以下政府更多自主权。在省市县对职能相近的党政机关探索合并设立或合署办公。深化事业单位改革，强化公益属性，推进政事分开、事企分开、管办分离。

现代化。①

一、建设法治政府

2004 年 3 月，国务院在《政府工作报告》中第一次提出了建设"法治政府"的目标。随后，国务院对外颁布《全面推进依法行政实施纲要》，将其作为指导各级政府依法行政、建设法治政府的纲领性文件，并明确提出了"经过十年左右坚持不懈的努力，基本实现建设法治政府"的目标。2010 年，国务院正式颁布《关于加强法治政府建设的意见》中针对法治政府建设从总体要求、人员素质、制度建设、行政决策、行政执法、政务公开、行政监督和问责、化解矛盾以及组织领导和督促检查等九个方面提出思路。2015 年，中共中央、国务院共同印发了《法治政府建设实施纲要（2015—2020 年）》（以下简称为《法治政府实施纲要》）。该纲要在《中共中央关于全面推进依法治国若干重大问题的决定》的基础上，针对我国的法治政府建设，明确提出了"经过坚持不懈的努力，到 2020 年基本建成职能科学、权责法定、执法严明、公开公正、廉洁高效、守法诚信的法治政府"的总体目标，指出了"坚持中国共产党的领导，坚持人民主体地位，坚持法律面前人人平等，坚持依法治国和以德治国相结合，坚持从中国实际出发，坚持依宪施政、依法行政、简政放权，把政府工作全面纳入法治轨道，实行法治政府建设与创新政府、廉洁政府、服务型政府建设相结合"的基本原则，并提供了"政府职能依法全面履行，依法行政制度体系完备，行政决策科学民主合法，宪法法律严格公正实施，行政权力规范透明运行，人民权益切实有效保障，依法行政能力普遍提高"的衡量标准。党的十九大和十九届二中全会、三中全会进一步对建设法治政府作出部署安排。在中央全面依法治国委员会第一次会议上，习近平总书记强调指出，建设法治政府是全面推进依法治国的重点任务和主体工程。开展法治政府建设示范创建活动，是深入贯彻落实党中央、国务院关于法治政府建设

---

① 赖先进：《深化机构和行政体制改革要强化统筹》，载《学习时报》2018 年 2 月 26 日，第 02 版。

决策部署，不断把法治政府建设向纵深推进的重要抓手，对各地区各部门找差距、补短板、激发内生动力具有重要的引领、带动作用。2019 年 5 月 6 日，中共中央办公厅、国务院办公厅印发《法治政府建设与责任落实督察工作规定》。

那么何谓法治政府？孙国华在其主编的《中华法学大辞典（法理学卷）》一书中认为，法治政府是依法组织并依法行使职权的政府。基本内容为：政府权力要受限制，即个人享有某些不容侵犯的基本权利；政府权力的行使要遵守法定的程序；设置和加强司法机关，保障上述原理付诸实施。美国法学家多用此词。① 可以看出，行政体制改革基本问题与法治政府具有相关性，法治政府构成行政体制改革的价值取向。比如，转变政府职能就是重新定位政府的权力边界；优化政府组织结构就意味着重塑行政主体；政府管理方式转变需要法律的规范和保障，等等。同时，行政体制改革也是法治政府建设和发展的前提与基础，没有一个体制设计科学、职能配置合理的行政体制，法治政府将会成为"无源之水"。②

在横向上，2018 年公布的《中共中央关于深化党和国家机构改革的决定》明确指出，当前我国仍然存在"一些领域党政机构重叠、职责交叉、权责脱节问题比较突出；一些政府机构设置和职责划分不够科学，职责缺位和效能不高问题凸显，政府职能转变还不到位"的问题，并提出了"坚持一类事项原则上由一个部门统筹、一件事情原则上由一个部门负责，加强相关机构配合联动，避免政出多门、责任不明、推诿扯皮，下决心破除制约改革发展的体制机制弊端"的解决方案。③ 在之前的几轮国家机构改革中，一方面历次改革仅着眼于行政机关内部，却忽视了党的机构和国家机构改革中也可能存在机构的重

① 孙国华主编：《中华法学大辞典（法理学卷）》，中国检察出版社 1997 年版，第 162 页。

② 李洪雷：《行政体制改革与法治政府建设四十年（1978～2018）》，载《法治现代化研究》2018 年第 5 期。

③ 参见《中共中央关于深化党和国家机构改革的决定》，2018 年 2 月 28 日，中国共产党第十九届中央委员会第三次全体会议通过。

叠与职能的重复；另一方面历次改革中虽然也逐步确立了"大部制改革"的改革思路，积极探索政府职能转变，但最终还是仅表现为机构数量的机械性增减，国家机构间存在的职能交叉重复的现象未能得到彻底解决。要撤销哪些机构、设立哪些机构、合并哪些机构，在实践中仍是较为困难的问题。2018 年的《中共中央关于深化党和国家机构改革的决定》则突破了以往党政分开思想的局限，首先从政府机构内部与党的机构进行职能整合，从而确保能够整合优化力量和资源，发挥综合效益。

在纵向上，要建设法治政府，必须强化中央政府宏观管理、强化省级政府统筹推进区域内基本公共服务均等化职责，强化市县政府执行职责。赋予省级及以下机构更多自主权，突出不同层级职责特点，允许地方根据本地区经济社会发展实际，在规定限额内因地制宜设置机构和配置职能。具体可表现为根据不同层级政府的事权和职能，按照减少层次、整合队伍、提高效率的原则，大幅减少执法队伍种类，合理配置执法力量。一个部门设有多支执法队伍的，原则上整合为一支队伍。推动整合同一领域或相近领域执法队伍，实行综合设置。

二、提升党的执政能力

中国共产党的领导是中国特色社会主义最本质的特征。党的十九大报告也指出，"党政军民学，东西南北中，党是领导一切的"。我们党进行伟大斗争、建设伟大工程、推进伟大事业、实现伟大梦想，必须提高把方向、谋大局、定政策、促改革的能力和定力。国家机构是党治国理政的组织载体，深化机构和行政体制改革是党和国家事业重要组成部分，因此开展机构和行政体制改革必须体现党的意志，必须站在坚持和加强党的全面领导，提升党的长期执政能力的高度来认识。事实上，在当代中国，坚持党的领导与推进机构和行政体制改革是相互助力的关系。一方面，坚持党的领导核心地位，发挥党在机构和行政体制改革大局中的纵览全局之作用，可以保证机构和行政体制改革的正确方向，形成改革的强大合力，包括政府机构改革、体制改革、人员编制统筹改革，等等；① 另一方面，通过机构和行政体制改革，可以完善坚持党的领导的体制机制，提升党的执政能力，把党的领导贯彻落实到党和国家机关全面正确履行职责的各领域各环节，确保党始终总揽全局、协调各方，从制度上保证党的长期执政和国家长治久安。

以往，中国机构和行政体制改革一般只涉及政府部门层面，很少涉及党委层面。然而，政府合并、设立的领导权和协调权实际在党委。如果简单地调整政府部门，而党委部门的设置依旧分立，其改革效果必然有限。在中国政治结构中，"党组织是一个常量"。党政机关之间的互动是在坚持党的领导下实现的，为组织结构的稳定、效能提供了有效的制度平台。因此，只有牢牢抓住党组织这个"牛鼻子"，才能有效实现机构和行政体制改革的系统性、整体性、协同性。② 为此，党的十九届三中全会审议通过了《中共中央关于深化党和国家机构改革的决定》和《深化党和国家机构改革方案》，引领新一轮改革开始。与以往改革不同，这次机构和行政体制改革主要是以加强党的全面领导为统领，以推进党和国家机构职能优化协同高效为着力点，从建立健全党的工作的领导体制机制、强化党的组织在同级组织中的领导、发挥党的职能部门作用、优化党和国家组织机构、统筹设置党和国家机构、推进党的纪律检查体制和国家监察体制改革方面作出具体部署，对提升党的执政能力大有裨益。"协调党和国家机构内部之间、机构与外部主体之间的职能配置，增强了关键部门的撬动作用和相关部门的协同性。"③

党政机构的合并设立和合署办公是这一轮改革不同于以往改革的突出特点。这对于解决国家体制机制中长期存在而在历次改革中不易触碰或者无法着手的难题十分有益。具体而言，党委、党组、党的工作机关具体职能的展开，

---

① 孙彩红：《习近平总书记关于行政体制改革的重要论述及其实践价值》，载《贵州社会科学》2019 年第 5 期。

② 刘鹏：《探索"双合"，哪些党政机关可能合署办公？》，载《半月谈》2016 年第 23 期。

③ 曹堂哲、魏玉梅：《深化党和国家机构改革要坚持四种思维》，载《中国机构改革与管理》2018 年第 9 期。

主要通过党组织对国家机构的"嵌入"来实现，而党政合并设立和合署办公则体现了党的组织领导、思想领导、政治领导在国家机关中的具体化。① 领导作用的根本是机构和职责的配置与关系，只有建立起实际机构并赋予其相应的职责，领导作用才能有用武之地。领导制度的根本是决策权和执行权的配置与关系，只有掌握了决策权并以集中决策牵引分流执行，领导制度才能有实际意义。通过党政合并设立和合署办公，党的领导作用因有具体的机构担当，明确的职责承载，才能够在重大事务管理的初始、中局和终端中得到切实发挥；党的领导制度因各级党委统筹决策权并加强党政部门在决策与执行之间的协调互动，才能够切实网格到宏观、中观、微观之中，以此改变以往党的领导作用和制度在现实中处于抽象、半空的状况，把党的领导切实落到实处。② 党政合并设立和合署办公的内在逻辑与波利特提出的通过整体化方式具有一致性，即都是通过"排除相互破坏、腐蚀的各种政策情境，促使某一公共政策领域中不同的利益主体间的团结协作"。③

当然，通过机构和行政体制改革提升党的执政能力，并不是意味着完全以党代政，而是让党通过合法合理的途径实施自己的主张，实现自己的领导，推进对国家和社会的治理。对此，十八届四中全会已经明确指出，必须"把党总揽全局、协调各方同人大、政府、政协、审判机关、检察机关依法依章程履行职能、开展工作统一起来，把党领导人民制定和实施宪法法律同党坚持在宪法法律范围内活动统一起来……善于通过国家政权机关实施党对国家和社会的领导……"由此可见，党在国家和社会治理中处于领导者和协调者的地位。但是，这种领导不是直接领导，而是间接领导，是通过国家政权机关实施的领导，党要依宪执政。④

---

① 石亚军、霍沛：《深化党和国家机构改革促进党内法规制度建设》，载《政法论坛》2019 年第 4 期。

② 张立哲：《论党政合署体制重构的基本问题与具体路径》，载《理论月刊》2018 年第 6 期。

③ Christoppher Pollit，"Joined-Up Government：A Survey"，*Political Studies Review*，2003（1）.

④ 江国华：《论依宪执政的五重意味》，载《江汉论坛》2015 年第 3 期。

其一，党必须通过政权机关实施法律的方式实现其主张。习近平在 2014 年中央政法工作会议上指出，"政法机关作为人民民主专政的国家政权机关，是党和人民掌握的刀把子"。所谓国家政权机关，是行使国家职能的各种国家机关的通称。按其职能划分，可分为立法机关、行政机关、司法机关等。根据宪法的制度设计，人民代表大会产生"一府两院"，"一府两院"在人民代表大会的监督下行使行政权和司法权，进而实现最高国家权力机关对国家事务的管理。由此可见，国家权力最终作用于民众的方式，非行政权和司法权不可。即便是立法，也必然通过行政机关的执行行为和司法机关的司法活动而与民众产生法律上的各种关系。因此，执政党领导地位和执政地位的实现，必然要求充分发挥国家政权机关的作用，通过国家政权机关的法律实践活动来贯彻落实其执政理念。对此，党的十八届四中全会明确指出："法律的生命力在于实施，法律的权威也在于实施。各级政府必须坚持在党的领导下、在法治轨道下开展工作，创新执法体制，完善执法程序，推进综合执法，严格执法责任，建立权责统一、权威高效的依法行政体制，加快建设职能科学、权责法定、执法严明、公开公正、廉洁高效、守法诚信的法治政府。"并在司法公正问题上，着重强调"各级党政机关和领导干部要支持法院、检察院依法独立公正行使职权。建立领导干部干预司法活动、插手具体案件处理的记录、通报和责任追究制度。任何党政机关和领导干部都不得让司法机关做违反法定职责、有碍司法公正的事情，任何司法机关都不得执行党政机关和领导干部违法干预司法活动的要求。对干预司法机关办案的，给予党纪政纪处分；造成冤假错案或者其他严重后果的，依法追究刑事责任"。

其二，党必须通过政权机关实现其对国家和社会的领导。根据我国《宪法》规定，人民依照法律规定，通过人民代表大会，选举产生"一府两院"，管理国家事务，管理经济和文化事业，管理社会事务。人民代表大会、"一府两院"等国家机关是人民实现当家做主的基本载体。中国共产党作为中国特色社会主义建设事业的领导核心，其对国家和社会生活的领导，不是逾越宪法所规定的国家政权机关实行直接管理，而是通过这些国家政权机关实行间接领导。就这一层面而言，国家政权机关是党治国理政的场域，党的领导不能凌驾于国家政权机关之上，也不能游离于国家政权机关之外。毫无疑问，依宪执政的提出，为中国的政治格局带来了一个新的契机。它强调执政党必须在宪法和法律的范围内活动的原则，因此，如何既坚持中国共产党的领导，又努力使党的领导法治化，从根本上关系到依法治国能否实现。对此，应将党的领导融入国家政权机关之中，将党的领导权与宪法所确定的国家权力机关的管理权相结合，实现党的领导权通过国家政权机关予以实现。

其三，党必须通过政权机关实现其对国家和社会的治理。2013 年召开的党的十八届三中全会明确提出"推进国家治理体系和治理能力现代化"，以此作为全面深化改革的总目标。这一目标表明"多主体—多元渠道"的"治理"理念已然取代"管理"理念成为党推进依法治国方略的首要理念。然而，如何正确认识国家治理体系和治理能力，如何推进国家治理现代化，实现依法执政，是党面临的严峻课题。对此，习近平明确指出："国家治理体系和治理能力是一个国家制度和制度执行能力的集中体现。国家治理体系是在党领导下管理国家的制度体系，包括经济、政治、文化、社会、生态文明和党的建设等各领域体制机制、法律法规安排，也就是一整套紧密相连、相互协调的国家制度；国家治理能力则是运用国家制度管理社会各方面事务的能力，包括改革发展稳定、内政外交国防、治党治国治军等各个方面。"[①] 并强调，推进国家治理现代化，必须适应国家现代化总进程，提高党科学执政、民主执政、依法执政水平，提高国家机构履职能力，提高人民群众依法管理国家事务、经济社会文化事务、自身事务的能力，实现党、国家、社会各项事务治理制度化、规范化、程序化，不断提高运用中国特色社会主义制度有效治理国家的能力。据此而言，国家治理就是党领导国家机构，践行并完善国家制度。而根据《宪法》规定，中国特色社会主义制度是人民代表大会制度、多党合作和政治协商制度、民族区域自治制度和基层群众自治制度等基本政治制度，以及基本经济制度和其他制度的有机结合。运用这些制度实现国家治理，从本质上而言，就是

[①] 中共中央宣传部：《习近平新时代中国特色社会主义思想学习纲要》，学习出版社、人民出版社 2019 年版，第 86~87 页。

要求党尊重并充分发挥国家机构、人民团体、社会组织，甚至公民个人等多方主体的核心作用，使得其关于"推进国家治理现代化"的精神必然成为国家和社会建设中的指导性文件，但这项文件不能直接成为国家机关履职的依据，也不能直接作用于公民生产生活，必须通过国家政权机关依照法定程序将其上升为国家意志，进而成为一种行为规范。

三、实现国家治理体系和治理能力现代化

面对中国经济社会和公共管理领域的重大变化与复杂需求，在党的十八届三中全会上，中央决策层首次提出国家治理体系和治理能力现代化这一重大命题，并明确指出，"全面深化改革的总目标是完善和发展中国特色社会主义制度，推进国家治理体系和治理能力现代化"。党的十九大则进一步确定了实现国家治理体系和治理能力现代化的"两个阶段"部署安排，并明确指出："深化党和国家机构改革是推进国家治理体系和治理能力现代化的一场深刻变革。"国家治理体系和治理能力是一个国家制度和制度执行能力的集中体现。国家治理体系是在党领导下管理国家的制度体系，包括经济、政治、文化、社会、生态文明和党的建设等各领域体制机制、法律法规安排，也就是一整套紧密相连、相互协调的国家制度；国家治理能力则是运用国家制度管理社会各方面事务的能力，包括改革发展稳定、内政外交国防、治党治国治军等各个方面。在新时代，将推进国家治理体系和治理能力现代化作为全面深化改革的总目标，对于中国政治发展乃至整个中国社会主义现代化事业来说，都具有重大而深远的理论意义和现实意义。①

机构和行政体制改革是全面深化改革的重要内容，对各领域改革发挥着体制支撑和保障作用。组织机构是国家治理的组织载体，政府治理是国家治理重要构成部分，承担着国家治理中的"元治理"角色和功能。② 因此，机构和行

---

① 冯贵霞：《党的十九大后新一轮大部制改革的内容与特点》，载《理论与改革》2018 年第 4 期。

② 邓顺平、孙柏瑛：《中国政府治理改革 40 年回顾与展望》，载《天津行政学院学报》2018 年第 6 期。

政体制改革必须站在推进国家治理体系和治理能力现代化的高度来认识。党的十九届三中全会审议通过的《中共中央关于深化党和国家机构改革的决定》和《党和国家机构改革方案》，从表面上看，这是一场党政军群机构联合行动的大部制改革，但从深层次来看，这是一场以国家治理体系和治理能力现代化为价值取向，在治理理念、治理结构以及治理主体等多个方面发力的机构和行政体制改革。

其一，治理理念更新：以质量效益为导向的整体性治理。治理理念是治理体系和治理能力建设的价值导向。坚持中国特色的社会主义道路，根据社会主要矛盾的变化即人民的美好生活需要，包括民主、法治、公平、正义、安全、环境等方面日益增长的需求，是新时代国家治理的理念和价值导向。新一轮的机构和行政体制改革的定位即在于"优化协同高效"，以质量效益为导向的治理理念。① 其转变了单纯精简机构的传统思维，在机构设置、职能配置、机制运行等三个方面系统地提出机构和行政体制改革的方向，将机构和行政体制改革放在经济监管、市场调节、社会管理、公共服务、生态环保等综合发展环境中整体推进，以为人民美好生活提供有效保障。例如，统筹党政军群机构改革思路的提出，实质上是完善党的领导体系、政府治理体系、武装力量体系、群团组织体系，整合多方力量构建国家治理的职能体系。又如，为提高决策和执行效率，将原来分散在多个部门的相近职能有机整合，新组建自然资源部、生态环境部、应急管理部、市场监督管理总局等，形成大资源、大生态、大应急、大市场的管理新体制。

其二，治理结构优化：职能导向型的整合式改革。治理结构的优化是通过调整职能配置和机构设置，解决职责重叠交叉、权责不清、政出多门、协调难度大等问题。本次改革改"行业管理"为"功能管理"，全面梳理党政机构职责，按职能需要进行跨部门的结构调整。一是实现行政分工协同化，促进行政机构与职能的合理设置与统一协调。为加强部门的功能性和协调性，重组现有

---

① 王晓霞：《深化党和国家机构改革：国家治理体系和治理能力现代化领域的深刻变革》，载《理论与现代化》2018 年第 6 期。

政府部门横向职能，分解权力较为集中的部门职权，理顺政府机构内部关系。以新组建的应急管理部为例，其不仅合并原来分散在各部门的救灾防灾职责，还划入国务院办公厅的应急管理职责以增强协调职能。二是为解决监督权分散在各个部门而使执行过程受多方制约的难题，集中决策监督职能。以新组建的生态环境部为例，其职责既包括拟订和组织实施生态环境政策、规划和标准等方面的决策职能，也包括生态环境监测、执法、治污等方面的监督职能，生态环境保护综合执法队伍明确归口生态环境部管理，以保障决策权和监督权的独立与统一集中行使。

其三，治理主体协同化：构建联动配合的运行机制。正确处理多元治理主体之间的关系，使它们在治理过程中相互配合、相互制约，是国家治理体系和治理能力现代化的核心特征。本次改革在治理主体上的最大亮点就是党政机构配置和职能设置的协同化。首先，以实现党的全面领导权制度化为主线，整合党在重大领域的决策协调监督职能。按照功能归属原则，党中央决策领导机构将办公室设在有关国家职能部门中，由此打破党政职能运行界限，建立起决策—执行（协调）—监督的职能链条。其次，推进党政机构合署合并改革。比如，国家监察委员会和中央纪检委合署办公，实现对所有行使公权力人员的监督全覆盖。最后，为消除多头执法现象，统筹配置行政处罚职能和执法资源，对口重组市场监管、生态环保、文化市场、交通运输、农业等各个领域的综合队伍，分别由国家市场监督管理总局、生态环境部、文化和旅游部、交通运输部、农业农村部归口管理。①

第三节 中央政府组织法的重构

行政组织法调整行政机关的机构设置、职能和权限分配、人员编制和管理

---

① 冯贵霞：《党的十九大后新一轮大部制改革的内容与特点》，载《理论与改革》2018 年第 4 期。

等，是行政法体系的重要组成部分，其发展完善程度对于规范行政运行和提高行政效率具有重要影响。我国行政组织法体系主要由中央政府组织法和地方政府组织法构成，其中中央政府组织法包括国务院组织法、部委组织法、直属机关组织法。改革开放以来，我国先后开展了八次行政体制改革，并且主要集中在中央政府层面。经过改革，我国中央政府的组织结构不断优化，机构职能不断转变，为法治政府建设提供了有效保障。然而，虽然中央政府已经进行了多次改革，但作为国务院机构设置和人员编制的立法依据，《国务院组织法》《国务院行政机构设置和编制管理条例》等中央政府组织法自颁布施行以来，从未被修改过。目前，这些法律的内容已经严重滞后，继而影响到这一领域的法治化进程，急需进行重构。

一、修改《国务院组织法》

1982 年《宪法》与《国务院组织法》颁布实施前后的 30 多年内，国务院所展开的八次以转变政府职能为核心目的之机构改革，一方面让 1982 年《国务院组织法》在实践中捉襟见肘，陷入尴尬的境地；另一方面又为整个国家政府组织建设积累了相当可资借鉴的经验，为《国务院组织法》的修改指明了方向——中央政府组织法的完善，必须围绕"有限政府"和"国家善治"两个基本点，既要还权于市场，将绝大部分的社会资源配置任务转交给市场机制，又要让权于社会，尊重公共自治，将一部分社会管理工作转给各种类型的行政协会与自治组织。①

（一）完善职权配置条款

《宪法》第 89 条授予了国务院广泛的职权，但是《国务院组织法》却未能对《宪法》第 89 条所规定的职权做进一步的细化，特别是对其中的不确定概念和概括授权未能明确化，导致国务院的职权过于宽泛，有违有限政府之改

---

① 罗豪才主编：《现代行政法的平衡理论》，北京大学出版社 2003 年版，第 75 页。

革。以其中第（6）项"领导和管理经济工作"之授权条款为例，就其字面解释而言，国务院据此款授权具有干预整个经济领域和全部经济活动的权力。具体而言：（1）所谓"经济"，指的是整个社会的物质资料的生产和再生产，包括社会物质的生产、分配、交换和消费活动的全部过程，这个过程所涉及的范围是无法确定的；（2）国务院有权对这一过程实行"领导和管理"，所谓"领导和管理"，从字面上解释应当包括宏观调控和微观干预，也就是说，国务院对经济的干预程度没有宪法上的限制。

为明确国务院的职权范围，加强对国务院职权的规控，无外乎三条路径：（1）由全国人民代表大会修改《国务院组织法》，对国务院职权范围及其行使的条件和程序加以具体化。以国务院"领导和管理民政工作"之规定为例，全国人民代表大会应在《国务院组织法》中对"民政工作"的范围明确界定，比如可将"民政工作"规定为包括民间组织管理、优抚安置、救灾救济、社区建设、行政区划、地名和边界管理、社会福利和社会事务等事项，并对"领导和管理"之方式作必要的限制，比如将其限定为宏观指导而不包括微观干预，这样可以大为缩减国务院行政职权的范围，防止其对社会、市场和个人私域的过分干预。（2）由全国人民代表大会常务委员会对《宪法》第89条作出宪法解释，将国务院涵盖宽泛却又模糊不清的职权范围予以明确化。比如《宪法》第89条第（1）项涉及国务院有权"根据宪法和法律，规定行政措施，制定行政法规，发布决定和命令"之规定，该款中的"宪法和法律"，存有两种截然不同的解释：一则，宪法与法律作并列关系解读，如此，国务院则只有在同时具备宪法和法律依据的前提下，方能规定行政措施，制定行政法规，发布决定和命令——它意味着在某些事项上，只有全国人民代表大会及其常务委员会制定了法律，国务院方能作出行政行为，否则便属违法行政。二则，宪法与法律作选择关系解读，如此，国务院既有权根据宪法的授权在其职权范围内自主立法，也有权根据法律（即基本法律和普通法律）的授权而行使行政立法权——这种解释认为，《宪法》第89条既直接赋予了国务院职权立法权，也规定了国务院可以依据法律的规定取得授权立法权。① 显然，这两种解释所得出的国务院行政立法权限之范围存在较大差别。（3）由全国人民代表大会启动修宪程序，对《宪法》第 89 条加以修改，尽可能减少其中的不确定概念，并对抽象授权条款作明确分解和列举，但修宪应属于穷尽其他途径之后的最后方案。

（二）规范国务院机构设置条款

就其一般意义而言，中央政府组成机构的设置通常可分为三种模式，即议会控制模式②、议会行政共治模式③与行政独断模式（即中央政府组成机构的设置权由中央政府本身所独享）。

从 1982 年《国务院组织法》的规定来看，国务院组成机构设置权的配置大致可以划归"议会行政共治型"一类，即由全国人民代表大会及其常务委员会与国务院分享中央政府组织的设定权。其依据有五：（1）根据《宪法》第 86 条之规定，国务院的组织由法律规定，这里的"法律"应做狭义解释，仅指全国人民代表大会及其常务委员会所制定的基本法律和普通法律。据此，国务院组织机构之设置属于全国人民代表大会及其常务委员会当然的职权范围，并且原则上只有全国人民代表大会或其常务委员会通过立法程序才有资格设置国务院的组成机构。（2）根据《国务院组织法》第 8 条之规定，国务院

---

① 结合《立法法》来看，第二种解释与《立法法》第 65 条之规定基本一致。根据《立法法》第 65 条第 1 款第（2）项之规定，国务院可以在《宪法》第 89 条规定的职权的范围内制定行政法规，即国务院可以在不经具体的法律或授权决定授权的情况下直接依据宪法的规定行使立法权。这样，我国《宪法》实际上将立法权配置给了立法机关和政府组织，国务院在一定程度上具有"准立法机关"的地位。

② 议会控制模式的主要特征在于中央政府组织的设定权由议会掌控，组织的设定必须依法律而为。其典型代表为美国、英国和日本。参见董茂云、李晓新：《从国外行政机构改革的立法经验看我国中央行政机构改革的法制化》，载《政治与法律》2008 年第 7 期。

③ 议会行政共治的主要特征在于中央政府组织的设置权主要由议会享有和行使，政府组织对层级较低的中央行政机构如中央政府组织的组成部门的设置和职权配置享有一定的决定权。参见董茂云、李晓新：《从国外行政机构改革的立法经验看我国中央行政机构改革的法制化》，载《政治与法律》2008 年第 7 期。

部委的设置权由全国人民代表大会及其常务委员会与国务院共享。其中，对国务院各部、委员会的设立、撤销或者合并，总理享有提议权，这是一种程序性权力，即总理有权启动设立、撤销或者合并各部、委员会的程序；全国人民代表大会或者其常务委员会则享有实体性的决定权，即全国人民代表大会或其常务委员会在总理提出的基础上，可依法决定国务院各部、各委员会的设立、撤销或者合并。（3）根据《宪法》第89条之规定，国务院有权规定各部和各委员会的任务和职责，统一领导各部和各委员会的工作。据此，国务院各部委的职权在法律上是由国务院配置的，即国务院将《宪法》第89条授予其之职权分解后分别让渡给各部委，《宪法》并未明确规定各部委之权力，国务院各部委之权力源自于国务院之让渡。①（4）国务院部委之外的其他组成部门（包括审计机关）的设置权由国务院所独享。（5）国务院可以根据工作需要和精简的原则，设立若干直属机构主管各项专门业务，设立若干办事机构协助总理办理专门事项。

究其法理，《国务院组织法》第8条有关国务院与全国人民代表大会或其常务委员会共享部委的设定权之规定，既在某种意义上考虑到了人民主权原则的要求，又在一定程度上体现了全国人民代表大会或其常务委员会对国务院专业判断力的尊重，符合分权制衡的原则，有利于发挥政府组织的主动性和积极性。但是，其中第11条有关国务院独享直属机构和办事机构设定权之规定，则有与政府组织法治原则相冲突之嫌疑。具体表现在四个方面：（1）从直属机构的职权来看，大部分直属机构与各部、委员会一样都具有对外行使管理的职能，并有权就某个领域的全国性行政工作实施领导和管理；根据《立法法》第80条之规定，具有行政管理职能的直属机构与各部、委员会、中国人民银

---

① 有学者认为，为了巩固国务院行政机构改革的成果，有必要由立法机关制定《国务院各部委组织法》对部委的设置与职权加以规制。参见邓海娟、黄利红：《大部制改革与政府组织法的完善》，载《江西社会科学》2008年第7期。但这种方案涉嫌违宪——根据《宪法》第89条之规定，各部委的权责划分是属于国务院权限内的事项，立法机关通过制定组织法的形式对这样的事项加以规定则侵蚀了宪法赋予国务院的职权，破坏了宪法所建构的权力分工合作的制度安排。

行、审计署一样，可以根据法律和国务院的行政法规、决定、命令，在本部门的权限范围内，制定规章。（2）从直属机构的地位来看，很多直属机构的行政级别与部、委的行政级别一样，即都是正部级单位，如海关总署、国家税务总局、国家市场监督管理总局、国家广播电视总局、国家体育总局等直属机构都是正部级单位。（3）从直属机构所承担的事务来看，大部分直属机构所承担的并不是临时性的行政事务，而是某些具有持续性的事项，而直属机构的存在也具有一定的稳定性，这种稳定性特征使得直属机构的设置与职权具有以法律的形式固定下来的可能性。（4）从后果来看，国务院机构的膨胀在很大程度上再现为其直属机构的膨胀，因此在我国历次的国务院机构改革中，直属机构的合并与撤销自然成为改革的重要内容。基于上述事实，《国务院组织法》第 11 条将直属机构和办事机构之设定权径行分配给国务院，实际上就是赋予国务院自我扩张、自我膨胀和自我授权的不受最高权力机关约束的无限权力。故此，有必要作出修正，将国务院直属机构与办事机构设置的决定权改由全国人民代表大会及其常务委员会行使，国务院仅行使程序性提议权。

（三）完善责任条款

一般来说，法律规则在逻辑结构上主要由假定条件、行为模式和法律后果三个部分组成。法律责任属于法律后果之范畴，系法律规则之内在要素。从1982 年《国务院组织法》的规定来看，其中并没有严格意义上的法律责任条款，这不仅影响了《国务院组织法》的完整性，也贬损了其实施效果。比如《国务院组织法》第 9 条规定"各部设部长一人，副部长二至四人。各委员会设主任一人，副主任二至四人，委员五至十人"，但 2018 年机构改革之后，仅外交部、工业和信息化部就各有 5 名副部长、国家发展与改革委员会有 6 名副主任。由于《国务院组织法》本身没有规定责任条款，故对于此类明显违背其规定的行为或现象，显然无能为力。

故此，增加法律责任条款系《国务院组织法》完善的重要内容。① 具体而言，可从两个方面展开：（1）在机构设置、职权行使、人员配备、相互关系和工作制度等条款中，增设相应的法律责任条款，规定对于违反法定权限和程序设置行政机构的，应当予以撤销；对于超越、滥用职权的行为，应当宣告无效；对于违法增加人员编制的，应当对超编的人员予以清退。（2）增设违反组织法的惩戒条款，比如规定负有直接领导责任之人员所应当承担的违法后果，包括弹劾或者撤职、降职、记过等形式。

（四）完善监督机制

良好的法律监督机制是确保法律责任得以实现的必要条件。故此，一般法律都设有直接或者间接的监督机制条款。但 1982 年《国务院组织法》没有规定法律监督机制，为此，《国务院组织法》的修改应当增设相关的监督机制条款。具体包含三个方面：（1）内部监督机制。随着《监察法》的颁布，原《行政监察法》同时废止，原监察部的内部行政监察权也相应丧失。但国家监察机关对中央人民政府公职人员的外部监察与国务院内部的自我监督并不冲突，《监察法》仅涉及对人的监察，具体而言，是对行使公权力的公职人员涉嫌贪污贿赂、滥用职权、玩忽职守、权力寻租等职务违法和职务犯罪的监督、调查、处置权，而不包括对机构设置和人员配备等方面的监督。故此，《国务院组织法》的修改，可以考虑在不与《监察法》相违背的情况下，建立国务院内部的监督机制，明确规定对各部委的机构设置、人员配备情况进行监督，对于确有违反组织法行为的，承担相应的法律责任。（2）外部监督机制。我国《宪法》针对国务院规定了两种监督机制：一是事前监督机制，主要体现为全国人民代表大会对国务院组织事务的决定权，即国务院总理、副总理、国务委员和部长的任命以及各部委的设置都应当经全国人民代表大会或者其常务

---

① "在我国的组织立法和编制立法中，也必须加强对法律责任的规定，使违反组织法和编制法的政府组织、工作人员，主要是主管领导能依法得到制裁。"参见司坡森：《完善我国政府组织法管见》，载《行政法学研究》1997 年第 4 期。

委员会决定；对此，在组织法中可作进一步细化。二是事中监督机制，即《宪法》第 67 条规定的全国人民代表大会有权监督国务院的工作，有权撤销国务院制定的同宪法、法律相抵触的行政法规、决定和命令。对此，《国务院组织法》可在重申的基础上，加以补充，比如增加"全国人民代表大会常务委员会有权撤销国务院作出的与宪法、组织法相抵触的人事任免决定和直属机构建立决定"条款。（3）监督程序机制。《宪法》没有对国务院的监督程序进行规定，《国务院组织法》的修改应当增设相关监督程序条款，比如规定对"国务院人事任免决定和机构设置决定等组织行为的撤销程序"参考行政法规的撤销程序，即最高人民检察院认为国务院的组织行为违法的，由最高人民检察院向全国人民代表大会常务委员会提出审查建议，全国人民代表大会常务委员会必须予以审查；全国人民代表大会常务委员会认为国务院的组织行为违法的，应当予以撤销。

二、制定《国务院部门组织法》

1957 年"反右"斗争扩大化之后，我国逐步进入了一个法制虚无期，中央政府部门组织立法工作基本处于停滞状态，已有的中央政府部门组织法也几乎成为了摆设。直到 1976 年"文化大革命"结束，我国的中央政府部门组织法才迎来了一个新的时期。1978 年，经全国人民代表大会批准，国务院恢复和增设了若干部门。这些部门的任务、机构和编制等事项由国务院发布通知予以确定。① 1982 年《宪法》通过后，全国人民代表大会重新制定了《国务院组织法》。1987 年 5 月 16 日国务院颁布了《国务院参事室组织简则》。1995 年 3 月 18 日，全国人民代表大会通过了《中国人民银行法》。1997 年 8 月 3 日，国务院颁布了《国务院行政机构设置和编制管理条例》。为了巩固和确认历次行政体制改革取得的成果，大致从 1988 年开始，"三定"方案正式走上了中国的历史舞台。此后国务院各部门的组织架构基本上是由国务院各部门制定的

---

① 比如，1978 年 4 月 10 日，国务院发布《关于国家经济委员会的任务、机构的通知》。参见《中华人民共和国经济管理大事记》，中国经济出版社 1986 年版，第 314 页。

《职能配置、内设机构和人员编制方案》来规定。① 从性质上来看，"三定"规定是一种规范性文件，但由于"三定"规定抓住了部门组织单行法中"职能、机构和编制"这三个最为关键的问题，因此自 1988 年以来，"三定"规定实际上扮演了中央部门组织单行法的重要角色，在确定部门职能、精简政府机构、控制政府规模等方面发挥了比较重要的作用。② 然而，目前"三定"规定也存在以下几个问题：一是"三定"规定的效力位阶不够高，缺乏足够的权威；二是"三定"规定的内容不够全面，缺乏法律责任以及争议解决的规定；三是"三定"规定的科学性不足，缺乏仔细推敲，不严谨之处较多。

总而言之，"三定"规定是中国特定社会转型时期的一种产物，是中国改革开放"过渡期"的特殊规则，因而其多少带有一些"权宜之计"的色彩，与现代法治政府的基本原则与规律还存在诸多不相适应之处。伴随着行政体制改革的纵深推进以及全面依法治国的深入开展，政府部门的组织规则必须向法治化方向发展。③ 未来应当在修改《国务院组织法》的基础上抓紧制定《国务院部门组织法》，并将其作为我国国务院部门组织法体系的核心。其基本内容大致如下：

（一）基本目标

国务院部门组织法的主要功能是实现"定职责、定机构、定编制"的"三定"原则。而最终目的是要通过制定《国务院部门组织法》与各部门组织条例完善国家行政组织法体系，服务于国家行政体制改革的战略大局。围绕这一核心目的，国务院部门组织法体系建构中的制度设计，要注重以下实效功能

---

① "三定"规定是国务院机构改革的产物，"定职能、定机构、定编制"一度成为了历次机构改革的关键词。"三定"规定一般由各部门自己拟定，报中编办审查，再经国务院批准，由国务院办公厅以通知形式发布。

② 参见马英娟著：《政府监管机构研究》，北京大学出版社 2007 年版，第 230 页。

③ 参见芦一峰：《行政组织法视域下的国务院"三定"规定研究》，载《行政与法》2011 年第 12 期。

的实现。

其一，合理设定行政权。其表现有三：（1）合理创设行政权。《宪法》首先对国务院的职权进行规定，需要国务院部门组织法进一步细化和具体化。包括对《宪法》规定的职权作出统一明确的规定，也可以根据国家和社会的发展，创设新的职权或对《宪法》规定作出新的解释。（2）合理分配行政权。国务院部门组织之间权力的横向配置处于无法可依的状态，国务院部门组织法须在国务院部门"三定"规定的基础上增进权力配置的合法性与确定性。（3）合理调整行政权。国务院部门组织法应根据社会发展的需要、政府职能的转变，适时对国务院部门组织的权力进行调整。所谓"调整"，既包括赋予国务院部门新的权力，也包括取消原有的权力，还包括对国务院职权的重新分配。①

其二，规范国务院部门组织的设置。其具体包括：（1）明确国务院部门的组织结构。国务院作为我国最高国家行政机关，由不同性质、不同类型、不同层级的职能部门构成，职能部门自身又设有不同的内设机构。国务院部门组织法应实现部门组织的合理架构。（2）明确国务院部门、机构的设置标准。机构膨胀的主要原因是新组织的随意设立，《国务院部门组织法》应进一步明确中央行政机关及其内设机构设置的原则、标准。（3）明确国务院部门、机构的设置程序。组织的层次不同、性质不同，其设置程序也存在差别。《国务院部门组织法》应对国务院组成部门、直属机构和议事协调机构的设置程序作出规定。

其三，控制国务院的组织规模。由于现代行政事务纷繁复杂，而行政组织又缺乏内在的自我约束机制，因此，在整体规模上，行政组织有自我膨胀的趋势。从逻辑上而言，国家组织存在的必要性表现为执行特定公共任务的需要，因此，组织与权限之间的相互关系表现为法律上的必要关联性，没有实质性任

---

① 参见应松年、薛刚凌著：《行政组织法研究》，法律出版社 2002 年版，第 16~18 页。

务的组织必须撤销。① 从这个层面而言，国务院部门组织立法应实现组织的规模控制，具体体现在两方面：（1）控制国务院各部门的职权、机构和人员编制，在此基础上，通过专门立法规定新组织设立的基准、原则和员额，杜绝机构和人员增加的随意性和任意性；（2）《国务院部门组织法》应设有责任条款，违法行使职权、违法设立机构和编制，都将导致被撤销和被追诉的法律后果。

其四，协调与修复公法秩序。理想状态上，各行政机关的权限应当互不交叉，各行政机关的权限总和等于整个行政权。所以，行政机关之间不存在权限冲突和纠纷，行政管理领域也没有法律空白和漏洞。然而，现实中，成文法的局限性和社会关系的复杂性，决定了行政立法客观上不可能达到这一理想状态。② 所以，在行政实践中，行政机关之间的权限纠纷在所难免。在我国，行政机关之间的权限纷争一般定位于行政内部事务——不属于法律上的争讼——适用行政内部程序来处理，即一般由共同上级行政机关解决。但其他大陆法系国家或地区，例如日本、西班牙、德国、中国澳门等，则更多地引入司法程序。实现这一司法裁决的基础是，行政机关之间的职责权限存在基本的法律基础，否则司法裁判不仅无法可依，且直接侵犯行政机关的自由裁量权。因此，国务院部门组织法体系的构建，不仅肩负着行政职权在行政组织之间的合理配置之责，亦要通过行政诉讼确保这一配置的稳定性和确定性。

（二）总体原则

"定机构、定职责、定编制"的"三定"原则是我国行政组织建设步入法制化阶段的重要标志。而实现"机构法定、职责法定、编制法定"的组织法定原则，则是我国行政组织法治的重要进步。因此，组织法定是行政组织法的基本原则，也是国务院部门组织法立法的核心理念，其主要包括：

---

① ［德］汉斯·J. 沃尔夫、奥托·巴霍夫、罗尔夫·施托贝尔著：《行政法》，高家伟译，商务印书馆 2007 年版，第 97 页。

② 王太高：《论机关诉讼——完善我国行政组织法的一个思路》，载《河北法学》2005 年第 9 期。

其一，机构法定。即除非有明确的法律依据，否则不能随意设置国务院的职能部门及其内设机构。纵观我国行政机构改革历程，基于革命政权和机构改革需要，组织多先于组织法而大量设置。基于特定历史需要的一种便宜安排，这种做法有一定的合理性。但在国家机构趋于稳定，法治提上日程之际，组织建设应当步入正轨，即实现组织法定——由《宪法》第2条第1款确立并经其他规定具体化的民主原则是国家合法性证明的原则，也是国家组织原则。从《宪法》第2条"中华人民共和国的一切权力属于人民"的人民主权这一核心立场出发，《宪法》本身确立了在所有国家权力领域中贯彻落实民主权的组织法基本条件，其核心是国家权力的行使必须受人民主权的约束。① 这一主权不仅表现为公民所享有的基本权利和自由，同时也表现在公共行政领域中对组织活动的参与——人民有权创制和选择基本的行政组织形式，有权根据自身的需要设定行政权，也有权决定设置哪些行政机关；非经人民同意行政机关不得自行设置，非经人民授权行政机关不得自行享有职权。② 这意味着只有依法设置的部门组织才具有合法身份，才有权履行行政任务、对外实施公共管理。而国务院职能部门和国务院职能部门内设机构所具有的不同性质和地位，决定了组织法定的不同内涵。

其二，职权法定。即国务院职能部门及其内设机构的权力来源于法律，仅仅只有法律才有权力；无法律则无权力。其要义有三：（1）国务院部门及其内设机构的职权必须依法取得，没有法律依据，行政职权就没有其存在的合法性和合理性，也失去了对抗其他组织或者个人的强制力和优先性。（2）国务院部门及其内设机构的职能必须明确。立法如未能明确划分国务院职能部门、职能部门内设机构之间的行政职权，那么，职权的交叉、推诿、缺位、越位则不可避免，职权法定也就没有任何意义。（3）国务院部门及其内设机构享有的职权必须依法行使。拥有法定职权的国务院部门或机构，必须严格按照法律

① ［德］汉斯·J.沃尔夫、奥托·巴霍夫、罗尔夫·施托贝尔著：《行政法》，高家伟译，商务印书馆2007年版，第75页。

② 参见应松年、薛刚凌著：《行政组织法研究》，法律出版社2002年版，第63页。

规定的职权范围行使；超出法律授权范围的权力行为，是一种违法行为，理应受到法律的制裁。《国务院部门组织法》不仅要根据国务院职能部门的性质和地位对《宪法》和《国务院组织法》规定的18项职权进行明确分配，具体确定各部门所应当履行的职权和权限；而且应当实现国务院部门内部机构之间的职权配置，进一步细化国务院职能部门享有的职权，实现机构与职权一一对应。

其三，程序法定。即《国务院部门组织法》应当明确国务院部门及其内设机构设立、变更、撤销的程序，非经法定程序不得变动。法律本身具有滞后性，因此，法律所规定的内容以及法律本身不可能一成不变，立法随着社会形势的变更而修正是法律完善之需求，也是社会发展之需求。但这种修正并非随意为之，而是必须遵循法定程序。基于此，《国务院部门组织法》应当明确规定国务院部门及其内设机构设置、变更、撤销的法定程序，明确主体和要求；如未达到设置或变动的要求，非由法定主体提出，非经法律定程序进行，不得设立和变动。当然，这是对程序的一般规定。有原则就有例外，有一般也有特殊情况，在紧急状态或应急形势下，国务院基于管理需要，部门的设置和变更可便宜行事，但紧急状态或应急形势消除后，应当按照法定程序向权力部门进行备案。

其四，责任法定。即《国务院部门组织法》应当明确规定违法变动各部门职责、机构和人员编制的责任。责任是法律实施的保障，立法如果只有授权而疏于规制与监督，那么再完美的组织结构和程序也难逃权力"阴影"，而最终形同虚设。所以，要确保国务院部门按照法律规定设置、依据法律规定行使职权、符合法律规定的人员编制，就必然需要对其组织行为设置法定责任，违法必然要担责。

其五，组织效率。效率是行政的灵魂。行政组织以效率、效能的发挥为目标，故行政组织的设置和调整均应符合行政效率原则，否则行政组织必趋于腐化、僵化而无存在之必要，此为现代行政组织之立法趋势。① 组织效率之要求

---

① 管欧著：《地方自治》，三民书局1995年版，第48页。

有二：（1）行政组织的精简化。机构臃肿、人浮于事必然导致效率低下，故为保障行政组织的精干，世界各国、各地区都对行政组织的机构和人员进行了限制，例如，美国、德国等国家则通过控制预算的方式来间接达到控制行政组织规模的目的。（2）行政组织的体系化，即按照一定的标准来组织行政机构，确保行政组织的统一性、整体性、系统性和有序性。① 基于此，《国务院部门组织法》首先应当明确部门组织的人员总额，任何人都不得突破；再根据部门组织规律和层次合理分配人员，实现各层次和各类型人员协调、有序。

（三）体系框架

《国务院部门组织法》的内容和形式，主要涉及其载体模式、表现形式、体系层次等内容。

其一，载体模式——体系式。载体模式是指以何种形式承载部门组织法的具体内容。除《宪法》规定以外，目前世界上通行的模式有两种，即法典式和体系式。其中，法典式即国家制定单一、统一的部门组织法典，来设定部门组织制度、规范部门组织行为。这一模式便于对部门组织的统一设计，有利于国务院部门组织的整齐划一。但国务院职能部门多，且性质不同、职责也相差较大，很难用一部法律全面规定，极少有国家采用。体系式即国家制定多个组织法律文件，这些立法按照一定的逻辑组成一个法律体系，这一形式较为灵活，为世界大多数国家所普遍采用。中华人民共和国成立初期，在我国国务院部门组织法制实践中即采用了体系式的立法模式。我国现阶段部门组织法也是专门组织立法结合部门"三定"规定的体系式立法为载体模式。② 因此，综合法治实践与立法经验，我国宜建立一套以《国务院部门组织法》为内核，各部门组织法或组织条例为基本单元的部门组织法体系。

其二，组织权划分。根据《立法法》的规定，部门组织法应当包含法律、

---

① 参见应松年、薛刚凌著：《行政组织法研究》，法律出版社 2002 年版，第 75～77 页。

② 参见应松年、薛刚凌著：《行政组织法研究》，法律出版社 2002 年版，第 260 页。

行政法规和部门规章。这实际上涉及全国人民代表大会和国务院之间如何划分部门组织权的问题。首先，全国人民代表大会享有独立的组织权，这是毋庸置疑的。但问题的关键是，国务院在哪些领域和事项上需要以国家立法为依据，而不得独立从事组织行为。对这一问题的回答，其实就是明确组织法定原则中"组织"的界限，或者说在法律保留原则中到底哪些组织事项需要法律依据。当然，回答这一问题需明确一个前提，那就是无论组织法定还是法律保留，虽然都适用于组织权领域，但二者仅仅是一种原则，而不能过于具体化，否则就陷入了制度泥潭，没有任何实质意义了。在这种情况下，唯有借助特定的标准针对具体情况进行区分。对此，德国学者沃尔夫教授认为，一种有效的方法是抓大放小，即对于宪法所确定的行政组织——例如，我国的国务院及其各部委——由全国人民代表大会及其常务委员会通过制定法律的形式规定；至于各部委以下的层次，则实行新组织保留，即成立或组建新的行政单位应当有法律的授权和依据，这是法律保留的底线。① 也就是说，宪法、法律没有规定的组织事项，国务院有权自行决定——制定组织条例。例如，《德意志联邦共和国基本法》第 86 条就将组织权笼统地授予联邦行政系统，除非"法律另有规定"；我国《国务院组织法》第 11 条亦将"直属机构"和"办事机构"的设立权授予国务院。

其三，体系层级。《国务院部门组织法》应当是一个"总—分"的体系。其中，"总"是指根据《宪法》和《国务院组织法》制定《国务院部门组织法》，主要涉及立法依据、立法目的、部门组织的设置原则、部门的分类及性质、部门的组织与职权、人员编制、工作制度、责任条款等内容；"分"是指根据"三定"原则的要求制定与之相对应的部门组织单行法。具体而言，我国国务院部门组织法体系应当包含四个层次：第一个层次，全国人民代表大会根据《宪法》《国务院组织法》制定《国务院部门组织法》，概括性规定各职能部门的职权、机构和人员等内容；第二个层次是全国人民代表大会根据《国

---

① ［德］汉斯·J. 沃尔夫、奥托·巴霍夫、罗尔夫·施托贝尔著：《行政法》，高家伟译，商务印书馆 2007 年版，第 111~113 页。

务院组织法》《国务院部门组织法》制定各部委组织法，分别规定国务院各部、各委员会的设置、职权、机构和编制等内容；第三个层次，国务院依据《宪法》《国务院组织法》《国务院部门组织法》的授权，制定直属机构、办事机构等其他部门的组织条例，具体细化各职能部门的职责、机构和人员；第四个层次，国务院各部门依据组织法和组织条例出台实施办法或规定，这一层次的办法或规定，可作为"三定"规定存在的直接依据，即国务院各部门为实施这一办法或规定而对内发布的解释性或实施性的文件。

(四) 核心内容

国务院部门组织体系法治化是一个系统工程，需要多层级立法协同治理。其中，《宪法》《国务院组织法》对国务院部门组织法治仅作原则性规定，修改难度不大；国务院各部门组织法的创制以部门权力清单、"三定"规定等制度为基础上，对本部门的机构性质、职责权限、隶属关系、基本工作制度、编制管理制度、法律责任等事项进行详细规定，创制难度不大。而《国务院部门组织法》的创制则须进行系统论证、全面统筹。

《国务院部门组织法》是对《国务院组织法》所无法囊括的具有共性的部门组织问题的统一规定，其核心是规范国务院部门的设置、职权、机构和编制等基本问题，直接构成部门组织法群或条例群的立法依据。因此，在整个国务院组织法体系中，《国务院组织法》居于基本法地位，《国务院部门组织法》相当于总则或者通则，国务院部门组织法群或条例群则具有分则的性质。在此，并不试图对《国务院部门组织法》的制定作出完整设计，而只是结合部门组织立法之需要，着重探讨几个问题。

其一，组织法定原则的确定。组织法定原则是行政组织法的基本原则，其首先意味着国务院的部门组织要依法设置，即每一个部门都应当有与之相对应的部门组织单行法。因此，《国务院部门组织法》在总则部分，除规定"国务院部门的机构、职权、编制管理应当适应国家政治、经济、社会发展的需要，遵循精简、统一、高效的原则"之外，还应当明确规定国务院部门要依法设置，国务院各部门的职权、机构和编制等具体组织事项由各部门组织法规定。

这是制定国务院部门组织法或条例的直接依据。

其二，国务院组成部门的确定。与 1954 年《国务院组织法》相比，1982 年《国务院组织法》不再明确列出国务院的组成部门。从实践角度而言，这一立法模式便于国务院根据机构改革结果随时调整其组成机构，避免法律修改程序上的麻烦。但在强调法治的时代，通过法律来规范部门的组成和变更本身所看重的就是法律的程序控制功能。① 因此，无论是《国务院组织法》还是《国务院部门组织法》都应当一一列出国务院的组成部门，从而减少国务院基本组成部门变动的随意性和频繁性。

其三，国务院机构设置问题。其具体包括：（1）机构设置的标准和依据。国务院机构设置的标准和依据直接决定了国务院机构的性质和地位，而国务院机构的性质和地位又直接涉及国务院部门组织法的制定主体，也就是国务院部门组织权的分配问题，即应该制定为法律还是法规，或者说哪些部门可以授权国务院制定法规。因此，《国务院部门组织法》应当明确按照什么样的标准来设置机构。（2）机构种类与隶属关系。在确定机构设置的标准和依据之后，《国务院部门组织法》应当明确国务院设置哪些机构，这些机构的性质、地位及相互间的关系等问题。（3）国务院机构的设立、撤销与合并。包括需要设立、撤销与合并国务院部门的条件，有权设立、撤销与合并国务院部门的主体，设立、撤销与合并国务院部门的程序等。（4）部门内设机构的设立和变更。包括需要设立、撤销与合并国务院部门内设机构的条件，有权设立、撤销与合并国务院部门内设机构的主体，设立、撤销与合并国务院部门内设机构的程序等。

其四，职权配置问题。国务院部门的职权配置主要是对《宪法》和《国务院组织法》规定的国务院所享有的 18 项职权的具体分配。这一问题具体包括：（1）权力来源：国务院部门的职权应由法律直接授予，尚未制定法律的，可由行政法规授予；（2）职权、责任的固定与公开：国务院部门及地方各级政府部门应对法律法规规定的职权进行梳理并公布权力清单，积极推进责任清

① 应松年：《完善行政组织法制探索》，载《中国法学》2013 年第 2 期。

单；（3）国务院部门职权、责任的调整：全国人民代表大会、全国人民代表大会常务委员会、国务院对国务院部门职权、责任调整的权限及程序等；（4）国务院部门内设机构职权的调整：国务院、国务院部门对本部门内设机构职权调整的权限、程序等。

其五，人员编制问题。无论是 1949 年《中央人民政府组织法》，还是 1954 年《国务院组织法》，或是 1982 年《国务院组织法》，都未涉及完整的人员编制问题，只涉及部分领导职数，这是导致人员膨胀的一个关键因素。为此，《国务院部门组织法》不仅应当确定国务院部门的工作人员总额，还应当明确规定这一总额的分配、管理、变更等事项。具体而言，包括：（1）人数总额和分配标准。《国务院部门组织法》应当确定一个国务院工作人员人数总额和分配标准，然后由部门组织法进行具体分配。（2）编制管理的基本原则。国务院各部门的编制依据职能配置和职位分类，按照精简的原则确定。国务院部门编制总量应保持稳定，但为适应社会主义市场经济体制的要求，根据国民经济和社会发展的需要，可适时调整国务院部门编制，但必须严格遵守相关程序。（3）国务院各部门编制的配比。包括国务院部门及部门各级内设机构的领导职数，机构人员定额和人员结构比例。（4）编制的调整。增加编制的申请、审核、批准、备案程序，核减编制的决定主体、核减程序等；变更编制配比的申请、审核、批准、备案程序等。

其六，法律责任条款。法律之所以具有很强规范力和约束力，就在于违法要担责。所以，责任是保障法律有效实施的一个利器。我国现行部门副职普遍超编，一个很重要的原因是现行规定中只有授权而无责任。为此，为保障部门组织法中法律责任得以统一，《国务院部门组织法》应当明确违法组织、违法设置机构、违法履行职责和超编等问题的法律责任。

三、制定国务院部门组织单行法

部门组织单行法的制定所涉及的一个重要问题就是这些部门组织法群究竟应当制定为法律还是条例。有学者认为，"考虑到行政机构在实践中的地位和对行政机构的约束作用，以制定法律为好"。① 但从我国现行组织立法的规定以及国务院部门组织概况而言，让人民代表大会收归所有部门的组织立法权，并不合时宜，也不切实际。毕竟，一直以来国务院都将部门组织权视为其内部事务，而且《宪法》《国务院组织法》也在一定程度上肯定了国务院的部门组织权。所以，由谁来制定部门组织法单行法，应当结合国务院部门的地位和性质作出区分。结合上文所言，这一区分可分为两个层面：

其一，对于国务院组成部门的组织问题，例如各部、各委员会，应当由全国人民代表大会及其常务委员会制定《×××组织法》。因为，在国务院众多行政机构中，国务院组成部门的地位最为重要。《国务院组织法》第 8 条规定："国务院各部、各委员会的设立、撤销或者合并，经总理提出，由全国人民代表大会决定；在全国人民代表大会闭会期间，由全国人民代表大会常务委员会决定。"可见，国务院各部、各委员会的设置权属于全国人民代表大会及其常务委员会，而非国务院自身所能决定。

其二，对于组成部门以外的其他国务院部门的组织问题，例如直属机构、办事机构等，宜授权国务院制定《×××组织条例》。事实上，我国现行《国务院组织法》就将直属机构、办事机构的组织权授权给国务院。而且，从《国务院行政机构设置和编制管理条例》所规定的国务院机构的性质和地位而言，直属机构、办事机构等国务院组成部门以外的其他行政机构所行使的职权更多地来源于国务院的某方面授权，并非国务院基本行政管理职能，也并非不可替代。所以，对于这些行政机构的组织问题，完全可以授权国务院根据《国务院组织法》和《国务院部门组织法》制定行政法规。就此而言，国务院部门组织单行法应当包括部门组织法群和部门组织法条例群两个部分。这两个部分虽然立法主体不同，但基于权力清单制度和部门"三定"规定的铺垫，其内容和结构具有内在的一致性，即除一般立法所包含的制定依据、制定目的、附则之外，还应当包括部门性质、部门纵向组织关系、部门职责、内设机构、人员编制、责任条款、其他事项等关键内容。其中：（1）部门性质。即对该

---

① 应松年：《完善行政组织法制探索》，载《中国法学》2013 年第 2 期。

部门与国务院之间关系，以及该部门基本职责的一个总体定位。例如，中华人民共和国成立初期制定的《国务院专家局组织简则》（1956年）第1条规定："国务院专家局在国务院直接领导下，负责督促、检查各部门对于专家和其他高级知识分子的政策、法令的贯彻执行；负责解决需要统一处理的有关专家和其他高级知识分子的问题，以便充分发挥他们的力量，适应国家建设极速发展的需要。"现行部门组织法的制定，可参照这一简则对该部门进行一个总体定位，以弥补职责条款无法穷尽列举之不足，同时也为全国人民代表大会和国务院在特殊情形下或者具体应用中作出解释奠定基础。（2）部门纵向组织关系。这主要是该部门与相对应的地方政府部门之间的关系。对于这一问题，我国现行立法极少涉及，只有《地方政府组织法》以及相关的单行法有所规定，但并不明确。《地方政府组织法》第64条规定，地方各级人民政府根据工作需要和精干的原则，设立必要的工作部门；省级人民政府的厅、局、委员会等工作部门的设立、增加、减少或者合并，由本级人民政府报国务院批准，并报本级人民代表大会常务委员会备案；第66条规定，省级人民政府的各工作部门受人民政府统一领导，并且依照法律或者行政法规的规定受国务院主管部门的业务指导或者领导。从这些规定来看，国务院部门与地方政府部门之间只是一种业务指导或者领导关系，具体如何指导或者如何领导则需参照相关法律或者行政法规的规定，《地方政府组织法》并未明确。但即便是相关法律或者行政法规，也未必对这一问题有所明确。例如，《公安机关组织管理条例》虽然规定了公安部和地方公安机关的组织领导问题，但对于公安部与公安厅、公安局等之间的关系则没有规定。而且关于国务院部门和地方政府在地方政府部门的领导或者指导中如何分工的问题，现行立法都未有规定。显然，部门纵向组织关系在我国几乎处于空白。但这一问题却是中国纵向政权组织法治体系甚至整个中国组织法治所不可避免且必须予以规范的，其直接涉及我国中央与地方关系问题。基于此，部门组织单行法应当对此有所规定。（3）部门职责。即该部门执行的任务。在部门"三定"规定的基础上，对部门职责进行细化并非难事，真正的难题在于如何在部门组织法中解决现行部门职权交叉的问题，这不仅需要认真考究"三定"规定有关职责的规定，更需要与现行单行法中的有关该部门的规定进行一次全面的对接梳理，务求一项职权只有一个部门行使。（4）内设机构。即该部门设置哪些内设机构、这些机构分别掌管哪些职权，以及内设机构变更、撤销的条件、程序等。（5）人员编制。即该部门的行政编制总数，领导职务设置和数量，行政编制增加、减少的条件及程序等。（6）责任条款。即该部门涉及违法行使职权、设置机构、变动编制等问题时应当承担的责任，以及谁来承担，如何承担等问题。（7）其他事项。主要是本部门负责的其他工作、与关联部门的职责分工等内容。

第四节　地方政府组织法的重构

在整个国家法治体系中，地方政府组织法治体系居于核心地位。但由于立法上的供应不足或迟缓，使得这一核心区域的法治化进程严重滞后。随着"互联网+"时代的到来，大数据、云计算等信息技术使得基本国情数字化成为现实。这一现实为大国治理创造了两个契机：一则大国纵向治理结构呈现扁平化格局，中央政府摆脱对层级官僚体系之依赖成为可能，中央政府可与基层政权达成无缝隙衔接，其决策和意图可以直达纵向治理结构的任何层级，直至底层社会；二则单一制国家纵向治理的基本矛盾是国家的统一性与地域的非均衡性之间的矛盾。在互联网时代，基于基本国情数字化，区域发展的资源存量、优劣之势及非均衡程度等，均可以得到精准算计，从而为差序化的制度供给提供依据。因此，在"互联网+"时代，适时改革和完善中国地方政府组织法治体系甚为必要，亦为可能。

在其现实意义上，我国现有多种类型的地方体制，即特别行政区体制、民族区域自治体制、直辖市体制和省政体制。其中，特别行政区体制有"特区基本法"规定之；民族区域自治体制除了有"民族区域自治法"规定之外，在"地方政府组织法"中也有所规定；直辖市与省政体制均规定在"地方政府组织法"之中。故此，中国政府组织法的完善应当涉及上述地方制度及其法律依据之完善。概而言之，就是要在废止《地方政府组织法》的前提下，适时出台《直辖市法》《省政组织法》《县政自治章程》，并考虑抓紧修改《民族区域自治法》，将《地方政府组织法》中有关民族区域自治政府的职权等事项并入其中，在落实民族区域自治地方的自治权的基础上，为建设具有民族特色的"自治性"法治区域提供法律保障。

一、制定《直辖市法》，构建示范性国家法治区域

作为直接由中央政府所管辖的建制城市，直辖市在一国政治、经济和文化等方面具有重要地位。在我国，这一地方制度肇始于1930年中华民国的《市组织法》，时称院辖市。自此以后，直辖市制度一直是我国地方治理中的一项重要制度，只是在不同历史时期设立的直辖市有所不同而已。① 时至今日，我国尽管延续了直辖市制度，但仅有北京、上海、天津、重庆四个直辖市建制。这一事实表明，直辖市制度在国家治理体系中的价值尚未得到国家的足够重视，其应有功能和作用也未得到充分发挥。在国家治理现代化建设的新形势下，有必要重新审视直辖市体制在整个国家治理体系中的地位和作用，并将直辖市规模增加到15个左右，诸如武汉、广州、南京、西安等相对发达的中心区域，均可以考虑改制为直辖市。② 为此，制定《直辖市法》或当适时提到全国人民代表大会的立法议程之中。

（一）制定《直辖市法》之必要性

迄今为止，直辖市体制在法律依据上基本处于"虚无"状态，在地位和

---

① 中华民国时期最多时共设有12个直辖市，分别是南京、重庆、上海、天津、广州、汉口、青岛、大连、沈阳、哈尔滨、西安、北平。中华人民共和国成立初期曾设14个直辖市：北京、上海、天津、重庆、沈阳、广州、旅大、鞍山、西安、抚顺、本溪、武汉、长春、哈尔滨。

② 增选直辖市时应以均衡分布为标准，其既包括历史地理层面的均衡分布，也包括经济区划层面的均衡分布。参见董里：《基于城市竞争力评价的直辖市增选方案研究》，载《天府新论》2009年第6期。

权限上处于"双重模糊"状态，在功能发挥上则处于"不自觉"状态。[①] 有鉴于此，通过制定《直辖市法》将中央与直辖市、直辖市与其他地方政府之间的权限范围、治理结构等明确规定下来，当适时提上国家立法议程。

其一，特别行政区制度运行的有益经验有必要通过立法的方式予以总结和提升，并适用于直辖市。香港和澳门回归后，在港澳"基本法"的调整下，特别行政区制度不仅在港澳治理方面发挥了重要作用，而且为大国治理提供典范。其表征有二：（1）特别行政区制度维护了国家统一，促进了香港和澳门的稳定和发展。中央考虑到了特别行政区的历史和现实特殊性，赋予其高度的自治权，让其能在原有社会制度的基础上保持良好的发展势头。但同时明确，特别行政区的高度自治权来源于中央授予，而非固有，其在法理上属于中国不可分割的一部分。[②]（2）特别行政区制度实现了中央与港澳特区政府权力关系划分上的法治化与规范化。[③] 据此，既保证了中央的统治权威，也激活了港澳地方治理活力。鉴于直辖市在经济社会和文化诸方面的发展水平整体上已接近港澳特区，局部甚至超越港澳特区，将"基本法"所确立的国家纵向治理理念和模式，通过制定《直辖市法》的方式，有选择性地适用于国家对于直辖市的治理，既是必要的，也是可行的。

其二，直辖市制度在国家治理体系中的地位和作用须在立法上予以明确和规范。在理论上，直辖市体制在我国具有三种面向：一种为有别于省、自治区和特别行政区的重要的地方制度；一种为有效的区域治理模式；一种为可控的纵向分权机制。[④] 在现实中，我国现有的四个直辖市人口总量达9100多万人。它们或者是全国的政治、经济、文化中心，或者是某一区域的中心，在涉及改

---

① 参见江国华、李鹰：《直辖市体制及其立法规制——兼论制定直辖市法的必要性》，载《政治与法律》2009年第2期。

② 参见周叶中：《论特别行政区制度的地位与作用》，载《政治与法律》2014年第1期。

③ 参见王广辉：《特别行政区制度对国内关系的影响》，载《清华法律评论》2012年第1期。

④ 参见江国华、李鹰：《直辖市体制及其立法规制——兼论制定直辖市法的必要性》，载《政治与法律》2009年第2期。

革、发展、稳定的国家治理大局中起着重要的作用。但在法律上，直辖市体制及其地位和权限仍处于"模糊"状态。在国家治理现代化变革的大局中，为充分挖掘直辖市体制在国家治理中的应有功能和作用，可以考虑通过制定《直辖市法》的方式，对中央与直辖市的权限划分、直辖市的法律地位和治理结构等作出明确规定。

其三，全国一盘棋的法治模式所固有的"木桶困境"有必要通过立法的方式予以破解。中华人民共和国成立以来，直辖市的组织和权限都由《地方政府组织法》予以规定，并混同于省和民族区域自治地方，未作区别规定。其可能原因有二：（1）直辖市数量太少，没有区别规定的必要。（2）没有意识到直辖市与省、自治区的区别。正是这种立法上的"无差别对待"，使得区域之间发展的非均衡性为中国法律所忽视，并使全国的法治水平陷入"木桶困境"，只能低位运行。因为直辖市与省、自治区在发展上的非均衡性是一个客观事实，但受制于立法上的"无差别对待"，为了确保法律在地域上的普适性，立法上就必须"就低不就高"地作出某种"削足适履"式的妥协，其结果便是法律供给上的"平均主义"。而立基于"全国平均发展水平"的法律供给，显然无法满足已进入发达阶段的直辖市发展的需要。故此，制定专门《直辖市法》，不仅是直辖市治理体系现代化的内在要求，也是突破中国法治"木桶困境"，走向"差序化"即"立体化"法治发展路径的重要举措。

（二）《直辖市法》之主要内容

在形式上，《直辖市法》可借鉴现行《地方政府组织法》的主体构架，分总则、直辖市权力机关、直辖市人民政府、直辖市的区和市民权利等五章。在内容上，应增加直辖市的设置和定位、中央与直辖市的关系等条款，并对直辖市政权组织的产生与构造予以创新。

其一，"总则"部分应当专设直辖市的设置及其法律地位、中央与直辖市权限分配原则等条款。《直辖市法》应明确规定直辖市的法律地位，以及直辖市设置的原则、条件和程序等。就直辖市的设置而言，根据我国《宪法》第62条之规定，直辖市设置的批准权属于全国人民代表大会。具体程序可考虑由拟设直辖市的人民代表大会常务委员会向国务院提出论证和申请，由国务院审查后，提请全国人民代表大会审议表决。设立标准应以经济、社会、文化和法治发展总体水平为核心指标，兼顾人口、面积、区位和历史等因素。[1] 就直辖市的地位而言，根据《宪法》第 30 条之规定，直辖市为中华人民共和国的一级地方行政区划，直辖于中央人民政府。《直辖市法》应明确规定中央与直辖市的权限划分的法治原则和基本标准；可参仿"基本法"的立法技术，明确规定中央政府与直辖市之间的权限范围，以及市民权利等内容。

其二，直辖市的权力机关。根据现行《地方政府组织法》的规定，直辖市的权力机关包括市人民代表大会及其常务委员会。但 30 多年的实践表明，这套体制存在诸多急需解决的问题，譬如，直辖市人民代表大会的代表由间接选举产生，无法满足直辖市人民日益强烈的民主诉求。又如，直辖市人民代表大会人数众多，履职严重抽象化。以上海为例，其第十五届人民代表大会代表的人数高达 855 名，济济一堂开会，殊难切实履行职权。再如，人民代表大会代表多属兼职，其履职能力、履职意愿和履职时间等均缺乏保障。[2] 故此，《直辖市法》应作出有针对性的改革：一是取消直辖市"人民代表大会常务委员会"的设置，仅设直辖市人民代表大会；二是改革直辖市人民代表大会代表的产生方式，由市民直接选举产生，实行区域代表制与职业代表制相结合的原则；三是完善直辖市人民代表大会代表的履职保障，全部实现专职化，其人数控制在 100 名左右，规模略高于直辖市现行的人民代表大会常务委员会的人数；四是改善直辖市人民代表大会代表的任职期限，每届任期为 5 年，连选得连任，但连续任职不得超过两届，每年改选 1/3；五是优化直辖市人民代表大会的职权，可参考现行《地方政府组织法》第 7、8 条之规定，做进一步细化，实行清单化。

其三，直辖市的人民政府。直辖市人民政府是直辖市人民代表大会的执行机关，是直辖市的国家政府组织。直辖市人民政府对本级人民代表大会和国务

---

[1] 陈占彪著：《政府组织与空间结构的耦合：中国行政区经济的区域政治经济学分析》，东南大学出版社 2009 年版，第 159 页。

[2] 参见邹平学：《人大代表专职化问题研究》，载陈明明、何俊志主编：《中国民主的制度结构》，上海人民出版社 2008 年版，第 52~60 页。

院负责并报告工作。直辖市人民政府由市长、副市长、秘书长和厅长等组成，并实行市长负责制。根据现行《宪法》和《地方政府组织法》的规定，直辖市的市长和副市长由其人民代表大会代表大会选举产生，其弊端有二：一是市长人选的产生方式属于间接民主形式，民主程度不够，既不利于辖区治理，也难以满足发达城市的政治民主化的需求；二是市长人选的产生程序没有"中央政府"的参与，既不符合单一制国家的内在要求，也使得中央政府对直辖市的领导缺乏制度上的抓手。故此，《直辖市法》应在直辖市政府产生方式和程序上进行有针对性的创新，具体可从七个方面着手：一是引入协商程序，市长候选人由同级党委酝酿后，会同本级政治协商会议协商产生；二是引入预选程序，由直辖市人民代表大会从市长候选人中预选产生两名正式候选人；三是引入复决程序，经直辖市人民代表大会预选产生的两位市长候选人，交全体市民进行复决，依得票确定正式市长人选；四是引入任命程序，经市民复决后，由本级人民代表大会将市长正式人选报中央人民政府任命；五是引入宣誓程序，中央政府应在人民大会堂举行宣誓仪式，候任市长应公开宣誓效忠宪法、中央政府和直辖市市民；六是引入备案制，直辖市实行市长负责制，直辖市的副市长、秘书长、政府部门负责人及审计长等人选由市长提名，由直辖市人民代表大会决定产生，并报中央政府备案；七是引入权力清单制，直辖市人民政府的职权，应在现行《地方政府组织法》第59条、第60条的基础上，做进一步细化，实行清单制。

其四，直辖市的区。《直辖市法》应保留区作为直辖市之下级行政区划的体制，同时还应进一步明确区的法律地位、区与直辖市的权力分配、区的权力机关以及人民政府等事项。区是隶属于直辖市的一级地方政权；区的权力机关是区人民代表大会；区人民代表大会代表由本区公民直接选举产生，实行专职化，并取消"人民代表大会常务委员会"的建制；区人民代表大会的权力范围应明确列举；区人民代表大会代表每届任期为5年，连选得连任，但连续任职不得超过两届，每年改选1/3；区人民政府是区人民代表大会的执行机关，其权力范围应明确列举；市辖区人民政府实行区长负责制，区长候选人由区党委酝酿后，交区政治协商会议协商产生，由本区人民代表大会预选，交付本区选民复决后，由同级人民代表大会报直辖市政府任命；区政府为顺利履行职权，设置若干街道办事处作为其派出机关。

其五，市民权利和义务。《直辖市法》可参仿"基本法"的立法例，设专章规定市民的权利和义务，对《宪法》第二章所规定基本权利和义务作细化规定：市民对于地方公职人员有依法选举、罢免的权利；对于地方公共设施有使用的权利；对于地方教育文化、社会福利、医疗卫生事项，有依法律及自治法规享受的权利；对于地方政府信息，有依法请求公开的权利；其他依法律及自治法规赋予的权利；同时，市民应履行遵守自治法规、缴纳税费以及其他依法律及自治法规所应负担之义务。

（三）预期目标：构设以直辖市为中心的国家治理示范区

在性质上，《直辖市法》属于宪法性法律之范畴，其制定权归属于全国人民代表大会。基于优先发展的原则，《直辖市法》有望成为构设以直辖市为中心的国家治理示范区的"基本法"。

其一，实现中央与直辖市关系的法治化。在中国，中央与直辖市之间的关系是整个国家纵向治理体系中最为重要的板块之一。但迄今为止，这种关系并没有组织法上的明确规定。《直辖市法》通过规定中央政府和直辖市政府各自的权力清单、责任清单和负面清单等方式，完成中央与直辖市之间权限分配的法治化构建。据此，有望达成两项基本目标：一是为强化中央对直辖市的治理提供法治抓手；二是为疏通直辖市治理瓶颈、充分发挥其在整个国家治理中的应有作用，提供法制保障。

其二，建设国家法治样板区。法治中国建设既要有全盘规划，也要有重点突破。鉴于中国现实国情及其区域发展的非均衡性，指望全国各地同步迈入现代法治，是不太现实的。务实的做法应当是：选择重点突破，让一部分区域率先实现法治现代化，然后再带动其他地区的法制建设，并最终实现整个国家法治化。作为中国最发达的区域，直辖市具备建设国家法治示范区的条件和基础。[1]

---

[1]　参见姜彦君、姜学成：《地方先行法治化的内涵探索》，载《学习与探索》2010 年第 1 期；孙笑侠、钟瑞庆：《"先发"地区的先行法治化——以浙江省法治发展实践为例》，载《学习与探索》2010 年第 1 期。

其三，建设地方民主先行区。民主与法治是中国社会主义现代化建设的两翼，唯两翼丰满，国家方能腾飞。但鉴于中国现实国情及国际形势，国家在民主建设方面历来持谨慎态度——国家从未忽视民主建设在现代化建设中的意义，但对于如何规避民主建设过程中所可能带来的风险，似乎尚未找到可靠的路径。在"国家治理体系和治理能力现代化建设"的大格局中，民主建设不可或缺。为此，有必要转变"民主建设全国一盘棋"的思路，可以尝试运用化整为零的方式，在经济、文化和社会等方面先进发达的直辖市率先推行民主建设①——以《直辖市法》为基础，将直辖市建成地方民主先行区。这种"化整为零""以法治促民主"的思路，既可解决民主风险可控问题，也可产生"头羊效应"。

二、制定《省政组织法》，构设多元化省政法治区域

在中心城市直辖和县域自治（下文将论及）之后，省政治理结构将变成"省管市（地区级）"两级模式，其治理疆域将大为缩小。以湖北为例，在"大武汉"（以武汉为中心的"8+1"城市圈构成大武汉的主体框架）直辖和县域自治之后，其管辖范围将限于十堰、荆州、宜昌、襄阳、荆门、恩施、随州7个地级市。尽管省域治理疆域大幅缩减，但省域内各地区的发展差距仍比较悬殊，所以，国家对省域的治理模式应当有别于直辖市。为此，有必要制定专门的《省政组织法》，赋予省政更多的因地制宜发展之权力，以期构设多元化的省政治理体系。

（一）制定《省政组织法》之必要性

"省"历属我国最为重要的行政区划之一。相对于直辖市而言，省属于欠发达地区，而且省域之内各地区之间在资源占有、人口规模、经济社会文化发展水平等方面存在较大差距，省与省之间的发展也不平衡，各有优势，各有劣势。在国家治理体系和治理能力现代化建设的大格局中，坚持"实事求是，因

---

① 参见江国华：《当代中国权力秩序的反思与重构》，载《河北法学》2005年第10期。

地制宜"的发展模式，当属省政治理现代化建设的核心问题。鉴于中国有着30 年特区建设的成功经验，可以考虑制定专门的《省政组织法》，在充分汲取特区治理先进理念的同时，将特区行之有效的治理机制嫁接到省政治理体系之中。

其一，特区治理经验有必要通过立法形式予以总结，并将其有选择地适用于省政治理。我国自 1980 年设立深圳经济特区以来，几个经济特区在经济发展、社会治理、法治建设等方面取得的成就有目共睹。① 正是因为经济特区建设效果显著，我国在 2010 年又成立了喀什和霍尔果斯两个经济特区。经济特区之所以能取得良好的发展势头，归根结底就在于中央授予了其因地制宜、先行先试的权力，这一权力的集中表现就是经济特区的立法权。② 我国《立法法》于 2015 年 3 月 15 日修改之前，其第 63 条在将经济特区作为 "较大的市" 赋予其一般立法权的基础上，又在第 65 条赋予了其授权立法权。③ 这样的设

---

① 参见钟坚：《深圳经济特区改革开放的历史进程与经验启示》，载《深圳大学学报（人文社会科学版）》2008 年第 4 期。

② 参见江社安等：《在法治轨道上推进特区改革》，载《特区实践与理论》2014 年第 5 期。

③ 2000 年《立法法》第 63 条规定："较大的市的人民代表大会及其常务委员会根据本市的具体情况和实际需要，在不同宪法、法律、行政法规和本省、自治区的地方性法规相抵触的前提下，可以制定地方性法规，报省、自治区的人民代表大会常务委员会批准后施行……本法所称较大的市是指省、自治区的人民政府所在地的市，经济特区所在地的市和经国务院批准的较大的市。"第 65 条规定："经济特区所在地的省、市的人民代表大会及其常务委员会根据全国人民代表大会的授权决定，制定法规，在经济特区范围内实施。"2015 年 3 月 15 日《立法法》修改之后，该法有关经济特区立法权的规定主要集中在第 72条、第 74 条以及第 90 条。其中第 72 条第 2、3 款规定："设区的市的人民代表大会及其常务委员会根据本市的具体情况和实际需要，在不同宪法、法律、行政法规和本省、自治区的地方性法规相抵触的前提下，可以对城乡建设与管理、环境保护、历史文化保护等方面的事项制定地方性法规，法律对设区的市制定地方性法规的事项另有规定的，从其规定……除省、自治区的人民政府所在地的市，经济特区所在地的市和国务院已经批准的较大的市以外，其他设区的市开始制定地方性法规的具体步骤和时间，由省、自治区的人民代表大会常务委员会综合考虑本省、自治区所辖的设区的市的人口数量、地域面积、经济社会发展情况以及立法需求、立法能力等因素确定，并报全国人民代表大会常务委员会和国务院备案。"第 74 条规定："经济特区所在地的省、市的人民代表大会及其常务委员会根据全国人民代表大会的授权决定，制定法规，在经济特区范围内实施。"第 90 条第 2 款规定："经济特区法规根据授权对法律、行政法规、地方性法规作变通规定的，在本经济特区适用经济特区法规的规定。"

计为经济特区的发展提供了稳定和宽松的制度环境，有力地促进了经济特区因地制宜的发展。当前省域也存在着与经济特区相类似的情况，比如说有快速发展经济的需求，但原有的法制框架限制了发展的内在驱动力，需要中央赋予其较大的自主发展之权力等。因此，有必要将经济特区的发展和治理经验进行总结和提升，并通过立法的形式适用于省域治理。

其二，在改革开放过程中所形成的省管市治理结构，有必要通过立法的形式予以确认和规范。1983 年，中共中央、国务院联合印发了《关于地市州党政机关机构改革若干问题的通知》，决定推广市管县行政体制，实行地市合并或地改市。自此，市管县体制得到了迅速发展，截至 2014 年年底，中国地级区划共计 333 个，其中 288 个为地级市。在数量不断增加的同时，地级市的权力也不断得到实化，地级市已成为名副其实的一级政府。① 在绝大部分省域，行政区划的框架由中华人民共和国成立后长期推行的"省—县—乡"格局，转变为"省—地级市—县—乡"格局。省管市的治理结构也由此得以确立。尽管《宪法》第五节"地方各级人民代表大会和地方各级人民政府"以及《地方政府组织法》在涉及人民代表大会代表和人民代表大会常务委员会产生方面②，有"设区的市"之规定，但由于《宪法》第 30 条并没有规定省辖市即"设区的市"为一级行政区划，而且对于省政府与设区的市政府以及设区的市政府与县政府之间的纵向权力关系并未明确规定，因此，"省—市—县"的地方治理结构的合法性并不充分。若能适时出台《省政组织法》，则可以弥补"省—市—县"治理体制的合法性不足。

其三，省域发展的非均衡性和省政治理的特殊性需要有针对性的法制供

---

① 任丰金等：《我国地方政府管理层级历史沿革及启示》，载《行政科学论坛》2014年第 6 期。

② 《宪法》第 97 条规定："省、直辖市、设区的市的人民代表大会代表由下一级的人民代表大会选举；县、不设区的市、市辖区、乡、民族乡、镇的人民代表大会代表由选民直接选举。"《地方政府组织法》第 41 条规定："省、自治区、直辖市、自治州、设区的市的人民代表大会常务委员会由本级人民代表大会在代表中选举主任、副主任若干人、秘书长、委员若干人组成。"

给。我国不同省份之间存在着巨大的差异，追根溯源，其原因不外乎两个：一是从社会发展水平上来看，不同省份之间由于所处区位之差异，占据的自然资源和政策资源都有很大区别。长此以往，各省之间非均衡发展便成为一种常态。二是从文化特质上来看，我国很多省份的设置都有悠久的历史，在漫长的历史长河中基于共同的民俗、文化和经济生活，省域内形成了较高的身份认同。这种身份认同既是造就此省区别于彼省之文化特质的人文因素，也是促成地方保护主义的主要原因。① 基于此，各省非同质性治理便成其为一种内在需要。② 有鉴于此，治理体制改革应当对各省之地方性有足够清醒的认识。③ 如果地方治理规则和结构罔顾各省客观存在的地方性差异，盲目强调"法一统"，势必走向地方治理的形而上学。故此，构建以《省政组织法》为核心的省政治理体制，为省域发展提供有针对性的法制供给，当成为中国地方治理现代化的基础性环节。

（二）《省政组织法》之主要内容

借鉴英国《地方政府法》④、法国《市镇、省和大区的权利和自由法》和

---

① 参见金太军、汪旻艳：《现行省级行政区划改革的系统思考》，载《南京师大学报（社会科学版）》2006年第1期。

② 比如，"法治浙江"建设所极力推动的"市场服务型法治"，"法治湖北"建设中凸显出来的"文化资源型法治"，都是从已有实际出发总结提炼具有地方特色和优势的制度资源的结果。参见周尚君：《地方法治试验的动力机制与制度前景》，载《中国法学》2014年第2期。

③ 如果说，"一国法律应当与其所在之社会保持自洽性，这是判断一国法治是否适宜的一个核心指标"（参见江国华：《法治的场境、处境和意境》，载《法学研究》2012年第6期），那么，地方治理规则或者治理结构与其所在地域之地方性保持某种程度的自洽性，则是决定地方治理有效性的核心要素。

④ 2003年修订的英国《地方政府法》（Local Government Act）体现中央政府对地方政府进一步放松规制的意图，在减少中央对地方政府的计划、许可和绩效指标的同时，也简化了监督程序，以帮助地方政府提供更好的服务。参见任进、石世峰：《英国地方自治制度的新发展》，载《新视野》2006年第1期。

《共和国地方行政法》① 以及日本《地方自治法》② 等世界单一制大国地方自治法律规范之基本精神，结合我国现行《地方政府组织法》的规定，《省政组织法》的总体架构可分为总则、省权力机关、省人民政府、省辖区和居民自治五章。具体而言，包括以下内容：

其一，"总则"部分应当设有省的性质和地位、省的设置及权限、省的建制以及中央政府与省的关系等条款。包括：应明确省是我国地方最高一级行政区划，与民族区域自治区、直辖市、特别行政区一同构成我国的地方制度；应规定只有最高国家权力机关才享有是否设立省的最终决定权；省的设置要经过申请、审议及决定等法定程序，并符合法定的条件；省实行三级管理体制，省下设地级市，地级市下设区；就中央与省的关系而言，省作为地方一级行政区划应服从中央的领导，对中央负责，执行中央的命令；省的行政首长经选举产生后，需经中央任命才能正式当选；省享有变通立法权，对于除民事、刑事、诉讼等主要法律以外的其他国家法律、法规，省可以结合本地实际情况变通实施，但省的变通立法决定应报全国人民代表大会常务委员会批准后方能生效；为排除来自上级政权之干扰，应将专属于省、市、市辖区权限之内的事项列明，这些事项大致可包括属于该区域的教育文化、卫生环保、农、林、渔、牧、矿、水利、交通、工商管理、社会福利等事业；应将税费、罚款、赔偿、补助、捐赠、公债收入等专属于省、市、市辖区的财政收入分别列明。

其二，省权力机关。作为有别于直辖市的省政治理，其权力机关的组织体系可以维持现有的人民代表大会和常务委员会双重构造模式。但其规模和结构

---

① 法国《市镇、省和大区的权利和自由法》（*On the Rights and Freedoms of Municipalities, Departments and Regions*）由国民议会于 1982 年 3 月正式予以颁布，中央据此逐步开始分批分期地下放权力。1983 年继而颁布《市镇、省、大区及国家权限划分法》（*On Distribution of Powers between the Municipalities, Departments, Regions and the State*），而 1992 年通过的《共和国地方行政法》（*Concerning the Administration of the Republic*）则进一步厘清了中央与地方的权力划分。

② 《日本国宪法》第八章"地方自治"第 92~95 条即确认了日本地方自治基本原则的合法性。《地方自治法》（*Chiho Jichi Ho*）中明晰了地方公共机构的形式、组织框架及行政准则，以及地方与中央政府之间的关系。

等有必要进行创新性变革。具体而言，《省政组织法》应当规定：省人民代表大会实行地域代表制和职业代表制相结合的原则，其中，地域代表以省辖市为单位，由市人民代表大会间接选举产生，每个市不超过 10 名，总计 100 人以内；职业代表由省内各界的选民直接选举产生，总计不超过 30 人；省人民代表大会常务委员会实行专职化，其规模控制在 30 人左右；人民代表大会代表每届任期为 5 年，连选得连任，但连续任职不得超过两届，每年改选 1/3；赋予省人民代表大会制定《省政治理章程》和变通立法权。省人民代表大会其他职权及其常务委员会职权可在现行《地方政府组织法》第 8 条和第 44 条的基础上，进一步细化。

其三，省人民政府。省人民政府是省人民代表大会的执行机关，是省的国家政府组织。省人民政府对本级人民代表大会和国务院负责并报告工作。省人民政府由省长、副省长、秘书长和厅长等组成，并实行省长负责制。根据现行《宪法》和《地方政府组织法》的规定，省长、副省长均由省人民代表大会选举产生。《省政组织法》可以在维持省长由省人民代表大会产生这一规定的前提下，作如下改革：（1）引入协商程序，省长候选人由中共省委酝酿，并与各民主党派协商后产生；（2）引入竞争程序，由省人民代表大会对协商产生不少于 2 人的省长候选人进行差额选举，得票最多的候选人为正式省长人选；（3）引入任命程序，经省人民代表大会选举产生的省长人选应交由中央人民政府任命；（4）引入宣誓程序，中央政府应在人民大会堂公开举行省长任命仪式，候任省长应公开宣誓效忠宪法、中央政府和所在省人民；（5）引入备案制，省人民政府实行省长负责制，省政府的副省长、秘书长、政府部门负责人及审计长等人选由省长提名，由省人民代表大会决定产生，并报中央政府备案；（6）细化职权，省人民政府的职权，可以在现行《地方政府组织法》第 59 条的基础上，做进一步细化，实行清单制。

其四，省辖区。省政实行三级治理结构，省下设若干地级市，市下设区。《省政组织法》应对市及市辖区如下事项作出规定：（1）市及市辖区的法律地位。市和市辖区是依据宪法和法律设置的一级地方政权。（2）市及市辖区的权力机关。市及市辖区的权力机关分别是市人民代表大会和区人民代表大会；

市、区人民代表大会代表实行地域代表制和职业代表制相结合的原则，均由选民直接选举产生；市人民代表大会规模控制在 50 人左右、区人民代表大会规模控制在 30 人左右；市、区两级人民代表大会代表都实行专职化，并取消"常务委员会"建制；人民代表大会代表每届任期为 5 年，连选得连任，但连续任职不得超过两届，每年改选 1/3。（3）市及市辖区的人民政府。市及市辖区的人民政府分别实行市、区长负责制；市、区长候选人由同级党委酝酿，并与同级政协会议协商产生后，交同级人民代表大会分别预选产生两位正式人选；由人民代表大会预选产生的市、区长人选经所在市、区选民复决后，由本级人民代表大会报省人民政府任命。

其五，省民权利和义务。《省政组织法》应明确规定省民权利和义务：（1）省民应享有如下之权利：对于地方公职人员有依法选举、罢免之权；对于地方公共设施有使用之权；对于地方教育文化、社会福利、医疗卫生事项，有依法享受之权；对于地方政府信息有依法请求公开之权；其他法律及自治法规赋予之权利。（2）省民应履行如下之义务：遵守法律法规之义务；缴纳税费之义务；其他法律法规所课之义务。

（三）预期目标：构设多元立体化的省政治理体系

在性质上，《省政组织法》属于宪法性法律之范畴，其制定权归属于全国人民代表大会。本着"实事求是，因地制宜"的原则，《省政组织法》有望为建构多元化、立体化的省政治理体系奠定基础。

其一，明确省管市体制，规范省政治理结构。在我国，地级市的地位一直处于"合法性不充分的状态"。近年来，"撤销地级市，实行省管县"的呼声似乎从未间断过。但作为城市化进程的产物，地级市的存在已经有 30 余年的历史。究其利弊，应该是利多弊少。一撤了之，既不现实，也不经济。通过《省政组织法》确立省管市体制，不惟在于为地级市正名，更在于创新和规范省政治理结构。其要义有三：一是实行"虚省实市"，将省政治理权向省辖市下沉；二是赋予省辖市制定《市政治理章程》和地方立法权，省辖市可以根据各自的实际情况，确定因地制宜的治理模式——赋予设区的市以立法权，已明确写进四中全会的决议和《立法法》修正案之中；三是省辖市下设的区级政权治理结构应改变现有的"条块分割、上下对应"模式，除了公安、财税等之外，其他执法权应当相对集中，设立若干综合执法机构。

其二，构设以《省政组织法》为基本法，以《省政治理章程》和《市政治理章程》为特别法的多元化省政治理机制。《省政组织法》拟赋予省人民代表大会根据本省的实际情况制定《省政治理章程》的权力；《省政治理章程》可以就本省的基本组织原则、治理结构、权限配置、工作制度及其他重大问题作出规定。其标志性意义有二：（1）各省立足其实际情况和发展阶段，根据《宪法》和《省政组织法》等上位法，制定符合省情的《省政治理章程》，为本区域治理和发展提供有针对性的"顶层设计"和制度安排；（2）各省基于其特殊的省情，因地制宜地制定出各具特色的《省政治理章程》。这些章程与省辖市的《市政治理章程》《城市居民委员会组织法》等一道构成了省政治理的立体化的组织法体系。在全国范围内，则有望形成多元化的省政治理机制。

其三，赋予省权力机关以变通立法权，将特区经验和民族区域自治经验糅合到省政治理体系之中。在我国，所谓变通立法权意指特定地方国家权力机关基于最高国家权力机关的授予，而享有的根据本地方政治、经济和文化特点制定在本行政区域范围内适用的并且与其上位法律法规有不相一致内容的规范性文件之权力。目前，我国有经济特区和民族区域自治地方两种变通立法模式。基于《宪法》《立法法》《民族区域自治法》的授权，民族区域自治地方的人民代表大会依照当地民族的政治、经济和文化的特点，通过制定自治条例和单行条例的方式，行使"立法变通权"。基于全国人民代表大会或者全国人民代表大会常务委员会的专门授权，经济特区的地方权力机关通过制定在经济特区范围内实施的经济特区的单行经济法规的方式，行使"立法变通权"。《省政组织法》可以考虑将两者集于一身，既赋予省及省辖市的国家权力机关通过制定《省政自治章程》和《市政自治章程》的方式，行使"立法变通权"，也可以在文本中明确规定，"国家在必要时，得通过特别授权，赋予省及省辖市人民代表大会及其常务委员会制定单行法规的权力"。

三、制定《县政自治章程》，建设地方自治性法治区域

在确立"省管市"体制之后，现有的"市辖县"一部分将为省辖市所吸收，转变为市辖区。如此，县的数量将大为减少。以湖北省为例，现有 64 个县行政区划单位（县级市 24 个、县 38 个、自治县 2 个），若将其中的 24 个县级市和 10 个左右的较大县并归省辖市，县的数量将缩减为 30 个左右。即便如此，县域治理面积和人口仍然十分庞大。加之县域事务直接而复杂，情况多样且迥异。因此，作为中国国家治理现代化建设的基础性环节，县政治理必须打破现有的全国一盘棋的僵化模式，适时出台《县政自治章程》，秉承实事求是、因地制宜的原则，创设自治性县政治理模式。

（一）制定《县政自治章程》之必要性

古人云："万事胚胎，皆在州县。"（清朝汪辉祖《学治说赘》）其意为国家的一切政事，都与作为基层政权的州县密切相关。中国自秦确立郡县制以来，县级政权建设在统一的多民族大国治理中，扮演着重要的角色。如今，在国家治理体系现代化的大格局中，县政治理仍居于基础性地位。但其现行治理结构失于臃肿和低效。故此，在总结和借鉴传统经验的基础上，通过制定《县政自治章程》创设县政治理的新框架，甚为必要。

其一，县域自治的传统和区域自治的经验有必要通过立法的方式予以总结和创新，并适用于县政治理。在我国，县域自治的传统可谓源远流长。自秦朝确立郡县制以来，作为中国封建统治的基层政权，"县"的建制赓续延绵的历史达 2000 多年。其行政长官即"县官"由中央政府直接任命，享受国家的俸禄，主要对上负责。"县"下虽设有乡里等组织，但一般认为"皇权止于县"，县下事务多行自治。① 诚如美国家族史专家古德所指出的那样，"在中华帝国

---

① 参见刘伟：《论村落自主性的形成机制与演变逻辑》，载《复旦学报（社会科学版）》2009 年第 3 期。

统治下，行政机构的管理还没有渗透到乡村一级，而宗族特有的势力却一直维护着乡村社会的安定和秩序"。① 直至清末，清政府为推行新政，将地方自治改革纳入"立宪预备"系统工程之中，先后颁布《城镇乡地方自治章程》及其选举章程（1909 年）和《京师地方自治章程》《府厅州县地方自治章程》及相应的选举章程（1910 年），据此，县政被划归为"自治"之范畴。清亡之后，民国政府承延前朝地方自治理路，先后颁布《县自治法》（1919 年）、《县自治法施行细则》、《县议会议员选举规则》、《市自治制》、《乡自治制》（1921 年）、《县各级组织纲要》（1939 年），据此，"县为地方自治单位"，"县为公法人"。中华人民共和国成立后，我国的普通行政区虽然不再实行地方自治，但基于《民族区域自治法》所实行的民族区域自治和基于《香港特别行政区基本法》及《澳门特别行政区基本法》所实施的特别行政区"高度自治"，仍可视为中国地方自治传统精神的制度性延伸。这种源远流长的自治传统及其所累积的经验，应当成为中国治理体系和治理能力现代化建设的"本土资源"，并通过立法的方式予以总结规范后，成为县政治理体系改革的指导性规则。

其二，县政治理的特殊性需要有针对性的法制供给。② 在我国，与其他行政区划相比较，县政治理更具基础性和特殊性。其依据有三：一是源远流长的乡土文化与现代法治存在着内在的紧张关系，而基于地域差异所形成的乡土文化的多元性，又决定了这种"紧张"具有多重程度。在法理上，法治是应当与文化相适应的，正是不同的文化决定了不同的法治。因此，中国的县域法治与治理现代化建设必须正视其所面临的乡土文化，并不可避免地打上乡土文化的烙印。二是中华人民共和国成立以来逐渐形成的城乡二元结构与"全国一统"的法制建设理路存在着难以调和的矛盾。尽管日益加速的城镇化建设在某

---

① ［美］W. 古德著：《家庭》，魏章玲译，社会科学文献出版社 1986 年版，第 166 页。

② 参见江国华、项坤：《从人治到法治——乡村治理模式之变革》，载《江汉大学学报（社会科学版）》2007 年第 24 卷第 4 期。

种程度上缓解了城乡之间的矛盾，但以农耕文明为基本内核的县域文化却始终坚韧地发挥着作用，并以此展示其独一无二的秉性。由此，决定了县域治理法治需求的特殊性。三是在中国，有将近 2000 个被称为"县"的行政区划，它们之间不仅存在着地域上的差异，而且存在着语言、习俗、风土人情以及社会、经济发展程度等方面的差异。这种差异的客观性表明，"无差别法治模式"在县域治理中的"无解困境"。

其三，"法律实效边际递减效应"需要制度创新予以破解。孟德斯鸠对地理因素与法的交互关系早有论断。他认为政制与法律必须适合于其赖以存在的本国自然环境及社会文化和宗教状况，其中地理因素对法及政体具有重要的制约作用。① 可以说，地理既是中央权力通达地方的天然通道，又是地方阻却中央权力的天然屏障。② 而县域作为我国行政区划框架的底层，其与中央的地理间隔也自然最远。受制于"法律实效边际递减"定律，中央立法在县域实施的效果是有限的；如马克斯·韦伯在考察传统中国"有限官制论"所指出的"皇权边际递减"一样："中华帝国正式的皇权统辖权只施行于都市地区和次都市地区。出了城墙之外，中央权威的有效性便大大地减弱乃至消失。"③ 惟其如此，自成体系的"土政策"成为县域治理中实际上的"法"。这种因地制宜的"土政策"通常是"有用"的，但确是"非法"的。若出台《县政自治章程》，赋予县域有限的自治权，那些在实际上发挥作用的"土政策"则很有可能被"正名"，成为县政治理的正式法源。所谓名正则言顺，言顺则事成。当这些根植于特定县域并为县域治理发挥实际作用的"土政策"获得正名，其在县域治理中的作用势必被充分激活，县域治理也必因此而更具适宜性和实效性。

---

① 参见［法］孟德斯鸠著：《论法的精神》（下），张雁深译，商务印书馆 1997 年版，第 278 页。

② 参见江国华著：《宪法的形而上之学》，武汉大学出版社 2004 年版，第 141 页。

③ ［德］马克斯·韦伯著：《儒教与道教》，洪天富译，江苏人民出版社 1993 年版，第 110 页。

（二）《县政自治章程》之主要内容

在借鉴《世界地方自治宣言》等地方自治的国际法律运动成果①，吸收英法日等国地方自治之制度精华的基础上②，结合我国县域自治之传统及县域当前的实际情况，拟制定的《县政自治章程》应分为总则、县权力机关、县人民政府、县辖乡镇和居民自治等五章。具体而言，包括如下内容：

其一，"总则"部分应当包括县之性质及其法律地位、县之设置及建制、中央与县的关系等条款。（1）县之地位。县既是中央统一领导下的一级地方政权，又是依法享有自治权的自治法人；其自治权由国家法律明文规定，并接受中央政府的领导。（2）县的设置与建制。县之设置由全国人民代表大会常务委员会决定，县的设置条件、程序等由法律规定；县下设乡或镇，乡镇的设置标准和批准程序由法律规定。（3）县与中央政府的关系。县在中央直接授权下行使自治权和县域治理权，并受中央政府领导，对中央政府负责并报告工作；县的行政首长即县长经人民直接选举产生后，须经中央政府任命；县的权力机关依法享有的变通立法权不得违背法律或者行政法规之基本原则，其所制定的自治条例和单行条例须经全国人民代表大会常务委员会批准后方能生效。

其二，县权力机关。《县政自治章程》应改革现行宪法和法律对县权力机关的制度安排，使其对民意的整合及传送更加有效。具体包括四个方面：（1）引入差额选举机制，完善县人民代表大会代表直接选举的程序。（2）缩小县人民代表大会规模，代表大会总人数控制在 30 人以内；县人民代表大会代表采取地域代表制和职业代表制相结合的模式，县下辖的每个乡镇可以产生 1~2 名人民代表大会代表；每个职业界别可以产生 1~2 名人民代表大会代表，数个小的职业界别可以共同产生 1 名人民代表大会代表。（3）县人民代表大会代表全部实行专职化，不再设人民代表大会常务委员会；人民代表大会代表每

---

①　参见朱宏文：《论地方政府自治的国际法律运动——"法治浙江"建设的宏观思考》，载《法治研究》2007 年第 1 期。

②　参见刘光大、刘云东：《论西方发达国家中央与地方政府间职权划分的特点及其启示》，载《湖南科技学院学报》2006 年第 10 期。

届任期为 5 年，连选得连任，但连续任职不得超过两届，每年改选 1/3。（4）赋予县人民代表大会制定自治条例和单行条例以及变通立法职权；县人民代表大会职权实行清单制全权负责县域之决策事宜，以及预决算的决定及审核，经济、文化，公共事业建设计划的制订，公职人员的任免等事项。

其三，县人民政府。为充分发挥县人民政府在地方治理中的作用，提升基层政权运行的科学性和民主性，《县政自治章程》应作出如下规定：（1）引入直接选举制，即县长由全县选民直接选举产生；县长候选人由同级党委酝酿，会同本级政治协商会议协商产生。（2）引入差额原则，即候选人产生后，由本县全体有选举权的公民在 2 名候选人中差额选出县长。（3）引入任命程序，即经公民选举产生的县长人选，由县人民代表大会报请中央人民政府任命。（4）引入宣誓制度，即候任县长在接受中央政府任命时，应公开宣誓效忠宪法和中央政府及本县选民。（5）明确县长负责制，即县实行县长负责制，县政府的副县长、秘书长和各职能部门负责人等人选由县长提名，由县人民代表大会决定产生。（6）引入双重监督制，即县政府须接受本级人民代表大会和中央政府的双重监督，县长须向本级人民代表大会和中央政府报告工作；经一定数量选民联署，县人民代表大会有权弹劾和罢免县长或副县长，中央政府就特定事项可以直接约谈或询问县长。（7）引入剩余权力说，即原则上，中央与县的权力均由法律明确规定，中央在县的权力实行清单制，未明确列入清单的权力由县自由行使，但其解释权归中央政府。

其四，县辖乡镇。《县政自治章程》应明确乡镇自治法人地位及其与县之权力分配关系。（1）乡镇之地位。乡镇是隶属县管辖的自治法人，是国家政权体系中最低层级政权组织，其在县的领导下处理上级委办之事项和自治事项。（2）乡镇的设置。县应根据区位重要性、人口数量、工商业发展程度、交通及公共设施建设情况等因素，决定乡与镇的设置。（3）乡镇的权力机关。乡镇权力机关由每村 1 名代表组成，各村代表由本村选民直接选举产生；乡镇人民代表大会每两个月举行一次，若有特殊情况，经若干代表提议，可召开临时会议或专门会议；乡镇人民代表大会代表不得兼任政府公职和村支两委职务；人民代表大会代表每届任期为 5 年，连选得连任，但连续任职不得超过两届；凡乡镇之重要事项，都应由乡镇人民代表大会议决。（4）乡镇人民政府。乡镇人民政府行政首长由本地人担任；乡镇首长由本乡镇选民直接选举产生；乡镇实行乡长（镇长）负责制，乡镇政府组成人员由乡镇长提名，由乡镇人民代表大会决定产生；乡镇长要领导本乡镇人民政府执行本级人民代表大会的决议以及上级政府委办的事项。

其五，县民权利和自治。《县政自治章程》应就如下事项作出规定：（1）县民权利和义务。县和乡镇之居民应享有如下之权利：对于地方公职人员有依法选举、罢免的权利；对于地方公共设施有使用的权利；对于地方教育文化、社会福利、医疗卫生事项，有依法享受的权利；对于地方政府信息有依法请求公开的权利；其他法律及自治法规赋予的权利。同时，县和乡镇之居民还应履行如下义务：遵守自治法规的义务；缴纳自治税费的义务；其他法律及自治法规所规定的义务。（2）县、乡镇之自治事项。《县政自治章程》应将教育文化、卫生环保、交通、工商管理、社会福利事业等专属于县和乡镇辖区自治权限之内的事项列明——县在行政治理、自治规约制定等方面享有自治权，但此种自治权之行使不得侵犯专属于国家的行政及立法权限；此外，司法权专属于国家，不属于县域自治范围。司法机关要保障民事、刑事、诉讼等重要法律在县域的贯彻实施。（3）自治财政。《县政自治章程》应将税费、罚款、赔偿、补助、捐赠、公债收入等专属于县和乡镇的财政收入分别列明——县和乡镇有权拥有为行使自治权之充足的财政资源，并且要与其他任何等级政府的财政资源相区别。

（三）预期目标：塑造"自治性"的县域法治

在性质上，《县政自治章程》当属宪法性法律之范畴，其制定权属于全国人民代表大会。其宗旨可设定为厘定中央与县之间的关系、确立县的有限自治法人地位、构设自治性县域法治。

其一，构建新型的中央与县的权力配置模式。在《县政自治章程》框架中，县既是直接隶属于中央政府管辖的地方政权，又是依法享有自治权的"地方自治法人"。依据《县政自治章程》，县政权应忠实履行中央委办之事项，并依法处理好地方自治事务；中央与县的权限由《县政自治章程》分别列举，未明确列举的剩余权力归县行使，但解释权属于中央政府。排除省及省辖市政府对县的干预，县与省及省辖市之间只存在地理空间和行政区划上有包含与被包含的关系。基于这种关系，传统的司法管辖体制将被保留，但行政上和立法上的隶属关系将被取消——斩断中央政策和法律输送的中间链条是解决中国基层政权治理能力现代化的基本策略，也是破解"政令难出中南海"困局的"抽薪"之举。

其二，赋予县以普遍的自治权，确立县的有限自治法人地位。在《县政自治章程》框架内规定：（1）作为自治法人，县享有制定自治条例、单行条例，变通实行国家法律，自主管理县域事务的权力。（2）扩大人民民主的适用范围，在现有的县人民代表大会代表直选的基础上，实行县行政首长直选制；县人民代表大会主任和县长原则上由本地人担任，实行"本地人治理本地域"。（3）实行大部制，拆并现有的"条块结构"职能部门，因地制宜地推行"行政执法权力相对集中"——现行体制下，一个普通的县级政权，其职能部门达到160个（法检除外），如此庞大的"官僚体系"，不仅是造成县政治理结构臃肿、人浮于事、效力低下的直接原因，而且是造成基层腐败、吞蚀政府公信力的制度原因。

其三，构设自治性的县域法治。在结构上，县域法治乃国家治理体系的基石所在。这个"基石"固然要有共性，但更需要个性——任何建筑的稳定性，都是取决于"基石"的个性，而不是共性。作为"个性"，对于国家法治体系大厦"基石"的县域法治而言，就是其"地方性"。正是基层法治的这种固有个性，为大国法治深深地烙上了"地方性"色彩。在逻辑上，法治的地方性与法律的地方性渊源于相同的法理。美国学者克利福德·吉尔兹说："我始终认为……法律就是地方性知识。"[①] 美国学者布拉姆莱说，法律无非是"隐蔽在法律理论和法律实践中的一系列政治、社会和经济生活的不断重现或'地方

---

① ［美］克利福德·吉尔兹著：《地方性知识：事实与法律的比较透视》，邓正来译，载《法律的文化解释》，三联书店1998年版，第126页。

志'。用同一种方式来说，法律以各种形式依赖于有关历史的主张，所以它既界定又依赖一系列复杂的地方志和区域理解"①。同理，法治或者法治国家的内涵或许更应该在地方化的语境中去理解——无论对法治或者法治国家概念的一般性理解，还是对法治实践的具体性考察与分析，都应该对法治的地方性或者法治的地方性知识有足够的认识。② 在理论上，地方性内在地包含地方的自主性和自治性。因此，以"地方性"为基本特质的县域法治，本质上是一种自治性法治。

---

① Blomley, Nieholas, *Law*, *Space and Geographies of Power*, The Guilford Press, 1994. 转引自刘星著：《法律是什么》，中国政法大学出版社 1998 年版，第 256 页。

② 所谓地方性知识，不是指任何特定的、具有地方特征的知识，而是一种新型的知识观念。地方性不仅是在特定的地域意义上说的，它还涉及在知识的生成与辩护中所形成的特定的情境，包括由特定的历史条件所形成的文化与亚文化群体的价值观，由特定的利益关系所决定的立场、视域等。它要求我们对知识的考察与其关注普遍的准则，不如着眼于如何形成知识的具体的情境条件。参见盛晓明：《地方性知识的构造》，载《哲学研究》2000 年第 12 期。

结语：走向组织法治的中国政府

一般而言，行政组织的法治化应当涵盖三个方面内容，即行政组织、公务员以及公物。我国《国务院组织法》和《地方政府组织法》关于政府组织的规定基本上都局限在机构、职权等方面，不够全面。立法上的供应不足或迟缓，使得这一核心领域的法治化进程严重滞后。[1] 有学者认为，我国行政法学发展 30 多年来，总体比较重视行为法和裁判法的研究，行政组织法的研究则长期遭到忽视。[2] 本书对行政组织法的研究，除了分析我国现有法律以及已有研究外，还拓展了行政职权运行的不同形态，将研究范围延伸至行政机关的"财"——财政和"物"——公产公物等多个方面。本书希望通过对行政机构、人员、职权以及财政和公产公物等内容的全面规范，实现我国行政组织的体系化和法治化，继而从统一行政组织法典的角度出发，进一步促进和保障我国法治政府和法治国家建设，助推国家治理体系和治理能力的现代化。

一、法治政府呼唤组织法治

法治是治国理政的基本方式，是维护国家和社会稳定有序运行的基石。自依法治国作为基本方略被写入我国宪法以来，我国从未停止过对法治政府的实

---

[1] 江国华：《中国纵向政权组织法治体系的解构与构建》，载《武汉大学学报（哲学社会科学版）》2016 年第 3 期。

[2] 叶必丰：《行政组织法功能的行为法机制》，载《中国社会科学》2017 年第 7 期。

践探索和追求。2004 年国务院对外发布《全面推进依法行政实施纲要》，明确提出"经过十年左右的努力基本实现建设法治政府"之目标；2014 年十八届四中全会发布的《中共中央关于全面推进依法治国若干重大问题的决定》明确提出"到 2020 年，依法治国基本方略全面落实，法治政府基本建成"之目标。

行政组织的法治程度是法治政府的重要指标。我国在新的历史起点上完善行政组织制度和推进政府机构变革，必须走法治之路，必须充分发挥法治对行政组织改革的引领、促进和保障作用，必须充分重视法治对行政组织的完善和推动意义。法治轨道上的行政组织法既包括法治行政组织的正当性，又包括法治行政组织的系统性。在行政组织法的发展进程中，只有将行政组织法的每一个构成要素与法治有机结合起来，将创新性与合法性有机统一起来，才能从根本上保证行政组织体制改革不断取得新的进展和突破，才能从本质上推进法治政府的建设。要以法治为行政组织体制改革铺就成功之路，以法治增强行政组织法的整体性、系统性和协调性，以法治维护行政组织的稳定，以法治保障行政组织的权责统一，以法治保护公民的权利和自由，以法治实现社会的公平正义，从而使完善行政组织法的过程成为实现法治、推进法治的过程。

我国作为一个治理单元复杂而庞大的单一制大国，要想实现建成法治政府的目标，从行政组织的角度来说，关涉到行政机关的人员组成、机构设置、权责划分、相互间关系以及权力运行和救济保障等诸多方面。我国现行有效的行政组织法体现为在宪法的统摄下，中央行政组织法和地方各级行政组织法相分离而存在。其中，《国务院组织法》在 1982 年出台后沿用至今，其仅用了 11 个条文对国务院的组织进行了提纲挈领的规定；《地方政府组织法》在第四章中用 15 个条文规定了我国地方各级政府的组织。我国作为一个单一制的国家，却长期没有一部系统性的行政组织法典，仅有一部内容有限的国务院组织法和"半部"地方行政组织法。鉴于二者本身的历史局限性，两部法律条文的粗疏，用语模糊，操作性不强等问题日益突出，致使其已经无法胜任各自所调整的国务院与地方政权组织法律关系的使命。① 另外，这两部法律都没有涉及中央与地方政权之间的权限划分等核心内容。行政组织法存在的缺陷致使我国组织法治程度明显不高，继而导致建设法治政府的进程中存在着诸多亟待填补的法律空白和必须理顺的法律关系。在此背景下，有必要通过组织法治的推进，促进法治政府建设。

二、出台统一行政组织法典

多年实践表明，我国法治政府建设的短板主要在于组织法治程度不高。针对目前我国组织法治建设中存在的一系列问题，未来的解决途径应当是出台统一行政组织法典。

（一）对行政组织法典的设想

行政法作为一门年轻、庞杂的部门法，难以制定统一的行政法典是其主要特征之一。随着社会主义法律体系的完善以及我国刑法和民法法典化工作的推进，我国行政法学界的众多学者也在为行政法法典化的研究辛苦耕耘着。但由于种种原因，行政法的法典化始终面临着巨大挑战。有学者认为："认定行政法难以法典化的理由是出自技术方面的考虑。行政法之所以不存在统一的法典，其原因有三：（1）行政法所调整的对象——行政关系过于广泛，且多种多样，各种不同的行政关系又存在较大的差别，很难以统一的规范加以调整；（2）部分行政关系的稳定性低，变动性大，有必要留给法律位阶较低的法规和规章调整，而不宜由统一法典进行规范；（3）行政法作为一个独立的法律部门产生较晚，规范各种行政关系的基本原则尚未完全形成，有些基本原则虽已形成，但尚不完全成熟，从而不具备将之编纂成统一法典的条件。"② 还有学者认为："行政法的法典化，因其具有某些特殊性（比如行政法律规范数量

---

① 应松年、薛刚凌：《中央行政组织法律问题之探讨——兼论中央行政组织法的完善》，载《公法研究》2002 年第 00 期。

② 刘太刚：《中国行政法法典化的障碍、模式及立法技术》，载《甘肃行政学院学报》2008 年第 1 期。

庞大无比，行政法律规范性文件层级太多、形式繁杂，各行政机关职能、运行方式差别太多、变化也快）等，所以对其界定有许多分歧，比如有人认为中国目前不适宜制定行政法方面的法典，即使要制定行政法方面的法典，也只能是在一定程度上制定行政程序法，而就实体法，制定法典是不现实的。因此，所谓行政法典化，主要是指行政程序法典化。"① 鉴于无论是行政实体法的法典化，还是行政程序法的法典化，都未取得实质性进展，笔者认为，前者的探索给我们开辟了思考问题的不同角度，可以考虑出台统一行政组织法典，初步实现我国行政法的法典化。

从我国的法律传统和法律实践来看，与大陆法系的国家较为接近，而与英美等普通法国家的区别较大，因而我国的统一行政组织法典除了要遵循和坚持中国实际以外，也要积极借鉴和吸收单一制、大陆法系国家的先进经验和做法。统一的行政组织法典应当包含如下内容：（1）通过统一的行政组织法典，确定行政组织法定原则，对行政组织、行政机关等术语统一界定，并规定违反行政组织法的法律责任。（2）在行政组织法典中，明确中央与地方各自的权力及共有的权力，相互关系及冲突的解决制度；明确国务院的权力、总理的具体权限、会议方式及副职设置、内部机构的设定等；吸收省（自治区、直辖市）、市、县、乡（镇）、各自治地方人民政府及地方政府派出机关、派出机构的组织法内容，规定各级人民政府的权限及机构设置的一般原则等。（3）虽然全国人民代表大会及其常务委员会的立法任务较重，但各级人民政府及其组成部门组织规范的完善，不应由全国人民代表大会授权国务院或地方人民代表大会制定国务院各部、各委员会和各直属机构的组织条例，而应在组织法典中加以规范。各级政府组成部门的组织规范，应明确各行政机构的任务、主管事项、权限、内部主要机构设置等。（4）人作为行政组织中最重要的组成部分，是法治政府建设的核心。为解决行政组织的人员配备问题，确保行政组织的高效运转，应将行政组织的人员编制、公务员制度在行政组织法典中加以规定。（5）将行政组织的财政和公产公物的规范统一纳入行政组织法典，是出

---

① 本志红：《中国行政法典化的可行性思考》，载《理论观察》2006 年第 2 期。

台统一行政组织法典的一大突破。在我国现行的"一部半"政府组织法中，并未涉及相应问题，但在法治政府建设中，最敏感的两个问题，一个是"权"的问题，另一个就是"钱"的问题。在行政组织的运行中，二者缺一不可。要想促进法治政府建设，对二者的法治化问题必须同时并举。总而言之，出台统一的行政组织法典，就是要实现行政组织法对行政组织的机构、"钱"和"权"规范的全覆盖。

（二）行政组织法典的主要内容

其一，行政组织。该部分主要是从总体上规定行政组织的基本问题。（1）应当确定行政组织的基本原则，如组织法定原则、分权制衡原则、权责统一原则、高效便民原则等。（2）应当对一些基本概念做统一界定，如行政组织、行政机关、公务员、行政联合、行政委托、行政协助、代理、公共预算、公产公物等。除此之外，该部分还包括如下几个方面的内容：一是行政机构的设置。行政机构是指行政机关下设的工作部门和办事机构等。地方各级人民政府下属行政机构的设置，原则上宜由地方各级人民代表大会根据当地的实际需要确定，中央只是在整体规模上加以控制。为规范行政机构的设置、合理配置权力，并确保国务院行政机构设置的科学性和民主性，行政组织法中有必要明确国务院行政机构设置法定原则，并制定各行政机构设置法对各行政机构的事权和具体权限明确加以规定。特别是国务院的机构设置应符合行政管理的规律，应当设置决策机关、执行机关、监督机关、信息机关和辅助机关。地方各级人民政府的组织法中应规定其结构、规模、类型、与中央的关系、程序及国家的法律监控等内容。二是行政组织间的相互关系，主要是中央与地方的关系。虽然中央与地方的权力分配及相互关系是一个宪法问题，但由于我国现行宪法规定得较为原则，因此有必要通过行政组织法对其作进一步细化。中央与地方的权力分配问题涉及立法权和行政事权及具体权限的划分等。立法权在颁布施行的《立法法》中已经有所明确，因此行政组织法只需要规定行政事权及具体权限的划分即可，以明确中央与地方各自的权力及共有的权力、相互关系及冲突的解决制度。三是行政组织的程序。我国过往行政组织法中往往缺乏程序的规定，特别是有关国家机构改革的程序，对于机构改革的论证、立法机关对机构改革的介入以及特定机关的推行等问题都没有明确的规定。为确保改革的规范化，有必要在行政组织法中建立一套行政机构改革的程序。

其二，行政权力。行政权力的要素具体包括两个：一是对某类事务的管辖权，也即事权，如行政机关对教育、卫生、文化等事务的管理权；二是对某类事务进行管理时的具体权限，如行政机关享有的许可权、检查权、处罚权等。以往的行政组织法往往只规定事权，而忽视具体权限的规定，以至于行政组织法对行政权的规定非常空泛，无法操作，为行政机关留下了较大的裁量余地。究竟哪些事权和具体权限可授予行政组织，哪些不能授予，应当在行政组织法上予以明确。当然，行政权力的范围并不是僵死不变的，而应当随着经济体制的改革以及社会的发展而不断进行调整。另外，部分行政机关还享有一定的立法权力和司法权力。对此，行政组织法需要对行政机关的立法事项、立法权限以及行政机关解决纠纷的范围、权限等问题作出原则性的规定。行政权力的行使根据对象的不同可分为内部管理与外部管理。内部管理采用层级节制原则，上一级行政机关有权管理下一级行政机关，相对来说比较简单。外部管理的主体形式则复杂得多。一般而言，对外管理应当由行政机关进行，但由于行政管理的复杂性、广泛性以及某些事务的特殊性，对外管理也存在其他形式，如行政授权、行政委托等。对于这类形式和主体，我国组织法缺乏详细规定，导致实践中的运行较为混乱。行政组织法应当就行政机关对外管理的资格要件，行政授权和行政委托的条件、主体、对象、标准、责任等问题作出统一明确规定。

其三，行政编制。行政编制在行政组织中具有重要地位，直接影响行政组织的整体结构及其功能的发挥，并对行政效率产生重大的影响。长期以来，我国虽然重视行政编制的作用，但编制方面仍缺乏法律的刚性约束，管理层次过多、机构重叠、人员增长失控的状态没有从根本上得到解决，因而急需对行政编制加以全面规范。至于立法模式问题。目前的做法是在行政组织法纳入机构编制的内容，当然其内容是极其简约的。比如，《国务院组织法》第 8 条规定，"国务院各部、各委员会的设立、撤销或者合并，经总理提出，由全国人

457

民代表大会决定；在全国人民代表大会闭会期间，由全国人民代表大会常务委员会决定。"第11条规定："国务院可以根据工作需要和精简的原则，设立若干直属机构主管各项专门业务，设立若干办事机构协助总理办理专门事项。每个机构设负责人二至五人。"这便是《国务院组织法》中有关编制管理的全部内容。地方组织法中的规定大体相同。从目前国外有关行政编制的立法模式来看，多数国家的行政编制法并不是一个独立的法律部门，只是行政组织法的一个有机组成部分。我国学者也曾提出三种立法模式：一是制定一部《行政机关机构编制法》，以法律形式系统规定机构编制管理的有关程序及其他内容，为机构编制管理提供法律依据；二是补充完善现行的行政机关组织法，加入一些必要的机构编制管理程序性的规定，增强操作性；三是维持现有法律格局不变，在行政法规、部门规章或政策性规定方面制定和补充行政机构编制管理的具体规范，以解决机构编制管理规范不足的问题。这三种方案各具优缺点，但我们认为，鉴于行政编制的重要性，未来应当将其作为行政组织法典的重要组成部分加以系统、详细规定，其内容既包括实体性内容，如机构的名称、机构的层次和级别、非常设机构的有关问题、编制的种类和适用范围、领导职数、各类机构的设置条件等，也包括程序性内容，如主管机构的运行程序和工作制度、种类机构设置的提出、论证、审查，确定程序，编制核定的程序，领导职数确定和变更的程序等，还包括监督检查编制管理工作以及一些法律责任条款，如违法行为的种类、追究违法行为的机关及权限等。

其四，公务员。人是万物的尺度，任何政府的制度、权力、组织，都无法离开人单独作用，政府行使权力最终落地于其职员的具体行为活动。公务员制度应当构成我国统一行政组织法典的重要内容，并在如下几个方面作出改进和完善：一是确立国家公务员个人财产申报制度。公务员个人财产申报是世界法治发达国家的普遍做法，在防止腐败，增强廉洁行政方面具有巨大功效。为了从根本上建立起廉洁的国家公务员队伍，可以创建公务员个人财产申报制度。任何欲保留国家公务员身份的个人都必须申报自己的收入及现有财产。二是完善公务员退休制度。我国的人口老龄化问题已经逐步显现，新生人口的出生率明显降低，退休问题在我国是一个举国关切的问题。公务员作为我国行政组织的细胞，其退休制度必然是行政组织法关照的对象，并加以完善。三是完善公务员离职审计制度。对于那些在任职期间或者在调整时期有重大违法、犯罪行为的人，可以通过这种方式将其清除出公务员队伍，从而减轻国家在人员安置方面的负担，避免因机构调整造成国有资产的大量流失。

其五，公产公物。在实现行政目的时，针对物的手段是不可或缺的。有时候，行政的目的本身就是物的设施的提供或管理，公园、道路等即是这种情形。这样，物除了直接提供用于公共行政的情形以外，有时还会间接地作为推行某种目的的手段而使用。例如，国家政府机关及地方公共团体机关的土地、建筑物、办公用品，职员用的电脑、科学设备等物品即是这种情况。这些物本身并没有被直接提供于公众之用，但没有这些物，行政则无法推行，这是不言而喻的。供于公共之用的物，需要人的某种程度的管理，因此没有行政组织是不行的。在这种意义上，存在着如下问题：与其说将公物作为物来把握，倒不如将物作为一个要素，将其全体作为组织体的设施来把握。此外，在以前的公物法治中，对于与环境的关系的考虑并不充分，即存在着内在的历史性制约，因此可以看到从各种各样的角度对于公物法概念的批判。但是，这些批判并没有否定有关公物法现象的存在，或者有关公物法制度的存在，所以如果一开始就进入概念争论，并不具有建设性。在我国的各类行政组织法中，都未曾涉及公产公物领域，而涉及物的管理、权属等问题，在我国多归于民法调整。未来制定统一行政组织法典，应当对这一领域进行规定。

其六，行政程序。行政程序是规范行政机关在行使职权过程中必须遵循的步骤、方式、时效等方面的总称。行政程序法的直接功能是规范、约束以及监督行政权的合理行使。受传统的重实体、轻程序观念的影响，我国对于程序方面的立法往往不如对于实体方面的立法那样重视。近年来，虽然很多学者主张应当借鉴西方一些国家的经验，制定一部统一的行政程序法，各地也纷纷开展了行政程序统一立法实践，但中央层面的立法却迟迟难以出台。制定行政程序法典很早便被列入了第十届全国人民代表大会常务委员会的立法规划，全国人民代表大会常务委员会法制工作委员会已经进行了多次意见征求和立法调研——据全国人民代表大会法律委员会介绍，2005 年 3 月，十届全国人民代表大会三次会议期间，就已经有代表提出议案，建议尽快制定统一的行政程序法典，并就行政程序法典的基本框架、调整范围、主要内容等提出了具体意见和建议。经过一些学者和人大代表、政协委员的努力，制定行政程序法典的工作已经在我国推行了十余年之久，但我国至今并未实现行政程序法的法典化。一切的立法活动都要建立在共识的基础上才能得以推行。根据我国当前实际，我们的立法目标模式应该是确立公正与效率兼顾、公正优先的模式，这是比较先进的，也是最适合中国的国情诉求。行政程序法的立法目的无非是贯彻依法行政、保障人民利益以及提高行政效率这三项。但是，在目前我国行政实体法发展水平有限的前提下，纵使我们明知有诸多问题需要行政程序法加以调整，但目前就行政程序法能达成的共识以及其能发挥出的能量仍然有限，由此我们主张将其作为行政组织法典的一部分，进行总则性的规定。

参 考 文 献

一、中文译著

［1］［澳］欧文·E.休斯著：《公共管理导论》，彭和平等译，中国人民大学
出版社 2001 年版。

［2］［德］哈姆雷特·毛雷尔著：《行政法学总论》（上册），高家伟译，法律
出版社 2000 年版，第 422 页。

［3］［德］海因茨·君特·扎维尔伯格著：《国家财政监督——历史与现状》，
刘京城译，中国审计出版社 1992 年版。

［4］［德］汉斯·J.沃尔夫著：《行政法》，高家伟译，商务印书馆 2002 年
版。

［5］［德］黑格尔著：《小逻辑》，贺麟译，商务印书馆 1980 年版。

［6］［德］柯武刚等著：《制度经济学——社会秩序与公共政策》，韩朝华译，
商务印书馆 2002 年版。

［7］［德］马克斯·韦伯著：《儒教与道教》，洪天富译，江苏人民出版社
1993 年版。

［8］［德］马克斯·韦伯著：《支配的类型》，康乐等编译，远流出版事业股份
有限公司 1996 年版。

［9］［法］H.法约尔著：《工业管理与一般管理》，周安华等译，中国社会科
学出版社 1982 年版。

［10］［法］马里旦著：《人和国家》，霍宗彦译，商务印书馆 1964 年版。

［11］［法］孟德斯鸠著：《论法的精神》（下），张雁深译，商务印书馆 1997
年版。

［12］［法］潘恩著：《潘恩选集》，马清槐等译，商务印书馆 2009 年版。

［13］［法］让·里韦罗、让·瓦利纳著：《法国行政法》，鲁仁译，商务印书馆 2008 年版。

［14］［法］托克维尔著：《论美国的民主》（上册），董果良译，商务印书馆 1988 年版。

［15］［美］E. 博登海默著：《法理学——法律哲学和法律方法》，邓正来译，中国政法大学出版社 1999 年版。

［16］［美］W. 古德著：《家庭》，魏章玲译，社会科学文献出版社 1986 年版。

［17］［美］W. 理查德·斯科特、杰拉尔德·F. 戴维斯著：《组织理论：理性、自然与开放系统的视角》，高俊山译，中国人民大学出版社 2011 年版。

［18］［美］埃莉诺·奥斯特罗姆著：《公共事务的治理之道》，余逊达译，上海三联书店 2000 年版。

［19］［美］丹尼尔·A. 雷恩著：《管理思想的演变》，中国社会科学出版社 1986 年版。

［20］［美］弗兰克·J. 古德诺著：《政治与行政》，王元、杨百朋译，华夏出版社 1987 年版。

［21］［美］富勒著：《法律的道德性》，郑戈译，商务印书馆 2005 年版。

［22］［美］W. 古德诺著：《政治与行政》，华夏出版社 1987 年版。

［23］［美］肯尼斯·阿罗著：《组织的极限》，万谦译，华夏出版社 2006 年版。

［24］［美］伦纳德·D. 怀特著：《行政学概论》，刘世传译，商务印书馆 1947 年版。

［25］［美］马克·艾伦·艾斯纳著：《规制政治的转轨》，尹灿译，中国人民大学出版社 2015 年版。

［26］［美］史蒂芬·霍尔姆斯、凯斯·R. 桑斯坦著：《权利的代价：为什么自由依赖于税》，毕竞悦译，北京大学出版社 2004 年版。

［27］［美］威尔逊著：《国会政体》，熊希龄译，商务印书馆 1986 年版。

［28］［美］朱迪·弗里曼著：《合作治理与新行政法》，毕洪海、陈标冲译，

商务印书馆 2010 年版。

[29] [日] 大桥洋一著：《行政法学的结构性变革》，中国人民大学出版社 2008 年版。

[30] [日] 井手文雄著：《日本现代财政学》，中国财政经济出版社 1990 年版。

[31] [日] 室井力著：《日本现代行政法》，吴微译，中国政法大学出版社 1995 年版。

[32] [日] 小野清一郎著：《法律构成要件理论》，王泰译，中国人民公安大学出版社 1991 年版。

[33] [日] 盐野宏著：《行政法》，杨建顺译，法律出版社 1999 年版。

[34] [日] 盐野宏著：《行政组织法》，杨建顺译，北京大学出版社 2008 年版。

[35] [英] R. J. 约翰斯顿著：《地理学和国家》，麦克米伦出版公司 1982 年版。

[36] [英] 比尔·考克瑟、林顿·罗宾斯、罗伯特·里奇著：《当代英国政治》，孔新峰、蒋鲲译，北京大学出版社 2009 年版。

[37] [英] 伯特兰·罗素著：《权力论：新社会分析》，吴友三译，商务印书馆 1991 年版。

[38] [英] 大卫·克里斯特尔著：《剑桥百科全书》，丁仲华等译，中国友谊出版社 1996 年版。

[39] [英] 弗里德利希·冯.哈耶克著：《法律、立法与自由》（第 1 卷），邓正来等译，中国政法大学出版社 2000 年版。

[40] [英] 哈特著：《法律的概念》，张文显等译，中国社会大百科全书 1996 年版。

[41] [英] 哈耶克著：《自由宪章》，杨玉生等译，中国社会科学出版社 1999 年版。

[42] [英] 卡罗尔·哈洛、理查德·罗林斯著：《法律与行政》，杨伟东、李凌波等译，商务印书馆 2004 年版。

[43] [英] 洛克著：《政府论》（下册），叶启芳等译，商务印书馆 1997 年

版。

[44] ［英］约翰·S.密尔著：《代议制政府》，汪瑄译，商务印书馆1982年
版。

二、中文著作

[1] ［新西兰］穆雷·霍恩著：《公共管理的政治经济学——公共部门的制度
选择》，汤大华等译，中国青年出版社2004年版。

[2] 《当代中国的经济管理》编辑部编：《中华人民共和国经济管理大事记》，
中国经济出版社1986年版。

[3] 《邓小平文选》（第2卷），人民出版社1994年版。

[4] 《马克思恩格斯选集》（第1卷），人民出版社1965年版。

[5] 《马克思恩格斯选集》（第4卷），人民出版社1995年版。

[6] 《毛泽东选集》（第5卷），人民出版社1977年版。

[7] 蔡鸿源主编：《民国法规集成》（第7册），黄山书社1999年版。

[8] 朝阳区财政局编：《朝阳区财政改革探索与实践》，中国财政经济出版社
2008年版。

[9] 陈昌龙主编：《财政与税收》，北京交通大学出版社2016年版。

[10] 陈朝壁著：《罗马法原论》，商务印书馆2006年版。

[11] 陈民、靳秉强著：《行政管理学》，河北人民出版社2015年版。

[12] 陈新民著：《公法学札记》，中国政法大学出版社2001年版。

[13] 陈尧著：《当代中国政府体制》，上海交通大学出版社2005年版。

[14] 陈占彪著：《政府组织与空间结构的耦合：中国行政区经济的区域政治
经济学分析》，东南大学出版社2009年版。

[15] 迟福林主编：《民富优先：二次转型与改革走向》，经济出版社2011年版。

[16] 邓伟志主编：《社会学辞典》，上海辞书出版社2009年版。

[17] 邓于基著：《税种结构研究》，中国税务出版社2000年版。

[18] 丁煌著：《西方行政学理论概要》，中国人民大学出版社2011年版。

[19] 丁煌著：《西方行政学说史》，武汉大学出版社2004年版。

［20］董晓宇编著：《行政组织学》，北京出版社 2007 年版。

［21］杜睿哲主编：《行政法与行政诉讼法》，华中科技大学出版社 2013 年版。

［22］方宝璋著：《中国审计史稿》，福建人民出版社 2006 年版。

［23］冯兴元著：《大国之道：中国私人与公共选择的宪则分析》，福建教育出版社 2013 年版。

［24］冯秀华、齐守印主编：《构建现代财政制度若干问题研究》，中国财政经济出版社 2017 年版。

［25］傅宏宇、张明媚著：《预算法律问题国别研究》，中国法制出版社 2017 年版。

［26］高怀鹏著：《比较政府与法治》，中央民族大学出版社 2014 年。

［27］高猛、陈炳著：《走向社会建构的公共行政》，浙江大学出版社 2013 年版。

［28］古莉亚著：《西方行政制度》，南开大学出版社 2008 年版。

［29］关保英主编：《政府组织法史料汇编与点评（1950—1960）》，中国政法大学出版社 2012 年版。

［30］关保英著：《行政法的价值定位》，中国政法大学出版社 2003 年版。

［31］关保英著：《行政法教科书之总论行政法》，中国政法大学出版社 2005 年版。

［32］管欧著：《地方自治》，三民书局 1995 年版。

［33］郭庆旺、鲁昕、赵志耕主编：《公共经济学大辞典》，经济科学出版社 1999 年版。

［34］郭圣莉、应艺青编著：《行政组织学》，华南理工大学出版社 2012 年版。

［35］韩大元、林来梵、郑贤君著：《宪法学专题研究》，中国人民大学出版社 2005 年版。

［36］韩延龙主编：《中华人民共和国法制通史（上）》，中共中央党校出版社 1998 年版。

［37］韩志明著：《行政责任的制度困境与制度创新》，经济科学出版社 2008 年版。

[38] 何红锋主编：《政府采购法详解》，知识产权出版社 2002 年版。

[39] 何华辉著：《比较宪法学》，武汉大学出版社 1988 年版。

[40] 何廉、李锐著：《财政学》，商务印书馆 2010 年版。

[41] 何颖著：《行政学》，黑龙江人民出版社 2007 年版。

[42] 洪银兴等编著：《公共财政学》，南京大学出版社 2018 年版。

[43] 洪银兴著：《公共财政学》，南京大学出版社 2018 年版。

[44] 后向东著：《信息公开法基础理论》，中国法制出版社 2017 年版。

[45] 胡鞍钢著：《中国国家治理现代化》，中国人民大学出版社 2014 年版。

[46] 胡波著：《专利法的伦理基础》，华中科技大学出版社 2011 年版。

[47] 胡家诗、杨志安著：《政府采购研究》，辽宁大学出版社 2002 年。

[48] 胡建淼、江利红著：《行政法学》，中国人民大学出版社 2015 年版。

[49] 胡建淼主编：《公权力研究——立法权、行政权、司法权》，浙江大学出版社 2005 年版。

[50] 胡建淼主编：《行政法与行政诉讼法》，高等教育出版社 1999 年版。

[51] 胡建淼主编：《中国现行行政法律制度》，中国法制出版社 2011 年版。

[52] 胡肖华著：《走向责任政府——行政责任问题研究》，法律出版社 2006 年版。

[53] 黄锦堂著：《行政组织法论》，台湾翰芦图书出版有限公司 2005 年版。

[54] 霍军著：《当代中国税收管理体制研究》，中国税务出版社 2014 年版。

[55] 贾湛等主编：《行政管理学大辞典》，中国社会科学出版社 1989 年版。

[56] 江必新著：《行政法制的基本类型》，北京大学出版社 2005 年版。

[57] 江国华编著：《中国行政法（总论）》，武汉大学出版社 2017 年版。

[58] 江国华著：《宪法的形而上之学》，武汉出版社 2004 年版。

[59] 江利红著：《行政法学》，中国政法大学出版社 2014 年版。

[60] 江利红著：《行政收费法治化研究》，法律出版社 2017 年版。

[61] 姜明安、余凌云著：《行政法学》，科学出版社 2010 年版。

[62] 姜明安主编：《行政法与行政诉讼法》，北京大学出版社、高等教育出版社 2019 年版。

[63] 姜晓萍主编：《行政法学》，四川大学出版社 2009 年版。

[64] 金国坤著：《依法行政：行政法新论》，中国政法大学出版社 1992 年版。

[65] 金建东著：《行政管理学概论》，华东师范大学出版社 1988 年版。

[66] 金太军等著：《政府职能梳理与重构》，广东人民出版社 2002 年版。

[67] 孔德元著：《政治社会学导论》，人民出版社 2001 年版。

[68] 李昌麒主编：《经济法学》，法律出版社 2008 年版。

[69] 李春根、廖清成主编：《公共经济学》，华中科技大学出版社 2015 年版。

[70] 李高协著：《地方立法和公众参与》，甘肃文化出版社 2005 年版。

[71] 李国正主编：《公共管理学》，广西师范大学出版社 2016 年版。

[72] 李龙著：《宪法基础理论》，武汉大学出版社 1999 年版。

[73] 李牧主编：《中国行政法学总论》，中国方正出版社 2006 年版。

[74] 李品芳编著：《中国税制理论与实务》，上海财经大学出版社 2013 年版。

[75] 李莎主编：《公共财政基础》，北京理工大学出版社 2016 年版。

[76] 李寿初著：《中国政府制度》，中央党校出版社 2005 年版。

[77] 李昕著：《作为组织手段的公法人制度研究》，中国政法大学出版社 2009 年版。

[78] 李延均、杨光焰编著：《公共财政学》，立信会计出版社 2018 年版。

[79] 李燕著：《政府预算管理》，北京大学出版社 2016 年版。

[80] 梁慧星著：《民法学说判例与立法研究》，国家行政学院出版社 1999 年版。

[81] 梁鹏主编：《公共财政学》，首都经济贸易大学出版社 2016 年版。

[82] 廖少纲著：《政府预算管理》，对外经济贸易大学出版社 2012 年版。

[83] 林合民著：《行政法入门》，台湾元照出版公司 2011 年版。

[84] 刘邦驰、王国清主编：《财政与金融》，西南财经大学出版社 2016 年版。

[85] 刘剑文、熊伟著：《财政税收法》，法律出版社 2009 年版。

[86] 刘剑文主编：《财政法学》，北京大学出版社 2009 年版。

[87] 刘善春著：《行政法学模板教程》，中国政法大学出版社 2013 年版。

[88] 刘圣中主编：《公共管理学——结构、要素与环境》，武汉大学出版社

2011 年版。

[89] 刘圣中著：《现代科层制——中国语境下的理论与实践研究》，上海人民出版社 2012 年版。

[90] 刘星著：《法律是什么》，中国政法大学出版社 1998 年版。

[91] 刘祖云等著：《组织社会学》，中国审计出版社、中国社会出版社 2002 年版。

[92] 柳华平著：《中国政府与国有企业关系的重构》，西南财经大学出版社 2005 年版。

[93] 罗豪才、湛中乐主编：《行政法学》，北京大学出版社 2012 年版。

[94] 罗豪才主编：《现代行政法的平衡理论》，北京大学出版社 2003 年版。

[95] 罗豪才主编：《行政法学》（新编本），北京大学出版社 1996 年版。

[96] 马冰主编：《财政学》，天津大学出版 2014 年版。

[97] 马国强主编：《中国税收》，东北财经大学出版社 2016 年版。

[98] 马海涛、姜爱华主编：《政府采购管理》，北京大学出版社 2016 年版。

[99] 马海涛著：《中国税制》，中国人民大学出版社 2015 年版。

[100] 马怀德主编：《行政法学》，中国政法大学出版社 2009 年版。

[101] 马骏、於莉著：《公共预算改革——发达国家之外的经验与教训》，重庆大学出版社 2010 年版。

[102] 马起华著：《政治社会学》，正中书局印行 1981 年版。

[103] 马生安著：《行政行为研究》，山东人民出版社 2008 年版。

[104] 马英娟著：《政府监管机构研究》，北京大学出版社 2007 年版。

[105] 马志毅著：《中国行政收费法律制度研究》，中国金融出版社 2014 年版。

[106] 毛道根主编：《税收管理》，中国海关出版社 2013 年版。

[107] 孟鸿志等著：《中国行政组织法通论》，中国政法大学出版社 2001 年版。

[108] 孟庆瑜、张永志、谢兰军编著：《人大代表审查预算教程》，中国民主法制出版社 2015 年版，第 83 页。

［109］倪星主编：《行政组织学》，北京师范大学出版社 2017 年版。

［110］潘小娟著：《法国行政体制》，中国法制出版社 1997 年版。

［111］彭文贤著：《组织原理》，台湾三民书局 1983 年版。

［112］齐守印著：《构建现代公共财政体系的河北探索与实践》，河北人民出版社 2010 年版。

［113］钱宁峰著：《政府组织法立法论研究》，东南大学出版社 2015 年版。

［114］钱实甫著：《北洋政府时期的政治制度》，中华书局 1984 年版。

［115］乔耀章著：《政府理论》，苏州大学出版社 2003 年版。

［116］秦前红主编：《新宪法学》，武汉大学出版社 2005 年版。

［117］邱霈恩著：《领导学》，中国人民大学出版社 2004 年版。

［118］任进著：《行政组织法教程》，中国人民大学出版社 2011 年版。

［119］任进著：《行政组织法研究》，国家行政学院出版社 2010 年版。

［120］上海财经大学公共政策研究中心编：《2016 中国财政透明报告》，上海财经大学出版社 2016 年版。

［121］施锦明著：《政府采购》，经济科学出版社 2010 年版。

［122］石佑启、陈咏梅著：《行政体制改革及其法治化研究——以科学发展观为指引》，广东教育出版社 2013 年版。

［123］宋德福著：《中国政府管理与改革》，中国法制出版社 2001 年版。

［124］宋惠玲主编：《行政法概论》，吉林大学出版社 2008 年版。

［125］孙国华主编：《中华法学大辞典》，中国检察出版社 1997 年版。

［126］孙笑侠主编：《法理学》，中国政法大学出版社 1999 年版。

［127］唐珺著：《市场竞争法与创新战略》，知识产权出版社 2017 年版。

［128］唐明良著：《行政法治与政府自身改革的耦合性发展》，中国政法大学出版社 2017 年版。

［129］王宝明著：《法治政府：中国政府法治化建设的战略选择》，研究出版社 2009 年版。

［130］王成栋著：《政府责任》，中国政法大学出版社 1999 年版。

［131］王国清、马骁、程谦主编：《财政学》，高等教育出版社 2010 年版。

［132］王克稳著：《政府合同研究》，苏州大学出版社 2007 年版。

［133］王理著：《组织伦理：现代性文明的道德哲学悖论及其转向》，中国社
会科学出版社 2008 年版。

［134］王连昌主编：《行政法学》，中国政法大学出版社 1994 年版。

［135］王连昌著：《行政法学》，中国政法大学出版社 1999 年版。

［136］王名扬著：《比较行政法》，北京大学出版社 2006 年版。

［137］王名扬著：《法国行政法》，北京大学出版社 2016 年版。

［138］王名扬著：《法国行政法》，中国政法大学出版社 1998 年版。

［139］王名扬著：《美国行政法》，中国法制出版社 2005 年版。

［140］王名扬著：《英国行政法》，中国政法大学出版社 1987 年版。

［141］王绍光、胡鞍钢著：《中国国家能力报告》，辽宁人民出版社 1993 年
版。

［142］王绍光著：《美国进步时代的启示》，中国财政经济出版社 2002 年版。

［143］王世涛著：《财政宪法学研究》，法律出版社 2012 年版。

［144］王曙光主编：《财政学》，科学出版社 2018 年版。

［145］王曙光著：《财政税收理论与政策研究》，经济科学出版社 2015 年版。

［146］王学辉、宋玉波著：《行政权研究》，中国检察出版社 2002 年版。

［147］王亚星著：《政府采购制度创新》，中国时代经济出版社 2002 年版。

［148］王泽鉴著：《不当得利》，北京大学出版社 2015 年版。

［149］王泽鉴著：《民法总则》，中国政法大学出版社 2001 年版。

［150］王正泉主编：《从列宁到戈尔巴乔夫——苏联政治体制的演变》，中国
人民大学出版社 1989 年版。

［151］魏陆：《完善我国人大预算监督制度研究——把政府关进公共预算"笼
子里"》，经济科学出版社 2014 年版。

［152］翁岳生编：《行政法》（上册），中国法制出版社 2009 年版。

［153］吴庚著：《行政法的理论与实用》，中国人民大学出版社 2005 年版。

［154］吴敬琏著：《当代中国经济改革》，远东出版社 2004 年版。

［155］吴理财主编：《中国政府与政治》，华中师范大学出版社 2016 年版。

[156] 吴理财著：《中国政府与政治》，华中师范大学出版社 2016 年版。

[157] 武步云著：《政府法制论纲——行政法学原理研究》，陕西人民出版社 1995 年版。

[158] 夏书章主编：《行政管理学》，中山大学出版社 1991 年版。

[159] 夏新华：《近代中国宪政历程：史料荟萃》，中国政法大学出版社 2004 年版。

[160] 夏征农、陈至立主编：《辞海》，上海辞书出版社 2010 年版。

[161] 肖北庚著：《国际组织政府采购规则比较研究》，中国方正出版社 2003 年版。

[162] 肖丹著：《契约·德性·权利——卢梭政府理论新探》，吉林人民出版社 2015 年版。

[163] 谢晖著：《行政权探索》，云南人民出版社 1995 年版。

[164] 谢振明编著：《中华民国立法史》（上册），中国政法大学出版社 2000 年版。

[165] 熊文钊著：《大国地方——中国中央与地方关系宪政研究》，北京大学出版社 2005 年版。

[166] 熊文钊著：《现代行政法原理》，法律出版社 2000 年版。

[167] 徐万珉著：《现代政治论》，北京出版社 1989 年版。

[168] 许崇德、皮纯协主编：《新中国性质法学研究综述》，法律出版社 1991 年版。

[169] 许崇德主编：《各国地方制度》，中国检察出版社 1993 年版。

[170] 许崇德主编：《中国宪法》，中国人民大学出版社 1996 年版。

[171] 薛刚凌著：《行政主体的理论与实践——以公共行政改革为视角》，中国方正出版社 2009 年版。

[172] 杨灿明、李景友著：《政府采购问题研究》，经济科学出版社 2004 年版。

[173] 杨光焰著：《政府预算管理》，立信会计出版社 2016 年版。

[174] 杨海坤、章志远著：《中国行政法基本理论研究》，北京大学出版社

2004 年版。

[175] 杨汉平著：《政府采购法律制度理论与实务》，西苑出版社 2002 年版。

[176] 杨侯第主编：《民族区域自治法教程》，法律出版社 1995 年版。

[177] 杨建顺主编：《行政法总论》，北京大学出版社 2016 年版。

[178] 杨建顺主编：《比较行政法——给付行政的法原理及实证性研究》，中国人民大学出版社 2008 年版。

[179] 杨临宏著：《行政法：原理与制度》，云南大学出版社 2010 年版。

[180] 杨临萍主编：《行政损害赔偿》，人民法院出版社 1999 年版。

[181] 杨向东著：《建国初期（1949—1954 年）政府组织法认识史》，山东人民出版社 2013 年版。

[182] 杨宇霞著：《地方政府管理》，西南师范大学出版社 2015 年版。

[183] 姚加慧著：《福建应用技术型本科高校内部治理结构优化研究》，厦门大学出版社 2016 年版。

[184] 姚锐敏、易凤兰著：《违法行政及其法律责任研究》，中国方正出版社 2000 年版。

[185] 叶必丰著：《行政法学》，武汉大学出版社 2003 年版。

[186] 尹钢、梁丽芝主编：《行政组织学》，北京大学出版社 2005 年版。

[187] 应松年、薛刚凌著：《行政组织法研究》，法律出版社 2002 年版。

[188] 应松年、袁曙宏主编：《走向法治政府——依法行政理论研究与实证调查》，法律出版社 2001 年版。

[189] 应松年主编：《当代中国行政法》（第 2 卷），人民出版社 2018 年版。

[190] 应松年主编：《当代中国行政法》（上编），中国方正出版社 2005 年版。

[191] 应松年主编：《当代中国行政法》，人民出版社 2018 年版。

[192] 应松年主编：《行政法学新论》，中国方正出版社 2004 年版。

[193] 应松年主编：《行政法与行政诉讼法》（上），中国法制出版社 2009 年版。

[194] 应松年主编：《行政法与行政诉讼法》（上卷），中国法制出版社 2009 年版。

[195] 应松年主编：《行政法与行政诉讼法》，中国政法大学出版社 2008 年版。

[196] 应松年主编：《行政法与行政诉讼法学》，法律出版社 2009 年版。

[197] 应松年主编：《行政法与行政诉讼法学》，中国人民大学出版社 2009 年版。

[198] 余凌云著：《行政契约论》，中国人民大学出版社 2006 年版。

[199] 余明侠著：《中华民国法制史》，中国矿业大学出版社 1994 年版。

[200] 俞可平、贾西津主编：《中国公民参与——案例与模式》，社会科学文献出版社 2008 年版。

[201] 俞可平著：《论国家治理现代化》，社会科学文献出版社 2014 年版。

[202] 曾明德、罗德刚等著：《公共行政学》，中共中央党校出版社 1999 年版。

[203] 张成福主编：《行政组织学》，中央广播电视大学出版社 2008 年版。

[204] 张传著：《政府采购法比较研究》，中国方正出版社 2007 年版。

[205] 张家瑾著：《我国政府采购市场开放研究》，对外经济贸易大学出版社 2008 年版。

[206] 张建东、陆江兵主编：《公共组织学》，高等教育出版社 2003 年版。

[207] 张劲松著：《政府关系》，广东人民出版社 2008 年版。

[208] 张康之主编：《公共管理导论》，经济科学出版社 2003 年版。

[209] 张康之著：《公共行政中的哲学与伦理》，中国人民大学出版社 2004 年版。

[210] 张尚仁著：《组织学》，福建人民出版社 1987 年版。

[211] 张守文主编：《财税法》，中国政法大学出版社 2018 年版。

[212] 张树义主编：《行政法学》，中国政法大学出版社 1995 年版。

[213] 张树义主编：《行政法与行政诉讼法学》，高等教育出版社 2003 年版。

[214] 张文礼著：《当代中国地方政府》，南开大学出版社 2010 年版。

[215] 张文显著：《当代西方法哲学》，吉林大学出版社 1987 年版。

[216] 张文显著：《法学基本范畴研究》，中国政法大学出版社 1993 年版。

[217] 张希坡著:《人民代表大会制度创建史》,中国党史出版社 2009 年版。

[218] 张小军著:《财政学原理及应用》,华南理工大学出版社 2016 年版。

[219] 张晓清著:《高等学校党政领导体制研究》,天津人民出版社 2015 年版。

[220] 张旭霞、包法宝编著:《公务员制度》,对外经贸大学出版社 2013 年版。

[221] 张永桃主编:《行政学》,高等教育出版社 2009 年版。

[222] 章剑生著:《现代行政法基本理论》,法律出版社 2008 年版。

[223] 章志远著:《个案变迁中的行政法》,法律出版社 2011 年版。

[224] 赵聚军著:《我国行政区划改革研究》,天津人民出版社 2012 年版。

[225] 浙江省财政学会编:《财政改革热点问题探索:2006 年浙江省财政课题研究成果汇编》,中国财政经济出版社 2007 年版。

[226] 中国海南改革发展研究院编:《建设公共服务型政府》,中国经济出版社 2004 年版。

[227] 周汉华主编:《行政法学的新发展》,中国社会科学出版社 2013 年版。

[228] 周小林编著:《公共财政管理》,西南财经大学出版社 2018 年版。

[229] 周雪光著:《组织社会学十讲》,社会科学文献出版社 2003 年版。

[230] 周叶中主编:《宪法》,北京大学出版社、高等教育出版社 2005 年版。

[231] 朱大旗主编:《中华人民共和国预算法释义》,中国法制出版社 2015 年版。

[232] 朱青编著:《财政学金融教程》,中国人民大学出版社 2016 年版。

[233] 朱维究著:《中国行政法概要》,中国人民大学出版社 2009 年版。

[234] 朱新力主编:《行政法学》,浙江人民出版社 2002 年版。

[235] 朱志刚著:《我国税制结构:影响因素分析与优化路径选择》,中国税务出版社 2004 年版。

[236] 宗煜编著:《政府采购概论》,电子科技大学出版社 2007 年版。

[237] 邹昊主编:《政府采购体系建设研究》,清华大学出版社 2011 年版。

[238] 邹平学:《人大代表专职化问题研究》,载陈明明、何俊志主编:《中国

民主的制度结构》，上海人民出版社 2008 年版。

[239] 邹小钢著：《新时期财税工作创新》，经济日报出版社 2014 版。

三、学术论文

[1] Tom Christensen 等：《后新公共管理改革——作为一种新趋势的整体政府》，载《中国行政管理》2006 年第 9 期。

[2] 《中共中央关于深化党和国家机构改革的决定》，2018 年 2 月 28 日，中国共产党第十九届中央委员会第三次全体会议通过。

[3] 安秀梅、徐颖：《完善我国政府预算监督体系的政策建议》，载《中央财经大学学报》2005 年第 5 期。

[4] 本志红：《中国行政法典化的可行性思考》，载《理论观察》2006 年第 2 期。

[5] 蔡放波：《论政府责任体系的构建》，载《中国行政管理》2004 年第 4 期。

[6] 蔡乐渭：《香港行政会议制度对内地行政决策模式改革的意义》，载《江苏警官学院学报》2003 年第 6 期。

[7] 蔡英辉、刘晶：《后现代语境的行政主体间性》，载《学习与实践》2008 年第 12 期。

[8] 曹钦白：《从"以法治税"到"依法治税"》，载《中国财经报》2018 年 12 月 4 日，第 6 版。

[9] 曹堂哲、魏玉梅：《深化党和国家机构改革要坚持四种思维》，载《中国机构改革与管理》2018 年第 9 期。

[10] 陈国权、曹伟、谷志军：《论权力秩序与权力制约》，载《江苏行政学院学报》2013 年第 3 期。

[11] 陈晴：《我国新一轮税制改革的理念变迁与制度回应——以税收正义为视角》，载《法商研究》2015 年第 3 期。

[12] 陈少英：《财税法的法律属性——以财税法调控功能的演进为视角》，载《法学》2016 年第 7 期。

［13］陈伟斌：《地方立法应坚持必要性原则》，载《创新》2015 年第 2 期。

［14］陈又新：《政府采购行为的法律性质——基于对"两阶段理论"的借鉴》，载《行政法学研究》2015 年第 3 期。

［15］崔厚元：《支持与被支持不是人大与政府之间的法定关系》，载《时代主人》2014 年第 5 期。

［16］邓海娟、黄利红：《大部制改革与政府组织法的完善》，载《江西社会科学》2008 年第 7 期。

［17］邓顺平、孙柏瑛：《中国政府治理改革 40 年回顾与展望》，载《天津行政学院学报》2018 年第 6 期。

［18］邓岩：《对行政权进行法律控制的内在价值》，载《魅力中国》2018 年第 33 期。

［19］丁志刚、王杰：《中国行政体制改革四十年：历程、成就、经验与思考》，载《上海行政学院学报》2019 年第 1 期。

［20］董里：《基于城市竞争力评价的直辖市增选方案研究》，载《天府新论》2009 年第 6 期。

［21］董茂云、李晓新：《从国外行政机构改革的立法经验看我国中央行政机构改革的法制化》，载《政治与法律》2008 年第 7 期。

［22］窦丽蓉：《行政事业单位国有资产管理的问题及对策》，载《行政事业资产与财务》2019 年第 3 期。

［23］方振邦、韩宁：《我国公务员退出机制的优化》，载《学习与实践》2017 年第 11 期。

［24］封丽霞：《人大主导立法的可能及其限度》，载《法学评论》2017 年第 5 期。

［25］冯贵霞：《党的十九大后新一轮大部制改革的内容与特点》，载《理论与改革》2018 年第 4 期。

［26］付敏杰：《国家能力视角下改革开放四十年财政制度改革逻辑之演进》，载《财政研究》2018 年第 11 期。

［27］高明、郭施宏：《基于巴纳德系统组织理论的区域协同治理模式探究》，

载《太原理工大学学报（社会科学版）》2014 年第 4 期。

［28］高培勇：《中国财税改革 40 年：基本轨迹、基本经验和基本规律》，载《经济研究》2018 年第 3 期。

［29］高秦伟：《构建责任政府：现代政府管理的必然要求》，载《中共济南市委党校学报》2002 年第 1 期。

［30］葛洪义：《我国地方法制研究中的若干问题》，载《法律科学（西北政法大学学报）》2011 年第 1 期。

［31］龚慧：《从税收公平原则解析个人所得税改革》，载《财经界》2019 年第 8 期。

［32］顾华详：《论民族区域自治地方政府的主要行政权利与义务》，载《中央民族大学学报（哲学社会科学版）》1996 年第 6 期。

［33］郭艳娇：《不断推进的财政公开需更重实效》，载《地方财政研究》2018 年第 2 期。

［34］韩彬、吴俊培、李森焱：《我国税制结构经济增长效应研究》，载《上海经济研究》2019 年第 1 期。

［35］韩福国、桑玉成：《从政府内部预算走向公共预算——筑牢法治、参与和技术的"三角基石"》，载《中共中央党校学报》2017 年第 5 期。

［36］韩前广：《基层市场监管体制构建的协作共治路径：以巴纳德的系统行政组织理论为视角》，载《安徽行政学院学报》2017 年第 2 期。

［37］韩志红：《行政司法权的行使应以当事人的自愿为前提》，载《法学杂志》2002 年第 1 期。

［38］杭正亚：《政府采购透明度提高与信息公开》，载《中国政府采购》2019 年第 3 期。

［39］何文盛、王焱：《合并或合署：绩效驱动的新时代深化机构改革探析》，载《兰州大学学报》（社会科学版）》2018 年 2 期。

［40］何宪：《公务员职务与职级并行制度研究》，载《中国行政管理》2016 年第 9 期。

［41］何哲：《网络社会时代的政府组织结构变革》，载《甘肃行政学院学报》

2015 年第 3 期。

［42］胡威：《中国公务员制度研究：历程回顾、前沿问题与未来展望》，载《中国人民大学学报》2013 年第 5 期。

［43］华国庆：《全口径预算：政府财政收支行为的立法控制》，载《法学论坛》2014 年第 3 期。

［44］华林甫：《中国"直辖市"通名改革研究》，载《中国人民大学学报》2003 年第 5 期。

［45］黄家强：《两个积极性：全面营改增中央地收入划分的法学视角》，载《财政监督》2016 年第 18 期。

［46］黄健荣、余敏江：《论公共管理与宪政》，载《江苏社会科学》2004 年第 2 期。

［47］黄磊：《职务职级并行助力分类改革跨上新台阶》，载《民主与法制时报》2019 年 4 月。

［48］黄小勇：《机构改革的历程及其内在逻辑》，载《行政管理改革》2018 年第 5 期。

［49］黄晓溪：《中外公务员制度的比较分析》，载《财经问题研究》2014 年第 5 期。

［50］黄学贤：《法治政府的内在特征及其实现——〈中共中央关于全面推进依法治国若干重大问题的决定〉解读》，载《江苏社会科学》2015 年第 1 期。

［51］霍军：《中央与地方税收收入划分的中外比较研究》，载《经济研究参考》2015 年第 8 期。

［52］江国华：《当代中国权力秩序的反思与重构》，载《河北法学》2005 年第 10 期。

［53］江国华：《法治的场境、处境和意境》，载《法学研究》2012 年第 6 期。

［54］江国华：《论依宪执政的五重意味》，载《江汉论坛》2015 年第 3 期。

［55］江国华：《中国宪法中的权力秩序》，载《东方法学》2010 年第 4 期。

［56］江国华：《中国纵向政权组织法治体系的解构与构建》，载《武汉大学学

报（哲学社会科学版）》2016 年第 3 期。

[57] 江国华、李鹰：《直辖市体制及其立法规制——兼论制定直辖市法的必要性》，载《政治与法律》2009 年第 2 期。

[58] 江国华、项坤：《从人治到法治——乡村治理模式之变革》，载《江汉大学学报（社会科学版）》2007 年第 24 卷第 4 期。

[59] 江国华、张倩：《权力的分解、位移与下沉——写在 1982 年〈宪法〉实施三十周年之际》，载《法学杂志》2012 年第 2 期。

[60] 江利红：《论行政收费权与公民财产权之界限——行政收费范围研究》，载《财产权与行政法保护——中国法学会行政法学研究会 2007 年年会论文集》，2007 年 9 月。

[61] 江利红：《如何祛除行政乱收费"病根"》，载《中国纪检监察报》2014 年 5 月 23 日，第 8 版。

[62] 江社安等：《在法治轨道上推进特区改革》，载《特区实践与理论》2014 年第 5 期。

[63] 江玉桥、梅扬：《行政任务外包的正当性及相关纠纷解决》，载《中州学刊》2014 年第 4 期。

[64] 姜爱华、马海涛：《迈上现代治理新台阶的中国政府采购制度——回顾与展望（上）》，载《中国政府采购》2019 年第 1 期。

[65] 姜爱华、滕怀凯：《政府采购公开透明：现实意义与未来挑战》，载《中国政府采购》2015 年第 4 期。

[66] 姜明安、沈岿：《法治原则与公共行政组织》，载《行政法学研究》1998 年第 4 期。

[67] 姜彦君、姜学成：《地方先行法治化的内涵探索》，载《学习与探索》2010 年第 1 期。

[68] 蒋开富：《正当性的语义学与语用学分析》，载《广西社会科学》2005 年第 5 期。

[69] 蒋秋桃：《完善公务员退出制度》，载《人民论坛》2014 年第 9 期。

[70] 蒋晓伟：《法治政府的理论分析及其制度、能力构建》，载《行政论坛》

2015 年第 2 期。

[71] 教军章：《公共行政组织发展意义的理性视角》，载《上海行政学院学报》2007 年第 5 期。

[72] 金国坤：《党政机构统筹改革与行政法理论的发展》，载《行政法学研究》2018 年第 5 期。

[73] 金太军、汪昱艳：《现行省级行政区划改革的系统思考》，载《南京师大学报（社会科学版）》2006 年第 1 期。

[74] 靳澜涛：《财政立宪：公共财政与国家宪政的双向互动》，载《公共财政研究》2018 年第 12 期。

[75] 赖先进：《深化机构和行政体制改革要强化统筹》，载《学习时报》2018 年 2 月 26 日，第 2 版。

[76] 黎晓武、张昌武：《论宪政视野下的公共预算制度改革》，载《江西社会科学》2010 年第 11 期。

[77] 李昌庚：《国家公产使用研究》，载《政法论丛》2014 年第 2 期。

[78] 李传军：《公共组织学的研究视域》，载《广东行政学院学报》2008 年第 2 期。

[79] 李东方：《近代法律体系的局限性与经济法的生成》，载《现代法学》1999 年第 4 期。

[80] 李洪雷：《行政体制改革与法治政府建设四十年（1978—2018）》，载《法治现代化研究》2018 年第 5 期。

[81] 李佳明、李佳：《进一步发挥转移支付制度的财力均等化效应》，载《财政研究》2007 年第 9 期。

[82] 李利华：《如何推动高效实施预算绩效评价及其结果应用——"加快推进全面实施预算绩效管理"沙龙综述》，载《财政科学》2018 年第 11 期。

[83] 李默海：《西方公务员行政中立制度之探讨》，载《行政科学论坛》2018 年第 3 期。

[84] 李荣娟、田仕兵：《整体性治理视角下的大部制改革完善探析》，载《社

会主义研究》2011 年第 3 期。

［85］李莎：《马克思制度正义观视域下中国特色社会主义制度的正义性探析》，载《重庆第二师范学院学报》2019 年第 3 期。

［86］李松森、盛锐：《完善财政转移支付制度的思考》，载《经济纵横》2014 年第 3 期。

［87］李艳：《当代中国政府模式选择定位分析》，载《长白学刊》2009 年第 5 期。

［88］李燕英：《对我国政府职权的法学思考》，载《行政与法》2008 年第 2 期。

［89］李永清：《高官问责制：香港行政体制的重大改革》，载《特区理论与实践》2002 年第 9 期。

［90］李永友：《转移支付与地方政府间财政竞争》，载《中国社会科学》2015 年第 10 期。

［91］李元起、王飞：《论公共财政制度的宪政基础》，载《税务研究》2009 年第 5 期。

［92］梁君瑜：《作为复合型主观公权利的公物利用》，载《时代法学》2015 年第 2 期。

［93］林卉：《怠于履行公共职能的国家赔偿责任》，载《法学研究》2010 年第 3 期。

［94］林拓：《新时代行政区划改革再出发》，载《中国社会科学报》2018 年第 3 期。

［95］刘东辉：《论行政辅助人的行政法规制》，载《江汉论坛》2015 年第 7 期。

［96］刘光大、刘云东：《论西方发达国家中央与地方政府间职权划分的特点及其启示》，载《湖南科技学院学报》2006 年第 10 期。

［97］刘华：《国家治理现代化视野下的中央与地方关系》，载《江苏社会科学》2017 年第 2 期。

［98］刘剑文：《宪政下的公共财政与预算》，载《河南省政法管理干部学院学

报》2007 年第 3 期。

[99] 刘君德：《中国直辖市制度辨析与思考》，载《江汉论坛》2006 年第 5 期。

[100] 刘玲利：《我国政府会计改革的背景、现状与路径》，载《企业经济》2011 年第 4 期。

[101] 刘路刚：《论全球化进程中法治政府的基本内涵》，载《河南大学学报》2005 年第 6 期。

[102] 刘明慧、崔丹：《"全口径预算"绩效监督问题思考》，载《财政监督》2013 年第 3 期。

[103] 刘鹏：《探索"双合"，哪些党政机关可能合署办公?》，载《半月谈》2016 年第 23 期。

[104] 刘尚希：《分税制的是与非》，载《经济研究参考》2012 年第 7 期。

[105] 刘太刚：《中国行政法法典化的障碍、模式及立法技术》，载《甘肃行政学院学报》2008 年第 1 期。

[106] 刘伟：《论村落自主性的形成机制与演变逻辑》，载《复旦学报（社会科学版）》2009 年第 3 期。

[107] 刘武俊：《把行政法规的立法权关进制度的笼子里》，载《民主与法制时报》2017 年 7 月 22 日，第 002 版。

[108] 刘熙瑞：《服务型政府——经济全球化背景下中国政府改革的目标选择》，载《中国行政管理》2002 年第 7 期。

[109] 刘艳：《基于有限政府理论修正提出的秩序边界假说》，载《陕西行政学院学报》2015 年第 1 期。

[110] 刘云虹、邵海军：《〈政府论〉中自由、秩序与去权力的张力》，载《学海》2006 年第 3 期。

[111] 卢护锋：《新时代我国行政法的主题变奏与体系建构》，载《吉林大学社会科学学报》2018 年第 4 期。

[112] 芦一峰：《行政组织法视域下的国务院"三定"规定研究》，载《行政与法》2011 年第 12 期。

［113］吕冰洋：《现代财政制度与国家治理》，载《中国人民大学学报》2014年第5期。

［114］吕红娟：《推行公务员职务与职级并行制度》，载《中国党政干部论坛》2019年第5期。

［115］吕延君：《论行政执行权的概念》，载《北京行政学院学报》2009年第4期。

［116］罗忠桓：《政府模式比较分析与中国的阶段目标选择》，载《云南行政学院学报》2004年第1期。

［117］马宝成：《健全和完善行政法制：依法行政的重要基础》，载《行政论坛》2001年第1期。

［118］马蔡琛、朱旭阳：《从传统绩效预算走向新绩效预算的路径选择》，载《经济与管理研究》2019年第1期。

［119］马光荣、郭庆旺、刘畅：《财政转移支付结构与地区经济增长》，载《中国社会科学》2016年第9期。

［120］马国强：《税制结构基础理论研究》，载《税务研究》2015年第1期。

［121］马海涛、肖鹏：《中国税制改革30年回顾与展望》，载《税务研究》2008年第7期。

［122］马骏、牛美丽：《重构中国公共预算体制：权力与关系——基于地方预算的调研》，载《中国发展观察》2007年第2期。

［123］马骁、周克清：《国家治理、政府角色与现代财政制度建设》，载《财政研究》2016年第1期。

［124］毛寿龙：《中国政府体制改革的过去与未来》，载《江苏行政学院学报》2004年第2期。

［125］毛寿龙、刘茜：《政府"放管服"改革及其"获得感"的秩序维度》，载《江苏行政学院学报》2018年第1期。

［126］莫于川：《行政职权的行政法解析与构建》，载《重庆社会科学（创刊号）》2004年第1期。

［127］聂常虹、冀朝旭：《中央与地方科技事权与支出责任划分问题研究》，

载《财政研究》2017 年第 11 期。

[128] 聂华林、王桂云：《公民社会视角下的服务型政府构建：功能定位与路径选择》，载《社会科学家》2011 年第 9 期。

[129] 聂辉华：《中央与地方的新变化》，载《理论学习》2014 年第 1 期。

[130] 宁岭晏：《澳门市政制度的演变与前瞻》，载《华南师范大学学报（社会科学版）》1999 年第 4 期。

[131] 潘铎印：《治理行政乱收费应加强信息公开》，载《中国审计报》2005 年 10 月 21 日，第 1 版。

[132] 潘孟蕾：《行政事业单位加强固定资产管理问题研究》，载《财会学习》2019 年第 7 期。

[133] 彭东昱：《国有资产法：大小之争》，载《中国人大》2008 年第 1 期。

[134] 彭家钧：《零基预算：洞察本质特征与提升应用效果》，载《财务与会计》2018 年第 16 期。

[135] 齐守印：《推进我国横向财政体制科学化研究》，载《财政科学》2017 年第 3 期。

[136] 齐守印：《以公共经济视角全要素全维度深化国有资产管理体制改革》，载《财政科学》2019 年第 4 期。

[137] 乔新生：《为何要制定财政法》，载《人大研究》2019 年第 3 期。

[138] 秦菲：《我国公务员管理制度研究》，载《管理研究》2015 年第 1 期。

[139] 秦国民、高亚林：《推进国家治理现代化的制度建设原则》，载《中国行政管理》2015 年第 9 期。

[140] 秦浩：《新一轮政府机构改革的目标指向》，载《中国党政干部论坛》2017 年第 9 期。

[141] 青维富：《论责任政府及其构建》，载《理论导刊》2010 年第 10 期。

[142] 邱琼、何继票：《我国现行各税种与国民核算价格的关系》，载《中国统计》2013 年第 4 期。

[143] 全国预算与会计研究会总课题组：《推进我国财政体制科学化系统研究（七）实现横向财政体制的科学化》，载《预算管理与会计》2017 年第

7 期。

[144] 冉克平：《论公物的概念、权利属性及其适用》，载《重庆大学学报》
2009 年第 9 期。

[145] 任丰金等：《我国地方政府管理层级历史沿革及启示》，载《行政科学
论坛》2014 年第 6 期。

[146] 任进：《宪法视界下的国家机构改革与组织法完善》，载《法学论坛》
2012 年第 6 期。

[147] 任进、石世峰：《英国地方自治制度的新发展》，载《新视野》2006 年
第 1 期。

[148] 任喜荣：《国家机构改革的宪法界限》，载《当代法学》2017 年第 4
期。

[149] 任晓兰、彭瑞：《我国税收执法权力规范化问题探析》，载《财政监督》
2017 年第 10 期。

[150] 邵焕：《地方行政收费的法律控制——从法律控制论的视角出发》，载
《湖北警官学院报》2013 年第 7 期。

[151] 邵明、赵守贵：《论社会主义法与利益分配正义》，载《法商研究》
1995 年第 5 期。

[152] 邵友忠：《论政府采购制度问题及对策研究》，载《中国国际财经（中
英文）》2018 年第 5 期。

[153] 申海平：《谁在设定行政收费项目？——基于 318 项行政收费设定依据
和主体的实证研究》，载《华东理工大学学报（社会科学版）》2016
年第 4 期。

[154] 沈开举：《当代中国政府组织法的发展与反思》，载《学习论坛》2011
年第 9 期。

[155] 沈开举、王景花：《国家赔偿法比较研究》，载《郑州大学学报（哲学
社会科学版）》1995 年第 4 期。

[156] 沈岿：《重构行政主体范式的尝试》，载《法律科学》2000 年第 6 期。

[157] 沈荣华：《各国最高行政机关行政领导制度的比较》，载《法学杂志》

1985 年第 12 期。

[158] 沈荣华：《我国政府机构改革 40 年的启示和新趋向》，载《行政管理改革》2018 年第 10 期。

[159] 沈寨：《从"统治"到"治理"——新中国法律发展的模式转变》，载《厦门特区党校学报》2009 年第 2 期。

[160] 盛晓明：《地方性知识的构造》，载《哲学研究》2000 年第 12 期。

[161] 石亚军、霍沛：《深化党和国家机构改革促进党内法规制度建设》，载《政法论坛》2019 年第 4 期。

[162] 石佑启：《论法治视野下行政权力的合理配置》，载《学术研究》2010 年第 7 期。

[163] 石佑启：《我国行政体制改革法治化研究》，载《法学评论》2014 年第 6 期。

[164] 史先平：《新预算法视野下加强行政事业单位财务内控的策略分析》，载《中国国际财经》2018 年第 3 期。

[165] 司开林、刘俊奇：《法治政府的基本理论界说》，载《珠海行政学院学报》2013 年第 2 期。

[166] 宋豪钊：《行政权的变迁与行政权的社会化》，载《江南论坛》2005 年第 6 期。

[167] 宋世明：《优化政府组织结构：中国行政体制改革不可回避的关口》，载《理论探讨》2016 年第 4 期。

[168] 孙彩红：《习近平总书记关于行政体制改革的重要论述及其实践价值》，载《贵州社会科学》2019 年第 5 期。

[169] 孙笑侠：《公、私法责任分析——论功利性补偿与道义性惩罚》，载《法学研究》1994 年第 6 期。

[170] 孙笑侠、钟瑞庆：《"先发"地区的先行法治化——以浙江省法治发展实践为例》，载《学习与探索》2010 年第 1 期。

[171] 孙玉霞：《论以税收公平和效率为旨归的税制改革与优化路径》，载《经济参考研究》2014 年第 9 期。

[172] 谭海波、蔡立辉：《"碎片化"政府管理模式及其改革——基于"整体型政府"的理论视角》，载《学术论坛》2010 年第 6 期。

[173] 唐在富：《我国财权集中度的理论分析与现状评鉴》，载《财政研究》2010 年第 4 期。

[174] 田圣斌、石海坤、陈家武：《关于完善我国预算监督机制的思考》，载《湖南省社会主义学院学报》2010 年第 3 期。

[175] 田玉萍：《严肃机构编制纪律，不断推进中央和国家机关机构编制监督检查工作》，载《中国机构改革与管理》2017 年第 4 期。

[176] 汪玉凯：《党和国家机构改革与国家治理现代化》，载《领导科学论坛》2018 年第 4 期。

[177] 王彪：《我国行政事业单位国有资产管理研究的几个问题》，载《中国行政管理》2009 年第 5 期。

[178] 王飞：《我国政府行政编制核定方法研究》，载《理论与当代》2008 年第 5 期。

[179] 王广辉：《特别行政区制度对国内关系的影响》，载《清华法律评论》2012 年第 1 期。

[180] 王欢：《论党政合署在行政法中的融入》，载《吉林大学社会科学学报》2019 年第 3 期。

[181] 王建学：《论地方政府事权的法理基础与宪法结构》，载《中国法学》2017 年第 4 期。

[182] 王建学：《中央的统一领导：现状与问题》，载《中国法律评论》2018 年第 1 期。

[183] 王敬波、李帅：《我国政府信息公开的问题、对策与前瞻》，载《行政法学研究》2017 年第 2 期。

[184] 王澜明：《改革开放以来我国六次集中的行政管理体制改革的回顾与思考》，载《中国行政管理》2009 年第 10 期。

[185] 王磊：《对行政立法权的宪法学思考》，载《中外法学》1998 年第 5 期。

[186] 王留一：《论行政执法决定公开：功能、问题与对策》，载《学术论坛》2019 年第 4 期。

[187] 王鹏、杜婕：《我国政府间财政转移支付制度存在的问题及对策》，载《经济纵横》2011 年第 2 期。

[188] 王三秀：《政府权力与公民权利的宪法秩序——反思立宪主义的一个视角》，载《河南省政法管理干部学院学报》2004 年第 3 期。

[189] 王太高：《合法性审查制补充：权力清单制度的功能主义解读》，载《政治与法律》2019 年第 6 期。

[190] 王太高：《论机关诉讼——完善我国行政组织法的一个思路》，载《河北法学》2005 年第 9 期。

[191] 王文英：《试论政府采购合同的性质》，载《行政法学研究》2003 年第 3 期。

[192] 王晓霞：《深化党和国家机构改革：国家治理体系和治理能力现代化领域的深刻变革》，载《理论与现代化》2018 年第 6 期。

[193] 王新艳：《行政权的演化及启示》，载《四川行政学院学报》2008 年第 3 期。

[194] 王星：《对〈政府采购法实施条例〉的理解和思考》，载《中国税务报》2015 年 3 月 25 日，第 B04 版。

[195] 王亚琴：《质疑政府采购合同适用〈合同法〉》，载《行政法学研究》2004 年第 3 期。

[196] 魏爱云：《服务型政府：政府改革的目标选择——专访北京大学政治发展与政府管理研究所所长、教授谢庆奎》，载《人民论坛》2006 年第 5 期。

[197] 文炳勋：《公共财政的宪政基础：财政人大财政督制度的改进与完善》，载《财政研究》2006 年第 4 期。

[198] 闻言：《坚持党的领导，坚定不移走中国特色社会主义政治发展道路——学习习近平关于社会主义政治建设论述摘编》，载《人民日报》2017 年 8 月 29 日，第 005 版。

［199］ 吴东镐：《我国中央与地方关系的法治化议题》，载《当代法学》2015年第 4 期。

［200］ 吴强、李楠：《我国财政转移支付及税收返还变动对区际财力均等化影响的实证分析》，载《财政研究》2016 年第 3 期。

［201］ 吴月：《从分离迈向整合：对政府机构治理形态的反思》，载《中共福建省委党校学报》2014 年第 7 期。

［202］ 吴月：《求索政府机构的治理逻辑——以公共组织理论的演进为审视视角》，载《长白学刊》2012 年第 2 期。

［203］ 习近平：《切实把思想统一到党的十八届三中全会精神上来》，载《求是》2014 年第 1 期。

［204］ 肖北庚：《现代财政制度体系构建下的政府采购管理机制创新》，载《中国政府采购》2018 年第 12 期。

［205］ 肖泽晟：《中国公物立法初探》，载《行政法学研究》2010 年第 1 期。

［206］ 谢贞发：《基本公共服务均等化建设中的财政体制改革研究：综述与展望》，载《南京社会科学》2019 年第 5 期。

［207］ 熊隆寿、许召主：《科学设置财政机构的模式初探》，载《财政研究》1993 年第 9 期。

［208］ 熊伟：《财政分税制与地方预算自主权》，载《武汉大学学报（哲学社会科学版）》2015 年第 3 期。

［209］ 熊文新：《十八大以来党关于改革党政关系的新探索》，载《党政干部论坛》2015 年第 7 期。

［210］ 徐光超：《政府体制改革三十年：基于政府能力的框架分析》，载《桂海论丛》2009 年第 3 期。

［211］ 徐全红：《我国全口径预算管理的问题与改革路径选择》，载《经济研究参考》2018 年第 28 期。

［212］ 许昌：《中央政府对特别行政区直接行使的权力的分类研究》，载《港澳研究》2016 年第 3 期。

［213］ 薛刚凌：《我国行政主体理论之检讨》，载《政法论坛》1988 年第 6

期。

[214] 薛华勇：《公产之概念探析》，载《云南行政学院学报》2008 年第 1
期。

[215] 阎铁毅：《论中国海监的行政主体地位》，载《法学杂志》2011 年第 10
期。

[216] 燕继荣：《服务型政府的研究路向——近十年来国内服务型政府研究综
述》，载《学海》2009 年第 1 期。

[217] 杨海坤、蔡翔：《行政行为概念的考证分析和科学重构》，载《山东大
学学报》2013 年第 1 期。

[218] 杨汉卿、唐晓阳、代凯：《中国特色公务员培训制度建设与实践》，载
《广东行政学院学报》2017 年第 5 期。

[219] 杨桦：《公共行政发展与我国行政组织结构的问题与优化》，载《广东
行政学院学报》2012 年第 3 期。

[220] 杨建军：《司法的中国特色》，载《法律科学》2013 年第 1 期。

[221] 杨解君：《“双服务”理念下现代行政之变革——服务行政的解读和提
升》，载《行政法学研究》2004 年第 3 期。

[222] 杨沛龙：《代替行政：事业单位、社会组织与政府职能转变》，载《桂
海论丛》2010 年第 6 期。

[223] 杨胜平：《行政法第三形态视角下行政主体研究》，载《青春岁月》
2013 年第 24 期。

[224] 杨晓萌：《提升税收治理能力视角下的税权划分优化》，载《税务研究》
2018 年第 4 期。

[225] 杨艳：《服务型政府的概念、模式与构建路径》，载《学习论坛》2014
年第 7 期。

[226] 叶必丰：《论行政机关间行政管辖权的委托》，载《中外法学》2019 年
第 1 期。

[227] 叶必丰：《行政组织法功能的行为法机制》，载《中国社会科学》2017
年第 7 期。

［228］叶姗：《一般公共预算收入预期之实现》，载《税务研究》2015 年第 1
期。

［229］叶晓川：《从我国政府机构改革看行政组织法的完善》，载《新视野》
2007 年第 4 期。

［230］应松年：《〈立法法〉关于法律保留原则的规定》，载《行政法学研究》
2000 年第 3 期。

［231］应松年：《完善行政组织法制探索》，载《中国法学》2013 年第 2 期。

［232］应松年、薛刚凌：《论行政权》，载《政法论坛》2001 年第 4 期。

［233］应松年、薛刚凌：《行政组织法基本原则之探讨》，载《行政法学研究》
2001 年第 2 期。

［234］应松年、薛刚凌：《中央行政组织法律问题之探讨——兼论中央行政组
织法的完善》，载《公法研究》2002 年第 00 期。

［235］于安：《我国政府采购法的几个问题》，载《法商研究》2003 年第 4
期。

［236］于光远：《关于"责任学"的两篇文章》，载《学术研究》1992 年第 1
期。

［237］于君博：《改革开放 40 年来中国行政体制改革的基本逻辑》，载《经济
社会体制比较》2018 年第 6 期。

［238］余凌云：《行政主体理论之变革》，载《法学杂志》2010 年第 8 期。

［239］俞可平：《全球化时代的善治》，载《商务周刊》2002 年第 1 期。

［240］俞可平：《治理和善治：一种新的政治分析框架》，载《南京社会科学》
2001 年第 9 期。

［241］袁明圣：《税收法定原则在中国：收回税收立法权没有时间表》，载
《江西财经大学学报》2014 年第 4 期。

［242］曾宁：《新时代中国党政关系初探》，载《学校党建与思想教育》2018
年第 5 期。

［243］曾祥华：《中国行政主体理论再评析》，载《甘肃政法学院学报》2019
年第 1 期。

［244］ 曾祥瑞：《论日本行政组织类型及公物、营造物》，载《行政法学研究》
1999 年第 4 期。

［245］ 湛中乐、杨君佐：《政府采购基本法律问题研究》，载《法制与社会发
展》2001 年第 3 期。

［246］ 张本顺、刘俊：《法治思维和法治方式在政府履行职能中的运用研究》，
载《淮北师范大学学报（哲学社会科学版）》2016 年第 3 期。

［247］ 张斌：《国税地税机构合并为契机推进税务组织体系现代化》，载《税
务研究》2018 年第 5 期。

［248］ 张成福：《责任政府论》，载《中国人民大学学报》2000 年第 2 期。

［249］ 张丹蔚：《行政事业单位国有资产管理存在的问题及对策研究》，载
《中国市场》2019 年第 6 期。

［250］ 张定淮、涂春光：《论责任政府及其重建机制》，载《中国行政管理》
2003 年第 12 期。

［251］ 张辉：《行政事业单位国有资产管理的瓶颈问题及对策建议》，载《行
政事业资产与财务》2019 年第 1 期。

［252］ 张江莉：《行政事业单位国有资产管理制度研究》，载《北京行政学院
学报》2010 年第 3 期。

［253］ 张菁菁：《大数据环境下行政事业资产使用绩效评价体系构建与应用》，
载《地方财政研究》2018 年第 9 期。

［254］ 张敬群：《对新中国工商税制几次大的变革的回顾与展望》，载《税务
研究》1998 年第 5 期。

［255］ 张静：《我国行政单位国有资产管理绩效评价探析》，载《中国行政管
理》2017 年第 4 期。

［256］ 张康之：《行政道德的制度保障》，载《浙江社会科学》1998 年第 4
期。

［257］ 张可云：《行政区划与城市总体规划》，载《北京规划建设》2004 年第
4 期。

［258］ 张克书：《"服务行政"理论批判》，载《行政法学研究》2002 年第 2

期。

[259] 张立荣、曾维和：《当代西方"整体政府"公共服务模式及其借鉴》，载《中国行政管理》2008年第7期。

[260] 张立哲：《论党政合署体制重构的基本问题与具体路径》，载《理论月刊》2018年第6期。

[261] 张玲：《行政事业单位国有资产管理存在的问题及对策》，载《财经问题研究》2013年第5期。

[262] 张守文：《论税收法定主义》，载《法学研究》1996年第6期。

[263] 张守文：《税制改革与税收立法的完善——以烟叶税为例》，载《法学杂志》2018年第3期。

[264] 张廷松：《关于提高预算时效性问题的探讨》，载《地方财政研究》，2005年第2期。

[265] 张小静：《行政主体研究文献综述》，载《企业文化》2015年第9期。

[266] 张言民、鲁红云：《税收司法权的困境及其选择路径》，载《云南社会主义学院学报》2012年第1期。

[267] 张阳：《关于科层制体制下提高行政效率的探讨》，载《山西青年》2019年第3期。

[268] 张志毅：《浅谈统一行政组织法的制定》，载《常州工学院学报（社科版）》2016年第2期。

[269] 章剑生：《反思与超越：中国行政主体理论的批判》，载《北方法学》2008年第6期。

[270] 章剑生：《行政收费的理由、依据和监督》，载《行政法学研究》2014年第2期。

[271] 章志远：《当代中国行政主体理论的生成与变迁》，载《贵州警官职业学报》2007年第1期。

[272] 章志远：《行政法学视野中的民营化》，载《江苏社会科学》2005年第4期。

[273] 赵飞龙：《论政府采购的法律性质》，载《行政法学研究》2016年第6

期。

［274］赵海鹏、覃振停：《从完善权力配置来防治权力腐败的思考》，载《传承》2008 年第 10 期。

［275］赵立波：《大部制改革：理性定位与战略设计》，载《行政论坛》2013年第 3 期。

［276］赵亚君：《基于系统组织理论的社会管理创新路径研究》，载《金陵科技学院学报（社会科学版）》2015 年第 3 期。

［277］赵勇：《城区政府构建"整体性政府"的路径选择——以上海市 X 区为例的分析》，载《上海行政学院学报》2011 年第 1 期。

［278］赵勇、宋亦然：《委托－代理视角下提升政府采购透明度的措施分析》，载《中国政府采购》2018 年第 12 期。

［279］郑春燕：《行政任务变迁下的行政组织法改革》，载《行政法学研究》2008 年第 2 期。

［280］郑家昊：《论政府类型从"统治"到"管理"的转变》，载《天津行政学院学报》2013 年第 3 期。

［281］郑艳菊：《制度正义：道德效力实现的外在保障》，载《人民论坛》2019 年第 6 期。

［282］郑永海：《我国地方税制的历史沿革与发展探析》，载《当代中国史研究》2002 年第 3 期。

［283］钟崇盛：《论管理性政府形态的管理模式和理论的演化》，载《中国青年政治学院学报》2009 年第 3 期。

［284］钟坚：《深圳经济特区改革开放的历史进程与经验启示》，载《深圳大学学报（人文社会科学版）》2008 年第 4 期。

［285］周波：《行政事业单位国有资产管理存在的问题及对策》，载《财会学习》2018 年第 3 期。

［286］周飞舟：《分税制十年：制度及其影响》，载《中国社会科学》2006 年第 6 期。

［287］周尚君：《地方法治试验的动力机制与制度前景》，载《中国法学》

2014 年第 2 期。

［288］周叶中：《论特别行政区制度的地位与作用》，载《政治与法律》2014
年第 1 期。

［280］周叶中、江国华：《82 年宪法与中国宪政——写在 82 年宪法颁布实施
20 周年之际》，载《法学评论》2002 年第 6 期。

［290］周佑勇、余睿：《国家公务员任职回避制度初探》，载《法学评论》
2014 年第 6 期。

［291］朱宏文：《论地方政府自治的国际法律运动——"法治浙江"建设的宏
观思考》，载《法治研究》2007 年第 1 期。

［292］朱纪华：《协同治理：新时期我国公共管理范式的创新与路径》，载
《上海市经济管理干部学院学报》2010 年第 1 期。

［293］朱维究：《论中央行政立法的权限——对〈宪法〉第 89 条规定的理性
思考》，载《行政法学研究》1995 年第 3 期。

［294］朱维究、闫晶：《论行政法对公产的积极保护》，载《法治论丛》2007
年第 5 期。

［295］朱旭峰、吴冠生：《中国特色的央地关系：演变和特点》，载《治理研
究》2018 年第 2 期。

［296］朱易：《税收效率原则在企业所得税中的体现及其思考》，载《财经界》
2013 年第 6 期。

［297］竺乾威：《地方政府的组织创新：形式、问题与前景》，载《复旦学报
（社会科学版）》2015 年第 4 期。

［298］左然、左源：《40 年来我国机构改革的经验和启示》，载《中国行政管
理》2018 年第 9 期。

四、外文文献

［1］Alekaw Assefa Dargie, Legality Principle of Taxation in Ethiopia: At the State
of Porosity or its Non-Existent from Inception, Social Science Electronic
Publishing, 2016.

［2］ Auguste Comte, System of Positive Polity, London：Longmans Green, 1975.

［3］ Blomley, Nieholas, Law , Space and Geographies of Power, New York ： The Guilford Press, 1994.

［4］ Carl Joachim Frederick, Public Policy and the Nature of Administrative Responsibility, Cambridge：Harvard University Press, 1940.

［5］ Christoppher Pollit, Joined-Up Government：A Survey, Political Studies Review, 2003（1）.

［6］ Emile Durkheim, The Rules of Sociological Method, New York：Free Press, 1964.

［7］ Gang Yin, Jinhua Li, "A Brief Analysis of Barnard's Systematic Organization Theory", Legal System and Society, 2009.

［8］ Harmon, Michael M. , Richard T. Mayer, Organization Theory for Public Administration, Boston：Little, Brown, 1986.

［9］ Robert K. Merton, Social Theory and Social Structure, New York：Free Press, 1956.

［10］ Steven Shavell, Foundations of Economic Analysis of Law, The Belknap Press of Harvard University Press, 2004.

后　记

本丛书中的《法治政府要论——基本原理》《法治政府要论——组织法治》《法治政府要论——程序法治》《法治政府要论——行为法治》《法治政府要论——救济法治》是在武汉大学人文社会科学首批次"70 后"学者科研项目资助计划"服务型政府研究团队"（2009）系列研究成果的基础上，修改补充而成。在这近 10 年的漫长过程中，我所指导的研究生参与了书稿的修改、补充、校对等工作，在此，特别感谢他们所做的贡献；感谢武汉大学人文社会科学院的课题资助，感谢时任院长肖永平教授对课题的支持；感谢团队成员的精诚合作。

《法治政府要论——责任法治》是在中国法学会 2010 年度部级课题《行政责任法研究》（CLS-B1007）最终成果基础上，经反复修改补充所形成的。在此，感谢中国法学会的课题资助，感谢课题组成员的精诚合作，感谢丁安然、童丽两位博士生的参与。

另外，特别感谢钱静博士在出版基金申报中所提供的宝贵支持；感谢美丽的胡荣编辑细致的编辑工作和武汉大学出版社对本丛书的支持；感谢国家出版基金的资助。

尽管成书历时漫长，但书中缺漏和不足仍让我心怀忐忑。恳切希望得到学界同仁批评指正。

江国华

2020 年 5 月 1 日